"十一五"国家重点图书出版规划项目

人力资源管理
精品教材译丛

Harry C. Katz
Thomas A. Kochan
Alexander J. S. Colvin

# An Introduction to Collective Bargaining & Industrial Relations

（美）哈里·C.卡茨
托马斯·A.科钱
亚历山大·J.S.科尔文　著

李丽林　　吴清军　译

# 集体谈判与产业关系概论

第4版

东北财经大学出版社
Dongbei University of Finance & Economics Press

McGraw Hill

大连

ⓒ　东北财经大学出版社　2010

**图书在版编目（CIP）数据**

集体谈判与产业关系概论：第4版／（美）卡茨（Katz, H. C.），（美）科钱（Kochan, T. A.），（美）科尔文（Colvin, A. J. S.）著；李丽林译．—大连：东北财经大学出版社，2010.1
（人力资源管理精品教材译丛）
书名原文：An Introduction to Collective Bargaining & Industrial Relations
ISBN 978 - 7 - 81122 - 850 - 2

Ⅰ．集…　Ⅱ．①卡…　②科…　③科…　④李…　Ⅲ．劳资合作 - 谈判 - 教材　Ⅳ．F246

中国版本图书馆 CIP 数据核字（2009）第 223616 号

**辽宁省版权局著作权合同登记号：图字 06 - 2008 - 393 号**

东北财经大学出版社出版
（大连市黑石礁尖山街 217 号　邮政编码　116025）
教学支持：（0411）84710309
营销部：（0411）84710711
总编室：（0411）84710523
网　　址：http://www.dufep.cn
读者信箱：dufep@dufe.edu.cn
大连美跃彩色印刷有限公司印刷　　东北财经大学出版社发行

幅面尺寸：185mm×260mm　字数：542 千字　印张：23 1/2　插页：1
2010 年 1 月第 1 版　　　　　　　　2010 年 1 月第 1 次印刷

责任编辑：李　季　章北蓓　　　　　责任校对：众　鑫
封面设计：冀贵收　　　　　　　　　版式设计：钟福建

ISBN 978 - 7 - 81122 - 850 - 2
定价：48.00 元

# 译者序

话说那天在办公室接到李季编辑的电话，询问我是否愿意翻译本书，我真有一种"想睡觉，就有人送来枕头"的喜悦感。3 年前我在美国康奈尔大学的劳工与产业关系学院做访问学者，那时就萌发了翻译《集体谈判与产业关系概论》一书的念头。这是因为在康奈尔大学一年的时间里我充分见识了这本书的影响。Katz 院长主讲的"集体谈判与产业关系概论"就是以这本书为教材的，且还有很多课程，例如"集体谈判理论与实践"、"公营部门的产业关系"等，都是把这本书列为最主要的参考书。在康奈尔大学之外的学校，同样也把这本书当做是劳动关系以及相关课程的教材或者主要参考书。

这样的事实让我对 Katz 院长充满敬佩之情。其实在美国的大学，教科书或者参考书的指定，完全由担任课程教学的教授自由决定。这说明这本书得到了学界的认可，才会出现都把它指定为教科书的局面。美国大学的教科书非常昂贵。我记得当时在康奈尔大学的书店里，《集体谈判与产业关系概论》的英文原版的价格是 138 美元，以当时的汇率算，买这本书要 1 000 多元人民币。写序言时我搜索了一下这本书英文版的价格，在亚马逊网站上卖 144．6 美元。我当时听 Katz 院长的课时没舍得买这本书，每天只能从图书馆借书来读（仅 2 个小时）。每次要还书时我就发誓，有一天要把这本书翻译成中文，想读时可以尽管读。今天终于如愿，实是快事。

这本书的另外一个作者，Thomas Kochan，在美国的劳动关系学界也是赫赫有名。他是 MIT 的教授，曾经担任过美国产业关系研究会（IRRA）和国际产业关系协会（IIRA）的主席。Kochan 教授不仅是一个劳动关系的研究者，他还担任过劳资纠纷的调解员、仲裁员和咨询师。他也担任过美国劳工部政策评估与研究办公室的顾问。

Katz 院长与 Kochan 教授的合作由来已久。他们合著的《美国产业关系的转变》（The Transformation of American Industrial Relations）在 1988 年获得了美国管理学会颁发的最佳学术图书奖。本书是他们合作的另外一本名著。在这两个人的简介中，一般都会把《集体谈判与产业关系概论》列为其代表作之一。

美国的劳动关系制度正受到越来越多学者的重视。一个主要的原因是，这个制度所产生的结果是美国工人的高工资、低失业率，以及劳动力市场的灵活性比较强。在 20 世纪 80 年代，西方发达国家均经历了痛苦的经济结构的转型，工业生产所占的比重大降，服务业迅速发展。这给劳动力市场带来了很大的挑战，因为经济结构调整的同时是就业结构的调整。欧洲的国家由于劳动力市场的灵活性差，失业率上升到 10% 以上，有些国家甚至超过了 20%，而且这样的情况持续多年仍然无法解决。美国在 20 世纪 80 年代初也出现 10．8% 的高失业率，但只持续了不到一年的时间（从 1982 年 9 月至 1983 年 6 月）。作为一个人口大国，中国不可能承受较高的失业率，保就业在中国是不得不作的选择。所以，中国有必要借鉴美国的制度。

美国劳动关系制度值得重视的另外一个原因与人力资源管理的兴起有关。人力资源管理的概念最早是在美国出现的，是美国的企业希望可以科学地进行劳动管理才逐步开发了一些招聘、业绩评估等技术。中国已经有越来越多的企业运用人力资源管理的理念和技术。但是，要更好地协调劳动关系还必须了解人力资源管理所面临的约束，以及劳动者对各种管理措施的反应。本书的特征是，除了宏观的分析，作者还把分析的视角放到了微观的层面，很细微地反映了企业劳动关系的处理过程。

劳动关系是最基本的社会关系。参与经济活动的人，不是属于"劳方"，就是属于"资方"，或者是劳动关系中的第三方——政府的有关人员。从这个意义上说，我们每个人都应该阅读劳动关系方面的书籍。希望这本书能对大家的工作和生活有所裨益。

有很多人员参与了本书的翻译工作。全书各章节的翻译分工如下：李丽林，第1章；李倩，第2章；李然，第3章；伍韵佳，第4章；吴清军、张瑾，第5、6、7、8章；王晨，第9章；朱寅伟，第10章；张震，第11、12章；孔棋，第13章；陈紫，第14章；秦晋，第15章。全书的翻译初稿出来以后，由李丽林对全部初稿进行了修改。由于水平有限，错误在所难免，敬请读者谅解。

最后，我要感谢所有参与翻译的人员，你们为本书的出版付出了辛勤的汗水。我也要感谢东北财经大学出版社，感谢李季编辑。我和李季从未谋面，却能相互信任，一拍即合将这本书翻译出来。

李丽林

2009年10月23日求实楼

# 前 言

　　这是一本集体谈判与产业关系的概论性著作。它广受学生们和产业关系的专业人士，例如工会方面的人员、经理人以及其他（既不偏向劳方又不偏向资方的）中立人士的欢迎。本书逻辑性强，包括了产业关系方面最新的发展情况。

## 本书特色

　　本书的主要特色如下：

　　·3 个层级的战略选择框架始终贯穿本书（在第 1 章讨论）；

　　·综述了劳工历史（第 2 章）和劳动法（第 3 章），有助于学生了解基本知识；

　　·第 5 章和第 6 章分析了管理方和工会方战略的影响，并大量利用了最新的资料进行分析；

　　·分析了合同的谈判过程（第 8 章和第 9 章）以及合同的管理（第 11 章），并将这部分的内容与不存在工会的情况进行了对比分析，讨论了相关情况的发展状况；

　　·第 12 章分析了员工参与的过程及其与集体谈判的关系；

　　·第 13 章特别分析了公营部门集体谈判的特殊之处；

　　·专门用一章的内容进行了国际比较分析（第 14 章），在书中的其他部分也常进行比较。第 14 章讨论了日本、德国、波兰和韩国的产业关系发展情况，讨论了 EU 市场一体化的出现，跨国公司的发展产生的压力，以及最近国际工人权益纠纷和各方的意见。

## 中心主题和内容的组织

　　本书的分析框架包括 3 个层面的战略选择。我们要贯穿这 3 个层面的产业关系活动向读者介绍集体谈判。我们先要分析环境对集体谈判的塑造力量，然后讨论集体谈判过程，最后分析谈判的结果，整个分析都在这一框架中。从环境开始分析，而后分析谈判过程和结果，遵循的是邓洛普在其巨著《产业关系系统论》中阐述的思想。

　　在这 3 个层面的框架下，本书先要分析劳方和资方的战略是如何影响集体谈判的过程和结果的。在分析战略问题之后，我们要分析集体谈判的中间一个层面的问题，即合同的谈判与管理，这个问题很重要。然后，我们将分析工作场所存在的问题，例如，工作的组织和信息的沟通程序问题。Harry Katz、Tom Kochan 和 Robert McKersie，在我们的著作《美国产业关系的转变（The Transformation of American Industrial Relations）》中，最早发展出了这种 3 个层面的分析框架。

　　分析劳方和资方的战略对产业关系的影响，说明本书的研究焦点比其他大多数的入门书籍更广泛。我们认为，学生们必须了解华尔街、生产战略、工会选择以及其他战略因素的影响，才能准确理解现代经济中集体谈判的运作。正是由于我们关注基层工作场所的问题，所以我们单独用一章（第12章）的篇幅分析了员工参与的过程及其与集体谈判的关系。工人和工会参与管理的项目已经成为许多劳资关系的中心问题，特别是在制造业。学生和教授们必须学习这方面的发展情况，才能为他们将要在产业关系世界中经历的现实作好准备。

我们对员工参与的描写深受我们自己的研究发现的影响。然而，与上文提及的《美国产业关系的转变》一书不同的是，本书的描述较少，也没多少预测性分析。本书的目标是要表述由新的员工参与过程引发的挑战和问题。我们希望无论是这些项目的批评者还是支持者都能从我们的讨论中获益。

本书的关注点也由于我们对国际（产业关系）发展情况的讨论而得到扩展。本书自始至终都通过案例分析贯穿着国际比较，并开辟了单独一章（第14章）专门讨论这个问题。国际性事件以及活跃的国际工人权利运动是现今最令人激动的发展情况。读者应该理解产业关系问题和工会在这些事件中所扮演的中心角色。

让本书区别于其他书籍的还有对非工会化部门的分析。在美国工会会员减少的情况下，非工会化部门日渐重要。另外，对非工会化部门的分析有助于理解工会化部门面临的压力和发生的变化。

随着私营部门工会化程度的下降，公营部门的重要性上升。我们将在第13章分析公营部门的特殊问题。

本书如此广泛的关注面有助于读者全面理解集体谈判的情况。我们的分析贯穿全书，有些分析是以案例的形式出现的。我们也介绍了美国劳工的历史和劳动法，使读者可以更好地理解美国集体谈判制度的运作。这些问题是在本书的开始部分讨论的（第2章和第3章）。

# 致谢

有很多人为本书的最终完成提供了帮助，我们在此深表谢意。Ben Whipple 开发了模拟谈判练习中著名的用于简单计算 D. G. Barnhouse 公司合同成本的项目。Dan Zinn、Anne Vanden Boom 和 Evan Fried 提供了富有才干的研究助理工作。Mcgraw - Hill/Irwin 的工作人员以各种方式使本书得以完善。

我们还要深深地感谢那些为本书的原稿提供了审核意见的专家们，他们是 University of Arkansas at Little Rock 的 Monica Bielski、Salve Regina University 的 Joan M. Chapdelaine、Northern Kentucky University 的 William Recker 和 Webster University 的 Barbara Sacks。

本书要献给我们的许多老师，正是他们的鼓励带领我们走进了产业关系这一领域，让我们得以获得激励与回报。我们希望本书同样也可以激励读者。

Harry C. Katz

Thomas A. Kochan

Alexander J. S. Colvin

# 中文目录

# 第 1 部分

概述

# 第1章 集体谈判和产业关系的分析框架

无论我们是在工作还是在休闲，都要受到我们工作的条件和我们工作所得到的报酬的影响。工作在我们的生活和整个社会中，都扮演着重要的角色，因此，不能忽视对劳资关系的研究。

本书将叙述劳方和资方，作为一个个体或者一个团体，是如何塑造并且将继续塑造雇佣关系的。我们要从产业关系的角度分析雇佣行为。产业关系是一个多学科的研究领域。它研究的是单个的工人、工人团体和他们的工会（或协会），与雇主及其组织和环境的相互作用。

产业关系与其他研究工作的学科不同，因为它着重关注的是劳工和工会，关注的是集体谈判过程。因此，本书将分析集体谈判的作用过程，解释一些问题，例如，为什么集体谈判有时会导致高工资，有时却又会导致低工资。

产业关系的研究聚焦于产业关系的主要参与者、劳资纠纷的作用，以及集体谈判的表现情况等。本章要说明产业关系的不同层面并介绍本书的分析框架。

## 1.1 参与者

在产业关系中，主要的参与者（或称参与方）是管理层（或称为管理方）、劳方，以及政府。

### 1.1.1 管理方

管理方是指负责实现雇主及其组织的目标的个人和团体。实际上，管理方最起码包括三群人：①一个组织的所有者和股东；②高管人员和部门经理；③专门处理与雇员和工会的关系，从事产业关系和人力资源工作的人员。管理方在集体谈判和执行一个企业的产业关系政策和实践上扮演着关键的角色。

### 1.1.2 劳方

劳方既包括雇员又包括代表他们行事的工会。雇员在产业关系中处在中心位置。雇员能对雇用他们的企业是否可以实现目标产生影响，雇员的存在也导致了工会的形成和发展。

### 1.1.3 政府

政府包括：①地方、州和联邦政治进程；②负责制定和执行影响产业关系的公共政策的政府机构；③代表公众利益的政府。政府的政策决定了产业关系会受到怎样的规范，例如，工人如何组成工会，工会可能有什么权利等。

## 1.2 有关劳动力和劳资冲突的一些假设前提

### 1.2.1 劳动力不只是一种商品

指导着产业关系研究的最重要的一个假设前提就是，劳动力不只是一种商品，不仅仅是一种可以买卖的资源。例如，因为工人所拥有的技能只对某个企业具有特殊的价值，所以他们在劳动力市场上就不太可能获得与他们从自己的雇主那里得到的一样多的收入。另外，变换工作对工人来说成本通常很大：从一个地方搬到另外一个地方花费巨大，而且还有大量的人际关系和心理上的成本。由于这些和其他一些原因，劳动者并不能像其他的商品一样在一个公开的、竞争性的市场上自由交换。

而且，劳动力也不仅仅是一种为企业的目标服务的人力资源。相反，雇员也是家庭和社会的成员，他们肩负更广泛的责任。这一点穿插在雇员的工作角色中，影响着他们的行为。

### 1.2.2 利益多元化的观点

因为雇员在工作中有自己的愿望，所以产业关系要关注规范雇佣关系的政策以及工作本身会如何影响工人和他们的利益，以及企业和社会的利益。因此，在研究集体谈判和产业关系时，要采用利益多元化的观点。

### 1.2.3 冲突是一种本质特征

在产业关系的分析中隐含的一个重要假设是，雇员和雇主之间本质上存在利益冲突。他们之间存在经济利益上的冲突：工人想获得的是高工资和就业保障，而雇主追求的是利润。因此，劳资冲突不是一种病态。虽然冲突是雇佣关系的本质特征，社会还是要制约劳资冲突的紧张程度。

### 1.2.4 劳资也存在共同的利益

雇主和他们的雇员之间也存在一些共同的利益。例如，如果生产率的提高带来了更高的工资和利润，那么企业和劳动力都能获益。

在工作场所并没有哪个最好的目标能满足所有的各方。一种有效的雇佣关系既要成功地解决由于利益冲突产生的问题，又要成功地追求劳资共同的目标。

在工作场所解决冲突并追求共同利益的机制有很多，集体谈判只是其中一种机制。实际上，集体谈判与其他的劳动制度是相互竞争的。例如，并非所有的雇员都会与他们的雇主发生尖锐的冲突，都想加入工会。在处理与雇主的关系时，有些工人宁愿采取个人的行动而不是采取集体的行动。也有一些人，当他们对雇佣条件不满时，他们选择了退出（即辞职），而没有选择，发出个人或集体的声音。

因此，公共政策的一个作用，就是不要强迫工人加入工会并进行集体谈判，而要为工人提供一个公平的机会，对是否利用集体谈判来解决冲突并追求与雇主相同的利益作出选择。

## 1.2.5 权衡相互冲突的目标

由于几大主体——工人及其工会、雇主，以及公众或是政府——的许多目标之间存在冲突，所以不可能找出一个目标来衡量集体谈判的效果。过分强调某个目标有损于集体谈判在一个民主的社会作为一种协调工人和雇主的利益的一种手段发挥其作用。

例如，如果雇主可以任意打压工会，工会就不能存在下去，不能有效地代表他们的会员行事。同样，如果集体谈判所决定的工资或其他雇佣条件使成本提高到市场所无法承受的水平，那么雇主也不能在国际或美国国内市场上有效地展开竞争。

## 1.3　三个层面的产业关系活动

本书要从三个层面分析产业关系的运转（图表 1.1 描述了这种分析架构）。首先，我们要考虑影响集体谈判的环境因素。然后，我们将分析集体谈判制度的运转过程及其结果。

图表 1.1　　　　　　　　　　　　**集体谈判的分析框架图**

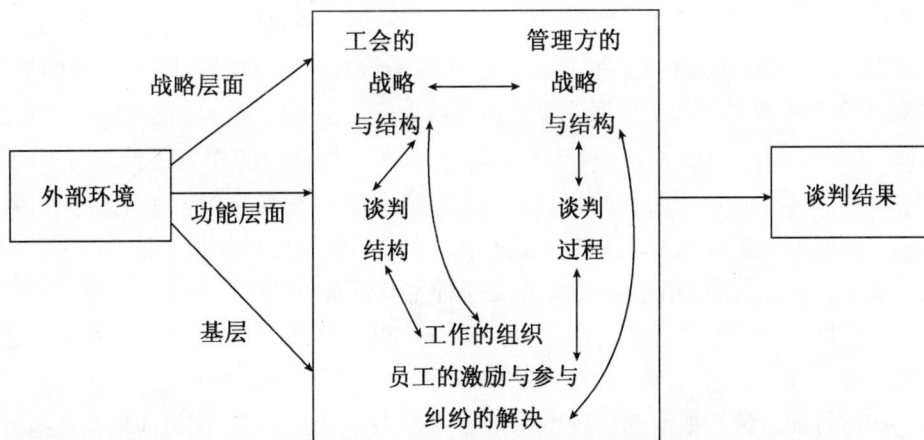

最高层面的产业关系，即战略层面的产业关系，包括对集体谈判会产生长远影响的战略因素和结构因素。在这个层面的分析中，我们将比较不同的经营战略对集体谈判的影

响。着重对比两种经营战略，一种强调产品的质量和技术革新，另外一种追求的是劳动成本的最小化。

中间的一个层面的产业关系活动，即功能层面的活动，或者集体谈判层面的活动，包括集体谈判的过程及其结果。我们要在这里讨论罢工、谈判力量，以及工资决定特征等问题。

最底层的产业关系获得是在工作场所这个层面开展的活动，包括这样一些活动，即工人、他们的主管人员和工会代表在劳动合同的管理中发生的活动，以及相关的日常活动。在工作场所这个层面上，要为适应环境的变化而作出调整，要解决不时出现的新问题。例如，在这个层面上常常出现的问题是，员工参与项目的引入会对工人和主管人员的日常生活产生怎样的影响。

在环境的影响和这 3 个层面上各方活动的作用下，集体谈判制度要么满足劳资双方和公众的目标，要么失败。

## 1.4 制度学派的观点

威斯康星大学的制度经济学家 John R. Commons 提出的观点指导着我们产业关系的分析。Commons 不愧为"产业关系之父"，他使制度经济学的分析"从商品、个人和交换变为人际关系和集体行动（决定）工作规则"。Commons 和其他的制度经济学家看重在劳方、资方和公众利益存在差异的情况下通过谈判和妥协来解决问题。

美国的制度经济学家在思想上深受英国的两位经济学家和社会改革家 Sidney 和 Beatrice Webb 的影响，他们俩是费边社的成员。他们认为工会代表工人的利益，并通过互助保险、集体谈判和法律等手段发挥着作用。

制度经济学家追随 Webb 夫妇的思想，没有接受 Karl Marx 的观点。Marx 认为，资本主义制度对工人的剥削和压迫最终将导致发生革命推翻这种制度。他相信，工人最终将形成阶级意识，走上革命的道路，用马克思主义的经济和社会制度彻底解决他们的问题。Marx 支持工会为争取更高的工资而斗争，但他认为，工会要同时努力推翻资本主义制度。

然而，Commons、Marx 和 Webb 夫妇的观点也有一些有趣的相似之处。与 Marx 以及 Webb 夫妇一样，Commons 和其他制度经济学家基于两个基本原因拒绝把劳动力看成商品。首先，制度经济学家认为，工作对工人个人和他们的家庭以及整个社会的利益和福利来说太重要了，不能简单地把劳动力看作是一种生产要素。

其次，制度经济学家也认为，在"自由竞争"的条件下，工人个人与雇主相比处于不平等的谈判位置上，这与 Webb 夫妇和 Marx 的观点相同。也就是说，在绝大多数情况下，市场的运行使力量的平衡偏向雇主一边。专栏 1.1 引述了 Beatrice Webb 在她的一篇有关英国工厂法的经典论文中的论述，可以说明这一点。

专栏 1.1

---

**Beatrice Webb 对劳资力量平衡的论述**

如果资本家拒绝接受工人的条件，那么毫无疑问他作为一个雇主会感到某些不便之处。为了完成订单，他不得不"加快"机器运转速度，或者让他的工人多工作一些时间。如果做不到这些，他就可能要迟交货，甚至到年底会发现利润比以前少。但是，与此同时，他可以继续吃吃喝喝，他的家庭也可以继续生活，像以前一样。他生活的舒适度不会受到影响，因此他能等，等到劳工卑微地回来。劳工要活下去就必须立即签合同。如果他坚持不签，他就无钱付每周的房租或者为他的家人买食物。如果他不屈服，就只能花少得可怜的那点储蓄，或者典当家具，陷入悲惨的境地。但或迟或早，饥饿会迫使他接受条件。市场上的这种讨价还价能否成功，取决于劳资双方对达成协议的迫切程度（特别是这种迫切性无法隐藏起来时）。现在我们可以同意以下观点，即"劳工作为一个阶级，在谈判中处于不利地位"。

资料来源：Mrs. Sidney Webb, ed. , *The Case for Factory Acts* (London：Grant Richards, 1901), pp. 8-9.

---

制度经济学家的结论是，劳工需要保护以免受竞争市场的作用，工会能够大大改善工人的生活状况。他们因此提出了两项基本的劳动政策：立法保护工人加入工会的权利；规范工作场所的一些问题，例如安全与健康、童工、最低工资、失业和工伤，以及社会保障等。因此，这些制度经济学家除了学术上的贡献之外，他们还是法律改革最早的推动者。这些法律后来成为罗斯福新政劳动政策的中心内容。

## 1.5　集体谈判的表现

通过审查集体谈判是否能为劳资双方和公众的目标服务可以评估其表现情况。

### 1.5.1　劳方的目标

要判断集体谈判是否满足了劳方的目标，我们可以分析工资、福利、安全条件，以及员工的工作满意度等。现在有许多劳方和资方在尽力提高工作生活质量和就业保障程度。因为这些劳资联合项目大大超出了传统的集体谈判的作用范围，因此必须评估这些项目的成败。

### 1.5.2　管理方的目标

管理方关注的是集体谈判对劳动成本、生产率、利润、产品质量，以及资方权力的影响。管理方也有一些人事管理方面的目标，例如，人员流动率、对员工的激励，以及员工的业绩等。所有这些方面可以说明，集体谈判是有助于还是有碍于雇主在产品市场上的竞争力。

管理方，特别是美国的管理方，从历史上看并不热衷于集体谈判。美国大多数雇主反对他们的雇员工会化，通常并不情愿参加集体谈判。经理们一般要通过比较非工会化部门的情况来评估集体谈判的表现。

人力资源管理战略的兴起以及来自非工会化部门竞争的加剧，使越来越多的公司经理们重新审视劳动关系的职能。很多公司高管力求把他们的劳工战略与公司的经营战略结合在一起。例如，钢铁、汽车、航天和纺织行业的企业都与工会一起共同修改了企业的劳工关系制度，以便在工厂进行新的投资。

### 1.5.3　公众的目标

要说明公众和政府在集体谈判中的目标是一件很困难的任务。政府的劳动政策要维护产业和平和工会的民主。另外，政府还关注集体谈判对通货膨胀和失业的影响，以及对一些工作条件的影响，例如，安全和健康、平等就业机会，以及收入保障等。

在任何一个民主的社会中，自由劳工运动都很重要。因此有必要作出评估的是，公共政策和私人行动所产生的集体谈判制度是否能加强工作场所和整个社会的民主建设。

美国的劳动力中只有不到1/5的人是由工会代表他们的利益行事，因此对雇佣条件的规范不仅来自集体谈判。在某些情况下，公共政策在集体谈判发生之前就会发挥作用，因为公共政策提供了其他解决劳资问题的方法，例如政府对养老金的规定。

## 1.6　本书的计划

以下的章节将按照图表1.1所描述的分析框架从上到下分析产业关系。图表1.1所描述的分析框架比大多数集体谈判模型的范围要更广泛一些、功能更强一些。这个框架特别着重分析了管理方、劳方和政府的决策者在应对环境变化（例如竞争的加剧和技术变化的日新月异）时作出的各种选择，没有把技术和竞争的压力仅仅当作约束条件来对待。

以下内容是对图表1.1所描述的内容作出的更详尽的分析。这些内容在每一章都分成若干小的主题进行分析，但本书会按照图表1.1的框架从上到下进行，保持这些内容的整体性。当读者在阅读每一章节的内容时，也可以回过头来重温这部分内容。

### 1.6.1　环境

外部环境是集体谈判的前提，对谈判过程和谈判结果都会产生很大的影响。外部环境包括5个方面的内容：经济环境（微观和宏观经济环境）、法律和公共政策、人口结构、社会态度，以及技术环境。规范集体谈判的法律和公共政策是环境的一个主要方面，我们将在第3章进行概述。第4章将讨论环境的每一个方面对集体谈判过程和结果的影响。

环境通常会转化为谈判力量从而发挥作用。例如，如果法律保障了雇员的罢工权，这一点就很重要，因为它为集体谈判提供了便利，改变了劳资力量的对比。劳资力量的对比一旦发生变化，在一定程度上就会改变雇佣条件（例如，工资更高）。外部环境就这样影响到了谈判的时间（谈判过程）和工资水平（谈判结果）。

同样，产品市场和劳动力市场这样的经济因素也会影响劳方和资方的行为，影响集体谈判的结果。例如，如果罢工的工人比较容易就可以找到其他临时性或长久的工作，工人和工会就具有较大的谈判力量，能够在合同谈判中赢得更高的工资。因此，宏观经济状况（如失业率的高低）能影响到工人的谈判力量和谈判结果（工资水平）。

集体谈判协议是否可以恰当地照顾到女性劳动力、年轻人和老年人的需要吗？政府是在执行已有的劳动法吗？这些问题涉及外部环境（在前面一种情况中，是人口结构这个因素，在第 2 例中是公共政策环境因素）与集体谈判的相互作用。

本书将不断分析各种环境因素对集体谈判过程和结果的影响。这样的分析贯穿于图表 1.1 所描述的中间一个层面的分析中。同时也要认识到，劳方和资方的战略和结构塑造了产业关系中间一个层面的活动，对工作场所这个层面也会发生影响。因此，当本书按照这个分析框架进行分析时，我们的分析贯穿 3 个层面。首先要分析的最高一个层面的问题是要考虑劳方和资方的战略和结构所产生的影响。

## 1.6.2　战略层面的分析

产业关系最高一个层面的活动是指导产业关系长期发展方向的战略和结构问题。

1）管理方的战略和结构

管理方的战略和结构对推动产业关系的发展至关重要。例如，公司的高管要决定是和工会保持长期的合作还是将更多的资源投到非工会化企业。

第 5 章要分析管理层面临的各种战略选择，包括使用得越来越多的利用非工会化方法替代集体谈判的战略。管理层一方面采取积极的措施以避免工会的出现，另一方面继续和代表他们雇员的工会进行集体谈判，改进已有的集体谈判关系。这是为什么呢？为了帮助我们理解管理方的动机，第 5 章比较了非工会化劳动制度、传统的工会化劳动制度（新政制度）和最近在许多工会化部门采用的员工参与制度。

管理方的战略很重要，而管理方为了产业关系而组织起来的各种结构也很重要。第 5 章第 2 部分内容要分析管理层如何组织其产业关系。

2）劳方的战略和结构

劳方的战略和结构也会对产业关系的整个过程产生巨大的影响。我们要在第 6 章分析劳方的各种战略问题。例如，工会的领导人在谈判中是要和资方保持一定距离，持反对资方的立场，还是会对新的灵活地组织工作的各种方式感兴趣，过多地控制生产程序的设计？另外，劳工界是应该采取政治行动还是主要通过集体谈判来提高雇佣条件？这是劳工运动面临的两大战略问题。

劳方和资方一样，其结构也会影响到产业关系。第 6 章概述了美国劳工运动的结构，分别论述了劳联—产联、全国性工会，以及地方工会的职能。

也许对劳工运动来说，有一个关键的战略问题（可能是最重要的一个问题），即有多少劳动力是工会会员。对组织问题的关注使劳联—产联的领导人发生了改变，也改变了劳联—产联的前进方向，出现了对手，即"变革求胜"工会联盟。这些内容我们也要在第6章进行论述。为了理解劳工运动战略的变化，第6章分析了工会会员的情况和某些趋势。这一章还要解释，为什么工会会员在劳动力中所占的比重在美国会下降那么大幅度。

本书对产业关系战略层面的活动的重视与传统上对工会和雇主的重视形成了对比。传统的方法把企业内部在劳工关系方面的管理结构定义得过窄，对工会的工资目标和工会内部的政策定义得过窄。今天要理解（企业的）经营战略和工会战略与集体谈判之间的联系，这样才能解释或者参与集体谈判过程。

## 1.6.3 功能层面（中间一个层面）的分析

在集体谈判关系中，中间一个层面的活动是集体谈判过程的中心。正是在这个层面上要进行合同的谈判，也正是在这个层面上要确定劳动合同的条款和就业条件并定期进行修改。

1）工会的组织活动和谈判结果

先要形成工会，工人要表达愿意让工会代表他们的利益行事，而后才能进行谈判，决定谈判结果。在美国，工会要在代表权选举中赢得雇员的投票支持才能在某个谈判单位获得代表工人的权利。因此，我们在讨论谈判过程（第7章）时，首先讨论的是，如何进行代表权的选举，并介绍了规范代表权选举的法律。

美国的工会在代表权选举中并不好过，特别是在20世纪70年代初以后。因此，在分析工会的组织活动时，我们必须考虑到管理方所利用的某些取得了巨大成功的策略，还要提到工会最近采取了哪些步骤来提高会员比例。

决定工会组织的形式并且常常也决定组织结果的一个关键因素是谈判单位的结构，这是第7章要讨论的第2个论题。谈判结构是指受某个集体谈判协议所覆盖或在某种程度上受其影响的雇员和雇主的范围。例如，同一个集体谈判协议覆盖了几个不同的雇主吗？某个公司是与一个工会谈判还是与几个工会谈判呢？某个工会代表的是具有相同技能的工人还是具有不同技能的工人？

美国的谈判结果集中程度很低：根据美国劳工统计局的估算（从来没有精确调查过），在美国现在大约有170 000～190 000个不同的集体谈判协议存在。然而，这一数字可能高估了集体谈判的分散程度，所谓的模版谈判这个非正式的程序通常可以把不同的谈判协议联系起来，所以，某个协议的变化会导致同一个企业、地区和产业其他协议的相似变化。例如，汽车工人联合会既代表汽车制造厂的工人也代表汽车配件厂的工人，当它与几大汽车制造厂商谈判赢得了好处时，通常会把这些条款扩大到由其他公司拥有的汽车配件厂。

第7章要探讨模版谈判的作用以及集体谈判结构会随着时间的变化而变化。这样的分析可以说明，谈判结构和产业关系的其他方面存在重大的联系。

2）谈判过程

劳资关系的中心议题是集体谈判协议的谈判，这是第9章的主题。如果某个工会赢得了代表一群工人的权利，谈判过程接下来要发生的就是工会（工人）要设法谈判得到一份比较有利的集体谈判协议。谈判过程的事务复杂，涉及劳方和资方的谈判策略和应对战略。由于集体谈判的动机很复杂，所以谈判双方常常会在谈判中发生拉锯战，有时候是争夺战，有时又会结成一体。在这一章，我们要分析近年来有些谈判方所采取的一种谋求双方利益最大化的谈判方法，这就是所谓的以利益考量为出发点的谈判方法。谈判的主题最具挑战性的地方是主题可以变动这一特点。

在对谈判过程进行分析时要考虑以下一些问题：

（1）如何描述和解释谈判过程的运行机制？

（2）为什么在有些谈判中会发生罢工而在有些谈判中没有发生罢工？罢工的频率和激烈程度为什么会随着时间和产业的不同而发生改变？

（3）工会和企业的经营战略在谈判过程中能发挥什么作用？

（4）谈判双方如何能提高使劳资双方都能获益的共同利益？

第 8 章要分析谈判的整个过程，从致开幕词到（双方）提出谈判要求，到进行谈判，最后签署协议。

3）谈判僵局的解决

当劳资双方在合同的谈判中形成了僵局，就要利用各种办法解决纠纷。第 9 章分析了各种解决僵局的技术。这一章要分析各种技术所使用的频率以及每一种技术的优缺点。

4）谈判结果

谈判过程本身虽然重要，但更重要的是它对工人的雇佣条件的影响，这要在第 10 章进行分析。雇佣条件是受集体谈判影响的最重要的谈判结果。

大部分的谈判结果都记录在集体谈判协议中，但并不是全部。图表 1.2 介绍了在许多劳动合同中覆盖的就业待遇和就业条件。这份名单说明，大部分集体谈判协议最起码包括以下这些问题：①工资和福利水平、薪酬制度，以及薪酬管理；②就业保障和收入保障；③物质性的工作条件；④某些人事管理和工厂运行的做法；⑤工会和管理层的权利与义务。

然而，尽管集体谈判的范围和内容在美国变化很大，但因为合同的条件确定了劳方和资方的权利义务，所以从集体谈判协议出发我们可以评估工人、雇主、工会和这个社会的利益是否得到了考虑。

近年来，有许多公司和工会开始简化集体谈判协议中的条款，以降低成本，提高人力资源管理的灵活性。这一章既要分析集体谈判协议在历史上的复杂化，也要讨论最近某些劳动规则的简化问题。

图表 1.2　　　　　　　　　　　　　　**集体谈判协议的典型条款**

| | |
|---|---|
| **协议的确定与管理：** | 工厂的搬迁 |
| 谈判单位和附属的工厂 | 外包 |
| 合同期限以及重新谈判的规定 | 在工作时间内工会的活动和津贴 |
| 工会的保障和代扣工会会费 | 劳资合作 |
| 特殊的谈判委员会 | 技术变革的规定 |
| 不满申诉程序 | 事先通知和协商的规定 |
| 仲裁与调解 | **工厂的运营：** |
| 罢工与闭厂的规定 | 工作规则和工厂规定 |
| 合同的执行时间 | 休息期间和其他在工厂的时间的津贴 |
| **工资的确定和管理：** | 职业安全和健康工厂委员会 |
| 工资率的结构和工资差别 | 工作时间和加班费的规定 |
| 激励和奖励计划 | 岗位的调换 |
| 生产标准和时间分析 | 有毒有害的工作 |
| 岗位划分和工作评估 | 劳动纪律和解雇规定 |
| 个人工资调整 | **带薪和不带薪的假期的规定：** |
| 在合同有效期内整体的工资调整方案 | 节假日 |
| **工作和收入保障：** | 病假 |
| 招聘和调岗安排 | 丧葬和事假 |
| 就业和收入保证 | 参加军事活动的假期和参加陪审团的义务 |
| 停工报告和发给未通知停工而上班的工人费用 | **员工福利计划：** |
| 补充性失业保险计划 | 健康和保险计划 |
| 对加班和调换工作等问题的规定 | 退休金计划 |
| 裁员前减少工作时间的规定 | 利润分享、股票购买和互助银行的计划 |
| 裁员程序、资历的作用以及召回的规定 | 奖金计划 |
| 裁员时的工作分享计划 | **特殊团体的规定：** |
| 人员减损安排 | 实习生和初学者的规定 |
| 晋升的规定 | 残障和老年工人的规定 |
| 培训和再培训 | 女性 |
| 津贴的给付 | 退伍军人 |
| 遣散费和裁员的补偿计划 | 工会代表 |
| 特别的基金和研究委员会 | 反歧视的条款 |
| **功能、权利与义务：** | |
| 管理权条款 | |

资料来源：Joseph W. Bloch，"Union Contracts—A New Series of Studies," *Monthly Labor Review* 87 (October 1964)，pp. 1184-85.

# 1.6.4　工作场所层面（最底层）的分析

在产业关系工作场所层面的活动中，会持续发生很多活动，其中有两项活动是纠纷的管理和实现公正的程序。其他的活动包括激励、参与以及对工人个人的监督管理，还包括把工作任务分配到岗位、团体或者团队。应该把工作明确分到各个岗位还是利用团队工作制度呢？改用团队制度对工会领袖以及不满申诉制度有什么涵义？这些问题说明，在工作场所这个层面最近发生的变革引发了一些问题。

1）集体谈判协议的管理

在美国，在工会化的情况下，劳资双方在工作场所的相互作用强调的是集体谈判协议的管理。合同管理的中心是不满申诉和仲裁程序，这要在第 11 章中进行分析。有些分析家把不满申诉的仲裁看作美国产业关系系统最重要的创新。

不满申诉和仲裁程序深受外部法律的影响，例如规范职业安全和健康、公平就业机会以及其他事务的法律。这些规定影响着工人个人的权利，对工会和雇主都明确了责任。第 11 章将分析这些外部的法律对工作场所的影响。

2）员工参与

谈判和管理集体谈判协议传统上为雇员提供了一种让他们参与影响他们的工作生活和雇佣条件的决策的途径。但人们试图超越这一程序让雇员直接参与到决策之中。第 12 章分析了在美国出现的各种员工参与项目。本书也分析了各种新的工作组织方式，例如团队和质量圈，劳方和资方利用这些方法提高生产率和产品质量。

员工参与不仅出现在工作场所这个层面，还上升到了战略层面。员工参与的形式可以是员工持股、劳资联合委员会，或者是在公司董事会中加入工人董事，或者是前面已经讨论过的工作场所的员工参与形式。

## 1.6.5  特殊的主题

第 13 章和 14 章讨论了某些主题，使我们对现代经济中的产业关系理解得更完整。

1）公营部门的产业关系

我们要在第 13 章分析美国公营部门集体谈判的规则和程序。它与私营部门的规则和程序很不相同。公营部门雇用着各种各样的雇员，包括公立学校的教师、警察和消防员，以及各个城市、州和联邦政府的公务人员。公营部门的雇员不受《国家劳工关系法案》（NLRA）的保护。这一章将把本书前面的部分所提出的理论用到公营部门进行分析。

2）国际比较产业关系

近期产业关系在全球的发展情况受到了人们的关注，我们将在第 14 章进行分析。在波兰和韩国这样的国家，劳工运动总是站在政治变革的最前列，劳工运动在决定工厂的工作条件的同时与政治变革有很大关系。

国际贸易和国际竞争已经走到了美国经济政策的前列。人们都在讨论全球化是否大大提高了资方的力量和优势。例如，出于对全球化的关注，开展了各种国际工人权利运动。第 14 章审视了全球化的影响，介绍了最近一些国际工人权利运动的纠纷及其阵营。第 14 章还详细介绍了德国和日本的产业关系实践。介绍这两个国家对读者来说是很有助益的，因为他们的做法和美国的很不相同，并且这些国家的经济表现非常强。对其他国家的产业关系状况的分析有助于读者深刻理解美国的产业关系。

3）劳工政策

第 15 章又回到美国的问题上。这一章分析了公共政策和社会政策及其对产业关系的影响。面对美国集体谈判制度的所有变革，这一章还要分析不同的公共政策选择，以及不同政策的优点及意义。

## ■ 本章小结

员工参与的扩张和团队工作组织方式的发展是近年来产业关系领域发生的众多变化中的两种。这些都只是许多已经出现的重大变革中的一部分。面对产业关系和集体谈判的各种变革，许多早期教科书所提到的资料都已经过时。对某些分析家来说，近年来的集体谈判制度值得关注，因为工资的增长比较温和，大家高度关注就业保障，这就是这些年来集体谈判的特征。对另外一些分析家来说，私营部门工会代表性的持续下降非同寻常。一些分析家认为，全球化的压力和新的工会组织战略最为重要。对我们来说，这些问题和事件每一个都值得关注，但更重要的是，各种变化和事件综合在一起如何影响了产业关系特征和形式的转变。

我们认为，美国的产业关系在发生根本性的转变，从强调中间一个层面的活动转为重视战略层面和工作场所层面的活动。人们关注就业保障、工会的示威、员工参与项目，以及美国的其他一些事件，这些都可以理解为转型的一部分。

我们提出了产业关系模型，如图表1.1所示。我们相信，集体谈判的这些变化既不是偶然的又不能被视为特例，这些变化正好可以说明产业关系的能动性。

一个人如果没有历史的观念就不可能理解产业关系最近的发展和运行。第2章从历史的角度综述了美国产业关系的发展。这一章着重介绍了某些关键性的事件和历史上的转折点。我们从这个角度可以进一步看清楚美国集体谈判正在发生的各种变化。

## ■ 讨论题

1. 指出参与集体谈判过程的主体有哪些？

2. 图表1.1是理解本书结构和对集体谈判分析的基础。描述此图表并说明它与集体谈判研究的关系。

3. 集体谈判的一个基本目标就是减少雇员和雇主之间的纠纷。本书对劳动力和劳资冲突有哪些基本假设？

4. 我们判断集体谈判的效率有哪些方法？从参与集体谈判过程的不同主体出发如何进行评估？

# 第2章 美国产业关系系统的历史演变

对于已经组织起来的工人和他们的雇主来说，集体谈判是解决他们之间相互利益冲突的一种手段。然而它绝不是处理产业关系的唯一手段。其实，在工业社会漫长的历史中，集体谈判只是在近期才出现的产物，而且集体谈判也必须适应时代的变化和价值观的变化。

这一章将阐述美国产业关系的演变。美国的劳工历史充满着暴力，产业关系的各个参与者面临着重重困难。奇妙的是，与此同时，随着经济的扩张，美国从一个移民国家变成了世界领先的工业强国。我们下面要叙述的历史表明，个人在这场转变中起到了重要作用。

图表2.1是个大事年表，列出了美国产业关系演变过程中的重要事件。在这一章，我们要开始讨论这些事件的性质与影响。

## 2.1 殖民时期与工业化之前的时代

从殖民时期之初到独立战争，主导着美国雇佣关系的是继承于英国普通法的主仆原则。许多早期的定居者是通过成为某一船主的契约劳工才得以到达美国。在这种制度的安排下，只要一到达某个殖民地港口，船长就会将这些人卖给某个雇主工作若干年（不超过7年）。这些契约劳工中许多人是为了逃避过去的问题或者是被迫离开他们的祖国的。一位观察员这样描述他们：

这些从各地涌入布里斯托尔的将被运送到海外成为主人种植园的仆人的人，有些是抛弃了妻子的丈夫，有些是抛弃了丈夫的妻子，有些是逃离父母和师傅的孩子和学徒，他们毫无戒备，轻信他人，经常被人贩子诱拐上船。还有许多因抢劫、入室盗窃或越狱而遭通缉追捕的人，他们确实借此逃避了法律起诉和制裁。

图表 2.1                       **美国产业关系大事年表**

| | |
|---|---|
| 1794 年 | 在费城成立了美国第一个工会——鞋匠工会 |
| 1806 年 | 在鞋匠工会一案中，工会被认为是"阴谋犯罪" |
| 19 世纪早期 | 在 Horace Greely 的领导下，乌托邦思想盛行 |
| 1842 年 | 在联邦政府诉 Hunt 一案的判决中，裁定工会本身并不是阴谋犯罪 |
| 19 世纪 60 年代 | Molly Maguires 这样的秘密团体非常活跃 |
| 1869 年 | 劳工骑士团成立 |
| 19 世纪 70 至 80 年代 | 劳工骑士团全盛时期，而后衰落 |
| 1886 年 | 美国劳工联合会成立，1924 年前由 Gompers 担任主席 |
| 1886 年 | 甘草市场（Haymarket）事件，警察打死工会示威游行者 |
| 1892 年 | 赫姆斯蒂罢工，卡内基（Carnegie）钢铁公司解散工会 |
| 1893 年 | 普尔门罢工，普尔门公司战胜了铁路工会 |
| 1908 年 | Danbury Hatters 案，工会成员因参加次级抵制被罚款 |
| 1914 年 | 《Clayton 法案》，撤销 Danbury Hatters 案裁决的努力失败 |
| 1917—1918 年 | 一战时的美国，劳动力市场紧张促进了工会的发展，但是"世界产业工人组织"遭到压制 |
| 20 世纪 20 年代 | 开放企业运动导致了工会的衰弱 |
| 20 世纪 30 年代 | 工会复兴，大萧条，新政，产业工会运动 |
| 1932 年 | 《Norris LaGuardia 法案》取缔劳工禁令与"黄狗契约" |
| 1933 年 | 通过《国家工业复兴法》（National Industrial Recovery Act），其是违反宪法的 |
| 1935 年 | 《Wagner 法案》（《国家劳工关系法案》）保护（劳动者的）组织权 |
| 1935 年 | 美国劳工联合会（AFL）与产业工会联合会（CIO）分家 |
| 1937 年 | 国家劳工关系委员会诉 Jones&Laughlin 案，《国家劳工关系法案》被认为符合宪法 |
| 1941—1945 年 | 第二次世界大战，美国战时劳工委员会负责规范管理产业关系 |
| 1946 年 | 二战后罢工频繁，工会成员达到顶峰（35.5%） |
| 1947 年 | 新一届共和党议会通过了《Taft-Hartley 法案》 |
| 20 世纪 50 年代 | 美国工会全盛期，工会化程度超过 30% |
| 1955 年 | "劳联"与"产联"合并成立"劳联—产联" |
| 1959 年 | 对工会腐败问题的担忧导致了《Landrum-Griffin 法案》的出台 |
| 20 世纪 60—70 年代 | 公共部门的工人获得组织起来的权利 |
| 20 世纪 80—90 年代 | 几大工会的成员数量减少 |
| 1981—1983 年 | 经济衰退导致工会会员的岗位减少，尤其是在汽车和钢铁产业 |
| 20 世纪 80 年代 | 在 PATCO 和 Phelps-Dodge 的罢工中，采用了"永久性解雇"措施 |
| 20 世纪 90 年代 | Caterpillar 罢工，汽车工人联合会罢工失败 |
| 1995 年 | John Sweeney 在改革后的选举中被选为"劳联—产联"主席 |
| 2005 年 | 工会成员人数占 12.5%；"劳联—产联"与"变革求胜"工会联盟分离 |

## 2.1.1 农业主导时期

殖民地时期农场和种植园普遍缺乏劳动力，所以雇主们很渴望这些工人的到来。从

1609 年，第一批奴隶被进口到弗吉尼亚，到 1808 年奴隶买卖被法律禁止，来自非洲和东印度群岛的人们不断加入到契约劳工的队伍中。这一时期农业占主导地位，南方是大种植园，宾夕法尼亚州有教友派信徒的大农场，新英格兰有清教徒的家庭农场。

与这些以农业为基础的农村经济共同发展的还有手工业和制造业工人——鞋匠、工匠和铁匠等。一位历史学家这样描述小商贩的出现：

美国最成功的工厂主大部分是打短工出身。有少数工厂主是在欧洲工厂和制造厂中工作过的工头。他们有技术，认真、节俭，并因此攒下了一笔钱，在美国凭借他们的优势开始了创业。

## 2.1.2　熟练工人的短缺

当 13 个殖民地出现熟练工人短缺时，殖民统治者就游说让更多的熟练工人来到美洲大陆以利用当时发展的好机会。Jamestown 的 John Smith 船长这样说：

"如果你们还要运人来，与其再送来 1 000 个我们已经有的工人，还不如仅送来 30 个能干的木匠、农夫、花匠、渔夫、铁匠以及能挖树根的人。"

殖民地的雇主抱怨说，技术工人的短缺迫使他们付给工人"过高的工资"。一位历史学家估计美国技术工人的工资比英国同等工人的工资高出 30% ~ 100%。在这种情况下，雇主或社团通常相互挖技术工人。这使马塞诸塞湾和其他殖民地的政府当局试图通过规定工资上限来规范竞争。但政府这些早期所做的规范劳动力市场的努力在技术工人的需求增长猛烈的情况下通常失败。

## 2.1.3　劳动力多样化

从一开始，美国的劳动力就高度多样化，包括契约劳工、奴隶、移民、报酬很高的熟练工匠和小店主、农场主，他们肤色各异，有男有女。这种多样化成为了美国劳动力的特征，也因此削弱了阶级意识，而正是阶级意识促使了欧洲工会的发展。美国劳动力的多样化，加之机会的增多，致使人们在 18 世纪工业化之前没有什么兴趣去组织工人团体。

## 2.2　早期的工会

殖民地工会的发展与工业的发展和工业革命是分不开的。并非所有的工人都能轻易地使自己适应于工业工作岗位严格的时间和纪律要求。为了让工人适应新的工作制度，新英格兰州早期的工厂经营者不得不向移民和其他第一代工厂工人施加严厉的劳动纪律要求。专栏 2.1 摘录了 18 世纪早期一位新英格兰雇主制定的纪律章程。它说明了一些雇主为保持劳动纪律所做出的努力。

专栏 2.1

---

**受雇于劳伦斯制造公司的人员必须遵守的一般性规定**

第一条　公司的所有受雇人员在上班期间要认真执行各自的任务或工作，要完全胜任工作，要在他们所承担的工作或职责中追求最高的效率，并且在任何场合举止言行都要表现得值得称赞，符合道德和社会责任的要求，公司人员在这方面要树立一个合适的榜样。公司不会雇用这样的员工：那些放荡的、懒惰的、不诚实的、无节制的或者习惯于不做礼拜、亵渎安息日或嗜赌成瘾的人。

第二条　所有的烈性酒都不得进入工厂，除非它是医生开的处方药，或者用于清洗或外敷。各种赌博或纸牌游戏在公司和宿舍范围内都是绝对禁止的。

第三条　在厂房、其他建筑物或院子中禁止吸烟，也不应该在宿舍或街道上粗心地大吸香烟。

马萨诸塞州卢维尔

1833 年 5 月 21 日

　　资料来源：William Cahn, *A Pictorial History of American Labor* (New York：Crown Publisher, 1972), p. 49.

---

　　雇主们如此努力地维护工作纪律的原因之一是因为工作条件很艰苦。专栏 2.2 描述了 19 世纪初南方一棉纺织厂的工作环境。

专栏 2.2

---

**19 世纪初的南方一棉纺织厂**

　　棉纺织厂所在的村庄像一个与世隔绝的大住家。通向工厂的路的两边是一排排白色檐板的房子，而工厂主住在离这很远的别墅里。

　　工人们，大多数是妇女和儿童，每天工作 16 个小时，而所挣得的工资却只够付工厂房租和综合商店的账单。工厂工人主要以种在他们自家花园里的食物为生，工厂主不仅招收儿童参加工作，而且坚持雇用童工。一些工厂提供学校，但大部分并不提供，所以大多数第一代工厂的工人成了文盲。教堂通常建在工厂拥有的土地上并获得工厂的经济支持，因此教堂讲道的主题经常是：刻苦工作，忍受贫困，苦难是灵魂获得拯救的必由之路。

　　资料来源：Victoria Byerly, *Hard Times Cotton Mill Girls：Personal Histories of Womanhood and Poverty in the South* (Ithaca, NY：ILR Press, 1986), p. 12.

---

## 2.2.1　最早的工会

　　最早一批通过联合并要求提高工资与雇主抗衡的工人是熟练的工匠。大多数学术权威认为，联邦熟练皮匠协会，即成立于 1794 年的费城鞋匠工会，是美国第一个现代工会。鞋匠工会中也有纽约市和其他一些大城市的印刷工人、木匠和其他工匠加入。

　　通常，工会的成立都是由于工人们对新的工资水平协商一致，而雇主们却拒不接受，致使工人们放下工具罢工，工会便成立了。在有些情况下，成立工会是因为雇主宣布削减工资。我们今天所熟知的集体谈判在殖民地时代还没有真正出现。那时候，要么是劳方单方面的要求得到满足而使工作得以继续，要么就是雇主们雇用那些愿意接受他们工资的人来替代罢工者。为此，工会开始联合起来采取行动。

1) 工人为什么要组成工会

在工业化进程中是什么促使工人们组成工会来保护自己的利益？John Commons（见第 1 章）研究了美国最早的制鞋行业的工会。他认为，成立工会是工人们对竞争压力（他称之为竞争威胁）的反应。这种威胁来自于扩大的市场。竞争威胁导致了低成本的竞争、低工资和恶化的工作环境。

日益加剧的竞争压力来源于经济中运输革命所导致的市场的扩大。伴随着市场的扩大，要完成所有生产工艺的手艺高超的鞋匠让位于基于不同工作责任的分工，他们先被短工们所取代，继而被生产装配线的工人所取代。从技术的角度说，这是一个从手动工具向动力机器和生产线的转变。

虽然伴随着竞争压力的加剧，同时也会发生社会转变，但 Commons 认为，工人和早期的工会并未采取行动反对这样的生产关系或者技术。Commons 的总结是，工会是因为继而产生的工资的降低、工作条件的恶化而兴起的。因此，Commons 的观点是，工人们成立工会是以此为手段提高他们的待遇，而并不是要改变整个社会关系或赢得对生产过程的控制权。

2) 法院早期对工会的反应

工业化早期，美国的雇佣关系主要受到从英国沿袭下来的普通法的监管。宪法和州及联邦法规中没有哪一条款明确说明工人的权利和雇主的义务。法院承担了对雇佣合同双方的权利义务进行解释的任务。

普通法的规则通常只能为单个的雇员提供少数几项由劳动合同明确的或者隐含的权利。事实上，大多数法庭对劳工组织采取的集体行动持明确的反对态度。

## 2.2.2　成立工会即是阴谋犯罪

鞋匠工会的行动导致了 1806 年一个著名的审判和一项直到 19 世纪 40 年代仍然指导着法院审判的裁决。1804 年费城鞋匠（皮匠）联合起来拒绝与非协会成员的工人一起工作。而且鞋匠工会还成功地提高了他们的工资率。鞋匠的雇主就工人和工会所采取的行动上诉到法庭。陪审团判定鞋匠工会有罪并处以罚款，罪名是他们结成工会是非法的阴谋。陪审团认为，鞋匠工会本身是不合法的，并且它还伤害了没有加入工会的鞋匠的利益。专栏 2.3 更详细地叙述了费城鞋匠案。

联邦法庭和地方法庭在许多司法审判中都沿用了这个案例。法庭认为，工会侵犯了产业工人与雇主签订合同的自由，是阴谋犯罪。法庭颁布了一系列裁决，限制工人成立工会的权利，或者限制工人在成立工会后进行罢工，采取联合抵制或实施其他产生经济压力的手段。

法庭的判决反映了这个国家保守的、自由放任的经济与政治文化。私有财产应该受到保护；经济力量的联合，包括劳工力量的联合都应该受到限制，并且个人（非集体）签订合同的自由是应该被保护的。所有这些原则都对工人们建立强大的工会造成了障碍。

## 2.2.3 美国内战前工会的组织活动

1）政治活动

由于把工会视为阴谋犯罪，再加上1812年南北战争结束后经济萧条，使得大多数早期的工会无法存在下去而消失。1820年前后，男性和白人纳税者的政治和选举权利渐渐扩大，工人们开始成立工人的政党。两个最大的工人政党分别成立于费城和纽约。这些政党只存在了很短的时间，都因内部对1832年的那场选举中支持哪位候选人的意见不一致而瓦解。那年Andrew Jackson最终入主白宫。

工人政党通过组成有影响力的政治联盟以维护劳动者利益的尝试失败了，但这仅仅是美国历史上一系列相似的劳工党派政治努力的失败的开始。

专栏2.3

---

**鞋匠工会案与成立工会是阴谋犯罪的教条**

1798年联邦鞋匠（皮匠）工会试图将制作每双鞋的工资提高到将近1美元。1804年秋鞋匠工会又进行了一次罢工，并将制作每双哥萨克靴的工资增长到2.75美元（无论靴子的销售情况如何）。但是圣诞节后，零售订单量减少，雇主们削减了按订单生产（批发）靴子的工人工资的1/4，生产定制（零售）靴子的工人工资被削减得更多。这次工资削减导致了1805年的罢工，鞋匠们要求生产批发与零售靴子的工人工资统一定为3美元。雇主们镇压了罢工并向法院提起诉讼。

审判在费城的市长大厅进行。陪审团由商人和工匠组成：两个旅馆老板、一个商人、三个杂货商、一个制帽者、一个烟草商、一个钟表匠、一个裁缝、一个酒店老板和一个瓶子制造者。一个鞋匠因为他的职业被取消了陪审团成员的资格。

原告（雇主）指控鞋匠工会（被告）："不愿意……以通常的价格……工作和劳动，并且企图以不公平的、让人难以忍受的手段提高价格，以不当的手段……为他们的工作和劳务强索并获得大量的钱财。"他们指控鞋匠非法地、有社会危害性地、有意误导他人地成立了一个旨在通过"非法的主观的章程、规定与命令"控制成员和其他熟练工人的组织。

原告宣称："我们的立场是，没有人可以肆意地联合、密谋、结盟和非法地达成对整个城市的工人群体进行管理的协议。"这些指控都是以英国普通法中涉及非法密谋的条款为依据。

被告辩论说，以原告对普通法的解释，任何集会都是非法的。一位被告的辩护律师说："乡村舞会是非法的，沙龙舞是非法的，甚至（在一起跳）小步舞也会是一种密谋活动。只有吹牛角号或独唱可以免受惩罚地进行一个晚上！"

观点陈述完后，陪审团仔细考虑了一个晚上，最后作出有罪的判决。每位被告罚款8美元——相当于大约一周的工资——外加审判费用，并且"罚款付清前要忠于职守"。

资料来源：From Gloria Stevenson, "Cordwainers Put Their Soles into Bargaining," in *200 Years of American Worklife*（Washington, DC: U.S. Department of Labor, 1977）, pp. 29-31.

---

2）劳工经济状况好转

然而那些年劳工经济状况有明显的好转。新英格兰的纺织工人们成功地推动了对雇佣童工的限制。纽约的熟练工人首先打破了工作"从天黑到天黑"（看不到日出，看不到日落）的时间安排，并且周边产业也渐渐接受了每天10小时工作制，Andrew Jackson 倡导的人民民主思想使人们认识到，需要为劳动力提供公共教育体系以适应迅速发展的经济。

19世纪30年代也见证了第一个全国性工会的兴起与失败。那时，制造业开始在新英格兰发展，各种小规模的熟练工人工会已经形成。与之后出现的工会联盟组织的目标相似，全国性工会的目标是把分散的工会组织起来以增进全体工人的利益。纽约的全国性工会在1832—1837年间召开了3次年会后在1837年的萧条中解散。

到19世纪40年代，欧洲的移民浪潮达到高峰。训练有素、技术高超的北欧木匠、机械工人和农民的队伍中加入了比较贫穷的且技术较差的爱尔兰人和南方奴隶，继续促进了劳动力种族与宗教信仰的多元化。一些移民者，例如住在纽约和其他一些大城市的社区的来自俄国和波兰的犹太人，他们给美国带来了欧洲工会组织的传统。然而总体来说，存在于不同种族和技术水平工人中的多元文化和竞争使集体组织很难成立。

3）乌托邦运动

19世纪中后期出现了许多基于各种乌托邦理念的集体组织。乌托邦主义者提议建立包括市民、工人、管理人员的团体，以便让他们共同工作、共同进步。他们的目标是避免工厂系统带来的导致分裂和丧失人性的影响。

专栏2.4总结了最著名的空想思想家之一的Horace Greely的观点。空想主义者的愿景对在这个国家的工厂中工作的第一批工人来说一定很有吸引力。他们的思想获得了工人们强烈的拥护。然而工人阶层的多样化、提高实际工资的诱惑，以及向西部迁移的机会，都降低了乌托邦事业的吸引力。

**专栏2.4**

### Horace Greely

Horace Greely 是最有影响力的乌托邦式的社会改革者之一，他是纽约论坛报的编辑。

"土地、空气、阳光，以及自然的物品，（造物主创造它们的）目的是……为全人类所共享，"他说，"但是社会的形成使得这种共享没有也不可能实现……"

"有权拥有土地是一回事，"Greely说，"有权拥有成千上万英亩土地又是另外一回事。我谴责土地垄断。"

Greely的言论鲜明而强烈，是众多旨在"提高公众地位"的声音之一。像Emerson所说："Greely是在为整个西方思考。"事实上Bayard Taylor的说法更加精确。他说："在整个西方，论坛报是仅次于圣经的读物。"

也许在Greely向他的读者提出的指导性建议中，有一条令人记忆最为深刻——"年轻人，去西部吧，与这个国家一同成长"。

事实上，西部有大量可耕种的土地。这在理论上可以使产业工人逃离工业生产活动。一些男工和女工也确实去西部从而逃离了工业生产。

资料来源：William Gahn, *A Pictorial History of American Labor*, 3rd printing（New York：Crown Publisher, 1976），pp. 71-72.

4）手段决定目标的教条：联邦政府诉亨特案（Commonwealth v. Hunt）

在19世纪40年代法庭对成立工会是阴谋犯罪的这个说法后来发生了改变，从而促进了工会的发展。最著名的判决是1842年的联邦政府诉亨特案。负责这起案子的Shaw法官认为，工会本身并不是非法的阴谋。他认为法庭应该审查工会为了达成目标所采取的手段。

法庭必须评定工会是否在他们的行动中滥用了他们的权利，或者是否侵犯了宪法赋予工人和私有财产拥有者的权利。因此手段决定目标之说在法庭判决中第一次出现。到19世纪末期，法官们一般都发生了转变，转而颁布限制工会罢工、罢工纠察和抵制雇主权利的禁令，而对成立工会并不限制。法庭的这种转变促进了工会的发展，但并未消除阻碍工会壮大的众多障碍。

5）黄狗契约

雇主在处理与雇员的关系时利用普通法的有关规定限制工会的另一种方式，就是要求雇员签订黄狗契约，以向雇主表忠心，声明雇员既不会加入工会也不会参加工会的活动。法院会把这些契约作为雇佣条件而判定它具有法律效力，因此如果雇员后来加入工会，就将被解雇。以黄狗契约为由同样也可以对工会组织者采取法律行动，因为他们干预了雇佣关系。

## 2.2.4　劳工战争

从1860年到20世纪最初的10年间，工人与雇主之间存在一系列激烈的有时甚至是暴力的斗争。一些斗争仅限于当地并只涉及一个雇主和几群工人，但另一些却扩展到了全国。

美国的煤矿业是发生暴力纠纷最多的地方。矿主单方面削减工资，有时甚至削减到工资的1/3，这样的行为经常引发工人们的反抗。

1）Molly Maguires组织

激进的爱尔兰矿工组成的秘密组织于1862年成立，它旨在帮助罢工矿工抵制雇主削减工资的政策。这个秘密组织持续了超过10年，直到Pinkerton私家侦探公司的一个间谍成功地通过被雇用而潜入Maguires组织。Pinkerton公司发现的证据（它的真实性后来被历史学家所怀疑）使10名Maguires组织成员因谋杀获罪并被判处死刑。

Molly Maguires组织与煤矿产业的雇主们之间的斗争只是19世纪后期爆发的暴力罢工浪潮的一个例子。铁路、炼钢、肉类包装和其他一些发展着的制造产业中发生的罢工，常常变为罢工者、破坏罢工者、当地警察，在有些情况下还包括私人武装力量之间的暴力冲突。

这个时代的工人们所经受的苦难促使一些激进的支持者起来说服劳工反击。被人们称为Jones妈妈的妇女是最富有传奇色彩的支持者之一（见专栏2.5）。

专栏2.5

## 她不是位淑女，她是 Jones 妈妈

在 19 世纪末 20 世纪初，工人们组成工会的尝试总是伴随着炮火与伤亡，一个人们只知道她叫 Jones 妈妈的长相和蔼的老妇人长途跋涉，穿越了这个国家大部分的煤矿，鼓励矿工们组织起来进行罢工。

Jones 妈妈看起来像一个和蔼的奶奶。她只有 5 英尺高，体重不超过 100 磅，通常穿着一件优雅的带蕾丝花边的黑色连衣裙，带着一顶维多利亚时代的帽子。虽然外表看起来很温和，但她的语言与行动像矿工的生活一样强硬。

在 1917—1918 年间，87 岁的 Jones 妈妈告诉一群西弗吉尼亚的罢工工人："你们这些该死的胆小鬼正在输掉这场罢工，因为你们没有胆量出去战斗从而夺得胜利。你们到底为什么不拿起火力很强的步枪把那些该死的顶替你们工作的人打出矿区？"

矿工们热爱 Jones 妈妈，而矿主、警察和许多不是很激进的工会领导者却盼着她死去。她被捕入狱很多次，一次被控谋杀，她偷了一把机枪企图用炸药炸毁一列火车。她去世时享年 100 岁，牧师宣读的颂词这样写到："有时她的方法使正义的人感到悲痛……但是她的错误在于滥用了她的勇气，这位母亲的心中充满对正义的热爱。"

资料来源：From Gloria Stevenson，"That's no lady, That's Mother Jones," in *200 years of American Worklife* (Washington，DC：U. S. Department of Labor，1977)，pp. 104-8.

2）Haymarket 事件

Haymarket 事件是 1886 年发生在芝加哥的一起重大暴力事件。位于芝加哥郊区的麦考密克收割机制造厂（the McComick Harvester Works）的雇主为抵制工人的要求而停工，那之后，城内的气氛开始紧张。一时，穿过罢工纠察线的罢工破坏者和被停工的工人之间发生了争斗。警察到达以制止争斗并开了枪，打死 4 名工人。

第二天晚上，一场群众集会召开了，4 000 人聚集在芝加哥 Haymarket 广场抗议警察开枪。和平集会后警察赶来，然后一枚炸弹爆炸了。警察开始向群众开枪，10 人死亡，另有 50 人受伤。

8 个无政府主义者随后被指控投掷炸弹并被判有罪，虽然当时并没有证据证明这些人与实际的爆炸有关。这 8 个人中，4 人被绞死，1 人自杀，其余几人在监狱服刑，后被伊利诺伊州州长减刑。

3）赫姆斯蒂（Homestead）罢工

另一个用以说明早期美国工会的发展遇到阻碍的实例，是 1892 年爆发的针对卡内基（Carnegie）钢铁公司的赫姆斯蒂大罢工。赫姆斯蒂的工厂与钢铁和制锡工人联合会之间有一个长期的工资协议。1889 年 Andrew Carnegie 买下了赫姆斯蒂的工厂，让 Henry Clay Frick 负责经营管理。

1892 年 2 月，Frick 要求大幅度削减工资。他与工会就新合同的谈判陷入了僵局。工人们采取罢工。Frick 在工厂周围拉起了铁丝网并雇用了 300 名 Pinkerton 公司的（私人安全）保安，他们遭遇了罢工的炼钢工人的阻碍。一场斗争爆发了，双方各自死亡 12 人。Pinkerton 公司的保安被撤走。

罢工随后扩散到其他工厂，暴力冲突也随之扩散。罢工拖延了几个月。最后工人个人

与工会的资金全都用完了，炼钢工人承认失败并作为非工会会员重返工作岗位。工会瓦解了，匹兹堡地区的许多钢铁厂取消了钢铁工人工会。

4）普尔门罢工

19 世纪 90 年代早期，Eugene V. Debs 领导的美国铁路工会发起了一系列针对铁路公司和他们主张的工资削减政策的产业行动。工会会员的人数曾经高达 150 000 人。但就在这时，爆发了普尔门罢工。

普尔门汽车公司的雇员们住在位于伊利诺伊州由公司经营的小城镇普尔门。他们支付给公司伙食费、公共设施费并向公司交税。在 1893 年的萧条时期，公司削减了工人 22% 的工资，但并没有降低租金和其他服务费用，所以雇员们要求提高工资。然而公司向企图通过谈判恢复工资水平的工人开枪。普尔门工人向美国铁路工会求助，因此一系列有计划的罢工在全国铁路系统相继发生。

随着罢工的扩散，法庭颁布了禁令，理由是罢工的铁路工人阻碍了邮件的传送和州际贸易。Grover Cleveland 总统派出了联邦军队执行这项禁令，于是发生了暴力冲突，包括焚烧运货车和其他铁路设施。

被指控阴谋阻扰商业活动的 Debs 呼吁其他工会罢工以支持铁路工人。Debs 的呼吁只获得了很少的支持，再加上他们要面对人数逐渐增多的州和联邦军队，因此罢工者只好返回去工作，罢工失败。Debs 进了监狱（见专栏 2.6），但最终他成为了那个时代美国社会主义者的领袖。

**专栏 2.6**

### Eugene V. Debs

Eugene V. Debs 生于印第安纳州的泰瑞豪特。从 1871 年起他一直从事铁路消防队员的工作，直到 1873 年的经济萧条使他失业。1877 年铁路大罢工发生时，他是铁路消防队员同业工会地方分会的领导人。虽然他和他的工会并未参加罢工，Debs 却因罢工的暴力感到困惑与震惊。没过多久他担任了该工会总会的工会干部，后来又成了工会官方刊物的编辑。随后的 15 年，除了在一段时间中他的政治地位有所下降外，Debs 一直在铁路消防队员工会中起着领导作用。

19 世纪 80 年代末，Debs 从一个回避罢工，回避罢工相伴随的暴力冲突的人，转变成一位社会主义劳工领导人，将罢工视作获取经济上公平地位的一种武器。1892 年以职业划分的各铁路工会之间缺乏团结令他很失望，他辞去了同业工会的工作，担任了美国铁路工会的领导人，说服铁路工人们只有联合成一个组织才能解决他们的问题。

作为一个有能力、敏锐又实际的组织者，Debs 的尝试很快便获得了成功。他建立了一个包括所有铁路工人的工会。在一年内，这个工会拥有了 465 个地方分会，超过 150 000 的人加入了工会。

Debs 曾说过："如果有某个阶层地位更低，我就会加入其中。如果有某个犯罪因素，我就会利用这点；只要监狱里还有一个人，我就没有自由。"

资料来源：Patrick J. Ziska, "The Violent Years of Labor's Youth," in *200 years of American Worklife*（Washington, DC: U. S. Department of Labor, 1977），pp. 99-103.

## 2.3  成立全国性工会的需求

随着运输网络扩大到全国范围，工人们遇到了可以跨越州边际转移货物和劳务的雇主。在这种情况下，地方性的罢工和工会运动力量是有限的。成立全国性劳工组织的需求变得更加清晰，所以一些全国性的工会就建立起来了。

像美国铁路工人工会这样的早期全国性工会发现，他们的会员人数随着全国经济的趋势变动而变动。当经济状况好时，会员数量增加，工会力量增强。当经济陷入严重衰退（美国工业化早期特征）时，工会成员数量减少，组织起来的工人们也失去了表达他们需求的力量。

### 2.3.1  劳工骑士团

劳工骑士团成立于 1869 年，是美国早期工会中最重要的全国性劳工组织。劳工骑士团一半是同业互助会，一半是工会。它在各个城市跨越了职业界限来组织工人。劳工骑士团信奉的理念是，无论工人们拥有何种技术与职业，他们都有着共同的利益。

骑士团的宪章宣称，组织的最终目标是建立合作社。骑士团相信，实现这个目标后，劳动与资本便可以和谐共处了。为了达成这些目标，骑士团认为劳动者要组织起来，加强教育，要和资方合作。在工会活动方面，骑士团提倡以仲裁代替罢工。它也支持以下这些政策：建立 8 小时工作制，建立健康和安全的法律规范，禁止雇用童工，铁路、电信、电话要归政府所有。骑士团是一个寻求以工会和合法行动来限制工业社会出现的过分行为的改良性组织。

1879 年 Terence Powderly 成为骑士团的领导者（见专栏 2.7），并将成立生产合作社作为骑士团的终极目标。他认为，罢工和其他一些工会活动是具有破坏性的，而且并不能带来必需的政治改革。他支持将谈判和仲裁作为解决问题的方式。

骑士团的领导层最终就骑士团应该将注意力更多地集中在工会运动还是政治活动的问题上出现了分歧，并逐渐分裂。与 Powderly 不同，骑士团的许多普通成员更支持采用罢工和联合抵制的方式来获得更高的工资。

劳工骑士团的会员人数随着全国经济和各地方分会的财务状况而变动。1886 年大约有 700 000 人，达到了顶峰。但是 19 世纪 80 年代末骑士团的影响力逐渐衰弱。公众对于发生在煤矿、赫姆斯蒂和普尔门罢工中的暴力的谴责，也削弱了劳工骑士团的影响力。它还因 1886 年发生在芝加哥 Haymarket 广场的事件所产生的社会影响而受到了重创。

专栏 2.7

---

**Terence Powderly**

Terence Powderly 说："美国的劳动者，甚至全世界的劳动者，都应该怀着感激与崇敬之情，记住那些为争取全人类自由而斗争的女英雄。"Terence Powderly 是劳工骑士团最有影响力的领导人。

资料来源：William Cahn, *A Pictorial History of American Labor*（New York：Crown Publishers，1977），pp. 115-20.

---

## 2.3.2 世界产业工会

世界产业工会（IWW，简称"世工"）却给工人提供了一个更激进的斗争方式。世界产业工会的行动纲领是，将工人们组成各种可以采取直接的、强有力的行动以改善工作条件的产业工会（见专栏2.8）。世界产业工会也支持成立一个独立的政党，以推翻资本主义，取而代之建立一个"合作社式的联邦政府"。世界产业工会的成员大部分为矿工和伐木工人。

世界产业工会被公众认为是一帮有暴力倾向的反政府主义者。他们唯一想做的就是要推翻美国的制度。然而，虽然世界产业工会举行的罢工经常很热闹，有时甚至转为暴力冲突，但大部分暴力冲突是当地政府和（自发组织的）治安团体挑起来的，并且世界产业工会的成员自己经常是暴力冲突的受害者。

虽然世界产业工会的基本目标是推翻资本主义，但在其鼎盛时期，它也领导了一系列旨在提高工资和改善工作条件的罢工。世界产业工会从来没能拥有大量的成员，其形象较差，且其大胆的政治目标与大多数成员所拥护的更为实际的目标之间存在差异，因此其发展受到了影响。

第一次世界大战开始时，William D. Haywood 和其他产业工会的领导者，反对美国参战，并且不支持冲突各方，因为他们认为只有资本家才能从战争中获益。Haywood 和其他一些积极分子最终因煽动叛乱罪受审，世界产业工会也退出了历史舞台。

专栏2.8

---

### 世界产业工会的宣言

工人阶级与雇主阶级没有共同的利益。只要数百万的工人正在忍受饥饿与贫困，而构成雇主阶级的少数人正享受着生活的一切美好，二者之间就不会有和平。

两个阶级的斗争一定会持续到全世界的工人们联合成一个阶级，占有土地和生产的机器，并废除工资制度。

我们发现产业管理的重心放到了越来越少的人手中，这使得工会没有能力对抗雇主阶级日益增长的权力。工会促成了这样一种局面，即容许同一产业的工人群体之间相互较量从而在工资战中削弱彼此的力量。而且工会还帮助雇主阶级误导工人们，让他们相信工人阶级与他们的雇主拥有共同的利益。

要改善这一局面，保护工人阶级的利益，只有建立一个组织，当任何一个部门发生罢工或资方闭厂的时候，能够使同一产业的所有工人，在必要的情况下甚至是所有产业的工人，都拒绝工作，使得工人们一损俱损，这样才能达成目标。

我们应该在旗帜上写下这样的标语："废除工资制度"，而不是传统的格言"做好一天的工作得到一天应得的工资"。

对工人阶级来说，废除资本主义制度是他们的历史任务。生产大军必须组织起来，并不仅仅为了与资本家抗争，更是为了当资本主义制度被推翻时接管生产。以产业为基础组织起来，我们要在旧的制度中孕育一个新的社会。

资料来源：Paul F. Brissenden, *The I. W. W.: A Study of American Syndicalism*, 2d ed. (NY: Columbia University Press, 1920), pp. 351-52.

## 2.3.3　禁令和反垄断法规

20 世纪早期工会发展面临的另一个困难是，法庭认为工会活动违反了反垄断法。国会通过的联邦反垄断法力图限制扩张的商业联合活动所获得的垄断力量。

1）《Sherman 反垄断法案》

1890 年通过的《Sherman 反垄断法案》规定，任何限制州际贸易的合同、团体或合谋都是非法的。这项法案并没有提到工会，因为通过这项法案的时候，国会只考虑了托拉斯组织和垄断厂商，而并没有考虑到工会。然而法庭开始将《Sherman 反垄断法案》应用到工会组织身上。

最著名的针对工会的反垄断案（丹布里罕特斯案）发生在 1908 年。美国制帽工人联合会号召消费者抵制 D. E. Loewe 公司，以争取公司对工会的承认。工会进一步号召消费者抵制与 Loewe 公司有商业往来的公司，这种策略被称为次级联合抵制。次级联合抵制策略针对的是零售商、批发商和消费者，并且取得了成功。Loewe 和他的公司向法庭提请诉讼。

美国最高法院审议了这一诉讼并给出了最终判决。它裁定工会受《Sherman 反垄断法案》的覆盖。特别值得一提的是，法院判处制帽工人联合会赔偿相当于公司损失 3 倍的金额，总计 250 000 美元。

2）《Clayton 法案》

工会阵营一直采取积极的活动反对法庭使用劳工禁令，并且在 1914 年成功地使《Clayton 法案》获得通过。这个法案宣称，"人类的劳动力并不是商品"。劳方认为这样的表述将会终止劳工禁令的使用，然而，法庭对这项法案作了严格的解释。工会将继续面对这样的情况：法官颁布禁令限制工人罢工，限制工人设置罢工纠察，限制工人抵制雇主的权利。

3）《Norris-LaGuardia 法案》

直到 1932 年，通过了《Norris-LaGuardia 法案》，法律才明确提到，在大部分劳动争议中使用劳工禁令是非法的。《Norris-LaGuardia 法案》也宣布黄狗契约为非法。《Norris-LaGuardia 法案》的其他条款认可了工人们为争取自己的利益而罢工和采取其他形式的集体活动的权利。这些条款预示了随着 1935 年《国家劳工关系法案》的通过，集体谈判权利将得到更全面的支持。

《Norris-LaGuardia 法案》缺乏强制性的实施程序。因此，对工会的承认和集体谈判一直是工人与经营者之间自愿的行为。

## 2.4　美国劳工联合会的兴起

美国劳工联合会（AFL，简称劳联）成立于 1886 年。它克服了雇主与法庭的反对，成为一个能平稳度过商业周期起伏的组织。1886 年到 1923 年，劳联一直由曾做过雪茄制造工人的 Samuel Gompers（见专栏 2.9）领导，直到 1924 年 Gompers 去世。

专栏 2.9

---

### Samuel Gompers

Samuel Gompers 以实际著称。他主张在工会运动中运用合理的商业手段。他不是一个理论家，但他意识到对工人来说争取当前目标的重要性。当被问及美国劳工联合会的目标时，据说他只回答说："更多（的利益）。"

Gompers 领导的美国劳工联合会通常避免政治活动。Gompers 说："不要什么政党政治，无论是民主党还是共和党，或者平民论者、社会主义者还是其他信仰的人，在联邦都该有一席之地。"但是，劳联在成员的压力下，的确发挥了很大的作用，在联邦或州层面上促进了社会变革与劳工立法。Gompers 对一些自由人士所支持的法案持怀疑态度，甚至反对政府的医疗保险、失业保险和养老金计划。他坚信，应该通过集体谈判来谋取劳工的权益。但他确实让劳联发挥了巨大的影响力，无数次地支持或反对了某些立法尝试。

资料来源：William Cahn, *A Pictorial History of American Labor* (New York：Crown Publishers 1976)，pp. 205-7.

---

## 2.4.1 工联主义

劳联推行的是工联主义的哲学思想。Gompers 说："工会纯粹就是工薪劳动者的组织，目的是维护他们目前的物质利益，具体地改善他们的工作条件，并使他们获得最终的解放。"他的话很好地诠释了工联主义的哲学思想。工联主义是劳工骑士团和激进的世界产业工会之间的一种折中思想。

劳联也采取一些政治活动，支持他们的朋友，惩罚他们的敌人，但它却避免结成长期的政治联盟，也没有长期的政治目标。劳联的战略是，将各种工人组织起来，让这些工会拥有某个排他性的领地（即某群工人只有一个工会代表他们行事）。劳联努力通过集体谈判争取更高的工资和更好的工作条件。

劳联是全国性工会的联盟。它并不进行集体谈判，签署集体谈判协议，而是充当全国性工会的代表进行政治活动和政治游说。劳联也为全国性工会的组织活动提供帮助。

## 2.4.2 主要以职业为基础组织工会

劳联的指导原则之一，就是工人们应该组织各自的职业工会。因此每种职业，例如木匠、印刷工人、机械工人和大型制造公司的各种技术性职业的工人应该组织起来，而不考虑其受雇用的产业或公司。

## 2.5 产业关系中资方的演变

要全面理解产业关系的历史，我们就同样需要对资方管理实务的演变有深刻的认识。历史学家中渐渐兴起了这样一种观点：使美国的劳工历史和现今美国的产业关系如此具备美国特色，主要是管理层（资方）的作用，而不是工会的作用。这种美国特色的关键在于，美国企业的管理层具备两个紧密联系的特征：渴望摆脱政府或其他机构对管理权的限制，以及根深蒂固地反对工会。

## 2.5.1 工厂管理的起源

整个 19 世纪铁路、电话和电报产业的发展，促成了制造业产品潜在市场的持续扩大。市场的扩大促使雇主在工厂采用大规模生产的技术（装配线）。雇主通过工厂生产系统获得了规模经济和较低的生产成本。

"如果工人不满意，他就有权辞职。"这是宾夕法尼亚州 McKees. Rocks 大罢工时一位钢厂高级管理人员所说的话。这句话经常被人们引用，反映了一战前美国雇主们普遍奉行的理念和他们处理工人动乱的方式。公司的高管们坚持，他们作为所有者有权将劳动者视为商品，他们反对工会挑战其权力。

## 2.5.2 原始管理模式

为了管理不断扩大的工厂，雇主们最初给予了各生产线的工头们很大的权力。这就是美国工厂的原始管理模式（drive system）。雇佣、解雇和对劳工的常规监督的权力都掌握在这些工头手中。工头们很专横并且经常不公正地对待工人，致使无论是技术工人还是非技术工人的流动率都很高。例如，有人估计，1913 年以前汽车工厂的流动率达到 370%！

然而，一些经营者注意到了高流动率所带来的成本。例如，Henry Ford 在 1913 年决定推行一天 5 美元的工资制度，以使雇员流动率降低并提高汽车生产线的效率。

第一次世界大战期间，劳动力市场紧张，工厂也面临来自政府的战时对产品需求的压力，工会组织也愈来愈普遍。在这种情况下，一些大公司成立了专门的人事部门，这一点我们将在后面的章节中讨论，但是大部分小企业仍然实行原始的管理模式。并且，无论是工头还是人事经理，当他们执行人事政策时都会奉行这样一条价值标准，即应该避免让那些会直接挑战资方管理权的工会出现。

## 2.5.3 科学管理

人事管理职业化的重要一步是引进了科学管理的概念。科学管理运动背后的思想可以追溯到 19 世纪中期，而 Frederick Taylor 则在 20 世纪 20 年代对这一运动的倡导起到了关键的作用。科学管理融合了经济激励与工业工程技术，并为工作的组织找出了一个最好的办法。科学管理将工人个人的工资与产出联系起来，工人的利益（即经济报酬）和公司的利益（即生产率），被认为得到了兼顾。

专栏 2.10 描述了科学管理原则是如何应用到 Henry Ford 的装配线。管理方的功能是设计工作岗位，监督劳动者工作，并就他们的劳动给予报酬，以此消除工人与雇主间的利益冲突。为了实现这一目标，人们开始运用工业工程原理（例如标准工时与动作研究）和激励工资制度。

科学管理与那些倡导集体谈判的人所持有的信念截然相反。科学管理的倡导者并不认为利益冲突是雇佣关系中固有的特征，他们辩解说，"适当的任务设计和工资制度可以消除工人与雇主之间产生冲突的源头"。科学的工程研究将找出最佳的工作制度，谈判也就失去了意义，因此工人们也就不需要工会代表了。

科学管理所产生的一个持久影响，是对工业工程原理的拥护和在组织工作中对劳动者进行严格细致的区分。这种工作设计和工作组织制度渐渐成为大规模生产产业的标准，20世纪30年代，工会扩展了在大规模生产的产业（例如汽车、钢铁和纺织产业）工作的成员，同时也继承了这种模式。

专栏2.10

### 汽车产业中的科学管理

汽车组装的生产效率提高了，但是对1908年引进的FordT型车的需求增加得更快。在Piquette工厂，Ford仍然需要熟练的技术工人完成复杂的任务，例如将零件进行锉削加工，将传动装置与动力设备组装起来。这些工人并没有得到工会的保护，但是他们拥有独特的机械技术，并在生产过程中拥有至关重要的地位，这使得他们可以用自己的速度进行生产。当他们把大箱子从一辆车搬到另一辆车时，他们可以放慢速度休息一下或者与工友闲聊一会儿。除了某些特定的时候外，监督管理人员完全不能强迫工人们加快他们的速度，或者让他们完全放弃他们偶尔的聊天活动。

为了加大对生产流程的控制，Ford开始在高地公园（Highland Park）乡村的一家新工厂拟订新计划。他宣称，这个工厂将成为世界上最大的汽车制造厂，它将采用新的生产技术使汽车产业发生根本性的变化。

Ford并不是唯一的一个寻找方法刺激生产降低劳动成本的人。工厂主们一直在尝试使特定的生产过程机械化，降低技术要求。但是1900年以后，美国的大型公司开始在一个更广泛、更系统的基础上做这种尝试。曾经担任过炼钢厂的监督管理人员的Frederick Taylor，开始大力推崇"科学管理"这一新方法的基本原则。他1903年后成为美国在"生产率"或工人产出方面的主要顾问。

与Ford一样，Taylor也抱怨在大多数工厂，无论是工会化的工厂还是未工会化的工厂中，"车间实际上是工人们而不是老板在经营。工人们在一起细心计划……到底每项工作应该以什么样的速度进行"。Taylor的解决方法很简单，即"所有可能存在的脑力活动应该从车间转移到专门从事计划或安排工作的部门"。简而言之，管理者应该设计好每一项工作，并把每一项工作细分成可以由非熟练劳动力或半熟练劳动力完成的简单重复性的任务。经营者不必再雇用如此多的必须支付较高工资的技术工人。随着生产过程的技术要求降低，大多数技术工人将被替代。用Taylor的话说，就是他们会"被那些技术水平更低的人所替代，而这些人比在旧的体制下所必需的人员更廉价"。

当Taylor 1909年来到底特律为帕加德（Packard）的经理们作演讲的时候，Henry Ford已经计划在他的新高地公园的工厂（因为有很多窗户，所以人们把它称为水晶宫）实行科学管理。1910—1913年间，他把他的想法付诸了实践，他为零部件生产设立了标准并且开发了汽车产业的第一条流动生产线。原来整个发动机需要一个技工和几个助手才能完成，现在发动机的制造区域被拉成一条有上百个工人的流水线。一个人全天每 7 秒一次在轴承上钻孔，下一个工人全天每隔 14 秒锉削轴承，再下一个工人全天每 10 秒把轴承装在凸轮轴上。

《Ford 在 1916》一书的作者 H. L. Arnold 总结道：这个公司"所需要的、喜欢要的机械工人，无须去忘记过去，头脑里没有什么生产速度的观念，别人告诉他做什么他就做什么，一遍又一遍地做，从上班铃响到下班铃响"。

资料来源：Quoted from Steve Babson, *Working Detriot*（New York：Adama Books，1984），pp. 29-31.

## 2.5.4　福利资本主义、人际关系学派和美国计划

到 1920 年，另外一种同样具有影响力的管理方法开始流行，这就是人际关系运动。人际关系运动又称为福利资本主义，强调工作和工作的人群都具有社会性。人际关系理论预言，满意的工人将会有更高的生产率。科学管理与人际关系学派都认为，雇主们若遵守他们的管理原则，就可以消除与工人的冲突，从而消除工人对工会代表的需要。

人际关系理论的基本原则在 20 世纪 20 年代产生了很大的影响。人事部门的管理范围和影响力也随之逐渐扩大。人事部门集中并规范了之前工头们掌握的许多职能。人事部门的职员制定并实施雇佣、解雇、惩罚、晋升和报酬政策。反过来工头被培训去遵照这些政策行事。

## 2.5.5　20 世纪 20 年代资方对组建工会的反应

第一次世界大战（简称一战）及一战后期伴随着积极的人事政策的发展，美国开展了一场积极的非工会化运动。这场运动通过发展由公司控制的独立工会、扩大养老金的覆盖面、设置福利和利润分享计划等，来抵制工会的发展。到 20 世纪 20 年代中期，这些积极的人事管理项目在制造业与服务业的大公司中已经成为常规项目。

随着公司实行积极的人事政策，公司也大量采取一些反工会的措施，例如派遣工业间谍，将工会成员与其支持者列入黑名单，破坏罢工，或者利用私人警察力量驱散罢工纠察线等。一些石化公司和其他一些大公司成立了由公司控制的工会。

积极的人事政策与反工会措施的结合，非常有效地阻止了工会的发展。工会成员人数从 1921 年的 580 万人下降到 1931 年的不到 200 万人。

## 2.6　产业工会的兴起

因为生产的组织形式从一个个小工厂生产转变成为大规模的批量生产，所以大批半熟练和非熟练的生产工人失去了组织起来的基础。而且劳联强调以职业为基础来组织工会，这使得工会很难与大规模的工业生产企业相抗衡。例如，1919 年 24 个代表不同职业群体的工会组织了一场针对钢铁行业的罢工。这场罢工最终以失败告终，部分是因为这些工会没能协调好他们之间的力量。

因此，20 世纪 20 年代早期，一些工会领导者和社会主义者提出，要建立一种新的产业工会，包括一个特定产业中所有的生产和维修工人，而不管他们的技术水平或职业如

何。因为这种组织方式会打破许多已经成立的职业工会的管辖区域，所以它遭到了
Gompers 及其继任者，当时的劳联主席 William Green 和其他劳联工会主席的强烈反对。

## 2.6.1 产联挑战劳联

劳联职业工会的倡导者与产业工会的倡导者之间的争论在 1935 年的劳联大会上达到
了白热化。在这次大会上，矿工联合会主席，产业工会主义的主要倡导者 John L. Lewis
（见专栏 2.11），在是否允许汽车与橡胶产业之间建立产业工会的投票决策中失败。此后
发生了一场争执，Lewis 朝木匠联合会主席，外号叫"大比尔"的 Hutcheson 的鼻子上打
了一拳。Lewis 和他的支持者愤怒地冲出了会堂，组建了与劳联相竞争的产业工会委员会。
后来这个委员会更名为产业工会联合会（即 CIO，简称产联）。

许多社会主义者成为了产联的子工会的组织者，这些子工会较劳联的许多子工会在集
体谈判方面有着更激进的形象。与此同时，产联与劳联都承诺以集体谈判作为为他们的成
员取得经济利益的主要手段。

## 2.6.2 《国家产业复兴法》

大萧条及其带来的大量失业使劳工对雇主是否真的实行了积极的人事政策产生了怀
疑。劳工暴乱无论是在频率上还是强度上都在增长。1933 年通过的《国家产业复兴法》
（National Industrial Recovery Act，简称 NIRA）第 7 条 a 款明确提出，雇员有自我组织起
来的权利。受到这个法案的鼓舞，工人们开始大范围地组织起来，罢工随之增加。到
1934 年工会人数和罢工活动恢复到一战刚结束后那几年的水平。

但是，1935 年最高法院裁定 NIRA 违反宪法。这引起了关于社会政策的激烈争论，这
场争论最终导致了（罗斯福）新政时期产业关系制度的诞生。

专栏 2.11

---

**John L. Lewis：劳工领袖和他的策略**

Lewis 是 20 世纪 30 年代到 50 年代间最重要且最富传奇色彩的劳工领袖。他善于
捕捉罗斯福任期内变化的政治气氛所带来的机会，下面这张 20 世纪 30 年代为组织矿
工而发放的传单可以说明这一点。

美国政府已经说了**劳工必须组织起来**……忘掉禁令、黄狗契约、黑名单和对被解
雇的恐惧吧！如果有证据表明雇主们剥夺了雇员组织起来的权利，那么雇主们不能也
不敢向政府索要他们的特权。**如果所有工人都渴望加入工会，那么所有工人都将受到
全面的保护。**

在大约 4 年的时间里，Lewis 将全国主要进行大规模生产的 5 百万美国产业工人组
织起来，加入到产业工会中。

Lewis 是威尔士移民矿工的儿子。他 14 岁到煤矿工作，其敏捷的思维、强烈的个
性和演讲的天赋很快为他赢得了伊利诺伊工会的职位。1920 年，Lewis 成为美国矿工
联合会主席。从那时起直到他 1960 年去世，他一直在从事将未组织的工人组织起来并

---

在集体谈判或政治事件中代表工人进行斗争这项事业。下面的对他一次演讲的摘录很好地体现了他从事这项事业时充沛的精力与独特的个人风格：

> 我一直在向人们展现美国矿工的风采，为矿工进行游说活动。在这方面我从未动摇或失败过。从教堂的讲坛到与这个国家的统治者一起参加的劳资联合会议上的公共讲坛，在州立法机关的专业人士面前，在总统内阁会议上，在国家公众媒体上，我一直在为你们游说。我没有像虚弱的乞丐乞讨般地发出颤抖的声音，而是作为强大的主人们的代表，用雷鸣般的洪亮的声音要求赋予这些自由的人们一些权利。
>
> 资料来源：Quoted from B. Kimball Baker , "The Great Depression," in *200 Years of American Worklife* (Washington , DC：U. S. Department of Labor, 1977), pp. 142, 150.

## 2.7 新政时期的劳工政策

1932 年 Franklin D. Roosevelt 当选总统，但大萧条带来的经济与社会危机（见专栏 2.12）使联邦劳工政策进入了一个新的时代。Roosevelt 推行了一系列新的政府项目，旨在增强市民的购买力，并帮助工人和穷人解决他们经济上的困难。这些新项目包括失业保险、创造就业岗位、社会保障和最低工资。Roosevelt 的这些政府项目被人们称为新政。

专栏 2. 12

### 大萧条

人们从不同的角度看待大萧条。一些人将它看得很严重，例如英国经济学家 John Maynard Keynes 将欧洲和美洲大陆的形势与欧洲中世纪的"黑暗时代"相比较。另一些人则将它看得很简单，像芝加哥阿巴拉契亚山的一个 14 岁的男孩就说："知道吗，我以前从来没有听说过'萧条'这个词，他们都只是对我说是困难时期。"

这种形势的真实状况是很明显的。到 1933 年，失业人口增加到大约 1 300 万，约占劳动力总数的 25%，其中 1/3 是 16~24 岁的年轻人。小时工资下降了 60%。工业产出下降了一半左右。在农场，收入削减了 2/3，而租金却翻了一倍。每 4 家农场就有一家因无法偿还贷款而被银行收走。500 万家庭农场不能维持其基本生活。100 万人失去了住所，其中包括 20 万年轻人。

失业的汽车工人在位于密歇根州迪尔邦（Dearborn）的关闭的 River Rouge Ford 汽车工厂前举行示威游行，其中 4 人被臭名昭著的"保安" Harry Bennett 和他的暴徒开枪杀死。

从前的专家和技术工人在大萧条时将马铃薯切片和药品摆到商店的橱窗里展示，在街角卖苹果。这与一首流行歌曲"兄弟，能给我 10 分钱吗"的曲风相呼应，它反映了那个令人绝望的时代。

一群失业的退伍军人在华盛顿扎营，并进行了一场没有必要的按既定路线行进的军事力量展示，这其中包括未来的战争英雄 MacArthur、Eisenhower 和 Patton。

资料来源：Quoted from B. Kimball Baker, "The Great Depression," in *200 Years of American Worklife* (Washington, DC：U. S. Department of Labor, 1977), pp. 140-41.

## 2.7.1 《国家劳工关系法案》

新政议程中的关键部分是实行新的劳工政策。美国新的劳工政策的基石是 1935 年通过的《国家劳工关系法案》（NLRA），因为它的主要发起人是纽约参议员 Robert F. Wagner，所以它也被称作瓦格纳法案。国家劳工关系法案具有很重要的意义，因为它明确地鼓励集体谈判。它赋予了雇员组织工会的权利，为工会选举确立了标准，而且详细列举了雇主的不当劳动行为。

John L. Lewis 和他的产联同事很快意识到了这种环境变化。他们以"总统希望你们组织起来"这样的口号（见专栏 2.11）劝说工人们加入工会。就是在这种新环境下，底特律的汽车工人和阿克伦城的橡胶工人拒绝离开他们的工厂并成功地举行了静坐罢工。通过这次罢工，他们与雇主签订了集体谈判合同。动乱和工人斗争使得许多钢铁产业和其他产业的雇主明白，工会和集体谈判将会继续存在下去。

## 2.7.2 《国家劳工关系法案》的实践基础

《国家劳工关系法案》并没有提出一种全新的或从未尝试过的解决劳资冲突的方式。相反，这项法案所包含的许多原则和做法已经被证明是符合美国政治观念、符合工会和企业实际的东西。例如铁路、服装和其他一些产业在大萧条的前几年就已经形成了良好的劳资关系。

一战时期的美国战时劳工委员会（调整工资和物价）和在已经废除了的《国家产业复兴法》的指导下成立的美国劳工委员会，推荐和实行了许多劳工政策。这项新法案也将这些政策收入其中。该法案也支持由劳联推行的务实的集体谈判方式。

然而该法案一直受到了雇主们明确而强烈的反对。直到 1937 年在国家劳资关系委员会诉 Jones&Laughlin 一案中，美国最高法院作出《国家劳工关系法案》符合宪法这一裁定以后，大多数企业才开始承认集体谈判的趋势是不可避免的。

事实上，促使美国向新政产业关系制度转变的并不仅仅限于这部法案。相反，产业关系的这个转折点是由以下几个因素共同作用产生的：①大萧条和 Roosevelt 的当选所导致的政治力量的转变，为支持工人和工会谈判权利的立法获得通过提供了必要的支持；②劳工运动的策略发生转变，从 Gompers 领导下的劳联的职业工会和自愿主义模式，转变为产联宣扬的以产业工会为形式组织并代表工人的模式；③通过了一部为集体谈判提供坚实法律依据的法律。

《国家劳工关系法案》的通过确实是一个产生了独特影响的事件。在此前后发生的这些事件之所以独特，正如劳工历史学家 Irving Bernstein 所说，是因为《国家劳工关系法案》是在"最有利的时刻"获得通过的。当时，对于提高美国工人经济地位的政治支持达到了历史最高点。

下面我们将利用我们的分析框架，从产业关系实践中的中间层面、战略层面和操作层面来审视新政产业关系制度。

1）中间层面：以集体谈判为基础

《国家劳工关系法案》的通过，使得劳资在中间层面的活动，最好是让劳资双方共同提出并解决他们之间的矛盾。当大多数工人表示他们需要工会来代表他们时，法律就要求管理层就工资、工作时间和工作条件与工会进行协商。

人们希望《国家劳工关系法案》能促进产业和平。首先，严格的选举程序使得过去针对承认工会的问题而发生的暴力冲突减少；其次，《国家劳工关系法案》赋予了工会一定程度上永久代表工会成员的权利。经济衰退时雇主们不能再单方面拒绝承认工会。

2）战略层面：资方采取行动而工会就此作出反应

《国家劳工关系法案》保留了资方做出战略性商业决策的权利。随着集体谈判逐渐成熟，"资方采取行动而工会就此作出反应"成为它的主要原则。

保留经营者进行战略性商业决策的权利不仅符合经营者对企业内部资源配置的关键决策有控制权的需求，而且也符合工会组织劳工运动的原则。甚至工会的拥护者都持有这样的观点，即工会不应试图直接参与经营决策或控制私有企业。相反，工会应该努力通过保持工会与雇主责任方面明确的差别以保持自己的独立性。

美国劳工运动有一个温和的政治与社会改革日程。工会的最终目标并不是推翻资本主义制度，而是设法逐渐提高工人的生活标准。因此在战略层面上，新政制度与劳工运动队伍中许多人的价值观念相符，也与雇主和美国公众的价值观念相符。

3）操作层面：工作控制工会

集体谈判的建立并没有带来工作组织方式的革命。随着科学管理原则在工业领域的推广，许多雇主意识到，有必要改进工作的结构，使工资支付方式合理化。集体谈判真正做到的是将已经存在的工作制度编入集体合同中。

签订集体合同同时满足了劳资双方的需要。劳工在工作场所的规范上获得了更大程度上的平等与公平，并因此摆脱了之前工头们的霸权。从资方的角度看，他们获得了劳动力的稳定，而这是对增长着的市场机会的利用所必需的。第二次世界大战（简称二战）期间美国政府的政策制定者开始重视这种制度所带来的工业领域的和平并且积极地改进这种制度。

## 2.8　二战后新政产业关系制度的发展

新政产业关系制度在美国的全国范围内逐渐开始实行，与此同时，工会会员从1934年的350万增加到20世纪50年代中期的1 700万，约占非农劳动力的35%。虽然20世纪50年代被证实是工会在私营部门发展的高峰时期，但是新政产业关系的原则仍对当今的集体谈判有着重大影响。在其漫长的发展进程中，我们可以划分出几个明显的发展阶段。

### 2.8.1　20世纪40年代：基本原则的制度化

二战时期形势严峻，要求劳资双方扩大战争所需的产品的产量，同时还要避免罢工和工资与物价的上涨。为了实现这些目标，1942年罗斯福政府成立了美国战时劳工委员会（WLB）。战时劳工委员会是一个三方机构，包括了劳方和资方代表，而调查委员会的主席是中立人士。虽然这个机构缺乏法律强制力，但是这种三方组成的结构、举国上下对战争的投入，以及潜在的更直接的立法干涉的威胁，使这个机构有了相当大的影响力。从1942 年到1945 年，战时劳工委员会成功地帮助解决了2 万多起劳资纠纷。

为了发挥作用，劳工委员会还利用它的各个办事处使集体谈判获得了更广泛的认同。事实上，这个委员会起草的许多具体的合约，只经过了细微的调整，在战后的年代仍然具有效力。

战时劳工委员会除了在促使集体谈判获得了更广泛的认同方面起到实质性的作用外，它还充当了培训机构，培养了许多带头的调解人、仲裁人和政府顾问。这些人在战后的几十年中对集体谈判的发展发挥了重大的影响力。在那些专业人士的共同努力下，形成了美国式的集体谈判模式，一种政府很少直接干预的谈判模式。George W. Taylor，战时劳工委员会主席，战后的一位重要的导师和中立人士，用以下的言语描述了他和他的同事的观点：

无论何时何地当我们无偏地分析"劳工问题"时，总会得到这样一个结论。这就是：在西方国家，集体谈判作为产业关系的堡垒，必须得到维护和加强。也就是说，有组织的劳动者和管理者应该通过互相理解、让步并达成协议来解决他们的分歧，而不需要政府的干预。（我们都认为）集体谈判是确定就业待遇和就业条件的最合适的手段。很少有这么一致的看法。

二战结束，战时劳工委员会随之解体，罢工浪潮席卷美国，专栏2.13 说明了这种情况。罢工的部分原因是因为劳工想要获得战时所放弃的工资增长。1946 年，由于罢工而损失的生产时间比以往和以后的任何一年都要多。

专栏2.13

---

**战后罢工浪潮**

战争结束了，人们预期的罢工开始了……1945 年9 月16 日，在美国20 个州有43 000 名石油工人举行了罢工。9 月21 日，20 万煤矿工人罢工……44 000 名西北地区伐木工人罢工，40 000 名洛杉矶和奥克兰的机械工人罢工。东海岸码头搬运工人罢工19 天，平板玻璃工人罢工102 天，新英格兰纺织工人罢工133 天……

通用汽车公司的工会提出，如果公司公开自己的账目以供公众审查，则所有的争端都要通过仲裁的方式解决，然而公司拒绝了这个要求。这导致了11 月21 日225 000名工人罢工。1946 年1 月15 日，174 000 名电气工人罢工。第二天，93 000 名肉类包装工人罢工。1 月21 日，75 万钢铁工人罢工，这是美国历史上规模最大的罢工。这些大罢工再加上250 起规模较小的劳资纠纷，一共有160 万工人罢工；4 月1 日，34 万煤矿工人罢工……1946 年的前6 个月被美国劳动统计局称为"这个国家历史上劳资冲突最集中的时期"，这一时期一共有297 万工人参加了罢工。

资料来源：Jeremy Brecher, *Strike!* (San Francisco：Straight Arrow Books, 1972), pp. 227-28.

---

罢工浪潮、整体转向更为保守的政治气候，以及对国会的控制权转到共和党手中，这三个因素促成了1947 年劳资关系法案的通过。这项法案也被称作Taft-Hartley 法案。这项法案对国家劳工关系法案作了修订，通过限制工会抵制雇主的权利并建立一套详细的控制

工会谈判职责的法规，雇主在谈判桌上的影响力被加强了。它还授权政府干预那些构成国家紧急状况的罢工。

所有这些变化反映了公众态度上的转变。战后罢工浪潮使得许多公众意识到工会过于强大了。

鉴于政治环境的这种转变，雇主们本该像在劳工历史前期那样尽力摆脱他们与工会的联系。然而集体谈判制度已经足够牢固地确立下来，而且工会已经足够强大，所以政治环境的转变只带来了劳资力量的重新平衡。

20 世纪 40 年代已经成立了工会的较大型企业的经营者们，开始采取措施使他们的产业关系专员更加专业化。二战后罢工浪潮进一步提高了受过培训的专业人员的重要地位，他们可以通过建立协商和履行劳动合同的正规程序来帮助稳定劳资关系。大企业适应了集体谈判，并为小企业树立了榜样。因此，强大工会的兴起促使经营者加强了劳资关系的专业化管理。

工会也在 20 世纪 40 年代面对并做出了一系列关键的战略选择。这些选择在随后的几年里对集体谈判的发展有重要影响。在二战刚结束的几年里，工会内部就美国共产党人在劳工运动中的地位的问题产生了冲突。这些冲突的最终结果是产联解散了一些美国共产党人控制的工会（例如电气工人联合会），一些独立工会（例如汽车工人联合会）将美国共产党员从领导位置上清除出去。

1946 年汽车产业的那轮谈判说明了工会领导者所做出的决策影响了集体谈判的长期发展。1946 年，汽车工人联合会针对通用汽车公司发起了罢工，工会在通用汽车的领袖 Walter Reuther 要求通用汽车公司向工会公开其财务报告。Reuther 提议，如果通用汽车公司保证不涨价，那么他也将限制汽车工人联合会提出的工资要求。如果这一要求被公司接受，工会的影响力将扩展到战略性的经营事务上来，集体谈判将会被彻底地改变。但是 Reuther 的要求受到了产联主席 Philip Murray 的严重批评。Murray 力劝 Reuther 接受更常规的钢铁产业工资模式，并且不要干涉经营者的决策过程，以保持劳工相对于经营者的独立性。Reuther 最终放弃了他的提议并与雇主协商签订了常规的工资协议。

劳工运动通常都选择了不介入经营者的权利范围，而把重点放在提高工资和逐渐扩大集体谈判协议内容的覆盖范围上。工会选择承袭早期瓦格纳法案的制定者所鼓励的并为战时劳工委员会的成员所继承的实践惯例。

## 2.8.2　20 世纪 50 年代：再现艰难的谈判

到 20 世纪 50 年代，劳联和产联在谈判内容和组织战略上几乎没有什么差别。因此，这两个工会联盟于 1955 年合并成劳联—产联。这一合并使得加盟的各工会把他们的精力更直接地投入到 20 世纪 40 年代在集体谈判中引进的工资与福利的提高上来。

20 世纪 50 年代早期，集体谈判在包括钢铁、煤矿、橡胶、肉制品包装和运输产业等关键经济部门的大公司中得到普及。谈判的范围也持续扩大，开始包括这样的主题，例如补充性失业保险、养老金、因技术变革或工厂关闭而被解雇的工人的遣散费和各种其他的附加福利和工作条件。

但是在 20 世纪 50 年代末期集体谈判中资方开始强硬起来，设法限制谈判范围或工会影响力的进一步扩大。最明显的例子是通用电气的政策，这项政策以 Lemuel Boulware 的名字命名为包华主义。Lemuel Boulware 是这项政策的设计者并且是通用电气负责产业关系的副总裁。包华主义是一项旨在重获谈判主动权的管理战略。通用电气公司对工人们进行调查，以确定他们的需求，然后在谈判中给出一个"固定且最终"的提案。这个提案综合考虑了公司的财务状况和对工人的调查结果。

包华主义最终被法院判定为违反国家劳工关系法案中的谈判条款。然而包华主义显示了雇主阶层普遍的强势地位。例如，到 1959 年，美国钢铁公司的一场为期 116 天的罢工针对的就是雇主改变工作规定的权利。20 世纪 50 年代末类似的罢工在铁路、航空、电子产品和其他一些产业中相继爆发。

资方更为强硬的立场与工会公众形象和政治影响力的下降是并行的。20 世纪 50 年代末，一系列国会听证会突出了卡车司机工会和其他工会内部的腐败问题。国会就工会内部事务的一系列讨论最终使《劳工管理报告和信息披露法案》（即《Landrum-Griffin 法案》）出台，此法案是《国家劳工关系法案》的修订版。《Landrum-Griffin 法案》设立了工会财务与信息披露条款，明确规定了工会成员个人的权利，还规定了工会领袖能够采取何种方式代表他们成员的利益，下一章我们将对此进行详细论述。

尽管许多公司在谈判中采取了强硬政策，20 世纪 50 年代集体谈判仍在美国许多经济部门发挥着作用。有一些公司开始尝试另外一种方式：一种新的非工会化的人力资源管理模式。一直到动荡的 20 世纪 60 年代，人力资源管理才开始兴起。

## 2.8.3　20 世纪 60 年代：普遍的骚乱

20 世纪 60 年代的特征是经济高速增长伴随着社会和政治的动乱。这些动乱包括民权运动、城市暴乱和针对越南战争持续扩大的大规模抗议活动。在经济增长和抗议活动频繁的大环境下，工厂雇员们群情激奋。例如，他们提出了较高的谈判要求，在合同的有限期内举行野猫式的罢工（未经工会允许的罢工），工会会员动辄否决由他们的工会领袖通过谈判商定的合同等。与此同时，工会开始在组织大量的公共部门的雇员方面取得了成功。

20 世纪 60 年代无论对资方还是工会领袖来说都是巨大的挑战。在私营部门，各方努力处理工厂和当地工会蓄积已久的压力与冲突。在公共部门，劳资双方正在寻找适应这个新领域的指导集体谈判发展的基本原则。

同时，政府为在太空竞赛中赶上前苏联而付出了大量的研究开发费用。在此刺激下，白领、技术人员和管理人员的需求迅速上升，后来被称之为高技术产业的行业就是在此时诞生和繁荣起来的。

这些因素对集体谈判产生了两方面的影响。首先，人事部门和人力资源管理专业人士的影响力在提升，因为他们要负责满足数量持续增长的高技术雇员的需求。政府出台了一些新的涉及工厂的法规，例如平等就业机会法案，这进一步扩展了人力资源管理专业人士的工作范围。其次，高技术组织开发出了新的人力资源战略与政策。工会意识到在这些持续扩张的高技术企业进行组织工作非常困难。

在这些因素的影响下，再加上其他一些因素的共同作用，20 世纪 50 年代末和 60 年代初成为私营部门工会成员数量发展水平的一个转折时期。从 20 世纪 50 年代早期到现在，工会成员的数量并没有随着劳动力规模的扩大而同步增加。

## 2.8.4 20 世纪 70 年代：稳定与衰退

20 世纪 70 年代也许会因为是集体谈判史上最没有特色的 10 年而消失在美国劳工历史的长河中。虽然经济压力的加剧对集体谈判提出了变革的要求，但劳资双方仍然沿用着早些年的行动模式。资方开始将注意力集中到如何在谈判中限制工会取得更多的利益。工会领袖似乎也只是维持着他们或他们的前辈在前几十年已经取得的集体谈判方面的成就。

对于像生产率的提高和工人生活质量的改善等方面的关注又重新出现在劳资谈判中，但也只是在集体谈判中进行过孤立的有限的尝试而已。

政府政策制定者也身处困境。劳资双方之间出现了政治僵局，例如，1978 年，国会和民主党的总统试图进行劳动立法改革，但却遭到了失败。没有哪个团体——劳方、资方、政府——成功地推动过谈判实践的大幅度进步，但是各方似乎在限制其他各方采取行动方面颇为有效。尽管国际竞争和美国国内非工会化部门竞争的压力在逐渐上升，在整个 20 世纪 70 年代，工会成员工资率的上涨速度还是要比非工会化工人工资的上涨速度快。

在 20 世纪 70 年代虽然变革的压力持续上升，但是产业关系专家仍然强调产业和平与劳动力稳定这样的目标。结果是，他们变得更加倾向于防御并在许多公司中被其他管理人员所孤立。他们在管理高层的影响力逐渐丧失。直到 20 世纪 80 年代，环境发生了剧烈的转变，那些逐渐增长的压力的突然爆发驱使各方迈入了集体谈判发生根本性变革的时代。

## 2.8.5 20 世纪 80 年代：试验与改革

Ronald Reagan 当选总统反映了美国政治气候向保守主义转变的强烈趋势。Reagan 执政早期，解雇并永久替换了在 1981 年参加罢工的航空交通管制员（航空交通管制员协会 PATCO 的成员）。这一事实生动地说明了这种转变。

航空交通管制员协会参加了一场针对一份新的集体谈判合同的非法罢工。虽然总统的举措针对的是联邦政府的雇员，但那些举措传递给雇主们一个强烈的信号，即劳工运动不仅失去了其大部分政治影响力而且也失去了公众的支持。参加罢工的管制员的解雇与航空交通管制员协会的解体增强了雇主们抓住集体谈判主动权的决心。

1981—1983 年经济的大幅度衰退进一步促使许多雇主回避甚至废除集体谈判。美元对外汇的升值进一步减弱了在美国国外市场运作的美国制造商的竞争力。在主要的高度工会化的部门出现了大规模的临时解雇，这最终使工会成员大幅下降，从根本上削弱了工会的谈判力量。工厂纷纷关闭，也出现了大规模的临时解雇，致使一些分析家认为美国正在非工会化，因此让步性谈判的时代开始了。工会不得不同意削减工资，或冻结工资，或以其他的方式把以前获得的权利归还雇主。工会的让步和其他因素的共同作用导致了受教育程度低的工人经历了一段特别困难的时期，并且这也导致了收入分配不公平程度的加深。

20 世纪 80 年代工会成员数量不仅持续下降，而且下降的速度在加快。到 1985 年，劳工运动领袖们公开承认其成员数量下滑所产生的危机很严重并要求领袖们考虑各种新的策略。

与此同时，在一些工作场所出现了新的员工参与形式和有关如何组织工作的新概念。

因此，一方面，工会仍在签订让步协议，会员在流失；另一方面，一些让步协议也使工会有所收获，包括了为雇员提供就业保障和使雇员直接参与经营决策的条款。雇主们从工会那里夺走一些权利的同时又提供给工会一些他们曾经非常想得到的东西。到 20 世纪 80 年代末，一些制造产业如汽车、航空航天产业的形势出现了好转，传统的集体谈判方式包括模版谈判又开始重新出现。

虽然这些变化并没有对所有的集体谈判产生相同的影响力，但是他们积累起来的效果却对构成新政产业关系制度基础的基本原则形成了严重挑战。传统谈判制度在三个层面上都发生了变化。

在操作层面上，出现了新的员工参与和工会参与的形式，工人与管理层之间开始实行更直接的沟通方式，这些对工会形成了挑战。在产业关系的中间层面上，工会在他们传统的工资与工作规则（例如更少的工作分类）的确定方面做了很大的让步。同时在战略层面也发生了很大的转变，工会越来越多地参与到战略性经营的问题上来。

在不同产业和企业，谈判关系转变的性质与程度明显不同。既没有统一的模式，又不具有集体谈判持久的特征。但是，集体谈判实行了如此之多的新做法，致使许多美国的资方和工会方面的人员开始讨论这些新的实践是否优于传统的集体谈判。

因此，20 世纪 80 年代是一个重要的试验阶段，对于资方、劳方和政府决策制定者来说充满了新的战略选择。所有这三方现在必须决定，应该鼓励哪些新观念，应该保留哪些传统做法。

## 2.8.6　20 世纪 90 年代：收入与集体谈判两极分化

虽然经济自 20 世纪 90 年代初以来强劲复苏，但美国雇员在集体谈判和劳动力市场上两极分化的情况却越来越严重。20 世纪 90 年代初，公司缩减规模和企业重组导致了裁员和就业的不稳定，尤其是那些中层管理人员和白领雇员，他们承受着巨大的冲击。收入差距持续扩大，那些受教育程度高的雇员获得的报酬较高（尤其是公司高管），而那些受教育程度低的工人因为新技术和加剧的国际竞争刺激了产业变革而使得生活艰难。

每个地方的工会都开始关注就业保障问题。对就业保障的关注促使他们在谈判中只提出工资适度增长的要求，这又使得这一时期的通货膨胀率和失业率保持在较低水平。同时劳资关系也开始更为多样化。在一些公司，工会和管理层加强了互动，深化员工参与制度，例如采取团队这样工作组织方式，工会参与企业的经营管理等。另一方面，美国也依然存在高度对立的劳资关系，例如在 Caterpillar 公司，发生了激烈的罢工，使得公司永久地解雇了罢工者并解散了工会。

非工会化企业在私营部门持续发展，管理层强烈抵制工会组织，并且利用新技术和这个国家劳动法案相对宽松的执行环境，将工作转移到美国的其他地方或者转移到其他国家，或依靠外包或"劳务派遣"来应对竞争压力和工会的组织活动。工会力图进行反击，改变了组织重点，也换了新的劳联—产联领导人。

## 2.8.7　2000 年到现在：新世纪的挑战

近期的经济压力促使美国雇佣实践的多样性在数量与种类上都大幅度增加。这种多样性的增加部分原因是由于工会化程度的下降所导致的，因为工会化部门与非工会化部门的就业实践很不相同。也许最引人注意的事实是，随着企业逐步实行一系列种类繁多的雇佣实践，甚至工会化部门和非工会化部门的内部差异也在增加。

20 世纪 90 年代末和 21 世纪初，计算机编程人员和相关的专业雇员的劳动力市场上出现了很高的流动率，因为这些雇员在公司之间的流动相对容易，他们的流动部分是为了获得股票期权。这一时期的高技术雇员拥有相当大的个人谈判能力，而且这使得他们的收入有明显的增长。考虑到在美国劳动力市场上一直存在着庞大的低工资部门，这些导致了收入差距的进一步扩大。但是，在 2000 年中期高技术产业泡沫破裂后，公司之间的人员流动率大幅度下降。

面对非工会化部门的发展，美国劳工运动加大了争取工会复兴的努力强度。在全国性工会中更多的工会组织者被选举到领导的位置上（有时候他们会被选为工会主席）。全国性工会和劳联—产联将大量的资金用于工会的组织活动中，创立了一些新的组织方法，包括尝试以社区或地区为基础进行工会的组织工作，扩大工会的影响力。劳工运动内部的争论也使得一些全国性工会退出了劳联—产联，并创建了一个可以与之抗衡的工会联盟——"变革求胜"（change-to-win）联盟。一些工会开始把工会的组织活动、政治活动，以及集体谈判这三者联系起来采取行动。总的来说，一些工会在探求创新的方式以获得集体谈判力量，而另一些工会在谈判力量的不断下降中挣扎。

美国的集体谈判在近期发展的进程中出现了很大的差异。在一些公司里劳资冲突加剧，而在另一些公司已经建立了广泛的伙伴关系。在一些企业，管理层利用非工会化的发展与全球化给他们带来的强势地位使工人深受其苦，与此同时，在另一些企业，工会用创新式的谈判方式或传统的罢工手段来争取他们的利益。

国际贸易的扩张和跨国公司的发展扩大了国际市场，这要求国际劳工运动跨越国界发展工会。美国的一些工会确实在朝这个方向前进，但他们的努力也遇到了种种障碍。同时随着人们对全球化影响的关注，各种组织开展了许多活动来设法保护国际劳工权利。这些活动包括大学反对血汗工厂运动和公平贸易行动。

人们也在讨论，受市场驱使的美国经济体制的道德基础是否伴随着网络泡沫的破灭而发生了转移。2002 年包括安然公司、世界通信公司和其他美国大公司都发生了财务丑闻，这场讨论也因此受到了影响。批评者开始质疑，以市场和利润为导向的美国经济制度是否赋予了公司所有者与管理高层过多的权利，而只允许公众与雇员代表发挥极其有限的作用。

## 本章小结

这一章回顾了美国集体谈判的发展历史。历史告诉我们，并不能根据现有的行为模式准确地预测集体谈判的发展趋势。在 20 世纪 50 年代和 20 世纪 70 年代这样相对比较平稳的时期，美国的产业关系基本上没什么大的变化，这是一个很好的预测。但是 20 世纪 20 年代发生的事件并不能推断出 20 世纪 30 年代所出现的产业工会化和新政模式的推行。此外，20 世纪 70 年代的集体谈判没什么变化，可接下来从 20 世纪 80 年代初起，新政模式却发生了根本性的变化。而后在 21 世纪，一个可与劳联—产联抗衡的工会联盟成立了，它促进了积极的组织与谈判策略。

历史告诉我们，劳资关系处在不断变化之中，它会随着时间的流逝适应着环境和参与者需求的变化。

我们都很清楚，集体谈判只是在最近才获得了美国社会的接受，而且它也仅仅是较大范围的经济社会变革的一部分。另外，在过去的 40 年里，劳方和资方对待工会的态度一直在变化，部分是环境压力的变化所致。为了理解集体谈判的运行，有必要研究环境中各种力量的相互作用，研究劳资双方的策略与结构。

美国劳工历史揭示了劳动法和公共政策对集体谈判的演变所具有的决定性影响。第 3 章要集中讨论美国劳动法的演变，第 4 章将研究其他对产业关系有影响的环境因素。

## 讨论题

1. 根据普通法，简要解释工人加入工会的原因。
2. 讨论《国家劳工关系法案》（1935 年）出台前对待工会的法律行动。
3. 比较原始管理模式和科学管理。
4. 举例说明一些美国在 20 世纪出现的各种全国性工会，并比较他们的基本目标。
5. 《国家劳工关系法案》被裁定符合宪法规定后，产生了何种影响？
6. 概述第二次世界大战后美国集体谈判史上的重要时期。

# 第3章 工会与集体谈判法规

本章按照三个层面的分析框架，开始分析美国产业关系的法律规定。联邦和各州的法律是影响集体谈判过程和集体谈判结果的最主要的环境因素（见图表 1.1，功能层面的分析）。因此，为了解集体谈判如何运作，我们需熟悉劳动法。本章我们将介绍美国劳动法的发展过程，及影响现行集体谈判事务的重要法律机构和行政机构。

## 3.1 阴谋论

图表 3.1 概括了美国劳工政策的主要发展历程。在美国，关于工会的组建和工会活动的合法性的最早的政策宣言出现在州法庭的判决中。从 1800 年到 1890 年，各州政府依据由英国普通法衍生的法律解释来规范工会和雇主的行为。在这些法庭的判决中，第一个标志性案例是 1806 年的费城鞋匠案。在此案中，法庭规定：工会及其他形式的工人组织为提高工资所作的一切努力从本质上讲都是违法的。换言之，工会活动被看作是一种阴谋犯罪活动。

这种阴谋论在 1842 年马萨诸塞州的"联邦政府诉 Hunt 案"后被改变。在此案中，法庭试图区分工会实现目标的合法与手段的非法。法庭规定，工会有权存在，但无权用强制性手段来实现其目标。

整个 19 世纪，法庭都用敌对与怀疑的眼光看待工会组织。他们不能使工会和集体谈判的观念与强调个人行为、契约自由、财产权（不容侵犯），以及自由式的资本主义等法律制度和政治意识统一起来。因此，工人为追求其目标而采取集体行动的能力是被严格限制的。此外，没有出台成文的法律规定，这意味着，法律对工会行为的挑战大部分都来自于地方或州法庭，而联邦在这段时间对劳工关系的干涉少之又少。

图表 3.1　　　　　　　　　　　　　　　　**美国劳动政策的发展**

| 时间（年） | 事件 | 说明 |
| --- | --- | --- |
| 1806 | 费城鞋匠案 | 工人为寻求工资提高而联合起来是阴谋犯罪 |
| 1842 | 联邦政府诉 Hunt 案 | 工会是合法的。只要工会采取合法手段寻求合法目标，就允许工人团结起来。法庭依然敌视工会 |

| 时间（年） | 事件 | 说明 |
|---|---|---|
| 1890 | 《Sherman 反托拉斯法案》 | "在这些州中，任何限制交易或商业行为的联合……或密谋……都是违法的"。雇主根据上述条款寻找对工会活动的禁令 |
| 1894 | Debs 案 | 著名的使用禁令案。在美国铁路工会大罢工中，Eugene Debs 因拒绝遵守法庭要求恢复工作的判决而被关押 |
| 1906 | Danbury 制帽工人案 | 工会抵制商品违反了《Sherman 反托拉斯法案》。工会被认为有很大的破坏力 |
| 1912 | 《Lloyd-LaFollette 法案》 | 允许公营部门的雇员要求国会提高工资。邮政工人可以组织起来，但不能罢工 |
| 1914 | 《Clayton 法案》 | "劳动力不是商品"，但法庭仍然认为工会的某些行动违法 |
| 1926 | 《铁路劳动法》 | 允许铁路工人组织起来并进行集体谈判。于 1934 年增补，成立国家调解委员会 |
| 1932 | 《Norris-LaGuardia 法案》 | 严格限制联邦法庭对工会颁发禁令；黄狗契约"不能执行" |
| 1933 | 《国家工业复兴法》（NIRA） | 工人拥有"组织起来，自主选择代表进行集体谈判的权利，及不受雇主干涉、限制或压制的自由"[第 7（a）条] |
| 1935 | Shechter Poultry 案 | 最高法院判决 NIRA 违宪 |
| 1935 | 《国家劳工关系法案》（NLRA） | 确认了工人组织起来的权利，规定了不当劳工行为，成立了国家劳工关系委员会（NLRB） |
| 1935 | 《社会保障法》 | 包括 OASDHI（老年人、幸存者、残疾人、医疗保险和老年人援助（OAA）） |
| 1937 | NLRB 诉 Jones&Laughlin 案 | 最高法院判决 NIRA 符合宪法 |
| 1938 | 《公平劳工标准法案》 | 管制工资与工时。规定了加班费的支付与最低工资标准 |
| 1947 | 《Taft-Hartley 法案》 | 修正 NLRA。补充了工会的不当劳动行为 [第 8（b）条] |
| 1959 | 《Landrum-Griffin 法案》 | 出台工会成员权利法案。要求工会财政公开。制定托管与选举规则 |
| 1962 | 10988 号总统令 | 鼓励公共部门的集体谈判。要求维护管理权。Nixon 于 1970 年又发布命令（11491 号总统令）。各州的法律获得通过，给予地方和州政府雇员集体谈判的权利 |
| 1962 | 工资—物价政策 | 1962—1966 年出台工资—物价指导线，1971—1973 年设置工资—物价控制线，1978—1979 年制定工资—物价指导线 |
| 1964 | 《民权法案》第 7 条 | 雇主或工会对基于种族、肤色、宗教、性别或国籍的歧视是非法的 |
| 1967 | 《强制退休法案》 | "就业中的年龄歧视法案"；认为强制 70 岁以上工人退休的规定是无效的 |
| 1970 | 《职业安全与健康法案》（OSHA） | 制定工作安全与健康标准，成立职业安全与健康局 |
| 1972 | 《补充收入保障法》 | 1974 年 1 月 1 日生效。取代 1935 年社会保障法中的老年人援助（OAA）政策 |

| 时间（年） | 事件 | 说明 |
|---|---|---|
| 1974 | 《雇员退休收入保障法案》（ERISA） | 确定个人养老金计划的最低标准 |
| 1978 | 《公共服务改革法》 | 成立"联邦劳工关系署"（FLRA）。监督、管理联邦政府中的劳工关系 |
| 1989 | 《工人调整与再培训告知法》 | 要求雇主提前通知受工厂停产和大规模裁员影响的雇员 |
| 1990 | 《美国残疾人法案》（ADA） | 雇主歧视有工作资质的残疾人是非法的。一个有精神或身体残疾的人在申请或维持一个工作机会时，雇主需给予其适当的照顾 |
| 1991 | 《民权法案》修正案 | 修正《民权法案》第 7 条，以更正 20 世纪 80 年代一些保守的法庭判决，允许雇员获得补偿性损害赔偿金和惩罚性损失补偿金 |
| 1993 | 《事假与病假法案》 | 要求拥有 50 名以上雇员的雇主必须保证每年有 12 周的无薪假期给予如下雇员，即有严重的健康问题、生育或照顾生病的家庭成员而无法完成工作任务的雇员 |

## 3.1.1 《Sherman 反托拉斯法案》

当联邦法律应用到工会身上时，工会处境艰难。举例来说，随着联邦《Sherman 反托拉斯法案》的应用，工会发现自己被视同于商品或生产要素。也就是说，法庭视工会为劳动力垄断组织而对其像对其他旨在限制产品市场的自由贸易的勾结活动或阴谋犯罪组织一样加以禁止。

在 19 世纪及 20 世纪早期，法庭除了用阴谋论及《Sherman 反托拉斯法案》看待工会外，还运用劳工禁令来限制罢工或其他形式的工会对雇主的施压行为。法庭通过颁发劳工禁令规定某种工会活动是非法的，例如罢工，并且对这类活动进行惩罚，如对违反法庭命令的个人进行监禁。在很多方面，劳工禁令都比其他形式的法庭行为更具惩罚性，例如，雇主可以通过禁令很快地反对工会的活动。

雇主削弱工会力量的另一工具是法庭愿意执行所谓的黄狗契约。在一个黄狗契约中，一个准雇员需要保证他或她不会在为雇主工作期间加入工会。如果这名准雇员拒绝签订黄狗契约，他或她将不会得到工作。法庭在这方面走得很远，它颁布禁令禁止工会招收曾签订过黄狗契约的人为工会成员，理由是工会非法干涉了契约的执行。

## 3.1.2 《Clayton 法案》

工会和工会的支持者们为了结束劳工禁令全力进行游说。最终，《Clayton 法案》于 1914 年被通过。工会希望通过该法结束劳工禁令，并将劳工与其他商品相区别。然而，由于后来联邦法庭片面地解释了《Clayton 法案》，州法庭也继续针对工会活动颁布禁令，工会的愿望落空了。对工会活动唯一有意义的保护，来自联邦保障工会的存在和罢工权的规定。

## 3.2 保障集体谈判权的法律规定

20 世纪早期，反对组建工会的法律规定和公共政策日趋衰减。首先，1912 年的《Lloyd-LaFollette 法案》给予了邮政工人结社权。其次，在第一次世界大战中，战时劳工委员会发布了一份政策，赋予私营部门的工人组成工会并进行集体谈判的权利。1926 年通过的《铁路劳动法》，给予铁路工人组织权及进行集体谈判的权利。

这些法律和政策反映出随着工会力量的壮大和劳工暴力行动的出现，美国的政策作出了调整。邮政服务和铁路系统已经有了工会。这些工会凭借自己的力量争取有利的法律规定。类似的，战时的产品需求使避免罢工显得至关重要。因此，第一次世界大战期间，雇主们同意不破坏已存在的工会组织，这为未来数十年中工会得到更广泛的承认作好了铺垫。

### 3.2.1 《铁路劳动法》

《铁路劳动法》今天仍在继续规范着铁路行业和航空业（于 1936 年补充进原法案）的集体谈判行为。鉴于该法案扮演的角色具有连续性，我们将在这一部分详细讨论它的各项条款和实施情况。

由于以往铁路行业劳工冲突严重，所以 Calvin Coolidge 总统促使铁路公司和工会发展一些程序以恢复铁路行业的稳定性。1926 年国会通过了《铁路劳动法》，它的内容与铁路行业的劳资双方所推荐的方案很接近。

该法案明确规定，雇员拥有组织工会及自主选择代表进行集体谈判，而不受雇主干涉的权利。雇主有义务与自由选举的、代表工人利益的代表进行谈判。该法案的主要目的在于建立各种程序来减少铁路行业的冲突。

1）测试了工会的合法性

鉴于以往法庭表现出的对于集体谈判和工会的抗拒，《铁路劳动法》的合法性一直受到质疑，直到联邦最高法院颁布了一项重要规定。

在 1930 年的得克萨斯和新奥尔良铁路公司诉铁路轮船工人联合会一案中，公司认为该法案侵犯了第一、第五修正案给予公司的对选择和解雇雇员的控制权。在同一年，最高法院驳回了以上观点，并坚持维护《铁路劳动法》的合法性。最高法院宣布，由于国会需维护州际商业流动，因此它有权参与处理铁路行业的劳动关系问题。法庭认为，促进集体谈判是"最高公共利益"，因为此举可以防止"由于劳动冲突和罢工引起的州际商业活动的中止"。联邦最高法院第一次意识到政府权力对保护工人组成工会和进行集体谈判的重要性。

2）《铁路劳动法》的执行

国会于 1934 年修正了《铁路劳动法》，成立了国家调解委员会，并赋予它协助集体谈判的进行的权力。该委员会至今依然存在，当雇员需选择某个工会进行集体谈判时，委员会具有指导工会选举的权力。得到多数票的工会将被认定为全体雇员的法定代表。委员会还需负责调解铁路工会与铁路公司在进行集体谈判时发生的冲突。

由于航空业在当今的运输行业中所扮演的角色日益重要，航空业中工会化水平的不断提高，所以在现代经济中，解决航空公司和工会在集体谈判中的冲突成为了一项重要任务。近年来，国家调解委员会在帮助避免波及全国大部分地区的主要航空公司、可能引起航空业巨大动荡的罢工和停工中，扮演了关键性角色。

## 3.2.2 《Norris-LaGuardia 法案》

《铁路劳动法》对集体谈判的支持是突破性的，但它对其他经济领域中的劳资关系的影响却是很有限的，因为该法案最初只适用于铁路行业。在 1932 年的《Norris-LaGuardia 法案》中，国会对集体谈判给予了更为坚实的支持。

《Norris-LaGuardia 法案》允许私营部门的雇员"拥有结社、自我组织、自主选择并任命工人代表谈判就业待遇与就业条件的自由"。该法案最大的现实性影响来自于它对劳工禁令的限制。这使得该法案获得了另一个常被提及的名字——"联邦反禁令法案"。然而，与上文在反托拉斯法中提及的一样，州法庭仍然频繁颁布劳工禁令。

国会通过说明当今社会对集体谈判的需要，证明了《Norris-LaGuardia 法案》的正当性。该法案表明，在当今普遍的经济条件下，一个没有组织的工人在面对大型现代公司的挑战时是束手无策的。为了调解这种不平衡，该法案支持集体谈判，并限制法庭介入劳动冲突。为了了解国会为什么会支持集体谈判，需要认清的是，《Norris-LaGuardia 法案》是在美国经济大萧条的中间时期被讨论通过的。

值得注意的是，《Norris-LaGuardia 法案》并没有赋予工会任何新的法定权利，它仅通过减少法庭的干预来保证工会拥有更大的自由。

## 3.2.3 《国家工业复兴法》

在 Franklin Roosevelt 被选举为美国总统后，联邦政府采取了若干措施促进大萧条后的工业复苏。联邦政府工业复兴计划的一个重要部分，就是 1933 年通过的《国家工业复兴法》（NIRA）。该法案允许各个工业领域的商人组成团体、制定规范（即一系列规定商业计划和管制价格的原则和规则），目的在于使得商业和产量、价格管制的结合能够刺激产出和经济发展。国会规定每一个商业规范都须涵盖一个针对该规则的工人的最低工资标准。这一规定的制定者认为，较高的最低工资标准能够提高工人的购买力，并因此促进经济的发展。

1) 集体谈判的发展

《国家工业复兴法》中对工会最重要的条款是为工人集体谈判权提供法律保护的第 7 (a) 条规定。和最低工资标准一样，促进集体谈判发展的理论依据是：这样做可以提高工人的购买力，并由此刺激国家经济发展，帮助国家走出萧条。

第 7 (a) 条规定包括两个主要原则：①雇员拥有"组织工会和自主选择代表进行集体谈判的权利"，及在实现这些权利时拥有"不受来自雇主的干涉、限制和压制的自由"；②不可以将要求雇员加入公司控制的工会作为雇佣条件。

2) 最高法院的裁定

尽管《国家工业复兴法》有重要的象征性影响，但由于它在 1935 年时被最高法院判定为违宪，因此它的直接影响是很有限的。最高法院认为，该法非法地给予了国会过多的权力，这些权力超过国会在管制州际贸易中应有的权力。然而，自 1933 年（《国家工业复兴法》通过）到 1935 年（《国家工业复兴法》被废止），工会成员已由 290 万人增加到 390 万人。

## 3.3 《国家劳工关系法案》

美国经济私人部门中工会最显著的发展来自于 1935 年的《国家劳工关系法案》（NLRA）。NLRA 使得私人部门的工会和工会活动（包括罢工）合法化，并作出了许多其他规定。与序言中提到的一样，它的主要目的是：在承认工会和把集体谈判作为一种确定就业待遇和就业条件的手段时，做到有序与和平。

后来，NLRA 得到了修正。1947 年的"Taft-Hartley 修正案"列出了工会的不当劳动行为，并将《国家劳工关系法案》变成一个指导集体谈判的详细且具综合性的法令；1959 年的"Landrum-Griffin 修正案"增加了一些条款，用来管理工会内部事务，明确工会成员和工会组织及领导人的权利。图表 3.2 概括了这些法案的基本条款。

图表3.2　　　　　　　　　《国家劳工关系法案》及其修正案的主要条款

| 章节 | 条款 |
|---|---|
| **《国家劳工关系法案》（NLRA；《瓦格纳法案》）1935 年** | |
| 1 | 立法宗旨与政策：支持集体谈判、工人自我联合及自由选举代表的权利 |
| 2 | 定义：雇主、雇员、劳工组织、不当劳动行为 |
| 3－6 | 国家劳工关系委员会：成立、权力、资金来源和组织结构 |
| 7 | 雇员权利：包括自我组织和选举谈判代表的权利 |
| 8 | （雇主的）不当劳动行为：禁止侵犯本法案第 7 项给予雇员的权利 |
| 9 | 代表与选举：依据多数人的选择确定唯一的谈判代表。委员会能够确定合法组织、确认雇员代表 |
| 10 | 防止不当劳动行为：委员会可以停止或中止命令，采取"肯定的行为，包括：恢复有或没有被拖欠工资的雇员的工作" |
| 11－12 | 调查权：国家劳工关系委员会可以发传票、传讯证人等。拒绝遵守将被诉藐视法庭 |
| 13－16 | 限制：该法案没有限制罢工权 |
| **《劳资关系法案》（LMRA；《Taft-Hartley 法案》）1947 年 （NLRA 修正案）** | |
| 2 | 定义：监督管理人员、专业人员、代理人 |
| 3 | 国家劳工关系委员会：委员由 3 人扩展到 5 人 |
| 7 | 雇员权利：要求雇员不能从事第 7 章所列举的活动 |
| 8 | 不当劳动行为：增加第 8（b）条款，明确劳工组织的不当劳动行为 |
| 9 | 代表与选举：对专业人员、技术人员、监督管理人员制定了单独的标准；扩充并明确选举程序 |
| 第 2 条 | 劳资纠纷的调解：影响商业活动的行业、国家紧急状态的规定 |
| 301 条款 | 劳工组织的起诉与被诉 |
| **《劳资关系报告与信息披露法案》（LMRDA；《Landrum-Griffin 法案》）1959 年 （NLRA 修正案）** | |
| 第 1 条 | 规定劳工组织会员的各种权利：包括言论与集会自由，禁止未经投票表决、增加会费和不当的惩罚行为 |
| 第 2 条 | 劳工组织提交报告：提供报告说明工会领袖的姓名、会员的权利，每年提交财务报告 |
| 第 3 条 | 托管制度：明确工会托管原因，准备所有托管行为的报告 |
| 第 4 条 | 选举：确保定期进行地方工会及全国性（或国际性）工会的选举，由全体常规会员进行无记名投票 |
| 第 5 条 | 劳工组织的保护：干部的受委托责任，对掌握资金和财产的个人的要求 |

随后的工人运动可以体现出 NLRA 的重要性。在你们学习这门课以前，有多少人知道现行的联邦劳动法不但认为工会是合法的，而且表现出了对集体谈判的偏袒呢？鉴于当前经济领域中雇主对工会活动的积极抵制，及公众社会给予工会的极少尊重，多数美国人都应对上述事实感到讶异，甚至震惊。让我们关注上文提到的这种矛盾，即 NLRA 的相关规定与本章后半部分及整本书都涉及的与现实态度之间的不协调。现在，我们仅视之为美国社会政策与社会实践间奇怪的讽刺。

## 3.3.1　NLRA 的主要条款

由于 NLRA 是最重要的规范产业关系的法律，所以我们将在这里对其基本条款进行详细介绍。我们的介绍涉及了修正 NLRA 的《Taft-Hartley 法案》和《landrum-Griffin 法案》。

1）第 1 条

第 1 条说明了 NLRA 的立法动机。国会声明，雇主否认雇员的组织权、拒绝接受集体谈判的行为将会导致劳资冲突，并会因其破坏贸易发展而对国家造成危害。国会还认为，没有集体谈判权力的雇员在劳资关系中是处于劣势地位的，这将损害经济发展，因为工人的购买力被削弱了。国会宣布，鼓励集体谈判的进行是美国应采取的政策。

2）第 2 条

第 2 条定义了该法案使用的一些名词。最重要的是如下名词的定义：雇主、雇员、监督管理人员、专业人员。

"雇主"包括"一切代表雇主利益的人"。不在本法案定义覆盖范围内的雇主包括：联邦、州或地方政府及其下属组织，受《铁路劳动法》管制的公司，作为谈判代理人的工会代表。

"雇员"包括"任何雇员"。需要明确的一点是，对雇员的保护不局限于工会成员及工会所代表的雇员，本法案对工会化雇员与非工会化雇员同样适用。由于劳资冲突或非法劳动行为而被解雇的雇员仍包括在本法案内，所以雇员离开一个组织后仍受到本法案的保护，直至他们找到"另一个日常的且本质上相等的职位"为止。但以下雇员不在本法案覆盖范围内：农业雇工人员、独立承包商、被配偶或父母雇用的人员、从事家庭服务的人员、《铁路劳动法》所覆盖的人员。

"监督管理人员"被定义为一切有权"雇用、调动、停职、解雇、再录用、提升、派遣、奖励或惩罚雇员"的个人（如果以上权力的实现"需要独立判断能力"）。监督管理人员不在本法案覆盖范围内。

"专业人员"是指从事"主要依靠智力，具有各种特征的……经常使用判断力和决策力"工作的人。对专业人员与非专业人员在集体谈判时应怎样组织分别作出了规定。

3）第 3 条

第 3 条对建立国家劳工关系委员会（NLRB）作出了规定。NLRB 由 5 名经总统任命、参议院批准的委员组成。NLRB 委员任期 5 年。NLRB 的地区执行官有权决定工会代表选举问题。NLRB 拥有法律顾问，负责对不当劳动行为进行调查并提起上诉。

4）第 7 条

第 7 条给予雇员如下权利——"自我组织、自主选择代表进行集体谈判、参加其他为实现集体谈判目标而开展的协调性活动"，并由此保证了工会的纠察权和罢工权。

雇主不能因雇员参加罢工而对其进行歧视。然而，雇主却可以雇用临时性或永久性罢工替代者顶替罢工的雇员。被永久性替代的罢工者即使提出恢复工作，也将失去工作，尽管他拥有出现职位空缺时被重新雇用的权利。

在强制性的谈判主题上雇主可以采取闭厂措施。因此，在与工会进行真诚的谈判后，雇主可以采取闭厂措施以迫使工会接受自己的条件，尽管雇员更倾向于维持现状或继续谈判。

次级联合抵制这样的罢工是非法的。假设某个工会与某个雇主（称为原雇主，因为该冲突主要发生于该雇主与工会之间）有劳资冲突。工会对原雇主施加压力的一个方法是对其他雇主（称为次级雇主）运用工会力量。例如，一个与制造公司有冲突的工会可能会把罢工扩大到对提供制造零件的公司实施罢工，希望借此对制造公司发生作用。NLRA 不允许这种次级联合抵制。

5）第 8 条

第 8 条同等地列出了雇主或工会可能出现的不当劳动行为。以下是一些侵犯本法案其他部分规定的权利的违法行为：

（1）雇主的不当劳动行为：在雇员行使本法案第 7 条赋予的权利时，不受雇主的干涉或强制（本法案，第 8（a）（1））。禁止雇主控制、干涉劳工组织，或对其提供经济或其他形式的支持（本法案，第 8（a）（2））。

禁止雇主因个人偏见或因其参加过工会活动而歧视任何个人（本法案，第 8（a）（3））。因此，雇主不能通过解雇工会活跃分子或选择不提升工会的积极支持者来威胁工会。该法案允许雇主与工会在集体谈判协议中规定，拥有工会成员的身份是雇佣的条件（工会企业条款）。后来，最高法院将该部分条款作出了限制，工会仅仅能够要求雇员向工会缴纳会费，雇员无须成为真正的工会成员（缴费企业或代理企业）。

（2）工会的不当劳动行为：在雇员行使本法案第 7 条赋予的权利时，不受工会的强制。工会不能使雇主歧视被取消工会会员身份的雇员，除非是因为雇员没有交纳会费而被开除。

第 8 条规定雇主（第 8（a）（5））和工会（第 8（b）（3））真诚地与对方进行集体谈判。"真诚的谈判"意味着雇主与雇员代表"在适当的时候，针对工资、工时及其他雇佣条件真诚地进行谈判"。换言之，真诚的谈判不允许如下行为：劳方或资方没有要解决问题的意向，或制定繁复的谈判清单却与自己的实际利益没有太大关联。事实上，谈判的职责并不是要让某一方接受建议或作出让步。

工资、工时与雇佣条件是强制性谈判的主题。如果一方选择就上述某一问题进行谈判，另一方就有义务陪同谈判。在 NLRB 和法庭的判决中，强制性谈判主题被定义为直接影响雇佣关系的主题。此外，还存在许可的谈判主题，例如公司的广告策略。对于一个许可的谈判主题，双方均可以拒绝谈判或自愿选择进行谈判。对于针对许可的谈判主题提出的建议，不可以使用经济武器（如罢工、纠察）来强迫达成一致。非法谈判主题是指依法不会被劳动合同包括的主题，如只雇用工会会员的条款（closed shop clause，也译为封闭性工厂条款）或种族歧视条款。在封闭性工厂，个人只有成为工会成员才有资格被雇用。

第 8 条还规定，禁止工会参与或鼓励个人在下述情况中罢工或拒绝生产、取送或运输货物：

（1）强迫雇主或自雇佣者加入任何劳工或雇主组织。

（2）强迫雇主与未经正式承认的劳工组织进行谈判。

（3）强迫雇主把工作分派给某些雇员，除非 NLRB 命令雇主这样做。

这些关于不当劳动行为的条款制止了因承认工会的问题引发的罢工（recognition strike），这是 20 世纪 30 年代以及之前的数十年中，工会普遍使用的一种组织策略。它是指工人支持工会进行持续的罢工，直至雇主同意承认该工会是工人的合法代表。工会的以下行为同样受到禁止：要求雇员交纳超额会费，要求雇主为未提供的服务交费，或为寻求雇主对工会的承认而从事纠察活动，除非在纠察活动开始的 30 天内，向 NLRB 发送代表选举的申请。

第 8 条还规定建筑工业与服装工业外的热货条款（hot cargo clause）是违法的。热货条款禁止雇员进行某些特定商品的生产、取送或运输。例如，该条款曾在货物运输业十分普遍，它禁止司机运输非工会化公司制造的商品。

6）第 9 条

第 9 条规定，工会代表由一个谈判单位中的多数雇员选举产生，该谈判单位由 NLRB 确定。获胜的工会赢得专有代表权。这意味着，只有一个工会能获得为该谈判组织谈判劳动合同的权利。法案还说明了决定某个谈判单位的原则（详见第 6 章）。

7）第 10 条

当 NLRB 发现采取了不当劳动行为时，它有权发布命令中止或废除这种行为，并要求对受害雇员进行补偿。NLRB 需向上诉法庭请求执行其命令。

## 3.3.2 国家紧急状态的规定

《国家劳工关系法案》第 2 条说明了当罢工引起国家紧急状态时应采取的程序。为了避免这种情况，该法案成立了联邦仲裁与调解局（FMCS），负责调解劳资冲突以保证贸易的自由进行。

当由于劳资纠纷引起国家进入紧急状态时，总统会任命一个调查委员会负责案件的审理，并为解决劳资纠纷提出建议。总统可以要求总检察长针对引发国家紧急状态的罢工或停工发布禁令。如果禁令被颁布，接下来就会有一个 80 天的冷冻期。法庭禁令要求双方依照已终止的合同条款继续工作，并在联邦调解员的监督下进一步进行谈判。如果 60 天后双方仍未达成一致，联邦调查员就需对此纠纷提交一份报告。此后，国家劳工关系委员会有 15 天的时间对雇员的态度进行调查，看看多数雇员是否接受资方最后提出的条件，另有 5 天用来计算各工会的投票数。如果工会成员拒绝该条件，工会就可以进行罢工。总统可以向国会提出解决纠纷的建议，国会可以命令劳资双方接受这个建议，但国会很少行使这一权力。

### 3.3.3　NLRA 的行政管理

NLRB 管理有关 NLRA 的事务，它拥有 5 位委员、1 位首席法律顾问、50 个地方委员会和若干成员。NLRB 的主要功能是监督并指导工会代表选举，审理不当劳动行为的案件。

此类案件须由雇员、雇主或工会与 NLRB 的一位地方官员一起提请诉讼。NLRB 对该诉讼案件进行调查。如果这个案件被受理，一个行政法官就会审理此案件，并向 NLRB 提出建议。此后，NLRB 才可以颁布命令要求劳方或资方停止采取某种行为或撤销此案。

NLRB 及其执法官试图经过这样的程序找到一个对此诉讼案件的解决办法。假设一个工会控告：在一次工会选举竞争中，他们支持的组织者正遭到管理人员的骚扰与恐吓。调查过控告内容后，NLRB 可能会建议这样的解决措施，即雇主立即停止这种行为，并发表声明承诺以后不会再采取这种做法。无须赘言，在此案例中，雇主可能会拒绝接受 NLRB 建议的解决措施，如果是这样，就可以按程序往前走。

听取过行政法官的建议后，NLRB 有权要求雇主对受害雇员进行赔偿，但无权确定赔偿金额。此外，NLRB 须求助法庭强制执行它的命令。同时，受害方可以对 NLRB 的裁决向联邦巡回上诉法庭提起上诉。

## 3.4　《Taft-Hartley 法案》

到第二次世界大战末，劳工组织的力量与规模都有所增长。二战后的罢工浪潮激起了人们对工会的敌视。作为回应，国会于 1947 年通过了《劳资关系法案》（通常被称作《Taft-Hartley 修正案》）。该法案的主要目的在于将劳资关系的平衡更多地转向资方，并给予个人在与工会组织交涉时更多的权利。该法案包括的主要条款如下：

（1）修改第 7 条，保护雇员拥有不参加工会活动的权利。

（2）第 8 条增加了工会的一系列不当劳动行为（参见上文）。

（3）允许工人取消工会的代表权。因此，工会化工人可通过多数人投票取消工会代表权。

（4）禁止工会参与企图强迫雇主接受工会代表权的代表权罢工活动（20 世纪 30 年代，代表权罢工曾是工会常用的组织策略）。

（5）允许雇主在工会组织选举活动时发表反工会声明，但声明中不得包括威胁报复或许诺利益的内容。

（6）监督管理人员不在国家劳工关系法的覆盖范围内。

（7）封闭性工厂（以拥有工会会员身份作为雇佣条件）是非法的。

（8）允许各州通过禁止工会企业的法律（《工作权法案》）。

（9）增加了解决国家紧急状态纠纷的程序。

《Taft-Hartley 修正案》将私人部门的监督管理人员排除在国家劳工关系法的覆盖范围之外。本法案第 2 项第 11 条将监督管理人员定义为拥有如下特征的雇员：

代表雇主利益，有权雇用、调动、停职、解雇、再录用、提升、免除、派遣、奖励或惩罚其他雇员，或负责指导其他雇员，调解、反映他们的不满。如果……他的权利不仅限于上述的权利，但是需要他具有独立的判断能力。

因此，一个监督管理人员的定义是根据他承担的职责是否有权做出重要的人事管理决策、是否可以独立行使判断能力而定的。

尽管该法案没有禁止监督管理人员成立工会，但也没有对此种行为给予任何法律保护。

《Taft-Hartley 修正案》对监督管理人员的排除引发了这样的争议：一旦监督管理人员联合起来，他们对资方的忠诚度及对实现雇主目标的坚定性都将大打折扣。很明显，一些反对监督管理人员谈判的意见反映了这样的观点，即资方需要一些能代表资方利益的忠诚代表。然而，该项规定的实际立法原则是基于《Taft-Hartley 法案》颁布时对监督管理人员责任的假设。

这里存在两个明显的问题：①当今监督管理人员的角色和权利与 1947 年时的假设是否相同？②如果监督管理人员被给予与其他工人一样的集体谈判权，那么 1947 年时国会多数成员对于此种联合的消极后果的假定是否会得到证明？

最近，在一个关于大学教职员工结社权与谈判权的争论中，上述问题已经成为了焦点。在一个 1980 年判决的案件中，最高法院认为纽约叶西瓦大学（Yeshiva University）的员工具有管理职责，因此不在《国家劳工关系法案》的覆盖范围内。法庭解释说，由于叶西瓦教职工的工作涉及雇佣、提升、分派课程，及许多其他影响工资、工时和工作条件的管理决策，因此他们符合该法令对于监督管理人员的具体定义。可见，叶西瓦大学没有义务来承认教职工工会。同时，与本校或其他学校的教职工的集体谈判也受到了禁止。尽管许多观察家对叶西瓦判决提出了质疑，国家劳工关系委员会随后又将许多其他大学的教职工纳入本法令的覆盖范围，但关于该问题的争议却是愈演愈烈。

关于雇员是否是监督管理人员的问题引发了激烈的争议，其中，护士群体是一个重要的争议主题。尽管护士工作的核心内容是提供医疗护理，但经受过先进培训的护士，如注册护士（RN），通常被赋予权力指导护士助理和仅接受过有限培训的护士的工作。存在争议的问题是，这些护士在提供医疗护理及指导其他护士工作时所扮演的角色，是否给予了他们监督管理人员的身份，《国家劳工关系法案》又是否因此将他们排除在保护范围之外。

## 3.5　《Landrum-Griffin 法案》

1959 年的《劳资报告与信息披露法案》，通常被称为《Landrum-Griffin 修正案》，主要涉及工会内部的实践活动。这些修正条款的主要目的在于保护工会成员免受工会的不公正行为的伤害。该法案同样规定，工会与雇主间关于剥夺工会成员合法代表权的协议将被取消。

McClellan 反敲诈委员会组织了一系列公开听证会，来讨论工会的腐败问题。此后

《Landrum-Griffin 法案》获得了国会批准。反敲诈委员会对卡车司机工会的非法行为给予了密切关注，并促使劳联—产联开除了该组织。

### 3.5.1　工会成员的权利

《Landrum-Griffin 修正案》有一条规定了工会成员的"权利"。它给予工会成员如下权利：提名担任工会干部候选人的权利、选举权、出席工会会议的权利及参与工会商业活动的权利。本法案还规范了入会费与会费的收取，并明确了会员控告工会的权利。法案规定，除因会员拖欠会费外，任何工会都不得给予会员罚款、停职或其他处罚。

### 3.5.2　工会财政与内部管理规则

《Landrum-Griffin 法案》要求工会组织定期向美国劳工部（DOL）汇报财政状况和内部管理状况。工会会员有权获知工会的财政信息。

该法案赋予工会干部合理使用工会基金的责任。工会会员有权控告工会干部未履行其财政责任。

此外，《Landrum-Griffin 法案》还对工会的内部选举作出了相应规定。它规范了选举间隔时间、提名方法、选举规则及选举程序等内容。

该法案同时对全国性工会对其地方工会的管理加以监督。本法案特别明确了地方工会在何种情况下、以何种方式被托管。托管是指母工会（通常是全国性工会）中止某地方工会自主权的程序。通常，当母工会发现地方工会违反工会章程，或存在违规操作时，该地方工会将被托管。国会参与了几个关于某些全国性工会滥用托管权的听证会，此后补充了上述规定。

相对于公司或其他组织，《Landrum-Griffin 法案》对工会组织提出了更多的要求、给予了更大的责任。因此，工会的内部事务及运行都在特殊的监督之下，它不具有其他私人组织所享有的独立性。

## 3.6　集体谈判的价值

根据国家劳工关系法案的规定，美国联邦政府有促进集体谈判发展的义务。鉴于该项义务在美国劳动法中的中心地位，我们有必要对它的基本意义进行详细介绍。

### 3.6.1　对政治民主的贡献

集体谈判保证了在没有政府或其他外力的直接干预下，通过谈判达成劳资协议的权利。集体谈判的政治前提可简述如下：组织工会和举行罢工是政治民主的基本构成要素。Walter Oberer 和 Kurt Hanslowe 将该前提做出如下表述：

一种对自由社会的定义是：社会成员可以自由地通过集体来表达个人利益的社会。

## 3.6.2　罢工权的需要

自由缔结契约需要以自由拒绝契约为前提，因此谈判权与罢工权是紧密相关的。Milton Konvitz 在一篇探讨罢工权的哲学基础的文章中，对此问题进行了很好的说明：

一个个人或团体，如果无权影响某事件的进程，将对做出决策缺乏责任。权利是责任的源泉。如果没有罢工权，那么工会的自愿性谈判与协议将成为无源之水。如果一个自由劳资协议——在一个自由公司体系下的自由集体谈判——属于公共利益，那么保证自由劳资协议实现的罢工权也无疑是公共利益的一部分。

## 3.6.3　集体谈判的其他意义

产业关系学者对促进和保护集体谈判的意义作了三点补充。第一，与其他外人相比，雇主和雇员更能理解他们自身的需要和问题。这意味着，最有效的解决问题的方法，对双方更可行、更易接受的妥协，都只能在集体谈判中找到，而非有第三方介入来限制双方追求自身的利益。第二，也许更重要的是，如果双方开始依靠外部力量解决他们的争议，他们就会丧失解决自身问题的能力。也就是说，找到有效的解决问题的方法是一个动态的过程，需要存在意见分歧的双方不断接触。第三，有充分的理由证明，当员工觉得自己对工作条件的决定拥有话语权时，员工士气将得到提高，同时，劳动生产率也会上升。

然而需要注意的是，组织工会和罢工的权利并不是无条件的。毋庸置疑，这些权利的实现可能会引起与更大范围社会的其他目标产生冲突，比如公众对于产业和平和社会稳定的需要。有时，这些目标会相互冲突。

一些冲突给社会带来了巨大的成本和不便，尽管社会在限制这些冲突上存在利益，但与此同时，仅仅是社会不便的存在，并不是也不具有充分的理由来限制劳资谈判权和劳方在协议不能达成时的罢工权。

鉴于谈判和罢工在集体谈判中扮演的重要角色，及罢工带给公众的潜在负面影响，产业关系学者和公众无疑会对谈判程序的运行状况提出质疑。例如，Archibald Cox 曾将谈判程序描述为"理想的非正式说服人的工具"，因为罢工威胁能有效地迫使谈判者面对现实并作出妥协。

## 3.6.4　对于无限制的集体谈判的批评

可将 Cox 的观点与下文 Abe Raskin（《纽约时报》长期报道劳工问题的记者、编辑）的观点进行对比：

集体谈判的整个运作过程越荒谬，学究们越要解释它的合理性，越要解释为什么要采取社会行动保护它。这不过是找借口用无限制的暴力行动来解决劳资纠纷，这对于 *Nanthan Hale*、*Paul Revere* 及其他倡导美国自由的人来说真是一大讽刺。

过去人们要喊出皇帝没有穿衣服。我相信，当所有人都因为主观意愿、或不适当的经济权力限制而遭受损失时，提供有效的政治机制来打破僵局的做法就应当被肯定，而绝非被否认。

我认为，问题不在于是否做，而在于怎样做。我不知道为什么在社会的诸多领域中，我们仅在该领域强调将发动战争作为工业文明的标志，而在其他领域，甚至涉及最高权力的国际关系领域都在试图驱逐战争。

因此，当集体谈判制度的传统支持者试图修筑围墙促进和保护集体谈判时，也有人认为，罢工是把成本强加到公众身上，政府应该在罢工之前更多地干预以解决纠纷。

## 3.7 公营部门的劳动法

NLRA 覆盖的是私营部门的雇佣关系。NLRA 通过以后，41 个州据此通过了针对州或地方政府雇员的集体谈判法规。此外，通过 1962 年的第 10988 号总统令，集体谈判权被扩展到联邦政府雇员身上。1978 年的公共服务改革法案确立了新的联邦劳工关系署（FLRA），以监督、管理联邦各部门的集体谈判。一些州将集体谈判权扩展到农场工人身上。各州的相关法规多数都是根据 NLRA 的原则制定的，但在实践这些原则的具体程序方面，他们有着显著的差别。

根据联邦审计署的调查（http：//www. gao. gov/new. items/d02835. pdf），近 3/4 的民用劳动力——或者说，在 2001 年 2 月的 1.35 亿劳动力中的近 1.3 亿——由于联邦、州或地方法规而拥有某种形式的集体谈判权。在私营部门的 1.15 亿工人中，近 78% 拥有谈判权，大部分都在 NLRA 的覆盖范围内。不拥有任何联邦或州法律给予的集体谈判权的 3 200 万民用劳动力中，最大的群体是：近 850 万独立的承包商，小企业的 550 万雇员，1 020 万监督管理人员或管理人员（包括 860 万一线监督管理人员），690 万联邦、州或地方政府雇员，53. 2 万家庭生产者，及 35. 7 万农业工人。

## 3.8 雇佣自愿

集体谈判的一个焦点问题是在谈判和程序的管理中要给雇员提供正当的程序（due process）。正当的程序部分来自于合同协商与申诉程序，我们将在第 8 章和第 11 章详细讨论该问题。为了了解工会对正当程序的贡献，我们有必要了解没有工会可能出现的问题。

如果没有集体谈判协议，法庭就会应用普通法的原则来处理问题，这就是雇佣自愿的原则。雇佣自愿的原则可以这样解释：只要不违反法律的规定，雇主和雇员可以在任何时候、因任何原因，自由结束雇佣关系，而不用承担责任。该原则的应用导致如下结果：由于没有不满申诉程序，非工会化雇员在被解雇时将束手无策，除非这种行为违反了宪法或其他法律规定。

需要明确的是，雇佣自愿的原则意味着，雇主可以根据不公正的理由或者一个不怎么好的理由解雇雇员，且不用承担法律责任。例如，一个业绩优良的雇员可能因为业绩差而被解雇，或者一个雇员仅因为他或她工作时所穿衣服的颜色而被无理解雇。在上述情况中，雇主可以不提前通知就解雇一个雇员，且不给予其任何遣散费，而雇员却找不到任何法律武器。一项调查测试了人们对雇佣的认识。调查发现，多数美国雇员错误地以为，法律规定了他们仅能因正当的理由被解雇，也就是说，解雇要有一个好理由。尽管这种观点是错误的，但它可以影响雇员在工作场所的态度和行为，同时能减少要求修改法律的公众压力。

## 3.8.1　雇佣自愿原则的影响范围

雇佣自愿的原则是一个没有其他规定情况下的规则。这意味着，如果愿意的话，双方就可以通过合同修改该原则。他们可以在雇佣合同中明确终止雇佣的特定原因或雇佣的持续时间来对该原则进行修改。大多数雇员个人缺乏谈判此类合同的谈判力量，而雇主又很少愿意提供这样的合同。事实上，雇主会谨慎地将一切雇佣合同、工作手册和说明包括在内，使雇佣自愿的原则根本不可能被修改或改变。然而，有三类雇员不受雇佣自愿的原则的管制。

第一类可以通过合同修改雇佣自愿原则的雇员是工会化雇员。大多数工会在集体谈判时，都会对规定雇员只能因正当理由被解雇的条款进行谈判。

第二类雇员个人也可以在个人劳动合同中规定只能根据正当的理由解雇他，或者对某个特定的条款进行谈判，但他们必须拥有足够的谈判能力才能赢得雇主的同意。例如，CEO 或其他高级管理人员通常会进行谈判，在合同中规定，如被无故解雇，就要支付补偿金。

第三类不受雇佣自愿原则覆盖的雇员是公营部门的雇员。他们通常在公共服务及其他公营部门雇员的法律法规的覆盖范围内，这些法律法规都对何时、何种情况能解雇该类雇员作出了规定。

## 3.8.2　各州法庭创造的特例

在最近的数十年中，许多州法庭都对雇佣自愿原则的应用作出了修改。鉴于联邦法律已经对劳动法作出了规定，各州有权制定个人雇佣法。因此，每个州都有自己的雇佣法。尽管它们都遵循同样的基本原则，但一些州会更倾向于雇员。例如，加利福尼亚州通常被认为是法庭最偏向雇员的州。

州法庭会给予被解雇的雇员以一定补偿，这基于雇佣自愿原则的三类例外情况：默契合同、公共政策，及诚信和公平交易的承诺。

（1）当某个雇主的书面政策或口头声明构成了一个默契合同时，他就需要对雇员提供就业保障。雇主的一些行为也可能形成默契合同。一个默契合同要求解雇必须具有正当的理由，即雇主因合法的商业原因才能解雇雇员。例如，如果一个雇主劝说一个有前途的雇员到美国的其他地方接受一个新的职位，并给予其就业保障，法庭就认为这构成了一份默契合同，要解雇这名雇员就要有正当的理由。

相关的观点认为，员工手册也可构成修改雇佣自愿原则的合同。在 20 世纪 70 年代，在许多州法庭的判例中，法庭发现员工手册可以构成修改雇佣自愿原则的合同。然而，州法庭也会判定，许多员工手册仅是雇主意愿的表述，而不是具有约束力的合同。此外，在员工手册案件的第一次浪潮后，大批雇主开始特别说明，员工手册不是合同，且未对雇佣自愿原则作出修改。只要明确写出了这样的说明，法庭通常就会给予承认。因此，多数员工手册不被认为是合同（尽管雇员可能错误地以为员工手册就是合同）。

（2）雇员因拒绝违反某项法律明确规定的公共政策而被解雇的情况。雇员不能因揭发或拒绝参与雇主违反法定公共政策的行为而被解雇。例如，伊利诺伊州法庭作出过如下判决：某雇员因配合警察调查同事的违法行为而被解雇是违反公共政策的。在本案中，雇主不具有因非法或违反公共政策的原因而终止劳动合同的权力，因为这种权力鼓励了法律所禁止的非法行为。尽管这种公共政策特例看似应用广泛，但法庭通常将它的应用范围局限于特定行为，即违反了州宪法、法律及其他法规所制定的公共政策的解雇行为。例如，有这样一个基于公共政策特例的案件：某工厂雇员因其工作场所内存在某种不安全化学物质而提起控诉。而此时仅联邦法律规定了这种物质是有害的，而州法律并没有相应规定。因此，宾夕法尼亚州最高法院驳回了他们的上诉。

（3）少数州法庭认为，雇佣合同中存在诚信和公平交易的承诺。这个承诺是，雇主不能出于自己的雇佣利益而欺骗雇员。例如，一个做长期销售工作的雇员正准备领取一大笔销售奖金，却在此时被无理解雇了。马萨诸塞州法庭判决该行为违反了诚信和公平交易约定。然而，目前仅有 13 个州法庭视该承诺为州雇佣法的一部分。即使在承认该承诺的州，导致该承诺被违反的原因，通常不仅是一个错误或不公正的决定，还包括雇主的欺骗或其他恶劣行为。

尽管雇佣自愿原则的三个特例为雇员提供了一些重要保护，但每个特例都有潜在的限制，且只适用于特定的解雇行为。因此，尽管最近法庭作出了一些修改，但非工会化雇员抵制解雇的理由仍然相对较少。这便解释了为何工会在最近的组织活动中，通常会说缺乏正当的程序。

## 3.8.3　有关雇佣标准的法案

美国社会也认为，对于某些雇佣条件，不应该通过集体谈判进行规范，而是适合直接作出规定。在美国，这些雇佣标准的法律规定了最低雇佣标准，并为工人构建了一个基本的社会安全网。然而，与其他国家相比，美国倾向于对雇佣条件进行相对较少的直接规定（称为实质性法规）。例如，与美国相比，西欧国家对规定最低工资标准和工作条件的直接立法更加广泛（参见第 14 章）。

美国在联邦和州的层面上都通过了《雇佣标准法案》。这些雇佣标准普遍适用于所有雇员，不论其是否由工会代表。事实上，许多雇佣标准法的制定，都部分受益于劳工运动给予的政治支持。《雇佣标准法案》对于雇佣条件制定了一个最低标准，日后，工会可以通过集体谈判对其进行改进。

**工伤赔偿**　《工伤赔偿法案》是最早的雇佣法之一，许多州在 20 世纪早期颁布了该法案。《工伤赔偿法案》提供了一种无过错保险，为因工负伤的工人提供赔偿。在《工伤赔偿法案》的规定下，工人只要能证明自己是因公负伤，不论自身是否有过失，都能获得赔偿。同时，因公负伤的雇员不能起诉雇主。那些担心受伤工人诉讼成本的雇主们便由此获得了一定的利益。这个制度由雇主缴纳的工伤保险费提供资金。目前，所有的州都采纳了某种形式的工伤赔偿制度。

**1935 年的《社会保障法》** 美国的社会保障制度就是根据这部法案建立的。雇主和雇员在工作期间，都应向社会保障机构缴纳保险费。雇员退休后，将会获得一定标准的退休金以保障退休期间的基本收入水平。尽管社会保障制度需要私人的养老金计划和雇员个人储蓄作为补充，但它在减少此前地方性的老年人贫困问题上取得了显著成功。本法案将65 岁定为法定退休年龄，这也是工人开始享受社会保障的年龄（该年龄标准现已为 1960 年及以后出生的人提高到 67 岁）。该法案通过一系列支持各州失业保险项目的制度，也成立了基金来为残疾人提供福利和失业救济金。

**《公平劳工标准法案》** 国会于 1938 年通过了《公平劳工标准法案》（FLSA），该法案规定了一系列最低雇佣条件。它规定了最低工资标准，由国会对此定期修改。它规定了最低雇佣年龄（多数岗位为 16 岁，危险性工作为 18 岁，类似送报纸的工作为 14 岁）。它还对支付加班费作出了相应规定：若雇员在一周内工作 40 小时以上，雇主须对 40 小时以外的每小时给予原工资 1.5 倍的酬劳。不在上述工资、工时规定覆盖范围内的雇员，通常是领取薪水的管理人员和专业人员，通常被称为例外的雇员，他们不享受公平劳工标准法案给予的获得加班费的权利。尽管支付加班费的要求试图限制雇员的工作时间，并制定了每周 40 小时的工时标准，但《公平劳工标准法案》并没有对雇员每天和每周的最高工作时间作出规定。

**《职业安全与健康法案》** 1970 年通过的《职业安全与健康法案》（OSHA）制定了工作场所的最低安全与健康标准。《职业安全与健康法案》作出了广泛规定，具体明确了下述问题：工作场所的安全行为，对有害物质的最大暴露程度，及其他职业安全与健康问题。该法案由隶属美国劳工部的职业安全与健康局负责执行，其监察员有权检查工作场所，调查违规行为和危险操作。有调查显示，《职业安全与健康法案》会在工会化场所得到更好的实施。

**《雇员退休收入保障法案》** 1974 年通过的《雇员退休收入保障法案》（ERISA）的主要目的是，规范养老金及其他雇员福利计划的运行。它为私人养老金计划的运行制定了最低标准，以避免养老基金被滥用或浪费，及其对雇员退休后收入来源的影响。然而，雇员退休收入保障法案的一个弊端是：尽管它规范了私人养老金计划的运行，但它没有要求雇主为其雇员提供养老金计划，也没有说明已出台计划的保障水平。为补充养老金计划，《雇员退休收入保障法案》同时还规范了福利计划的运行，它要求雇主提供医疗保险计划。

**《工人调整与再培训告知法案》** 1988 年通过的《工人调整与再培训告知法案》（WARN）的主要目的是，通过提早发布停产通知、增加再培训机会来减少工厂关闭和大量裁员对工人的影响。《工人调整与再培训告知法案》规定，拥有 100 名以上雇员的雇主，若打算在 30 天内解雇 50 名以上的雇员，必须提前至少 60 天向这些雇员提供书面通知。如果雇主没有进行提前通知，则须负责补偿这些雇员的工资损失。20 世纪 80 年代，公众对传统制造工业的大规模裁员给予了越来越多的关注，该法案便是对此的回应。最近出现了根据《WARN 法案》提请诉讼的浪潮，这是为回应 20 世纪 90 年代网络泡沫的破灭带来的大规模裁员和规模缩减而产生的。

**《事假与病假法案》** 1993 年通过的《事假与病假法案》（FMLA）规定，拥有 50 名以上雇员的雇主必须保证每年给予雇员 12 周的不带薪假期。该法案涵盖了那些因为有严重的健康问题、生育或需要照顾生病的家庭成员而无法完成工作任务的雇员。《事假与病假法案》是为帮助有工作的父母协调工作需求与家庭需求而颁布的。

《事假与病假法案》是联邦最近颁布的最重要的雇佣标准法规。在 20 世纪 30 年代和六七十年代雇佣法案一个个出台，此后的数十年，新的雇佣标准法规的颁布放慢了脚步。在 20 世纪 70 年代末和整个 20 世纪 80 年代，美国的公共政策减少了国家干预的色彩，转而强调微观和宏观经济领域的市场竞争。微观经济层面的重要发展体现在，对交通运输和电信行业撤销了管制。《雇佣标准法案》最近的改革来自于州层面。例如，2002 年，加利福尼亚州最先颁布法律，提供带薪事假与病假，资金主要来自于州失业救济制度。按该法案的规定，雇员可享受 6 周的带薪假期来照顾新生儿、新领养的孩子或生病的家庭成员，同时可领取平日工资的 55%。由于联邦政府很少对公众关注的就业问题采取行动，所以我们将观察各州措施的进一步发展。

## 3.8.4　《雇佣歧视法》

《雇佣歧视法》是内容更广泛的《民权法案》的一部分，是为防止社会中的种族、性别、宗教或其他形式的歧视而颁布的。法律禁止雇佣歧视是以一系列 1960 年以后颁布的法规为基础的。与《雇佣标准法案》一样，《雇佣歧视法》对于工会和非工会成员同样适用。工会自身的歧视行为也将受到惩罚，如因种族或性别歧视而限制人们参加由工会组织的学徒项目。

《雇佣歧视法》的关键性法规是 1964 年的《民权法案》的第 7 条。《民权法案》第 7 条禁止基于"种族、肤色、宗教、性别或原出生国"的雇佣歧视。需特别指出的是，《民权法案》第 7 条所禁止的歧视行为是基于上述任何一种情况的，而并不只针对少数群体。因此，根据《民权法案》第 7 条，强势群体如白人或男性雇员，也可因被歧视而提起诉讼。这常作为反向歧视案件被提及。

《民权法案》第 7 条禁止了两种歧视行为：差别待遇和差别结果。在差别待遇的案件中，雇员认为自己因种族、肤色、宗教、性别或原出生国的原因而被区别对待。因此，一个雇员若因种族原因而未被聘用或被解雇，他或她可以控告雇主基于种族的原因实行了差别待遇。工作场所性骚扰也是一种基于性别的差别待遇，因此受到了《民权法案》第 7 条的禁止。工作场所的非法性骚扰包括两种情况：一是有偿要求，即雇员为获得提升或其他工作福利而被要求提供性服务来作为回报，或者是在威胁下被迫提供性服务；二是敌意的环境，即雇员遭受到基于性别的骚扰性言论或行为，且这种行为十分严重和普遍，甚至影响了工作条件和工作环境。由于骚扰者与受害者都由工会所支持，因此性骚扰问题对于工会是相当棘手的。

在差别结果歧视案件中，雇员个人、雇员群体或全体雇员都可以指出，雇主的某项看似中立的政策，事实上却排除了《民权法案》第 7 条所保护的某个雇员群体。例如，对雇员身高的最低限制将造成这样的结果：与男性相比，更多的女性雇员会被淘汰。如果雇主不能证明这种最低身高限制确实与工作相关，且是商业需要，那么这种限制将被控为非法的针对性别的差别结果歧视。

此后的《雇佣歧视法》涵盖了其他歧视情况。1967 年的《就业年龄歧视法案》

（ADEA）禁止对 40 岁以上的工人进行歧视。不同于《民权法案》第 7 条，《就业年龄歧视法案》并不禁止反向歧视。因此一个雇员因年轻而遭受歧视时不能提请诉讼，且 40 岁以下的雇员在任何情况下都不受《就业年龄歧视法案》的保护。1978 年的《怀孕歧视法案》对《民权法案》第 7 条作出了修订，它将怀孕歧视作为性别歧视的一种来加以禁止，这更改了最高法院之前关于怀孕歧视不是性别歧视的判决。1990 年通过的《美国残疾人法案》（ADA）禁止对残疾人的歧视行为。该法案还赋予雇主明确的责任，要求其为合格从事工作的残疾人提供适当的便利条件。

1991 年的《民权法案》对第 7 条作出了修订，以推翻 20 世纪 80 年代最高法院的一些保守判决，国会认为这些判决削弱了该法案。1991 年《民权法案》第一次对第 7 条作出了陪审团参审制度的补充。若除工资损失外，被歧视者还遭受感情痛苦、精神折磨及其他非物质损失，那么该法案将允许其获得补偿性损害赔偿金。如果雇主蓄意或无意地漠视法律，那么雇员还将获得惩罚性损害赔偿金。在 1991 年《民权法案》的规定下，被保护群体能更容易地证明差别结果歧视的存在。法案要求雇主证明其受争议行为是和工作相关的，且是出于商业需要。同时，法案规定由雇主负责证明其具有消极影响的行为的正当性。总而言之，1991 年《民权法案》加强了第 7 条的执行力，并促使雇主为避免歧视诉讼而采取更多的预防措施。

## 3.8.5　提出雇佣歧视的诉讼

在联邦法律规定下，对雇佣歧视提请诉讼需先向平等就业机会委员会（EEOC）提出诉讼请求。EEOC 会先对此申请进行调查，如果情况属实，它就会调解劳资双方的纠纷，并鼓励他们制订出双方一致认可的解决方案。该执行程序结束后，EEOC 将会发布结果认定其合理或不合理。不论结果如何，委员会都将发给雇员一封信函，表明该雇员已完成执行程序；如果他或她愿意的话，那么还可以自由上诉到法庭。此后，该雇员便可通过法庭提起雇佣歧视诉讼。需要注意的是，即使 EEOC 认定"没有理由"提请诉讼，雇员仍可以对自己遭受的歧视行为提起诉讼，雇员仍有权让法庭审理案件。

在一些情况下，EEOC 会代表雇员利益，向法庭提出对雇主的诉讼。鉴于 EEOC 资源有限，这只发生在少数案件中（通常占全部案件的 1% ~2%），通常涉及重要问题，或涉及有大量雇员的情况。在多数案件中，一个雇员如果想继续提起上诉，就必须聘请一个私人律师来处理此案件。通常在此类案件中，代表雇员利益的原告方律师大多按标的收费：如果诉讼失败，那么他将一无所有；如果诉讼成功，那么他将获得雇员所得损失赔偿金一定比例（通常为 30% ~40%）的代理费。

## 3.8.6　就业诉讼案件的发展和结果

近年来，就业诉讼案件增多，陪审团总是出人意料地作出大额的损失赔偿金判决，引发了越来越多的关注。自 20 世纪 60 年代起，随着新的《雇佣歧视法》和《雇佣标准法案》的出台，就业诉讼案件在增加。此外，导致就业诉讼案件增多的另外一股力量来自于 20 世纪七八十年代各州法庭对雇佣自愿原则特例的判决。

近些年来没有很有力的证据说明就业诉讼案件还在增加。图表 3.3 列举了 1980 年至今，平等就业机会委员会每年受理的雇佣歧视诉讼案件的数量及经过人口调整后的诉讼案件比例。尽管每年的诉讼案件数量是庞大的，但在过去的 25 年中，它们的变化相对较少。然而，1987 年至 2000 年的数据表明，此段时间内，联邦法庭受理的雇佣歧视诉讼案件的数量有显著增加，由 1987 年的 8 937 件增加到 2000 年的 22 553 件。这种诉讼案件数量的增加可能反映了：1991 年《民权法案》出台后，在歧视诉讼中获得高额损失补偿金变得更加可能。由于雇员更易获得惩罚性损失赔偿金和补偿性损失赔偿金，来弥补物质、精神损失，所以他们向法庭提出雇佣歧视诉讼时有了更多的动机；同时，原告代理律师按标的来收费的安排，使案件受理的财政状况得以改善。

图表3.3　　　　　　　　　　雇佣歧视案件的情况

| 年份（年） | EEOC 受理的诉讼案件数 | EEOC 确定的赔偿金（百万美元） | 联邦法庭受理的私人诉讼案件数 |
| --- | --- | --- | --- |
| 1980 | 59 328 | 20. 94 | |
| 1981 | 56 228 | 16. 22 | |
| 1982 | 54 145 | 33. 53 | |
| 1983 | 70 252 | 40. 29 | |
| 1984 | 71 197 | 38. 83 | |
| 1985 | 72 002 | 54. 18 | |
| 1986 | 68 882 | 46. 39 | |
| 1987 | 65 844 | 24. 79 | 8 937 |
| 1988 | 63 778 | 55. 61 | 9 055 |
| 1989 | 59 411 | 35. 39 | 9 140 |
| 1990 | 62 135 | 19. 28 | 8 459 |
| 1991 | 63 898 | 10. 79 | 8 371 |
| 1992 | 72 302 | 71. 10 | 11 318 |
| 1993 | 87 942 | 36. 40 | 10 787 |
| 1994 | 91 189 | 39. 60 | 12 833 |
| 1995 | 87 529 | 18. 90 | 15 705 |
| 1996 | 77 990 | 50. 80 | 19 381 |
| 1997 | 80 680 | 114. 70 | 21 492 |
| 1998 | 79 591 | 95. 50 | 23 606 |
| 1999 | 77 444 | 98. 40 | 23 721 |
| 2000 | 79 896 | 49. 80 | 22 553 |
| 2001 | 80 840 | 51. 20 | |
| 2002 | 84 442 | 52. 80 | |

| 年份（年） | EEOC 受理的<br>诉讼案件数 | EEOC 确定的赔偿金<br>（百万美元） | 联邦法庭受理的<br>私人诉讼案件数 |
|---|---|---|---|
| 2003 | 81 293 | 148.70 | |
| 2004 | 79 432 | 168.10 | |
| 2005 | 75 428 | 107.70 | |

说明：EEOC 于 1992 年 7 月 26 日开始执行美国残疾人法（ADA），1993—2005 年间，每年都有 15 000～20 000 个诉讼案件依据 ADA 被受理。该表格数据来源于 Theodore Eisenberg 教授和 Kevin M. Clermont 教授收集的联邦司法中心数据：http：//teddy. law. cornell. edu：8089。

就业诉讼案件的结果如何？通过研究 1994—2000 年间联邦法庭对雇佣歧视的判决可以看到，赔偿金中位数（具有代表性）是 110 000 美元，而赔偿金平均数是 301 000 美元。赔偿金平均数远高于中位数的现象，反映了少数上百万巨额赔偿金的影响。尽管这些赔偿金并不具有代表性，但它们赢得了更多的社会关注，同时，员工通过诉讼案件威慑公司的观念也受到了影响。

## 3.8.7 资历条款和平等就业机会政策的目标

集体谈判中的资历条款通常明确了何种雇员应被解雇，而何种雇员又应得到晋升。资历条款遵循这样的原则：最有资历，即工作时间最长的员工，应最先得到晋升，而最后被解雇。由于资历条款所保护的具有较高资历的雇员，通常是年长者、白人和男性，因此，该条款可能与雇佣歧视法的目标发生冲突。近些年来，为保证平等就业机会，资历条款的应用受到了一定程度的限制。

过去，在某些情况下，一些部门要有资历才能进入，单位因职位阶梯、资历条款造成了对少数族裔和女性的歧视。一些公司制定了整个部门的资历要求，系统性地将下列群体，即黑人、女性及其他少数群体（如拉丁美洲人和亚洲人），排除在较好的工作和较高的职位之外。例如，黑人和拉丁美洲人通常只被雇用来干力气活，而白人常会获得维修部门的较高报酬的工作。在这些地方，或者在那些完全拒绝雇用少数群体和女性的公司，由于有了禁止歧视的法律，所以他们只能利用资历标准——无论出于竞争目的还是牟利目的。

## 3.8.8 政策目标

要实现平等就业机会的目标，要求法庭：①保证现实的行为与资历条款不对任何个人或群体造成歧视；②避免过去的歧视行为的影响持续存在；③保护这类非少数群体员工的利益，即在过去的歧视行为中无责任却间接受益的员工。

## 3.8.9 法庭关于资历制度的重要判决

1997 年，最高法院裁定，从工作的角度出发提出资历要求或要求某个部门要有一定的资历才能进入，这样做只要不以歧视为目的就是合法的。在此解释前，大多数较低层次的联邦法庭都裁定，如果资历制度导致了歧视结果，就是违法的。这个裁决说明，在雇佣歧视诉讼中将应用更为严格的标准，不仅对资历制度是这样，在工作生活的各个方面也是这样。

除传统的司法裁决外，一些联邦机构通过谈判达成了许多"同意裁定书"，来处理侵犯民权的案件，包括把少数群体雇员排除在较好岗位之外的部门资历规定。在钢铁行业就有这样一个同意裁定书。它的影响是将部门资历要求扩展到工厂资历要求。这种转变还为在旧体制下曾被歧视的少数群体雇员，提供了一种权利转让的制度。

同意裁定书对那些没有参加谈判的当事人来说不具约束力。因此，一个被同意裁定书影响的人，在后来的案件中可以对同意裁定书提出质疑。然而，如果工人没有受到歧视的损害，法庭就不能从雇员的利益出发，改变资历规定。《民权法案》第703（h）条规定，资历制度是第7条所规定责任的例外。事实上，"一个雇主依照善意的资历制度对雇员提供不同标准的工资、待遇、工作条件或特权，如果雇主能证明这种差别的产生并不是因为种族、肤色、宗教、性别或原出生地而有意歧视，那么这种行为并不违法"。因此，只要资历制度是善意的，雇主就可以依据它进行裁员，即使这会造成新雇用的黑人和女性更多地被解雇。"善意的制度是出于合法理由而非歧视目的的制度"。

在1990年《美国残疾人法案》的实施过程中，资历规定也引发了类似的问题。该法案规定，为保证残疾人履行基本的工作职责，雇主需对其提供适当的便利条件，包括重新分配工作。然而，在一个雇佣歧视案件中，法庭作出过如下判决：如果一个雇员在善意资历制度下有权获得某职位，那么改变的职位将不能再被分配给其他雇员。法庭将集体谈判协议中的资历条款认定为善意制度。同时，法庭采取了一个单独认定规则：雇主给予残疾雇员的便利条件若促使其违反集体谈判协议，则这种便利条件在任何情况下都是不合理的。

## 3.8.10  积极行动的政策目标和重大的法庭判决

积极行动（affirmative action）最早是通过1961年Kennedy总统颁布的第10925号总统令引进的。采取积极行动的理念是，使雇主和工会有机会自愿更改雇佣实践、采取积极的行动以消除过去的歧视所产生的影响。尽管《民权法案》第7条没有对积极行动作出规定，但它禁止在招聘、工资及晋升中的歧视行为。许多公司发现，采取积极行动项目有利于达成这一标准。

积极行动存在于两个领域中：一是联邦层面。这个来自于1965年Johnson总统颁布的总统令，要求联邦政府的分包商能够按照全国劳动力市场的比例确定招聘目标和招聘时间表。二是公营或私营公司。一些法庭判决也要求他们采取积极行动制定招聘和晋升目标及时间表。

20世纪60年代和70年代早期，最高法院在民权方面的裁定使女性和少数族裔群体可以在工作场所反歧视斗争中获得更大收益（无论这种歧视是过去发生的还是现在发生的）。然而，自20世纪70年代起，法庭在处理积极行动问题上转而变得保守。法庭1995年对"Adarand公司诉Pena案"的判决使这种趋势达到了最高点。最高法院对联邦积极行动计划以 5 对 4 票裁定，只有存在有大量证据表明有某个团体遭受了歧视时，偏向某种族的积极行动才是符合宪法的。换言之，某个少数族裔的所有成员，并不能只因为历史上受到过歧视而普遍有权获得政府的积极行动的照顾。这项裁决被一些人视作联邦奖励采取种族、性别积极行动项目的最大障碍。

原告自始至终承担歧视的举证责任。仅仅统计数字上的差别不能证明歧视行为的存在。原告需证明被告的歧视行为与其商业需要无关，且这种行为造成了有害影响。同时，被告承担责任证明自己的行为符合合法的商业需要。雇主通过可以证明特定行为即使在没有歧视的情况下也会被采取，来反驳歧视诉讼。

法庭同时说明，为赢得一个歧视诉讼，或合法执行积极行动，诉讼双方需遵循严格的标准。只有在下述情况中，积极行动才是被允许的：

（1）在劳动力的构成上存在"显著的不平衡"。

（2）积极行动计划要"量身定做"以消除这种不平衡局面，不能"没有必要地制约"其他员工的合法期望。

（3）在招聘选择中，种族和性别并不是唯一的决定因素。法庭反对仅基于这些标准作出招聘选择。雇主必须考虑其他相关因素，如工作经验和资格。

（4）只要在岗位上实现了平衡，须立即中止这种招聘上的偏向。

在一个培训项目的例子中，我们可以看到法庭对积极行动的新态度所产生的影响。在该培训项目中，公司和工会同意招收更多的少数族裔人员，超过以前资历规定下有资格接受培训的人数。最高法院在决定某个积极行动计划是否合法时，采取了"严格审查"的标准。一个计划只有在具有"令人信服的利益"时才是合法的。此外，该计划为达成其目标必须被"量身定做"。政府必须识别和证明劳动力中的特定群体正在遭受的歧视，并为限制这种歧视制定相应项目。事实上，只要政府能通过一个代理人或代理机构证明特定歧视行为的存在，积极行动项目就可得以执行。

最近，巡回上诉法庭要求积极行动计划提供更多的证据，来通过"严格审查"标准。例如，有说服力的统计数据，及能证明特定群体的历史性歧视的轶事证据。通常，统计政局需表明：积极行动计划是对下述历史性歧视问题的"适当解决"，这种歧视引起某岗位明显缺少相应比例的少数族裔雇员。法庭制订了"量身定做"计划。这个计划只能影响特定的缺少相应比例的群体，对其他群体的招聘和晋升不能产生较大的影响。在分析种族意识对矫正历史性歧视行为的影响时，法庭会考虑以下 4 个因素：①救济的必要性，及其他方法的功效；②救济的灵活性和持续时间；③数量上的目标和相关劳动力市场的关系；④救济对第三方权利的影响。

## 3.9　重要的行政管理机构

本章聚焦于对工会和集体谈判的法律规定。这些法律规定的行政管理是集体谈判的关键，且由许多执行机构负责执行。以下对劳动领域最重要的行政管理机构的主要活动作出了总结：

（1）国家劳工关系委员会（NLRB）：管理《国家劳工关系法案》，包括《Taft-Hartley

修正案》和《Landrum-Griffin 修正案》的相关事务。其主要活动包括：指定谈判单位、指导代表权选举、调查和审理不当劳动行为诉讼案件。NLRB 包括全国委员会和地方委员会。

（2）美国劳工部（DOL）：是总统的劳工问题顾问。指导调查，收集劳动方面的数据，监督关于平等就业机会、安全与健康、工会内部事务的法规的执行。在华盛顿特区及地方部门有大批员工。

（3）联邦仲裁与调解局（FMCS）：在集体谈判中为劳资双方提供调解服务。

（4）国家调解委员会：管理铁路劳动法的相关事务。监督工会代表，为陷入僵局的劳资双方提供调解服务。

（5）州及地方机构：许多机构规范公共部门谈判的进行。一些机构为公营或私人部门的集体谈判双方提供调解服务。这些机构还监督各州关于雇佣条件的法规的执行。

（6）平等就业机会委员会（EEOC）：负责调查和调解基于联邦反歧视法规的雇佣歧视诉讼。

# 本章小结

劳动法是影响集体谈判的外部环境的重要组成部分。劳动法对工人如何加入工会、谈判程序、罢工权及集体谈判的范围均作出了相应规定。

《国家劳工关系法案》是管理美国私人部门集体谈判的最重要的劳动法。1935 年通过的《国家劳工关系法案》赋予工会罢工权，为工会提供排他性代表领地，规范代表权选举程序，明确不当劳动行为，并以其他方式对集体谈判加以规定。国家劳工关系委员会负责管理《国家劳工关系法案》的相关事务，包括指导代表权选举。许多其他行政机构也参与规范集体谈判，包括联邦仲裁与调解局和美国劳工部。

《Taft-Hartley 法案》是 NLRA 的修正案，于 1947 年通过。它提出了一些重要的问题，包括工会的不当劳动行为、次级联合抵制活动，以及对监督管理人员代表权的限制。1959 年通过的 NLRA 的修正案，即《Landrum-Griffin 法案》，规范了工会的内部财政和管理。

在《国家劳工关系法案》颁布之前，法庭以阴谋论和劳工禁令来约束工人和工会的权利。20 世纪初，一系列法律逐渐改变了对集体谈判的规定，包括《Clayton 法案》、《Norris-LaGuardia 法案》，及《铁路劳动法》。《国家劳工关系法案》为工人和工会利益的实现奠定了全面的基础。

不同的州有各自的法律规范管理着公营部门的集体谈判。正如第 13 章所描述的，这些法律的内容和应用范围在各州间存在巨大差异。《铁路劳动法》负责规范航空和铁路行业的集体谈判。

本章的其他部分介绍了关于集体谈判如何运行的相关法律。然而，只有与其他外部环境相结合，法律的影响才会被体现出来。下一章介绍了其他外部环境是如何影响集体谈判的。

## 讨论题

1. 《国家劳工关系法案》与之前美国的劳动法相比有何不同？

2. 说明《国家劳工关系法案》对真诚谈判有何要求。你怎样分辨谈判中的劳资双方是否在进行真诚的谈判？

3. 通常有这样的观点：美国的劳动法更多地强调对集体谈判程序的管理，而对实质性的谈判结果的管理相对较少。从什么角度看这种观点是正确的？

4. 讨论铁路和航空业的集体谈判为何需由不同于其他私人部门的劳动法来规范管理。

5. 你认为雇佣自愿原则是否公正、有效？为什么？

6. 描述《雇佣歧视法》禁止的行为。

# 第4章 环境的作用

这一章要在三个层级的分析框架中做个水平移动，在功能层面上分析环境对谈判过程和谈判结果的影响。我们将集中对五个关键的环境因素进行讨论：集体谈判所处的经济环境、公共政策环境、人口结构环境、社会环境以及技术环境。

环境因其对劳资各方的谈判力量的影响而显得格外重要，我们知道，劳资各方的谈判力量决定谈判的结果。举例来说，当一个工会拥有相对较强的谈判力量时，它就能更加轻松地赢得高工资以及其他有利的合同条款。常常是某个环境因素决定了工会在一种情况下拥有很强的谈判力量而在另一种情况下谈判力量却很弱。因此，作为这一章的开始，我们将讨论环境如何影响谈判力量以及谈判过程。例如，本章将追述失业率较低（经济环境的一个方面）如何增强工人罢工的能力而使工会拥有更强的谈判力量。

近几年来，国际竞争的加剧以及持续不断的公司重组迫使劳方和资方作出回应，很多案例都能够很好地说明环境因素的作用。为了理解近几年以及其他时期环境是如何影响谈判的，我们需要一个理论框架。

## 4.1 分析环境的理论框架

本书的理论框架是对 John Dunlop 所提出的模型作出的延伸。Dunlop 将产业关系环境划分为三个主要的影响方面：①经济环境；②技术环境，以及③整个社会的权力分布。在此基础上，本书增加了社会环境和人口结构环境这两个影响方面。这个理论框架包含的主题思想是，劳资双方能够影响环境，同时环境也影响着劳资双方。

一方面，外部环境能够促进也能阻碍劳资双方实现他们各自的谈判目标，所以考虑环境如何塑造谈判双方的谈判力量就十分重要。另一方面，集体谈判的双方也试图塑造他们所处的环境以使环境能够更好地符合他们的需求，因此环境影响并不是完全在人类掌控之外。

举例来说，从 20 世纪 90 年代起，很多纺织行业、服装行业以及其他小型非耐用产品行业的雇主从东北部迁移至南部，部分（如果不是大部分）是为了利用更有利的经济环境（例如较低的劳动成本）。

将时间拉近一点，很多美国制造业公司在海外开设工厂或者和美国国外的生产商建立合资公司，造成了本行业雇佣水平增长较低的经济环境。通过这种方法，这些公司直接影响了集体谈判的经济环境。

在公共政策方面，谈判双方对所处环境的影响体现得更加明显。理由很简单，有组织的劳方和资方是公共政策的主要游说者，他们影响着规范他们行为的公共政策。因此，长期来说，环境在一定程度上受到谈判双方的影响。环境只有在短期才能被视为是外部的，并且是相对稳定的影响因素。

## 4.2　谈判力量

环境对劳资双方谈判力量的影响格外突出。谈判力量分为两个方面，劳资双方总体的谈判力量和两方各自的相对谈判力量。总体的谈判力量与劳资双方能够得到的利润总额（或经济租金）有关。总体的谈判力量越强意味着有越多的可得利润（或经济租金）能够在劳资双方之间分配。劳资双方都偏好总体谈判力量更强的情况。相对谈判力量和劳资双方的相对实力有关，也就是说，它和劳资各方在既定利润中赢得较大分配比例的能力有关。与总体谈判力量相反，劳资双方在相对谈判力量方面有着利益分歧。

### 4.2.1　决定劳资双方总体谈判力量的因素

劳资双方总体谈判力量在很大程度上受到两个方面的影响：雇主面临的竞争程度和经济的整体状况。竞争程度受美国国内外竞争者带给雇主的竞争数量的影响。面临极少竞争者因而能够掌控市场力量的公司能够赢得更多利润（或经济租金），从而拥有更多资源来分配给劳资双方。在极端集中的行业，一个公司将会是垄断者并赚取垄断利润。在这种情况下，劳资双方的总体谈判力量达到最大值，而且谈判会更容易达成，因为公司的垄断利润使得高工资和高利润都能实现。

经济的整体状况通过影响需求水平（例如销售水平）和利润来影响总体谈判力量。劳资双方在总体谈判力量上的利益是一致的，因为双方都喜欢更少的竞争和更繁荣的经济。

### 4.2.2　劳方和资方的相对谈判力量的决定因素

工会的相对谈判力量主要受到工会及其成员撤出劳动，通常是（虽然不是总是）罢工的能力的影响。劳动者越是愿意罢工并且越有能力维持罢工，那么他们就越有可能赢得更高的工资以及其他收益。并且，一旦举行罢工，它所带给雇主的损失越高罢工就越可能成功。因此，雇主的相对谈判力量很大程度上受他们承受罢工的能力的影响。对相对谈判力量的最简单的测量就是双方各自的罢工作用力的大小。

劳动者还能通过非正式行动，例如"按章办事"（严格按照工作规则工作，而不顾工作效率）、"集体生病请假"（blue flu）（大量人员不来上班），以及其他一些降低生产率的途径撤出劳动。下面我们主要讨论罢工，即劳动者完全撤出劳动的影响，然而，我们的有些观点是从不那么极端的撤出劳动的事件中得出的。

### 4.2.3　罢工作用力如何影响相对谈判力量

工人和雇主愿意并且能够维持罢工的相对能力就是他们的罢工作用力。更准确地说，为了测量每一方的罢工作用力，我们需要知道罢工能给每一方带来什么损失，还需要知道每一方有哪些可以获取的用以抵消罢工带来的收入损失的其他收入来源。下面对环境的讨论将帮助我们理解决定罢工作用力的因素。

## 4.3　经济环境

经济因素既影响总体谈判力量又影响相对谈判力量。经济因素可以分为宏观（经济整体的）经济因素和微观（仅和某一特定谈判关系有关的）经济因素。

### 4.3.1　微观经济对总体谈判力量的影响

微观经济因素是通过竞争环境影响某个公司来影响这个公司的雇主和工会的总体谈判力量。一个公司的市场力量越大（例如，它所面对的市场竞争越少），它赢得的利润就会越多。利润越多就意味着有越多的资源供劳资双方根据各自的相对谈判力量进行分配。一个公司的市场力量受到它所面对的美国国内外竞争程度的影响。对于总体谈判力量，劳资双方有着共同的利益，因为双方都偏好于公司掌控市场力量（确实如此，如果其他因素特别是影响劳资各方相对谈判力量的因素保持不变的话）。这些潜在的共同利益能够解释为什么工会有时候会和资方一起共同促进那些能够加强公司市场力量的政府规章制度的实施。例如，2001 年（以及其他时候），钢铁工人联合工会（USW）和很多钢铁公司一起游说美国联邦政府限制美国国外的钢铁进口以及提高钢铁进口关税。

### 4.3.2　微观经济对于相对谈判力量的影响

微观经济因素通过对劳资双方罢工作用力以及劳动力需求弹性（工资—雇佣替代）的作用来影响劳资双方各自的相对谈判力量。

1）资方的罢工作用力

如果某个雇主越有意愿并且越有能力承受一次罢工，就越有可能在劳方实现工会的全部目标之前结束罢工。雇员罢工作用力来自于罢工对于公司利润的影响。公司损失的利润越多，公司就越有可能向劳动者的要求妥协。在罢工过程中，公司的利润依次受到两个方面的影响，它们分别是罢工对于生产的影响和对于销售的影响。图表 4.1 展示了影响雇主罢工作用力的主要因素：劳动者影响产量、销售额和利润的能力，资方找到其他方法维持产量、销售额和利润的能力。

罢工对产量的影响：一旦开始罢工，劳动者谈判力量的第一个指标就是罢工减少产量或者服务的程度。如果公司不能比较容易地获得替代劳动力的东西，例如，监督管理人员、另一个工厂的雇员、罢工破坏者，或者是自动化的设备，工人就可以成功地中断生产，就有巨大的罢工作用力和谈判力量。换言之，这些劳动者是生产过程所必需的。技术工人一般很难被替代，因为他们有技术，所以他们通常具有较大的罢工作用力。举例来说，电工和机械修理工具有较高的技术水平，这一点可以解释为什么他们的收入比汽车厂、钢铁厂和纺织厂的生产工人的收入多得多。

图表 4.1　　　　　　　　　　　　**影响资方罢工作用力的因素**

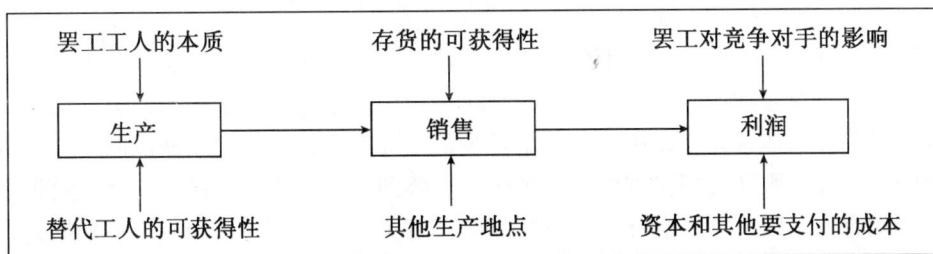

罢工对销售的影响：如果罢工所导致的生产停顿并不能带来销售的减少，罢工的力量就只能在短时间内发挥作用。如果存货很多或者备用生产点能够生产通常是由罢工的这个生产点生产的产品，那么雇主就能够切断生产和销售之间的链接，至少是削弱它们之间的联系。是否有可利用的备用生产点不仅受到谈判结构的影响（其他生产点是否被同一个工会或者同样的合同所覆盖），同时还受到其他生产点的工人们对这项罢工的参与或者支持的程度的影响。

罢工对利润的影响：最后，即使罢工成功中断了生产和销售，公司也不一定会遭受利润的严重损失。举例来说，对于那些维持运营需要较高的资金或者利息的公司，它们更难承受由罢工带来的收入损失。这就能解释为什么那些可以暂时中断花费巨大的建筑工程的建筑工人们有非常强的谈判力量。相反，对于另一些公司来说，承受罢工就比较容易——这些公司面对罢工的同时其他竞争者也因为罢工停止了运转，罢工只会推延销售和利润到来的时间，而不会带来销售和利润的损失。那些拥有大量存款或者其他收入来源（例如来自其他经营的收入）的公司能够更容易地承受罢工带来的损失。在这一章的后几个单元中我们将讨论最近非工会化企业的发展是怎样提高雇主的罢工作用力的。

2）工会的罢工作用力

现在我们来考虑一下另一方——工会的罢工作用力。一个工会的罢工作用力取决于工人们坚持罢工的意愿和能力。当其他因素保持不变时，工人们越愿意并且越有能力坚持罢工，代表着这些工人的工会就有越强的谈判力量，并且工人们就越有可能从雇主那里赢得有利的雇佣条款。

工人的其他收入来源：工人们是否愿意坚持罢工很大程度上受到罢工工人是否可以得到其他收入的影响。很明显，如果工会可以提供充足的罢工补贴，与不支付罢工补贴的工会相比，工人们越能坚持罢工。同样，如果工人越容易找到临时的工作或兼职的工作来补充工会的罢工补贴，或者他们积累了足够的存款或资产，他们就越有能力维持罢工行动。

工人们之间的团结：在微观经济因素以外，工会成员的态度是影响工人罢工作用力的另一项因素。工人们互相之间团结合作的情绪能够影响到他们是否会尊重罢工纠察线，任何被压抑的挫败感都会影响到工人们坚持罢工的意愿。总的来说，罢工是一项非常感情化的工作，它受到很多因素的影响，不仅仅局限于微观经济因素。

3）工资与雇佣量的交替关系

工会罢工作用力的大小决定了工人们是否能够（向雇主）施加压力以获得更高的工资以及其他更有利的合同条款。但是工资的提高往往会带来雇佣量的减少，所以工会在某些情况下可能会选择不去追求所能得到的最高工资水平。这被称为工资与雇佣量的交替关系。

关键之处在于，工资的上升不仅会带来直接的工资增多这样的收益，还会带来对雇佣的影响。考虑到对雇佣的影响，工会有时会缓和他们的工资要求。例如，最近几年工会化的制衣工人们在集体谈判协议中只获得了较少的工资上升，部分原因是他们担心工资再高一些可能就会导致服装公司更加倾向于把生产转移到美国国外或者将生产外包给美国国内的非工会化企业。因此，工资和雇佣量之间的交替关系是谈判力量和谈判结果的另一项重要的微观经济影响因素。

4）Marshall 派生需求定理

工资的提高对雇佣量的影响越大，工会就越有可能好好考虑这些影响。为什么工资的上涨在一些情况下能够导致劳动力雇佣明显减少，而在另一些情况下它所引起的雇佣减少量却很小？Marshall 派生需求定理能够解释这个差别。

Alfred Marshall 从理论上分析了劳资的相对谈判力量。他提出，当劳动力需求极度缺乏弹性时——也就是说，当工资上涨不能引起工会化部门雇佣量显著减少时——工会是非常有力量的。接着 Marshall 进一步指出，在以下四种情况下，劳动力需求缺乏弹性：①生产过程中劳动者很难被其他工人或者机器所替代；②最终产品需求的价格弹性很小（最终产品的需求量对产品价格的变化不敏感）；③其他生产要素需求的价格弹性很小；④劳动力成本占总成本的比例很小。接下来我们来依次分析这四种情况。

替代工人的难易程度：替代工人的难易程度是 Marshall 定理的第一条，它取决于生产技术。用机器或者其他工人来替代已雇工人越是困难，那么工人们就越不会害怕被替换。

工会可以尝试通过增加使用其他生产要素来代替工会的劳动力成本，来限制管理层引进新的生产技术。但是若使用这种策略，工会就会面临两难困境。通过劳资谈判来限制技术革新也许能使工会做到不减少雇佣量，但是减缓技术革新的速度也会限制生产率的提高，这就会制约长期的工资增长潜力。

产品需求：如果工人们所生产的产品的需求对价格的变化不敏感，那么工资增加带来的雇佣减少量会比较小。这种敏感程度（经济学家称之为产品需求弹性）是 Marshall 定理第二条的主要内容。这一条和其他三条有所不同，因为它是受消费者偏好的影响而不是受企业或者工会任何一方的行动的影响。产品需求弹性的大小取决于消费者购买其他替代产品的意愿。

美国国外的进口产品对工会力量的威胁就是上述原理的一个现代版的诠释。美国国内工会化产业里工人的工资和产品价格上升，使得美国国外进口产品对美国国内消费者更具吸引力。在这点上，汽车工业、纺织品业、钢铁业以及电子设备工业都是这方面的例子。

工会确实尝试了通过"购买工会产品"运动去影响消费者的行为。专栏 4.1 展示了"购买工会产品"运动的两种不同方式。专栏 4.1 中右边的广告要告诉读者如何找到标示，识别哪些产品是由工会化的工人制造的；左边的广告则是试图说服消费者不要去购买一件工会声称是由非工会化工人生产的产品。

专栏 4.1                      工会努力影响消费者需求的例子

其他投入要素的供给：Marshall 定理的第三条是指在生产过程中其他生产要素的价格对其需求量的反应（经济学家称之为其他生产要素的供给弹性）。当雇主用另一种生产要素投入来替代一部分工会化劳动力时，如果这种生产要素的价格因为使用量的增加而大幅上升，工会就有能力提高工资（而不用担心工资上涨带来的雇佣量的减少）。所以，其他生产要素的供给曲线的弹性越小，工会力量越强。Marshall 定理的第一条考虑了用机器或其他生产要素来替代工会化劳动力在技术上的可行度，然而他在第三条中考虑了增加其他生产要素的使用所带给公司的成本。

劳动力成本占总成本的比例：Marshall 定理的第四条是指，当劳动力成本只占总成本的很小一部分比例时，工会就更加有力量。这条定理常常被称作是"不重要之物的重要性"。如果工资上涨仅仅对生产总成本具有很小的影响，那么雇主就不会拒绝工会的要求。所以，与某个在谈判单位代表着所有的生产工人和维修工人的大工会相比，较小的职业工会，例如某个工厂的维修工人工会，较不大可能会遭到雇主对他们的提薪要求的抵抗。

在公共部门的谈判可以说明当劳动力成本占总生产成本的很大比例时工会所面临的困难。地方政府的劳动力成本常常占政府预算的 60% ~ 70%，在一些职能部门，例如消防队，劳动力成本在预算中所占比例高达 90%。当地方政府官员尝试控制总预算成本时，他们会在谈判中遇到很大困难，因为公共部门雇员的工资和薪水在可控成本中占去了最大的部分。

5）工会和工人是否担心工资和雇佣量之间的交替关系

Marshall 定理建立在这样的假设之上：工人和工会都关注工资上涨对雇佣量带来的影响。如果工会成员愿意接受雇佣量的缓慢增长甚至是工会化职位数量的下降，以此来交换更高的工资，那么我们之前讨论的那些因素就没有那么重要了。

这种忽视工资上涨所带来的雇佣影响的工会，典型的就是 20 世纪 40 年代的美国矿工联合会（简称 UMW）。UMW 的主席 John L. Lewis 在要求高工资增长的同时允许雇主们自由引进节约劳动力的技术。结果是，虽然矿工们的工资增长了，但是工厂的雇佣量在整个 20 世纪 40 年代并直至 50 年代急剧下降。尽管如此，工会领导人仍旧没有缓和他们对于提高工资的要求。

工资与雇佣量的交替关系究竟在谈判中扮演着怎样的角色？在这个议题上产业关系界已经进行了很长时间的激烈辩论。Arthur Ross 认为，影响工会工资政策的是政治因素而不是工资对雇佣量的影响。Ross 同时声称，工人们的工资要求很大程度上受到他们和其他工人或工会之间工资比较的影响（即强制比较规律），工会领袖实际上就是通过这样的比较决定他们的工资目标的。

John Dunlop 对工会工资政策有很不一样的看法，他认为工会确实会考虑工资带来的雇佣影响，他们甚至会追求工资总额（等于工资×雇佣量——译者）的最大化。

自 20 世纪 80 年代以来的让步性谈判给出了证据：工会和工人们确实会考虑提高工资给雇佣所带来的影响（特别是在可能会导致工厂关闭的时候）。但是，正如 Ross 强调的那样，政治因素对工资谈判中是否要考虑雇佣或者这种考虑需要达到什么程度起着很重要的影响。工人们是否愿意让步以及他们通过让步获得的利益受到一系列因素的影响，包括经营策略和工会策略的影响。

## 4.3.3 影响总体谈判力量和相对谈判力量的宏观经济因素

经济学家把失业和国民产出或生产率的增长当作宏观经济因素。总体的经济状况通过很多渠道影响谈判力量。当经济繁荣、需求增加时，一个公司很可能会赢得更多利润（更强的总体谈判力量）。在相对谈判力量保持不变时，谈判双方都偏好经济增长的时期，因为经济增长时他们能够维持高工资和高利润。

如果考虑相对谈判力量，一个工会的罢工作用力就部分依赖于工作的可获得程度——罢工工人自己的工作、他们的配偶的工作或者可以帮助供养罢工工人的家庭中其他成员的工作。失业率越高，罢工工人和其家庭成员就越不可能找到其他工作，并且那些通常情况下有工作的家庭成员就越可能失去工作。所以，在经济周期中的高涨时期（失业率下降），工会通常具有更大的罢工作用力。反之，在失业率上升的时期，工会的相对谈判力量减弱。这里工作上的因素包括之前我们讨论过的一些因素，例如罢工工人对于其他收入来源的需要，以及当产品需求很高时雇主不愿出现罢工的情形。在产品需求停滞时期，雇主实际上可能很欢迎罢工，因为他们可以由此减少存货并利用罢工来代替裁员。

经济周期中的工资弹性（flexibility）

能够证明宏观经济状况和谈判力量之间存在联系的证据是，整个经济中的工资增长速度和经济周期有关。经济增长时期，工资上涨得较快，而在宏观经济萧条时期，工资上涨较慢（或者下降）。

尽管如此，相比于非工会化部门的工资上涨，产品需求的下降和失业的增多对于谈判中增加工资的不利影响较小。工会一般会激烈地抵制工资的削减，这使得有工会的雇主比没有工会的雇主更难在经济衰退时期削减雇员工资或者减缓工资上涨的速度。工会经常在多年的协议中确定工资（例如，在货车运输业和汽车产业，劳动合同传统上的持续时间为三年），这个事实使得有工会情况下的工资与没有工会情况下的工资相比，对经济状况变化的敏感程度较低。

图表 4.2 给出了美国主要的一些宏观变量。在本书的后面几个章节中将要讨论美国的经济趋势，读者们回过头来查看这张表也许会觉得很有用。本书也常常会讨论到产业关系如何影响经济。

图表 4.2　　　　　　　　　　　美国宏观经济数据（1965—2004 年）

| 年份（年） | 通胀率[a]（%） | 失业率[b]（%） | 主要谈判中的工资上涨率[c]（%） | 生产率（工人每小时的产出）的增长[d]（%） | 单位劳动力成本增长率[e]（%） | 政策[f] |
|---|---|---|---|---|---|---|
| 1965 | 1.6 | 4.5 | 3.8 | 3.4 | 0.4 | 指示 |
| 1966 | 2.9 | 3.8 | 4.8 | 3.2 | 2.5 | 指示 |
| 1967 | 3.1 | 3.8 | 5.6 | 0.1 | 3.9 | 施工呼吁 |
| 1968 | 4.2 | 3.6 | 7.4 | 2.8 | 4.4 | 无 |
| 1969 | 5.5 | 3.5 | 9.2 | −0.5 | 6.5 | 无 |
| 1970 | 5.7 | 4.9 | 11.9 | −0.1 | 5.8 | 无 |
| 1971 | 4.4 | 5.9 | 11.7 | 3.4 | 2.3 | 管制 |
| 1972 | 3.2 | 5.6 | 7.3 | 3.6 | 3.1 | 管制 |
| 1973 | 6.2 | 4.9 | 5.8 | 2.8 | 4.9 | 管制 |
| 1974 | 11.0 | 5.6 | 9.8 | −3.0 | 11.4 | 解除管制 |
| 1975 | 9.1 | 8.5 | 10.2 | 1.3 | 7.2 | 无 |
| 1976 | 5.8 | 7.7 | 8.4 | 3.4 | 5.0 | 无 |
| 1977 | 6.5 | 7.1 | 7.8 | 1.0 | 6.4 | 无 |
| 1978 | 7.6 | 6.1 | 7.6 | 1.0 | 7.4 | 指引 |
| 1979 | 11.3 | 5.8 | 7.4 | −1.0 | 10.0 | 指引 |
| 1980 | 13.5 | 7.1 | 9.5 | −1.3 | 11.0 | 指引 |
| 1981 | 10.3 | 7.6 | 9.8 | 1.0 | 8.3 | 无 |
| 1982 | 6.2 | 9.7 | 3.8 | −1.7 | 8.2 | 无 |
| 1983 | 3.2 | 9.6 | 2.6 | 5.5 | −0.3 | 无 |

| 年份（年） | 通胀率[a]（%） | 失业率[b]（%） | 主要谈判中的工资上涨率[c]（%） | 生产率（工人每小时的产出）的增长[d]（%） | 单位劳动力成本增长率[e]（%） | 政策[f] |
|---|---|---|---|---|---|---|
| 1984 | 4.3 | 7.5 | 2.4 | 2.7 | 2.3 | 无 |
| 1985 | 3.6 | 7.2 | 2.3 | 1.4 | 3.0 | 无 |
| 1986 | 1.9 | 7.0 | 1.2 | 2.0 | 2.1 | 无 |
| 1987 | 3.6 | 6.2 | 2.2 | 0.8 | 3.1 | 无 |
| 1988 | 4.1 | 5.5 | 2.5 | 1.3 | 3.3 | 无 |
| 1989 | 4.8 | 5.3 | 4.0 | 1.3 | 1.8 | 无 |
| 1990 | 5.4 | 5.6 | 4.0 | 0.6 | 4.1 | 无 |
| 1991 | 4.2 | 6.8 | 3.6 | 0.8 | 3.3 | 无 |
| 1992 | 3.0 | 7.5 | 2.7 | 4.5 | 1.1 | 无 |
| 1993 | 3.0 | 6.9 | 2.3 | 1.0 | 1.5 | 无 |
| 1994 | 2.6 | 6.1 | 2.0 | 1.5 | 0.6 | 无 |
| 1995 | 2.8 | 5.6 | 2.3 | 0.4 | 1.6 | 无 |
| 1996 | 3.0 | 5.4 | 3.0 | 2.0 | 0.8 | 无 |
| 1997 | 2.3 | 4.9 | 3.0 | 2.4 | 1.3 | 无 |
| 1998 | 1.6 | 4.5 | 3.0 | 2.7 | 3.2 | 无 |
| 1999 | 2.2 | 4.2 | 3.2 | 3.2 | 1.8 | 无 |
| 2000 | 3.4 | 4.0 | 3.8 | 2.0 | 4.2 | 无 |
| 2001 | 2.8 | 4.8 | 4.2 | 1.0 | 1.4 | 无 |
| 2002 | 1.6 | 5.8 | 3.9 | 3.8 | -0.4 | 无 |
| 2003 | 2.3 | 6.0 | 3.1 | 3.4 | 0.1 | 无 |
| 2004 | 2.7 | 5.5 | 3.2 | 3.4 | 1.1 | 无 |

数据说明：

　　a 数据来自美国商业部，各年的《美国统计摘要》。

　　b 数据来自各年的《美国劳工统计手册》，伯纳姆出版社（Bernam Press）美国数据书系列。

　　c 数据展示出所有私营产业部门的合同中第一年工资的调整。1996 年及其以后的数据来自《劳资谈判史料：工资、福利以及其他合同争议》，BNA Plus 和 BLS 出版社。

　　d 数据来自各年的《美国劳工统计手册》。数据展示出非农经济中所有工人的每小时产出。

　　e 数据来自各年的《劳工统计手册》。

　　f 请在附录中查看这些术语的解释。

## 4.3.4　集体谈判对宏观经济的影响

　　对集体谈判宏观经济因素的分析不能不包括谈判结果反过来对经济本身的影响分析。

我们不仅能通过谈判结果来判断那些为抑制通货膨胀和失业的宏观经济政策是否成功，我们还可以利用它来为我们构建的分析框架提供反馈意见。谈判结果影响着未来集体谈判的经济环境，并使得又一轮循环开始。

谈判结果对于经济的影响很复杂，这也被经济学家激烈地辩论着。例如，有很多争论围绕着工会是否是通货膨胀的起因而展开。

1）工会导致通货膨胀吗

如果工会提高工资会直接导致通货膨胀，工会化工人与非工会化工人工资之间的差别就会持续加大。虽然这个差别在 20 世纪 70 年代确实加大了，但在 20 世纪 80 年代和 90 年代又缩小了，并且，无论在哪个情况下，历史上这个差别从没有持续地被拉大过。因此，虽然工会化工人比与他们对应的非工会化工人拿到的薪水更高，但这个工资差别并没有明显产生通货膨胀。

另外，因为工会只代表了不到 10% 的劳动力，所以工会化工人的工资增长不会导致严重的通货膨胀，除非是非工会化工人的工资也随之增加。工会化工人的工资增长是否会传导到非工会部门？这一问题引起了广泛的争论，但是总体来说，在这个方面几乎没有任何实证。

工会还可能通过另外一种方式引起通货膨胀率的上升，即工会化工人的工资相对于非工会化工人的工资，对经济状况变化的反应较慢。一些研究表明，工会化部门（或者高度工会化的产业）的工资没有非工会部门的工资对失业的提高敏感。因此，通过提高失业率来减小通货膨胀率，从而降低工资增长率，这一传统的策略对工会化部门的作用效果不及非工会化部门。

2）工会对宏观经济的政治影响

一些观察者认为，工会在工资方面对经济的直接影响，使工资与通货膨胀出现螺旋式上涨，这一点还没有工会在政治游说上所做出的努力重要。例如，只有在政府实行扩张性的货币政策或财政政策或者两种政策都采取时，工资与价格的螺旋性上涨才会持续下去。扩张性政策可以促进经济增长，并且让那些被工资增长所替代的工人们重新就业。尽管劳工团体并不是唯一的一个支持扩张性货币政策或财政政策的游说团体，但是劳方对这些政策的支持可以弥补集体谈判分散化的影响。集体谈判的分散化使更多的人开始在工资和福利方面签署个人的劳动合同。如果没有足够的经济扩张和经济增长速度，通过集体谈判确定的工资的增长就会使劳动力中的工会成员丧失更多的就业机会。

劳工团体也支持更广泛的经济政策和社会政策以补充他们在谈判上的努力。人们又一次提出，许多这样的政策比个人与雇主谈判决定工资的增长会带来更大的通货膨胀压力。一些观察者认为，工会支持充分就业政策、最低工资立法，以及各种收入再分配政策，例如失业保险、工伤赔偿和社会保障等，这些都加重了经济的通货膨胀压力。

然而这些政策对整个经济的影响并不十分清晰。一些经济学家认为，充分就业政策通过推进培训和劳动力市场的流动性进而增加可利用的劳动力，因而它实际上减小了通货膨胀的压力。而且，即使这些政策的确加大了通货膨胀的压力，但这些政策也能带来收益，因此值得承担这些压力。

总之，宏观经济因素和微观经济因素是决定谈判过程和谈判结果的主要因素。接下来我们在本章要讨论的是，经济力量以外的其他因素，以及经济因素通过什么机制来影响集体谈判的实际结果。

## 4.4　法律和公共政策的影响

法律和公共政策影响着工会、工会的谈判力量以及雇佣条件的法律规定。这一节专门描述法律的影响。

### 4.4.1　工会和工会活动的合法性

公共政策决定了组织与维持工会的难易程度。想象一下，在工会被认为是非法组织，而且如果工人们组成工会或者进行罢工，就会被送进监狱的国家会发生什么？很可能是，在这样一种公共政策下，几乎没有多少工会存在，也几乎没有多少由组织起来的工人代表所进行的活动。这样的政策的长期效果会是什么？这样的政权能够维持下去吗？

如果工会和工会活动是非法的，人们的推测就是，工人们无法对其他强大的社会力量产生相应的影响。然而，东欧国家，例如波兰的经历说明，在这样的制度下也会出现社会冲突。

禁止工会是一种极端的情况。另一种极端是从法律上要求雇员加入工会。没有一个民主政府选择依从这样的路线。相反，在美国等国家，对于工会，公共政策在禁止工会和命令成立工会这两个极端之间采取了一条中间路线。不同国家对于哪些工人能够加入工会以及他们是如何加入的在规定上有相当大的不同。在每一个国家，随着时间的推移，有关工会的规定都发生了重要的变化。

### 4.4.2　NLRA 对谈判力量的影响

《国家劳工关系法案》（NLRA）以及各州规范公营部门雇员和农业雇员的法规，不只是给了工人组织工会的权利。这些法规还对谈判中的工人、工会以及雇主的行为作出了规定，这些规定对谈判过程和结果有相当大的影响。例如，NLRA 给予工会罢工的权利，并使雇主负有诚意谈判的义务。如果没有这些权利和义务，工会的谈判力量可能就会被剧烈地削弱。

NLRA 通过多种方式影响着劳资各方的谈判力量，其中很多都是通过微妙的途径发挥作用的。就如在第 3 章中我们所讨论的，NLRA 的修正案，即《Taft-Hartley 法案》对NLRA 原本的规定作了修改，禁止监督管理人员加入工会，代表工人行事。这项修正案一通过，许多由工头们组织的工会因为失去了法律的保护而解散。对于这些工头工会来说，法律的作用很明显。

### 4.4.3　直接规范雇佣条件的法规所产生的影响

美国社会认为，应当对某些雇佣条件作出直接的规定，这样做比通过集体谈判进行规范更合适。美国的联邦法律直接规定了加班时间（时间限制与加班工资）、失业保险、养老金以及其他一系列问题。这些规定对雇佣条款的制定明显有着重要作用。它们的重要性还表现在对谈判力量的间接影响方面。例如，在一些州，工人们罢工的时候也能够领取失业保险金，如果其他条件不变，这个事实就会使得这些工人们更有能力维持罢工并提高他们的谈判力量。美国和其他国家的工会支持法定的最低工资以及其他雇佣状况中的最低工资标准。1996 年美国工会的成功游说，使最低工资标准得以提高。

## 4.4.4 举例说明政府雇佣法规：养老金

我们可以用养老金这个实例来说明政府对雇佣条件的影响。1974 年的《雇员退休收入保障法案》（简称为 ERISA）对养老制度有着意义深远的影响。这项法案：①明确了养老保险缴费的最低标准；②要求对雇员和政府公布更为详细的养老保险计划的信息；③要求所有未来的养老金债务完全按年筹集资金，而所有过去短期未备资金的养老金债务通过多年分期偿还；④对那些受到养老金计划终止影响的工人们建立了一个保险保护计划。养老金计划终止保险的成本由现有计划中的一项税收来填补。

ERISA 带来的主要政策问题是，终止了几个重大的多雇主养老计划，使政府来负担可能的债务。专栏 4.2 说明养老金权益保证公司（由 ERISA 授权来确保养老金计划的资金来源的公司）由于 LTV 公司的破产而担负了巨大的债务。争议也围绕着 IBM 以及其他公司的养老金计划的修改而展开（详见专栏 4.3）。这些案例以及其他类似的案例增加了围绕着 ERISA 的争论。

总体来说，ERISA 是一个很好的例子：一方面它可以说明政府直接作出规定能带来迅速的变化，另一方面它也可以说明，如果联邦政府试图在一些原本存在多种行为方式的领域实行统一的规定和标准，就可能导致复杂问题的出现。

**专栏4.2**

---

### 多雇主养老的承诺

养老金权益保证公司（PBGC）是一个政府代理机构，它是 LTV 公司终止养老金计划的法定托管者。1990 年 6 月 18 号，最高法院裁定，PBGC 恢复 LTV 养老金计划的决定符合《雇员退休收入保障法案》（ERISA）。法庭认为，如果雇主要再次谈判养老金计划以补充 PBGC 给付的养老金，则 PBGC 有权恢复被终止的养老金计划。

LTV 公司的三个养老金计划累计欠下了 230 万美元的债务，之后它根据破产法第 11 章的规定申请破产保护（1986 年 6 月）。结果，LTV 公司通知 PBGC 公司（PBGC 公司为其 21 亿美元的养老金债务提供担保），它没有能力继续提供养老金计划的资金。所以，在 1987 年 1 月，PBGC 终止了 LTV 的养老金计划并向 LTV 计划的参与者给付了养老金（低于计划没有被终止的给付金额）。

养老金的下降使得钢铁工人联合会状告 LTV。作为回应，LTV 通过谈判达成了一个后续计划，补上了原养老金计划的终止所导致的计划参与者的养老金损失。因此，这个后续计划把退休人员放在了和养老金计划未终止的情况一样的位置上。

ERISA 法令的 4047 条款给予了 PBGC 恢复养老金计划的权力，前提是恢复计划能够增进人权法案第 7 条款和 ERISA 的利益。由于钢铁产业的经济形势明显好转，降低

---

了无资金来源的养老债务的风险，所以 PBGC 于 1987 年 8 月决定根据 ERISA 的规定恢复 LTV 公司的养老金计划。然而，当 PBGC 准备执行恢复的计划时，纽约地区法院裁决 PBGC 的决定独断专行且反复无常，理由是 PBGC 是根据后续计划作出的决定，并且它对于 LTV 公司财务状况得到改善的证据不足。

但是，最高法院撤销了该法庭的判决，并裁定，PBGC 在把一项原本终止了的养老金计划归还给一个处于破产程序中的私有雇主时并不需要考虑联邦劳动法和破产法的规定。

LTV 钢铁公司退休人员的医疗保险金和人寿保险金的给付在 2002 年 3 月 31 日终止，因为公司 8 500 万美元的委托金已经花完。这让公司的高管人员很惊讶，因为他们以前对 PBGC 的期望是，它能够成为公司的固定养老金给付计划的托管者。委托金用尽后，65 岁以上的退休人员不得不通过医疗保险制度来负责他们的健康保险。而在《统一公车预算协调法案》（COBRA）的规定下，65 岁以下的退休人员必须通过缴纳费用来扩大他们的健康保险范围。但是，COBRA 和医疗保险制度都没有完全覆盖退休人员的医疗费用。医疗保险制度需要支付大笔费用，而 COBRA 要把家庭覆盖进来，平均每月的成本是 600 美元。

与此同时，美国钢铁工人联合会（USW）不断游说议会通过立法来建立一项联邦委托金用来覆盖大约 60 万的退休钢铁工人的养老金和医疗保险金的"遗留问题"。这项立法的反对者认为钢铁工业已经接受了太长时间的政府支持，它不应当再得到额外的特别政府帮助。

资料来源：*Daily Labor Report*（Washington，DC：Bureau of National Affairs）：various issues from January 5，1989，to June 19，1990，and "LTV Retirees to Lose Health Benefits；USW Calls for Trusts to Cover Legacy Costs." Daily Labor Report，38，February 26，2002：A-8.

专栏4.3

### IBM 公司改变养老金计划引发的争议

2003 年 7 月 31 日，伊利诺伊州南区的地区法庭在一个诉讼中作出裁决，认为 IBM 公司改变养老金计划违犯了《雇员退休收入保障法案》（ERISA）中禁止年龄歧视的规定。这个案例质疑了所谓的现金平衡养老金（cash balance pension）计划的合法性，因此可能会影响到美国几百万工人的利益。

对于年龄歧视的争论是从 1995 年开始的，那年，IBM 公司首次修改了它的养老金计划，实行了"养老金账户计算方案（pension credit formula）"（PCF）。依据这个方案，雇员每年可以得到一个取决于他们的年龄的"基点"数。依据这些基点数，可以计算得到雇员在 65 岁时每月的退休金。但是，在 PCF 方案下，一个 50 岁开始在 IBM 工作直至 65 岁退休、年薪为 6 万美元的雇员会比年薪一样但是从 35 岁开始工作直至 50 岁退休的雇员每年所积累的养老金少 1 922 美元。因此，地区法院得出结论，认为这个方案降低了老年雇员的养老金增长速度，从而基于年龄因素降低了员工的福利。

这项诉讼还控告了 IBM 公司对福利计划所作的第二项修改，认为这次修改是年龄歧视。1999 年，IBM 公司为了减少养老金成本，又一次修改了公司的养老金计划，实施了所谓的"现金平衡计划"。从历史上看，这种类型的制度可能将一个老年工人的养老金降低 50% 或更高。在 IBM 的这个案例中，每年雇员工资的 5% 存入养老金账户，账户的利息随着时间而累积。然而这实际上会使得年老雇员随时间积累的福利增长比年轻雇员要少，因为年老工人的存款期更少一些。

2004 年 9 月，IBM 公司同意增加 15 亿美元的养老金给付，并且同意用一个更为传统的养老金固定缴费计划来代替 1999 年以来实行的现金平衡计划，以此解决外界的争论。然而，就在这一时期，IBM 向美国上诉法院第 7 巡回法庭提请上诉，并且于 2006 年 8 月 7 日得到 IBM 公司无罪的裁决。上诉法院驳回了原判决。

与 2003 年联邦地区法院在判决中的意见相反，上诉法庭认为，对 IBM 公司提出诉讼的雇员们没有考虑到金钱的时间价值。要证明年龄歧视，上诉法院认为必须先证明歧视的根本原因确实是年龄。虽然 IBM 改变养老金计划的确会使得年老工人在其整个职业过程中所获收入减少，但是法院推定这个影响只是和年龄有自然的相关联系而不是基于年龄的歧视结果。

资料来源："Court Finds IBM's Benefit Formula Violated ERISA's Age Discrimination Ban," 08/04/03. *Daily Labor Report*, August 4, 2003：AA-1；"WSJ: IBM Pension Plan Changes are Ruled Discriminatory," 07/31/03. *Communication Workers of America*, July 31, 2003；"Seventh Circuit Rules IBM's Plan Didn't Discriminate Against Older Workers," 08/08/06. *Daily Labor Report*, August 8, 2006：AA-1.

# 4.4.5  政府干涉变得更少

从 20 世纪 70 年代末期开始，美国公共政策在微观经济和宏观经济两个层面上更强调竞争市场，政府干涉变得更少。微观经济层面上的重要发展是减少对运输业和电信业的管制。

虽然减少管制并不是由劳动政策所引发的，但它对集体谈判的过程和结果具有相当大的影响。面对新竞争者的进入，工会很难使工资不受竞争的影响，也很难维持它们在这些行业中的统治。货车运输行业就是一个很好的说明。1980 年通过了《机动车运输法案》，减少了对于货车运输行业的定价的管制，成立了州际贸易委员会。1978 年对航空业减少了管制，使非工会化的航空公司得到了发展；在工会化的航空公司，工会不得不进行让步性谈判。在电信行业，减少管制不仅增加了非工会化公司，例如世界通讯公司（WorldCom），在电信市场上的份额，还使得原来的贝尔电话公司（Bell Telephone System）全国性的谈判结构解体。

美国总统布什最近几年对自由贸易的支持引起了对于贸易政策的激烈辩论，因为美国面临着巨大的贸易赤字并且那些受到美国国外竞争和进口所带来的威胁最多的工业面临着雇佣损失。更加国际化的美国经济和全球化也引发了一些质疑——20 世纪 30 年代采用的劳动法框架如今是否还适用?

## 4.4.6　劳工团体对 NLRA 的批判

面对工会会员的减少和新的组织困难，工会领袖开始质疑 NLRA 的价值。劳工领导人（和其他人）提出，根据 NLRA 作出的裁决和工会代表权选举总是姗姗来迟，部分原因是人们不是那么认同 NLRA 的宗旨。雇主的一些做法也会导致时间的拖延，例如他们常常提出反对意见并请求延期，这样做都有碍体现 NLRA 最初的宗旨——公平、及时的选举。总体来看，这些批判者认为，NLRB（美国国家劳工关系委员会）的执法程序对资方有利而违背了这项法律（NLRA）最初的宗旨。

劳工领导者把他们在组织方面的不成功归咎于 NLRA 存在的弱点以及资方所采取的越来越嚣张的避免企业工会化的策略。因此工会领导者现在争论着，是对 NLRA 作出一些重大的改变还是彻底撤销这个法案对工会和工人们更好。使这个争论变得更加复杂的事实是，在一些案例中，美国工会很明显是得益于 NLRA 以及 NLRB 的管理。

例如，专栏 4.4 中的文字，描述了在 NLRB 支持其工会所提出的雇主不当劳动行为的控诉后，公司被迫取消把制造业务从加利福尼亚转移到墨西哥。

**专栏 4.4**

---

### NLRB 阻止 Quadrtech 公司向墨西哥迁移

1999 年 5 月，电子工人国际联合会（International Union of Electronic Workers）对一个叫做 Quadrtech 的珠宝制造公司提出了诉讼，因为工会在公司的代表权选举中赢得胜利后的第二天，公司就把制造部门从加利福尼亚的 Gardena 迁移到墨西哥的 Tijuana。NLRB 支持了工会，认为雇主采取了不当劳动行为，因为这个公司拒绝就改变工厂所在地这一决定的影响进行真诚的谈判。加利福尼亚州的地区法院的法官命令 Quadrtech 去解决由 NLRB 提出的不当劳动行为的问题。NLRB 和 Quadrtech 达成了正式的解决方案，命令这个公司停止解雇工会工人并停止把工作转包或者迁移以报复工会活动。Quadrtech 还同意不再拒绝就强制性谈判议题和工会进行谈判，例如，裁员或者转移生产地点，以及按照 NLRA 第 7 章的规定干涉雇员行使法律所赋予的权利。这项解决方案还要求 Quadrtech 在 Gardena 的工厂恢复工会成员的工作，并把已经移到 Tijuana 的所有机器设备迁回。这个公司必须恢复所有在转移期间被解雇的员工的工作并补付工资。最后，Quadrtech 同意张贴布告声明，公司不会因为工人选择由工会代表他们行事而威胁报复他们。

资料来源："Unfair Labor Practices：Quadrtech Agrees to Settle with NLRB, Scrap Move to Mexico, Bargain in Good Faith," *Daily Labor Report*, 241, December 14, 2000：A-7.

---

## 4.5　人口结构的影响

劳动力会发生变化，这一特征也会导致很多人质疑集体谈判是否已经过时。因此，考察人口结构的变化及其对谈判的影响是很重要的。

劳动者或者岗位的结构发生变化会影响劳动者的需要和期望，而劳动者的需要和期望又会影响着个人对加入工会的兴趣以及个人对坚持罢工的意愿。

## 4.5.1 劳动力的变化趋势

自第二次世界大战以来，美国的劳动力以空前的速度增长，这很大程度上是战后生育高峰导致的结果。在 20 世纪 90 年代，比起这之前 20 年，劳动力的增长开始减缓，因为婴儿潮一代中新进入的劳动力人数减少了。实际上，伴随着婴儿潮一代最后一批进入的劳动力，劳动力增长的减缓在 20 世纪 70 年代末就已经开始了。

如果这个趋势继续进行，劳动力年龄的中值就会相应地改变。1960 年劳动力年龄中值达到最高值，为 40.5 岁，并保持相对稳定。直至 1970 年第一批婴儿潮时代出生的人进入劳动力市场，这时劳动力的年龄中值显著下降。1970 年劳动力的年龄中值为 39.0 岁，到 1982 年降为 34.8 岁。到 2008 年，美国劳动力中每 6 个劳动者就会有一个超过 55 岁，而到 2020 年这个数字将会增到每 5 个劳动者中有一个超过 55 岁。因此，劳动力的年龄中值会再次增长，并达到 40.7 岁的新高。

劳动力总体的变化意味着，未来十年工会和雇主将要面临劳动力老龄化，因为婴儿潮一代将要度过他们职业生涯中的主要时期。随着劳动力老龄化，为赢得较高层级职位的工作的竞争将会很残酷。如果雇员们对于晋升的渴望不能实现，他们就会感到受挫。这就会产生工作场所的冲突，并催生对雇员参与、表达意见的更高需求，还可能催生出对工会代表的更大需求。

从长期来看，人口老龄化带来的问题将会变得越来越重要，而且非劳动力人数对劳动力人数的比例将会增加——这确实给产业关系系统中的所有主体带来了难题。

1）女性劳动力

有工作的女性人数的增长是劳动力最重要的一项变化。1972 年有一半女性成为劳动力；2005 年，25 岁至 54 岁的女性中有 72.6% 在工作。成年女性的就业人口在女性人口中的比率在 2000 年达到了最高纪录——60.3%。女性在婚姻中的地位的改变、受教育程度的增加，以及职业期望上的变化等，在很大程度上能够解释这个总体趋势。

这个趋势的一个组成部分是带着年幼孩子的女性的劳动参与率的提高。女性从工作时间中划出用来照顾孩子的时间变少了。到 2000 年，有孩子的工作女性的比例达到了72.3%，并且自 2000 年至 2005 年这个比例稳定保持在 70.5% 附近。

因此，参加工作的妈妈们开始向雇主和工会提出挑战以满足她们的社会需求。她们带来了一个特别的挑战，因为教育程度较高的女性参与工作的倾向更大了。1975 年至 2004年，至少获得学士学位的，年龄在 25 至 64 岁的大学女毕业生的劳动参与率从 61% 增至82.5%。越来越多的女性从事管理工作和专业性工作。事实上，2004 年，超过 1/3 的劳动女性在这两个领域工作。尽管除上述两个领域之外女性所获得的工作中剩下的绝大部分是低工资的销售或管理助理工作，但是，有两位女性在这些职业中找到工作，就有一位女性找到管理性职位或专业性职位的工作。所以，女性不仅是劳动力的一个增长着的组成部分，而且女性可能成为一个会表达意见的组成部分。女性劳动者在数目上的增加以及在教育程度、战斗性和对女性问题的了解程度上的增长可能迫使雇主和工会改变对女性雇员的态度。最后，女性雇员可能会成为工会组织的活动的一个新焦点。

2）受教育的情况

在过去30年中劳动者的受教育情况不断提高。1990年所有劳动者完成的学校教育年数的中值为13年，刚刚超过高中学历（1970年为12.4岁）。1970年，全部劳动者中有63.9%是高中毕业，12.9%是大学毕业。2005年，平民劳动力中只有9.6%拥有低于高中的文凭，而32.8%是大学毕业生。劳动力的受教育程度越来越高，大学教育的优势变得越来越明显这个事实大大影响了这个趋势。大学毕业生和高中毕业生的收入差距每年都在加大。拥有大学文凭的劳动者每周收入的中值自2003年到2006年增长了13.2%，达到1 019美元，然而拥有高中文凭的劳动者的周薪中值在同样的时期仅仅增长了6.9%，达到592美元。

但是，在考虑劳动力总体"质量"时，却应该对一些情况保持警惕。青少年的失业率很高（2005年16至19岁青少年的失业率是13.1%），高中的辍学率很高（2003年8.3%的白人年轻人和9.7%的黑人年轻人高中辍学），特别是贫穷城市地区所提供的教育质量较低，这一切都暗示下一个十年会有一大批拥有很少工作经验和技术的劳动力新进成员，他们很难适应严酷的就业组织的生活。生长在工作职位很少、犯罪率高、学校教学质量差的地区的青少年将来会带给管理者和工会领导者巨大的挑战。过去的经验表明，让雇主转变这些不利条件确实很困难。

劳动力受教育情况的这两个不同的方面给未来的管理者和工会领导者带来了不一样的却同等重要的挑战。教育程度较高的劳动者可能更不能忍受权威，试图更多地参与到关于工作的决策中来，并要求更多的职业发展机会；然而教育方面处于劣势的劳动者就会要求更多的补救性的培训以使他们转变成为更有文化、可训练的以及更有工作干劲的劳动参与者。

## 4.5.2　职业趋势和行业趋势

美国劳动力供给的特点在改变，而对职业和产业的需求也在改变。职业分布自1960年以来最明显的趋势是，白领的增加和蓝领的减少。现在超过一半的劳动力被归为白领，1960年这部分人所占比例是43%。正如图表4.3所示，2004年提供服务的行业即服务部门雇用的劳动者所占的比例是83.4%，而在产品生产行业受雇的劳动者所占的比例只有16.6%。劳工部统计局预计，自2004年至2014年，健康服务业、商业服务业、社会服务业、工程职业和管理职业总体上将会以超过经济增长速度两倍多的速度增长。

在过去30年中产业需求方面的这些主要转变对集体谈判有着重要的影响。作为工会的传统要塞，制造业所雇用的劳动力占全部劳动力的比例已经显著下降。而且，制造业已经从美国东北部和中北部地区转移至南部和西南部地区。有相当多的工作从最为工业化的行业和地区转移至传统上工会在组织工人方面不太成功的行业和地区。

另外非全日制工作的劳动者所占的比例有明显的提高。2005年，全部雇员中有17.6%从事非全日制工作。在这些雇员中，89%（17.6%中的15.7个百分点）自愿选择非全日制工作，而剩下的11%（17.6%中的1.9个百分点）是因为他们找不到全日制工作而不得不从事非全日制工作。

非全日制工作增加了，在家中进行的工作的数量也增加了。在家里工作的排名提高了，部分是因为信息技术的进步使得和家外的公司保持联系的同时在家中执行生产任务成为可能，特别是对一些数据加工职业来说确实如此。非全日制工作者和在家里工作的人都很难受到工会的鼓动而组织起来。

互联网使工作场所发生了革命。现在会议可以在线举行，并且远程办公使得雇员能够在家工作的同时仍然可以和他们的雇主保持联系。一些雇员从这个新技术中获益很多，例如带着小孩子的父母和残疾人。但是，这些在家工作的人给劳工运动带来了挑战，因为组织他们是很困难的。

最近几年很多公司还越来越多地向雇佣中介或者提供临时帮助的中介寻求帮助，这些公司通过雇用临时员工（"temps"）来应对劳动力需求的季节性及其他波动。尽管临时员工带给公司更多的灵活性，但是一般来说，他们基本上得不到工作福利，工资很低并且没有工作保障（即使他们做的是全日制工作）。虽然临时员工常常不高兴，但是工会发现要组织他们是极其困难的。

图表4.3                   **美国各产业的相对规模**

| 年份（年） | 服务业（%） | 所有生产产品的行业（%） | 制造业（%） | 政府部门（%） |
|---|---|---|---|---|
| 1919 | 52.6 | 47.4 | 39.4 | 9.9 |
| 1920 | 53.3 | 46.7 | 39.0 | 9.5 |
| 1930 | 59.3 | 40.7 | 32.5 | 10.7 |
| 1940 | 59.1 | 40.9 | 33.9 | 11.6 |
| 1950 | 59.1 | 40.9 | 33.7 | 13.3 |
| 1960 | 62.3 | 37.6 | 31.0 | 15.4 |
| 1970 | 66.7 | 33.3 | 27.3 | 17.7 |
| 1980 | 71.6 | 28.4 | 22.4 | 18.0 |
| 1990 | 77.2 | 22.8 | 17.4 | 16.7 |
| 1995 | 79.3 | 20.7 | 15.8 | 16.5 |
| 2000 | 80.5 | 19.5 | 14.0 | 15.7 |
| 2001 | 81.9 | 18.1 | 12.5 | 16.0 |
| 2002 | 82.7 | 17.3 | 11.7 | 16.5 |
| 2003 | 83.2 | 16.8 | 11.2 | 16.6 |
| 2004 | 83.4 | 16.6 | 10.9 | 16.4 |

资料来源：*Handbook of U. S. Labor Statistics*, Bernam Press U. S. Data Book Series, ninth edition, 2006, pp. 181-82.

说明：表中的百分比代表对应的劳动者占全部非农劳动力的百分比。

### 4.5.3　美国经济在非工业化吗

服务业工作和非全日制工作数量的增长引发了一项激烈的辩论。Barry Bluestone 和 Bennett Harrison 声称，这些工作的增加是一个信号，意味着美国经济的基础，即制造业在衰退（他们把这个过程称为非工业化）。他们还进一步指出，工作结构的变化同时会带来收入分配不平等程度的加深。他们认为，高收入的工作，例如技术性工作、钢铁生产和汽车生产的工作，正在消失并被低收入的服务性工作所取代。大量企业缩减规模使得 Bennett Harrison 得出结论，认为美国的企业正变得"没什么油水而且吝啬"。这些发展可能促使了自 1980 年以来美国收入不均的加重。

辩论的另一方是 Robert Lawrence 等分析家，他们认为，服务性工作和非全日制工作数量的增加是因为，一些劳动者想从事并且能够从事这样的工作。这些观察者认为，这恰恰是美国经济健康发展的标志，并把过去 30 年美国的工作岗位的增长与同时期欧洲雇佣增长的停滞相比较。这个辩论中还有一个中间方，这一方否认美国在非工业化的同时又指出了美国劳动力市场存在很多固有的问题。

这场辩论反映出对事实是什么以及如何看待这些事实这两方面的不一致意见。这个辩论对劳动力市场的未来是至关重要的，因为他们所讨论的问题非常重要。如果判定劳动力市场是相对健康的，就没有什么理由来要求政府采取政策改变劳动力市场的结果，反之亦然。而且，美国是否非工业化以及收入分配是否不平等，这个问题的任何一个答案都会影响针对集体谈判的政府政策以及其他劳动力市场制度。

服务部门、非全日制工作以及在家工作的规模扩大——这个转变对集体谈判和工会组织有两个无需争论的影响。首先，因为非全日制劳动者（他们通常只是暂时被雇用）相比于其他人，他们对雇主的附属关系更为松弛，所以工会对他们的组织更为困难而且可能需要非传统的方法来组织他们。因此，并不奇怪劳工团体强烈反对非全日制工作和在家工作的增长。但是，劳工的反对不太可能对这些类型的雇佣关系的增长有任何影响。因此，为了将这些劳动者组织起来，工会需要改变政策和策略来适应他们的特殊需要。劳工组织曾经讨论过的一项策略是，向这些劳动者提供准会员的身份或者单独的代表形式。美国以外的国家可能也在思考解决办法，因为临时工、非全日制工作和在家工作是全球劳工运动共同面对的问题。

其次，替代罢工的服务性工人很容易找到，这使得工会很难在罢工中获得罢工作用力。一些代表服务性工人的工会在社会团体例如教堂里实验着它们的一些策略，它们希望通过这些策略来赢得对它们所提要求的更多支持。服务业的工会还实验"按章办事"等策略，这些策略能够在发挥对雇主的谈判作用力的同时又不会引起罢工。

### 4.5.4　工会成员的人口结构

一般来说，工会会员更倾向于在那些劳动力需求的下降或增长比其他地方更为和缓的行业、职业和地区工作。女性的劳动力参与性在急速上升，但是她们在工会化部门加入工会的比较少。

这些发展给工会带来了很多挑战。工会传统的会员是生活在美国东北或者中北地区的男性、蓝领、制造业工人、矿工、建筑工人以及运输工人，这样的工人正在大幅减少。现有的工会会员平均来讲比劳动力新增成员更年老并且受教育程度更低。工会可能很难适应一个可能加入工会的更为年轻、更加畅所欲言的人群。

## 4.5.5　人口结构的变化给工会带来的挑战

人口结构的变化能影响工会政策。人们一旦加入工会，他们就会试图用他们的喜好来改造工会政策。如果工会成员们的观点改变得很迅速，这个（根据自身观点塑造工会政策的）政治过程对工会来说就会变得很麻烦。工会最纯粹的目标就是利用集体的力量来达到会员们共有的目标。所以，工会的人口结构变化得越快，工会会员的构成越是多样化，工会内部冲突就越有可能发生，并且工会就越难确定要通过谈判最先实现什么目标。

工会的新成员有时很难建立一个有效的政治基础。被雇用不久、较为年轻的劳动者如果试图影响现有的并且通常更为年老的工会领导人时，有时就会遇到这样的问题。新进入工会的女性、少数种族、少数民族以及其他群体都面临着这样的困难。直到他们能够建立一个有效的政治基础并向现有的工会领导人施加压力，他们的特殊需求才有可能如同他们渴望的那样成为一个优先考虑的事情。

简单来说，集体谈判的人口环境影响着工会会员的多少，影响着工会会员对工作的态度以及劳动者们的工作技术。如果工会不能成功地组织新进劳动者，那么它们的会员数将会下降得更多。如果它们成功地组织起新进劳动者，它们就会面对改变的压力——既要在组织内部有所改变，又要在谈判桌上有所改变。在任何情况下，很清楚的是，对于集体谈判的任何分析都必须考虑劳动力的人口结构的情况。

## 4.6　社会环境

在美国公众的眼中，工会运动是怎样一个形象？社会是支持工会，还是对工会抱有敌意？社会环境的多个方面都能够影响产业关系。

包含有关于工会的问题的调查展示出工会在公众心目中的形象随着时间的变化而变化。举例说，盖洛普民意调查（Gallup Polls）显示，支持工会的人所占比例在下降——从 1965 年的 71% 降至 1981 年的 55%。然而最近几年公众对工会的支持情况变好了。根据盖洛普民意调查，工会的公众支持率在 1999 年上升至 65%，并在 2005 年保持在 58%（后面这个数据可以参见专栏 4.5）。当被问及对最近的劳动争议他们的同情心是向着哪一方的，如同专栏 4.5 所示，公众中同情工会的人（52%）比同情公司的人（34%）更多。

盖洛普民意调查和其他调查中对于其他问题的回答情况表明，公众对组织起来的劳工（以及大企业）的信心一直远远低于对军队、教堂和宗教团体、最高法院以及公立学校的信心。但是，与"大政府"和"大企业"相比，公众并没有特别地感到受"大劳工"的威胁（参考专栏 4.5）。

这些回答并不奇特。对调查数据各方面的分析表明，公众和工会成员对于工会的态度很复杂。例如，相关的调查一直都表明，美国公众对工会领导人的尊敬度很低。但是，虽然美国公众怀疑工会领导人，他们还是不断地对工会在代表工人利益方面所发挥的作用表示强烈的支持。例如，调查表明，一般而言，全部居民中的多数人是支持工会的，并且他们相信劳动者有选择是否加入工会的自由。因此，多数美国人承认，工会是保护劳动者的经济利益和有关工作利益的一个手段，它明显具有存在的合法性。

专栏 4.5

| 公众对工会的态度 | |
| --- | --- |
| 在最近的盖洛普民意调查中所展示出的公众对于工会的态度的情况如下： | 3. 你认为下面哪一个将来对国家威胁最大：大企业、大劳工，还是大政府？ |
| 1. 请问您是支持还是反对工会？ | 27%　大企业 |
| 58%　支持 | 8%　大劳工 |
| 33%　反对 | 61%　大政府 |
| 9%　没有意见 | 4%　没有意见 |
| 2. 对于最近两三年的劳工争议，一般来说，您更同情工会还是公司？ | 　　资料来源：Data for Questions 1 and 2 are from Gallup polls conducted in August 2005. Data for Question 3 are from a Gallup poll conducted in December 2005. Daniel B. Cornfield, "Shifts in Public Approval of Labor Unions in the United States, 1936-1999," The Gallup Organization, http://www. gallup. com/poll/gs990902. asp. |
| 52%　工会 | |
| 34%　公司 | |
| 6%　两个都不同情 | |
| 3%　两个都同情 | |
| 5%　没有意见 | |

　　美国劳动者对工会似乎有着双重的印象。一方面，多数劳动者把工会看作是一个庞大的、强有力的社会团体，对政治决策、官员的选举，以及对雇主和工会成员，都能施加重要的控制力量。多数人还对工会领导人的个人动机持有怀疑观点。另一方面，同样多的劳动者认为，工会在改善成员的工作生活方面很有帮助。所以，显然大多数美国劳动者对工会的政治活动持有怀疑观点，但同时又赞同工会的集体谈判活动。

## 4.7　技术环境

　　正是因为技术的变化才促使工人开始依靠工会来改善他们的雇佣条件。同样明显的是，我们的经济正处于技术革新中，这对未来的雇佣条件将会产生巨大的影响。然而，即使人们在这个问题上的看法一致，很多人仍然对技术如何影响、为什么会影响早期工会的组成以及如今哪些技术革新会影响未来的产业关系等问题持有不同的观点。

### 4.7.1　历史上对技术所带来的影响的辩论：Commons 与 Marx

　　Karl Marx 和 John R. Commons 都相信劳动者是在技术革新的逼迫下加入工会的。由于技术的变化，手工业者的生产制度变为工薪劳动者的雇佣制度，现代的工厂制度开始兴起。Marx 和 Commons 对为什么会发生技术变化及其对就业组织的影响，观点尖锐对立。

　　对 Marx 来说，工业化最关键的事件是资本主义生产方式在工人和生产资料拥有者之间的对立。根据 Marx 的看法，这种对立必然会导致工作条件的恶化、利润上的危机以及工人们革命性的阶级意识的出现。Marx 的追从者接着指出，正是由生产方法和生产资料所有权的转变导致的对生产资料失去控制促使工人们组成工会的。在这些观察者看来，集体谈判过去是而且现在也是劳资双方就生产资料的控制权所进行的一个持久不断的斗争。Harry Braverman 在这个观点的基础上提出，技术革新一般会降低工作所需的技术（非技术化），而这正是为控制权而斗争的一部分。

另一方面，Commons 认为，生产方式的转变其本身是由城市化和新运输方法带来的市场扩张的产物。对 Commons 来说，随着市场的扩张和生产资料所有权的改变，工人们突然遇到了许多竞争威胁，例如罪犯劳动力和儿童劳动力。工人们于是依靠工会来帮助他们自己并提高他们的生活水平。Commons 和他的学生，例如 Selig Perlman，认为工会和工人们追求的是收入和工作保障而不是对生产资料的控制。因此，尽管 Marx 和 Commons 在对工会目标的解释上持有明显不同的观点，但是他们都认为是资本主义的兴盛促成了工会化。

对于 Clark Kerr、John Dunlop、Frederick Harbison 以及 Charles Myers 来说，促使劳资关系发生变化进而促使工会的出现，是工业化的进程而不是资本主义本身。他们认为，现代技术需要一些规则来规范管理劳资关系。集体谈判以及通过谈判来确定规则，这是一个形成现代工业所需的规则的过程。在这个框架下，集体谈判中的技术革新问题是很重要的，因为它们能够导致劳资相对谈判力量的变化。

## 4.7.2 微电子技术对技术水平的影响

近期微电子技术的广泛使用再次让人们讨论技术革新的影响。一些人认为，这样的技术能够减少职业层级，提高技术水平，进而提高实际收入。而另一些人认为，运用新技术就像过去那样剥夺了劳动者的控制权，降低了工人们的技术水平。持后一种论点的观察者几乎找不到工作组织内等级制度转变的证据。这些人认为，事实上，自 20 世纪 80 年代以来大部分让步性谈判恰恰说明，资方在努力提高工作速度，他们在利用新技术削弱工人们的谈判作用力和技术水平。支持技术进步降低了工人技术水平的人还预测说，新技术将会导致显著的对工人雇佣的替代以及失业。

一些行为科学家相信，新技术可以"解冻"现有的规则，使人们有了更多的选择来重新安排工作组织、职业阶梯、薪酬标准以及雇佣关系的其他方面。根据这个观点，技术变革对工人技能水平和力量的影响并不只有一个；相反，它的影响取决于决策者所作的选择以及新技术是如何应用的。

## 4.7.3 高科技的矛盾

在美国不断增加的日本制造工厂带来了关于技术的含义、技术和产业关系的联系以及技术对经济的影响这三个方面的一些重要的新思考。对日本制造业的兴趣一部分是由我们所称的高科技的矛盾所激起的：有证据表明，引入最高端科技的美国工厂并不是美国生产率最高的工厂。相反，汽车工业的经历表明，行业里生产率最高并且产品质量最好的工厂是那些将新技术和制造实践与创新的人力资源管理和产业关系实践有效地结合起来的工厂。

关于这一点的证据来自案例研究。有人对比研究了科技水平相对较低的新联合发动机制造有限公司（New United Motors Manufacturing Incorporated，NUMMI），即通用和丰田在加利福尼亚所建的一家合资公司，和利用了最尖端的机器人技术、信息处理技术和其他原料处理技术的一些其他美国公司。让很多产业专家和理论专家惊讶的是，NUMMI 的生产率和质量记录超过了这些高科技配备的企业。大多数人对这些比较结果的解释是，NUMMI 在训练、激励、让雇员参与质量的持续改进过程等方面做得很出色，并且 NUMMI 有效地将人力资源策略与灵活的工作制度、先进的制造实践（例如零库存管理方法），以及质量控制的统计处理程序等结合起来。

从这个证据以及其他一些证据中可以得到这样一个结论，即把新的产业关系和制造方法"结合"起来，而不仅仅依靠新技术的引进，才是提高生产率和产品质量的关键所在。这一结论还能从其他地方找到证据。有人比较过世界各地的汽车装配厂的生产率和产品质量，得到了相同的结论。技术与有效的人力资源及产业关系改革的结合如此重要，这是因为，就如研究日本制造实践的两个分析家所说的，这个结合让工人们"给新机器带来了智慧"。

## 4.8　集体谈判近期面临的环境压力

面对 20 世纪 90 年代美国经济的迅猛增长，一些工会，例如汽车工人联合会和飞行员工会，从集体谈判中获得了好处。尽管如此，考虑到工会对资方的谈判作用力，环境中的一些变化使工会处在了一个明显不利的地位。公司重组、利用外包和非工会化企业（进行生产）对工会施加了压力，而全球化的加深又加大了这些压力。2000 年春季网络泡沫的爆发以及公司财政丑闻风波后的紧缩又拉紧了美国经济而削弱了工会的作用力。

### 4.8.1　非工会化部门带来的竞争压力

工会特别受到了数目不断增长的美国国内非工会化公司带来的竞争压力。在建筑业、货物运输业、纺织业、采矿业等行业非工会产品的市场份额大大增加了。而且，非工会公司也开始进入工会传统的要塞——钢铁业和汽车制造业等。非工会带来的竞争成为一个相当大的威胁，因为非工会使得在罢工中雇主更愿意并且更有能力把生产转向非工会部门。因此，工会使工资不受竞争影响的能力更小了，而且就如我们在早先的理论讨论中所预期的，工会的谈判力量会显著下降。

### 4.8.2　国际竞争的加剧

一些重要制造业中进口的加深渗透以及巨大的贸易赤字把国际经济问题直接带到了集体谈判的议程之中。在美国对已经组织起来的工人来说，美国国外的工人已经成为了一个主要的竞争威胁，因为当货物和资金很容易地在国际边界上穿行时，工会很难使工资不受竞争的影响。也许跨国公司的增长是当年费城制鞋业所面对的竞争威胁（正如 Commons 所描述的）的现代版本。

## 4.8.3　工会的形象问题

然而，经济上的压力只是故事的一部分而已。劳工运动遇到了这样的公众——他们常常怀疑工会的价值观并且怀疑工人们之间的团结。罢工者经常发现有工人们超越罢工纠察线的情况，并且他们在社会上得到的对于罢工的支持较少。当工会向 NLRB 或法院寻求帮助来阻碍资方的一些行为——例如将业务迁移至其他地区或者在破产重组时取消集体谈判协议——的时候，它们得到的帮助很少。

## 4.8.4　劳工运动的革新迹象

经济、社会政策、意识形态和人口结构都发生了改变，并可能妨碍已经组织起来的工人们的努力。然而，在所有这些环境压力的面前，劳工运动正展现出改革和适应的迹象。集体谈判议程扩大了并且工会更多地参与到经营管理决策之中。而且，劳工团体开始寻找新的精神领袖。1995 年第一次通过选举产生了劳联—产联的主席（当年选举出 John Sweeney 作为主席）使这场运动达到顶峰。由此开始采取各种各样的工会复兴措施。

## 本章小结

这一章分析了环境对谈判过程的影响。环境主要包括五个方面：经济环境、公共政策、人口结构、社会环境以及技术环境。

经济环境主要包括在企业层面上发挥作用的因素（我们称之为微观经济因素）以及劳动力市场的状况和整体经济情况（我们称之为宏观经济因素）。经济环境在对劳资各方的谈判力量的作用上十分重要。谈判力量很大程度上受到罢工作用力和工资上涨所引发的雇佣量减少的程度（称为工资与雇佣量的交替关系）的影响。

社会政策塑造着劳资各方的权利和集体谈判的程序。长期以来美国的劳动法赋予雇员、工会和资方拥有直接塑造雇佣条件的权利，限制政府的干预。美国最重要的劳动法是国家劳工关系法案（NLRA）及其修正案。虽然我们的政府比其他国家的政府相对较少地规范雇佣关系，美国还是存在大量的法律规定，直接影响着雇佣条件的某些方面，例如养老金和平等就业机会权利。

人口结构的主要问题包括第二次世界大战后女性劳动参与率的增加。劳动力变得越来越多样化，并且工会面临着修改工会政策的挑战以更多地组织起那些大部分在服务部门工作的新进劳动者。

公众仍然对工会的一般目的表示支持。然而，当被问及工会领导人以及加入工会的意愿时，公众对工会的态度变得不那么支持了。

技术影响着就业水平以及谈判作用力。最近几年对技术如何影响工人的技能水平的问题有非常多的争论。在工厂里劳工关系对新技术的利用效果起着重要的作用。最近有很多证据表明，在美国表现得最出色的工厂是那些把人力资源和技术革新成功地结合起来的工厂。

集体谈判为劳资各方利益服务的效果好坏常常取决于谈判对环境变化的适应能力。经济对美国谈判系统施加的压力随着国际贸易的扩张而持续增加。还有来自于其他环境维度的压力。为了更好地建立对谈判是如何应对环境挑战的理解，下一章我们将要考察集体谈判是如何进行的。

## 讨论题

1. 定义谈判力量和罢工作用力。

2. 一些微观经济因素对工会和雇主的罢工作用力都起到了一定作用，简要描述一下这样的因素。

3. 描述国家劳工关系法案影响劳资各方谈判力量的一些方式。

4. 简要讨论劳动力最近的一些人口变化趋势。

5. 20 世纪 30 年代实行的劳动法框架现在还适用吗？

6. 20 世纪 90 年代哪些行业的环境变化将工会放在了一个不利地位？

# 第 2 部分

## Part Two

# 产业关系战略层面的分析
# 与集体谈判的结构

# 第5章

## 管理方在集体谈判中的战略与结构

从第 5 章和第 6 章开始，我们将遵循本书分析框架，分析管理方与工会所采取的战略是如何塑造产业关系的整个过程的。我们首先要分析的是管理方，因为最近一些年，管理方已成为推动产业关系变迁的主要因素，例如，管理方推动了非工会化的发展，并且迫使一些工会化企业为提高效益、产品质量或顾客服务而更改合同。这一章将阐述在集体谈判中管理方的战略选择与管理结构，进而解释管理方为什么以及怎样在产业关系中作出选择。

在这里有必要再一次强调环境的作用，例如，激烈的国际竞争在塑造管理方的战略上扮演了非常关键的角色，而国际竞争就是一个外在的环境压力。同时，管理方在决定产业关系政策时有着很大的选择余地，所以探讨管理战略就要求我们充分考虑到摆在管理方面前的工会化与非工会化的产业关系制度。

### 5.1 管理方的战略选择：理论分析

管理方在设计人事管理政策时要针对雇员的需求与期望作出战略选择，包括他们对工会代表的需求也要作出战略选择，并且，管理方还要针对企业规划作出选择。这些选择有时在很大程度上是管理方综合考虑人力资源与经营战略的情况下作出的选择。

假如雇员已经组成了工会，那么在这种双边关系中，管理方将试图用他们的集体谈判力量去规范集体谈判的过程与结果。尽管在工会化的企业中，雇主与工会代表所进行的谈判会给管理方在战略选择中带来各式各样的限制，但是雇主仍然会在制定人事管理政策时优先考虑企业的经营战略。例如，管理方可能要考虑是在某条生产线上继续追加投资，还是组建一个非工会化的工厂来生产某种产品，或者是主要依靠外包，把其价值链转移到另外一个工厂，以这种方式来提供产品。在受集体合同制约的企业这些决策会影响到管理方的谈判力量。

### 5.2 可供选择的产业关系制度

在某段时间，企业管理方往往只能在一些可供选择的产业关系模式中进行战略选择。

图表5.1列举出来的6种模式中的任何一种都有其核心的人事管理政策。虽然把每一个企业划分到每一个模式当中显然会过于简单，但是，这样的分类能够帮助我们理解企业管理层常见的战略选择。

图表5.1 　　　　　　　　　　　**工会化与非工会化的产业关系模式**

| | 非工会化模式 | | | 工会化模式 | | |
|---|---|---|---|---|---|---|
| 政策 | 家长制 | 科层制 | 人力资源管理 | 斗争式 | "新政" | 员工参与 |
| 规则 | 非正式的 | 正式的 | 灵活的 | 刚性的 | 正式的 | 灵活的 |
| 管理模式 | 资方全权决定 | 规则约束 | 浓厚的合作文化 | 好斗的 | 对抗性的 | 参与决策 |
| 不满申诉程序 | 没有 | 成文的政策 | 有专人负责 | 无效期拖延 | 不满申诉制度 | 持续解决问题 |
| 工作组织 | 低技能的 | 职位分类很细 | 团队 | 职位分类很细 | 职位分类很细 | 团队 |
| 薪酬制度 | 计件工资制 | 岗位评估 | 技能工资制与结构工资制 | 标准化工资 | 标准的工资制度 | 技能工资制与结构工资制 |
| 工作保障 | 临时性工作 | 周期性的变动 | 职业发展 | 不稳定 | 裁员时考虑资历 | 就业保障 |
| 员工与管理者的关系 | 上下级关系、个人关系 | 上下级关系 | 个人关系 | 敌对关系 | 保持一定距离的关系 | 角色重叠 |

## 5.2.1　非工会化的产业关系模式

在非工会化部门中存在着多种多样的产业关系实践。从广义上来说，非工会化产业关系呈现出三种基本的模式。在这三种模式中，都存在着一个共同的要素，即管理层希望本组织非工会化，这一点影响着管理层的政策。同时，企业还要追求其他与工会无关的目标，这也影响着管理层的政策。例如，人事政策受到公司生产率与产品质量目标的影响。这里所分析的三种模式都是理想类型的，在某些企业可能包含了一种或多种模式的要素。

1）家长制模式

在家长制模式的产业关系中，人事政策倾向于非正式的管理，并且，在管理中负责运营的经理拥有很大的决策自由。例如，在这样的企业中，企业可能提供非正式的事假和病假，并且，监督管理人员将在个案的基础上给予带薪假。在这些企业中，监督管理人员和其他经理人在其他的管理和工资政策上都拥有同等的权力。故此，员工的雇佣条件会因不同的工作团队、车间或工厂而有非常大的差别。

这种模式主要存在于一些小的零售公司，例如，食品杂货店、加油站、刚成立的公司以及小的制造工厂。在采取这种模式的企业中，管理者喜欢通过非正式政策获得决策上的自由。通常这种企业都是家庭所有或者由家庭成员主导人事政策。这些家庭式的企业管理者并不想丧失他们的决策自主权，他们也特别害怕因工会代表员工利益（行事）而使他们丧失对企业的控制。在这种模式的企业中，避免工会的出现通常是他们首要的政策目标。

2）科层制模式

一些大企业发现，采取家长制产业关系模式在人事管理上往往过于混乱，且成本昂贵。为了实现规模经济，大型企业发现采取标准化与科层化的人事政策比较有利，因此创造了科层制的人事管理模式。这些企业也逐渐意识到，假如企业的一些员工相信其他员工能够通过更好的政策而受益，那么政策的差异性就可能刺激企业工会化。

科层制模式的典型特征是有非常正式的程序，例如在工资、休假、晋升以及劳动纪律等方面都有着明确的（通常也是成文的）规定。实行科层制模式的企业岗位的分类一般非常细、非常正式，并且用岗位评估制度来决定工资水平与工作职责。第二次世界大战之后得到发展的绝大部分非工会化的大企业都使用这种模式。

3）人力资源管理模式

自 20 世纪 70 年代开始，许多企业开始采纳一种新式的人事政策，一方面不断提高企业的灵活性和成本上的竞争优势，同时维持企业的非工会化地位，这就是人力资源管理（HRM）模式。它像科层制模式一样，依赖正式的政策，但这些政策从本质上看与传统的非工会化企业的政策存在着很大的区别。人力资源管理模式包括很多政策，例如，以团队的方式组织工作，实行技能工资或者根据员工的受教育程度决定工资水平，精心设计了沟通与申诉制度等。一直到 20 世纪 80 年代晚期，实行人力资源管理管理模式的企业都执行雇佣稳定化的战略，很少裁员。但是，情况在后来发生了巨大的变化，企业纷纷缩减规模，白领和蓝领员工或自愿离职，或被迫辞职，企业的雇佣水平降低。在这种情况下，实行人力资源管理模式的企业仍然会继续资助员工培训和职业发展，但是，企业也会警告雇员，他们的职业发展可能不是在企业内部变换工作岗位，而是要换雇主。就这样，雇主成功地使雇员承担了现代经济所带来的更多风险与不确定性。

像其他非工会化企业一样，采取人力资源管理模式的企业也尽力避免企业工会化。但是与其他非工会化企业的区别在于反对工会化的程度，比如他们会避免工会参与在什么地方建新厂或分公司这样的政策制定。避免工会化的问题也同样影响了这些企业的其他人事政策，例如不满申诉和沟通政策等。实行人力资源管理模式的企业努力把避免工会化的政策与其他的人事政策协调起来，并且，企业还采取了大量的措施使员工认识到，他们的利益与企业的长远利益是一致的。这些措施包括了刊发公司的报纸/通讯，为所有雇员发放薪水，以及培养浓厚的企业文化等。为了提供管理的灵活性与增强沟通，一些企业还成立了员工委员会。《国家劳工关系法案》明确禁止企业支配工会，所以一些企业也要防止用员工委员会来达到支配工会的目的（见专栏 12.7）。

现在已有一大批非常成功的使用人力资源管理模式的企业，最著名的有惠普、IBM、太阳计算机公司、宝洁公司、达美航空公司、柯达公司、英特尔公司、摩托罗拉公司、杜邦公司以及米其林轮胎公司等。万豪酒店与西尔斯·罗巴克公司（Sears Roebuck）在竞争激烈的环境下运用人力资源管理模式的战略，以及对非熟练劳动力的利用，也取得了相当的成功。

4）企业战略在塑造非工会化模式中的作用

非工会化企业采取这些模式受到了很多因素的影响。其中管理方的理念与战略扮演了重要的角色，例如，许多实行人力资源管理模式的企业中都有一批强大的创业队伍，有助于形成强大的企业文化。

企业战略同样起到关键性的作用。使用人力资源管理模式的企业几乎都通过团队工作方式与技能工资制的方法建立了灵活的、适应性强的工作组织。这些企业的战略特别受到那些技术与市场变化迅速的企业的青睐。这样，很多高科技产业公司都喜欢采用人力资源管理模式就不足为怪了。

那些小型钢铁公司也很好地阐释了企业战略与人事管理之间的联系。在这些非工会化的小钢铁厂（以市场为导向的钢铁厂），生产着多种多样的产品，强调产品的质量，这些工厂一般都倾向于采用复杂的人力资源管理模式，而那些生产低成本与大批量产品的工厂则往往采用某种科层制模式。

总之，那些拥有成熟的员工管理系统的企业基本上都是那些高增长、高利润、大规模以及雇员拥有足够技术等适合大量人力资源投资的企业，更进一步说，这些企业一定得拥有一支训练有素的人事管理队伍去监督员工的工作态度与其他合作企业的员工业务。

## 5.2.2　工会化的产业关系模式

在一些工会化的企业中，它们有着与上述几种模式不同的产业关系模式。当前主要存在着三种主要的工会化模式。

1）"新政"模式

美国一直到20世纪80年代最主要的集体谈判形式都还是"新政"模式（在很多工会化企业现在仍然延用这种形式）。这种模式的特征是双方签订非常详细而正式的集体合同。这一模式包括不满申诉仲裁、以资历决定裁员顺序、对岗位和职位进行详细分类，以及工资支付标准化等制度。

这种模式的优势在于能提供稳定的劳工关系。这种稳定性来自于企业设定了正式的渠道（例如不满申诉程序）来解决劳资之间的问题。这种模式的制度对雇员来说是非常有吸引力的，因为它们提供了正当的解决问题的程序（见第3章和第11章）。

在本书的后面章节中，我们还将解释"新政"模式在不同企业中存在的多种形态。另外，实行"新政"模式的企业与实行斗争模式、参与模式的工会化企业，也存在着明显的区别。

2）斗争模式

在斗争模式中，劳方和资方为保护他们的基本权利进行着艰苦的斗争。劳资产生意见分歧的问题往往围绕工会代表权而展开，而斗争模式一般来说都是罢工频发。在某些情况下，雇员也会采取怠工或者旷工的形式来表达他们对雇主的愤慨。

劳资冲突会给企业和雇员双方带来高额的成本，企业会降低产出或生产率，而雇员则会减少收入。因为双方进行激烈的斗争会带来高成本，所以斗争模式是一种并不稳定的模式。斗争模式往往出现在一些企业试图从工会化模式转向非工会化模式的时候，或者出现在工会试图在非工会化的企业实现工会化的时候。

Caterpillar公司与美国汽车工人联合会（UAW）在整个20世纪90年代陷入了这样一种循环的斗争之中。专栏5.1描述了这些事件。在20世纪90年代之前的许多年，

Caterpillar 公司与工会维持着一种相对友好与稳定的关系，并且，即使在 20 世纪 90 年代，美国汽车工人联合会也与其他一些企业建立了非常好的关系，包括 Caterpillar 公司在美国国内最大的竞争对手—— John Deere 公司。

美国职业棒球大联盟（Major League Baseball）的劳资关系也表现为斗争模式。从 20 世纪 70 年代到 2002 年，球队老板与职业棒球球员联合会之间关于新合同的每一次谈判几乎都会卷入罢工或停工的斗争之中（见专栏 8.5）。

**专栏 5.1**

## Caterpilla 公司的斗争
### ——Caterpilla 公司与美国汽车工人联合工会的糟糕历史

Caterpillar 是伊利诺伊州最大的制造型企业，也是世界领先的重型机械制造商，坐落于伊利诺伊州的 Peoria。美国汽车工人联合会是其 1.4 万产业工人的代表。双方最早的一次大罢工事件始于 1991 年 11 月，在美国汽车工人联合会赢得了对美国 John Deere 公司的合同并对 Caterpillar 提出相同条款要求的情况下爆发。Caterpillar 拒绝按照模板谈判，引起劳方进行野猫式罢工。公司的回应是开始闭厂，并表现出强硬态度，利用临时工、白领工人和退休工人维持生产。工人错误地认为 Caterpillar 无法维持生产，14 000 名工会会员于 1992 年 2 月离开生产岗位（举行罢工）。

Caterpillar 从 1948 年到 1992 年遭遇过 9 次罢工，时间都很短，影响也很小。在这个背景下，工会相信 1992 年 2 月的罢工也能很快得到解决，但是这次公司却威胁要永久性地替代罢工者。从 20 世纪 80 年代中期以来，雇主逐渐增加使用该种战略。在这种趋势之下，Caterpillar 公司在罢工开始之后随即发布广告招募新员工，由于工人们担心失去工作岗位，于 1992 年春天重新返回公司。

由于没有达成协议，并且对事件结果非常不满，所以汽车工人联合会呼吁开展"厂内运动"，即采取怠工战略。公司采取了严厉的纪律处分作为回应，并直接导致了 1994 年第二次罢工。在这次罢工中，Caterpillar 不能再采取永久性地替代罢工者的战略，因为汽车工人联合会以 Caterpillar 采取不当劳动行为向美国劳工关系委员会（NLRB）起诉。可是，Caterpillar 的生产在罢工中仍然维持得很好。

因为出现了"双来源"——公司可以在其他国家生产产品以供出口，还因为高工资岗位和低工资岗位出现了越来越大的差距，并且技术进步使劳动力需求减少，使得 Caterpillar 的利润破了纪录。到 1995 年 12 月，虽然工人们拒绝了 Caterpillar 的出价，但是汽车工人联合会却要求工人们回到工作岗位。在工人们十分气愤与不解，仍然没有合同的情况下，罢工于 1995 年 12 月结束。

工人们于是在 1992 年罢工后由公司单方提出的合同条款下工作，正如媒体报道的那样，工人们十分不满，并感觉自己犹如生活在"牢笼"中。Caterpillar 还颁布了纪律，例如"禁止不合乎商业规范的装饰物及语言"，包括海报、传单和标语。很多人感觉公司的规章范围非常广泛，目的是针对劳动争议。很多工人选择退休而不是冒风险被停职或解雇。

1997 年 5 月，Caterpillar 和汽车工人联合会同意接受联邦调解，并于 1998 年 2 月达成了暂时的协议。但是，58% 的工会成员拒绝批准该协议。双方重返谈判桌，谈判达成了一个完全不同的合同。在新的合同中，所有参与过产业行动的工人可以恢复原职，而前一个合同草案仅对160名解雇工人中的110人恢复了原职，有50名被终止合同的工人需要进行仲裁。1998年3月22日，Caterpillar的工人们批准了有效期为4年的新合约，即从1998年3月23日到2004年4月1日。54%的工会会员批准了新合同。

新一轮谈判于2003年12月开始，从一开始就困难重重。由于不能达成新协议，所以双方同意延长合约至2004年4月25日。汽车工人联合会申明如果需要，将组织罢工。因此，Caterpillar重新提出另外一个协议，但是4月25日在工会领袖的建议下工会成员拒绝了该项提议。作为回应，汽车工人联合会没有像10年前那样号召罢工（那次导致了一场为期6年半之久的冲突），而是敦促成员不要罢工，回到工作岗位直至新合约出台。

在接下来的8个月中，Caterpillar工人连续拒绝了两个由管理方提出的方案，并且仍然在旧合约之下在原岗位工作。最后，2004年12月，在对新合约进行长达一年的磋商后，Caterpillar和汽车工人联合会申明他们达成了一致，并且工会将推荐其成员批准该新合约。一个月后，工会成员批准了该新合约。

将于2011年3月1日失效的长达6年的新合约，是在达成一系列共同目标后的双方妥协——汽车工人联合会将保护现有成员的最大利益，而Caterpillar赢得了医疗费用和其他薪酬福利的削减。工人一方的很多成本是由Caterpillar雇用的新工人承担的，原来起薪为每小时＄22.59，现今只有每小时＄15.75，但是2008年新雇用的工人们的工资将获得2个百分点的增长。同时，为了与很多公司制度相一致，工人们需要开始支付10%的医疗保险费用，在合同期内将逐步达到20%。

现今在Caterpillar合同谈判中包括很多集体谈判最前沿的议题，如医疗保险费用的分担等。在事情好像即将处理完毕之时，只有时间才能预测这种谈判是劳资双方新型产业关系的开始，还是2011年合同到期时敌视状态的重现。

3）员工参与模式

当前许多企业与工会开发了一种员工参与的产业关系模式，其特征为业绩工资制度（工作团体的薪酬与公司的业绩挂钩），以团队为基础组织工作，就业保障制度，以及工人与工会更为直接地参与经营决策。

员工参与模式试图创造一套员工能够直接解决生产问题与人事问题的机制。在许多企业，人们常采用"质量圈"（Quality circle）和团队会议来深化监督管理人员与员工的直接讨论。在这些企业中，企业会号召员工参与到企业决策中来，例如让他们参与控制废品率，关注新技术所带来的好处等。然而，并不是所有的组织一着手扩大员工参与，结果就能扩大员工参与。造成失败的原因有很多，其中就包括管理者或雇员拒绝变化的这个因素。这种模式我们在第12章将作更深入的分析。在美国航空产业，西南航空公司（Southwest Airlines）采用这种模式取得了巨大成功，公司从20世纪70年代建立伊始到今天，一直都实行这种模式。

## 5.3 管理方对工会化的态度

是什么因素会影响到管理方采取某种工会化模式或非工会化模式呢？就一定程度上

说，这一决策是管理方对工会化态度的一种体现。大部分美国劳工史记录着劳动者为组织工会而进行流血的斗争，而管理者却在想方设法打压雇员参与工会的积极性。尽管近些年流血事件逐渐减少，并且反工会的战略也越来越狡猾，但是，管理方反对工会的意念却变得越来越强烈。

Douglas Brown 和 Charles Myers 在他们 20 世纪 50 年代中期的一篇文章中，对美国绝大部分管理方的思想进行了非常恰当的描述：

可以确切地说，如果美国的管理者在晚上休息的时候知道，整天与他们打交道的工会第二天会消失，那么有非常多的管理人员会睡上有生之年最幸福的一觉。

然而，即便管理者都拥有这种顽固的思想，一些企业还是不会像其他企业一样首先要维持非工会化的状态。一些雇主已充分认识到，在目前的局势下，避免工会化是不可能的，或者说，避免工会的成本比潜在的收益还要高。因此，雇主抵触工会化的强度与他们的战略在不同企业和不同时间段都会表现得不一样。其中两种避免工会化的战略最具代表性。

## 5.3.1 两种规避工会战略的历史起源

早在 20 世纪 20 年代，雇主们经常采取两种不同的战略来规避工会，即直接反对工会的战略（采取积极措施拒绝工会的组织活动）和间接的工会替代战略（消除工会化的动机）。为什么一些企业选择前者而另一些企业选择后者呢？

规避工会的战略选择一定程度上取决于企业的财政状况。如果企业可以聘请专业人员和员工关系专员来执行这种战略，企业就会采取工会替代战略。而一些没有能力承担替代战略成本的企业则会选择直接的反对工会的战略。

环境因素也影响着管理方是否或者如何回应工会化的威胁。导致管理方采取直接反对工会战略的因素包括：敌视工会的政治环境；低工资工人在劳动力市场上没有多少选择余地；低技能工人相对过剩；招聘成本低，以及处在一个利润低但竞争激烈的产业中。

## 5.3.2 替代工会的手段之一：同事评审会

近年来，很多企业建立了同事评审会作为替代工会的战略，这将在第 11 章进行充分讨论。用这种非工会化的雇员代表方式来替代工会对管理方来说优点多多。因为同事评审会可以避免涉嫌违反《国家劳工关系法案》的第 8（a）（2）条款，而有些种类的非工会化的雇员代表方式涉嫌违法，被认为是雇主建立和主导了这类机构。美国劳工关系委员会在 1995 对 Keeler Brass 一案的裁决中指出，同事评审会并不违反《国家劳工关系法案》第 8（a）（2）条款的规定，因为同事评审会仅对雇员的不满申诉提出了解决意见，而没有与管理方就如何解决不满申诉进行谈判。同事评审会在法律一般禁止非工会化的雇员代表方式的情况下，合法地发挥着作用，使雇主产生极大的制度激励，即让雇员采用这种方式参与解决争端，并以此阻止工会化的趋势。

### 5.3.3 越来越多的企业采取反对工会的战略

有证据显示，在过去的 40 年里，有越来越多的企业采取反对工会的战略。例如，就美国劳工关系委员会受理的雇员因组织工会而被雇主非法解雇的案例来说，从 1960 年到 1975 年间增长了 10 倍，并且近年来仍持续保持较高水平。劳工关系委员会的案例库显示：近年来，支持工会的工人 20 人中有 1 人因试图组织工会而被非法解雇。因此，管理方对工会积极分子的抵制行为不仅仅是"新政"前的常态，更是当代产业关系的重要特征。

同时，一些企业仍然试图通过替代战略削弱雇员参与工会的动机。很多工人是用尽了其他影响雇主政策的手段之后才转而加入工会的。很多企业在雇员因失望而加入工会之前，就采用人力资源政策尽可能地满足他们的需要。尽管很多企业采用复杂的人力资源管理政策是出于其他商业上的考虑，而不仅仅是为了避免工会化，但这些政策的效果确实降低了雇员工会化的动机。

很多企业有部分业务已经工会化，而另一些业务则没有。自 20 世纪 70 年代早期以来，在这种工会化和非工会化业务同时并存的企业中，非工会化部分日益壮大，而且企业竭力保持非工会化的趋势。

### 5.3.4 工会结构对管理方工会政策的影响

另一个影响企业是否采取规避工会的战略的因素是集体谈判的集中程度。那些仅有一个工会的企业比其他企业更不太可能采取激烈手段以避免在新工厂出现工会。在集体谈判中，工会在企业战略层面上是否能够影响管理方的决策，是管理方用来评判是抵制或是认可工会的标准。如果一个工会不能参与这个层面上的管理决策，那么企业将更易于采取规避工会的战略。

1）通用汽车公司尝试南迁战略之后放弃此战略

汽车工人联合会和通用汽车公司的历史可以说明这个观点。20 世纪 70 年代后期，通用汽车接受了汽车工人联合会的要求并终止了南迁战略（即在南方开设非工会化的工厂，并且抵制组织工会的活动）。作为回报，汽车工人联合会同意在现有的框架下工会继续致力于工作—生活质量及其他改革措施。因为汽车联合会代表了通用汽车工厂的所有生产工人，所以工会有足够的实力迫使通用汽车接受谈判结果。

2）"并营"战略的发展

另一方面，在一些工会实力不太强的行业，企业因不满工会提出的合约，可以开设新的非工会化的工厂或是由多个工会代表的工厂。建筑业就实行了这样一种战略。许多规模较大的、传统的工会化企业发展出了一种所谓的"并营"战略，即同时开设工会化和非工会化的分厂。在一个典型的"并营"建筑企业，经营事务由工会化雇员完成，而建筑工程项目则由非工会化雇员承担。

煤炭行业的企业是另外一个例证。很多企业强烈抵制美国煤炭工人工会（United Mine Workers，简称为 UMW）而开设了新的煤炭工厂，尽管他们与工会在旧工厂签订了合同。同时，一些在西部开设露天煤矿的企业强烈地反对美国煤炭工人工会的组织活动。

这些企业或者没有工会化，或者接纳运营工程师工会（Union of Operating Engineer, UOE）从而替代美国煤炭工人工会。因为这些抵制活动的存在，美国煤炭工人工会展开了谈判并且在集体谈判协议中赢得了在新设工厂进行组织活动的条款。这项条款给了被裁减的原美国煤炭工人工会的会员在该工会已经有组织的企业优先就业的权利。

建筑业和煤炭业的例子都说明，工会与管理方之间当前的关系将影响工会化企业在新工厂规避工会的活动。同时也说明，劳动力成本在工会化和非工会化的企业差别越大，企业对任何新组织的工会的反对就越强烈。

## 5.3.5　管理高层态度的影响

企业对工会化的反对态度还受到另一个难以衡量因素的影响，即管理高层的思想。正是这些人做出如何针对工会的最终决策，虽然他们的决策部分基于潜在的经济成本和阻止工会化的收益，但同样也基于他们自身对工会的个人看法。

美国的雇主和部分欧洲雇主对工会问题的态度的差异十分显著。人们一般认为，欧洲的雇主与美国雇主相比，对工会较为容忍。虽然并没有结论性的试验，但有趣的是，前联邦德国的雇主并不反对在德国统一后将劳动法推广到前民主德国，包括职工委员会制和共决制。德国的雇主将这种推广视为理所应当。

## 5.3.6　管理方（资方）对工会的态度小结

总的来说，管理方（资方）近来对图表5.1中所描述的产业关系模式的选择如下：

（1）在大多数非工会化企业或是工会化程度差的企业，规避工会是首选。

（2）如果经济条件尚好，并且与现有工会的关系较好，工会化程度较高的企业就不太反对新设机构工会化。

（3）不管企业与代表其蓝领工人的工会经历了怎样的关系，几乎所有类型的企业均对白领雇员的工会持反对态度。

## 5.4　集体谈判的管理结构

这一节将讨论参与集体谈判的管理方的结构。对于至少有部分的劳动力是由工会代表的企业而言，这是非常重要的考虑因素。

集体谈判中管理方的结构涉及三个重要的方面：组织中劳工关系专员和雇员数量的比例，在劳工关系问题上决策的集中化程度，以及劳工关系决策上的专业化程度。最后一个问题关系到决策权到底掌握在劳工关系专员手中还是经营部门或人事部门的经理手中。

劳工关系专员是指负责处理工会组织活动、集体谈判、合同管理，以及与工会有关诉讼的专门人员。劳工关系专员不是指负责招聘、人员配置、公平就业、职业安全与健康、薪酬管理的人事管理人员。绝大多数企业现在将人事管理与处理劳工关系行为都纳入到广义的人力资源管理部门当中。

管理人员必须首先确立产业关系战略。基本战略一旦确立，就必须用于日常管理。管理方必须很好地分配决策的责任，以使整个组织能迅速适应外界环境变化的压力。总而言之，管理方必须发展出一个使组织有效谈判和处理日常产业关系的管理结构。

当企业的经营战略发生变化时，管理结构也必须相应改变。这个情况近年来经常发生。当企业转向如成本控制的经营战略时，处理产业关系的权力就会从劳工关系专员手中转向部门经理和人力资源管理人员的手中。

很多调查数据显示，下述是产业关系中常见的管理方结构。

## 5.4.1 劳工关系专员的规模

绝大多数被调查的企业在工厂、部门和公司分支机构设有劳工关系专员，但在这些企业中劳工关系专员的数量与相对应的工会化雇员的数量的比例在不同的企业变化很大。在一个601个企业给出了调查反馈的调查中，每个企业平均有13.4个劳工关系专员。常见的比值是，一个劳工关系专员对应着200～400个工会化雇员，但不同的企业差别很大。如果工会可以对企业成本施加很大的影响力，这样的企业劳工关系专员的数量就较多。

## 5.4.2 决策的集中化程度

总的来说，企业内有关劳工关系政策的决策集中化程度都很高。大多数企业将制定总体的工会政策的首要责任放在公司这个层面，或者把决定权放在首席劳工关系执行官，或者是首席执行官的手中。

在大多数企业，首席劳工关系执行官还负有以下职责：制定规避工会的行动；对工会的组织活动做出对应决策；负责进行集体谈判协议的谈判过程，或者推荐谈判者；起草最终的集体谈判协议的文本；对工会的要求作出相应的成本分析；为集体谈判进行背景调研等。只有对合同的管理以及一些琐碎问题的处理才采取分权的方式，即由部门或分支机构来处理。

企业的最高管理层在重大谈判问题的决策中扮演着重要角色。在大多数企业，公司最高层至少需要监督并批准关键性的决策。很多公司的首席执行官对核心问题，如给代表资方的谈判者设置权限、有关罢工事宜及批准最后的谈判要求等方面负有首要责任。

当企业或行业面临严重的财务危机时，首席执行官在确立劳工关系政策中承担更直接的角色，并且更多地参与到与劳动者的沟通或让步协议的谈判中来。近年来航空业的例子就说明了这点（尤其是在"9·11"恐怖袭击事件后的航空业萧条时期）。例如，美联航（United Airlines）和全美航空公司（U.S. Airway）的首席执行官在与雇员谈判时，在政府机构勉强争取贷款担保以实现公司重组时，他们就是公司的直接代言人。在美洲航空公司（American Airline），首席执行官Donald Carty甚至建立了电话和电子邮件系统，欢迎雇员就如何改进公司运营和提高利润提出建议。

## 5.4.3 劳工关系管理功能的专业化

有证据表明，近年来管理结构有权力下放的趋势。劳工关系专员的权力逐渐转移到部门经理和人力资源管理专家的手中。其中主要原因是：企业现在不太需要劳工关系专员发挥他们传统的职能，即维持稳定；保持产业的和平；实现劳工关系的可预测性。相反，企业需要的是规避工会、控制成本，以及在用工制度上更为灵活化，而达到这些目标则需要在工作场所进行变革。

但是，这并不说明企业不再需要劳工关系专员。案例研究表明，较低层级的劳工关系专员如果可以对一些重大的劳工关系决策发挥影响力，就可以减少部门经理和人力资源管理专家在劳工关系管理中所犯的错误。一个大型公司的职业劳工关系专员曾给我们讲了一个故事，从其他职能部门调来的一个新的劳工关系副总裁是如何找劳工关系方面的"老手"了解劳动合同批准生效的程序的。

由于对劳工关系的专业技能仍有需求，所以很多企业仍然依靠劳工关系的专家队伍来进行集体谈判和执行与劳动相关的政策和协议。但是也有一些企业成立了为劳工关系服务的战略规划部门，还有一些企业采用跨部门的团队来提出集体谈判的建议。

劳工关系专员的职业转变很大，并且对其教育和培训提出了新的要求，未来的产业关系专员需要具备下述条件：

(1) 拥有商业经营、分析和规划的技能；
(2) 拥有传统劳工关系管理和现代人力资源管理的专长；
(3) 具备对管理战略执行的综合理解能力；
(4) 在执行劳工关系战略与政策的过程中，可以作为综合团队成员工作的能力；
(5) 具备管理组织变革所带来的创新型劳资关系的技能；
(6) 精于以网络为基础进行沟通和提供服务。

## 5.5 企业重组与公司治理

在过去的十年间，越来越多的企业开始打造自己的"核心竞争力"，即将核心经营业务保留在企业组织内部去完成，而将辅助性的工作外包出去。这个趋势从两个方面影响着产业关系：首先，很多公司将生产制造部门外包，这就会导致工会化雇员的减少。朗讯科技（Lucent Technologies，曾经是 AT&T 的一部分）这样的公司就属于这种模式。当朗讯 1994 年从 AT&T 分立出来时，大约有 90 000 名雇员，其中的 50 000 名雇员是工会会员。到 20 世纪 90 年代末，由于通信业市场的萎缩和其自身市场份额的下降，朗讯不仅缩减了规模，而且将大多数的生产制造工厂外包，以更专注于新技术的研发和以客户服务为导向的部门。到 2002 年，朗讯的工会化雇员下降到不足雇员总数的 20%。像在朗讯这样企业工作的劳工关系专员，其工作就会涉及就雇员转移的问题和集体协议的权利等进行谈判，以及协调人员的流动和跨企业边界的工作。

企业重组带来的第二个影响是，很多原本由企业内部提供的人力资源服务被外包出去。很多企业将培训、福利管理、工资和其他日常雇员服务外包出去。这就降低了人力资源专家，包括在产业关系部门工作的专业人士的职业晋升机会。结果，劳工关系专员们现在要花费很多时间与企业外部专业性的人力资源服务提供商就雇佣事宜进行谈判与协商。

此外，近年来出现了一系列会计丑闻和高管薪酬丑闻，公众对管理方和专家的信任出现危机，包括劳工关系专家。公司改革是否能更好地保护股东利益，以及公司治理结构是否能加强工人的权利与话语权，这些都不确定。未来几年，这些问题将在谈判桌和劳资关系中更集中地体现出来。所以，劳工关系专家需要更好地了解美国及其他国家公司治理结构如何运作，工人们将在其中怎样行使知情权、咨询权和代表权。

## 本章小结

从历史上看，管理方已经接受了工会是美国社会的一部分这样的传统价值观，但是却一直在积极地抵制工会化的发展。尽管大多数管理者原则上笼统接受工会在民主社会扮演合法角色的观念，但在实践中，他们的行动表明，他们认为工会在自己的组织中没有必要存在，他们也不希望工会在自己的组织中出现。

现在的管理者跟以前一样保守。如果规避工会的成本太高，即如果工会十分强大，因而很难抵制，那么管理方会与工会领袖合作，推行使企业保持竞争力的战略。很多企业可以同时推行两套战略：在极力反对新工厂工会化的同时与原有工厂的工会保持合作。管理方是否能持续保持这种决策的自由，仍待将来进一步观察。

企业一般采用家长制、科层制、人力资源管理模式、斗争模式、"新政"模式或员工参与模式。每个模式都有一系列基本的人事管理战略，适用哪个模式将由企业的经营战略决定。

如果企业的部分雇员已经工会化，那么在集体谈判中管理方会派劳工关系专员代表其利益行事。这些专员在不同企业，其规模、集中化和专业化程度都不同。

随着企业的变革，企业的业务边界，即哪些业务在企业内部处理，哪些业务可以外包给专业公司，这些也在变化，而劳工关系的工作任务也在发生变化。原来的工作重点是和企业内部的工会进行互动，而现在除了劳资之间的谈判、协商与管理工作外，劳工关系的工作任务已经跨越了企业的边界。另外，现今对公司治理结构的争论也对劳工关系专家的知识背景、技能和行为有了更新的要求。

管理方在与工会的关系中有众多选择。这些选择包括如何抵制工会力量的发展，如何与企业内其他工会建立关系。管理方的产业关系战略受企业经营战略的影响，企业的经营战略又受到工会战略选择的深远影响。如果与管理方进行集体谈判的工会倾向于选择对抗的方式，那么管理方也不太可能采取员工参与模式。下一章将介绍工会的战略与结构。

## 讨论题

1. 简要描述非工会化产业关系模式的情况。
2. 介绍工会化产业关系模式的情况。
3. 对比管理方所运用的两种规避工会的战略。
4. 介绍劳工关系中管理方的人员结构的三个部分。
5. Caterpillar 公司在与美国汽车工人联合会的纠纷中采取了什么战略？什么因素给了 Caterpillar 管理方谈判的力量？

# 第6章

# 工会代表工人的战略与结构

工会与管理层一样也要制定核心的战略，但是，工会决策的范围比管理层更宽广，因为工会必须决定是通过政治手段还是集体谈判来保护工人的利益。工会还必须决定，是否提出某个政治或者立法议题，如何做到，还要决定是在联邦这个层面还是在州或者地区这个层面进行政治活动和促进法律建设。与此同时，所有的工会都在一定程度上参与了集体谈判。因此，工会必须作出战略选择，如何通过集体谈判或在日常活动中代表工人的利益行事。例如，工会必须决定应该把多少资源和能量用在组织新会员上，工会应该如何调整组织内部的结构以便更好地代表他们的会员。

工会还要作出战略选择的是集体谈判的形式和其他代表活动。近年来，这些问题有了新的重要意义，甚至在组织良好的工会也是如此，因为工会领袖意识到，现行的战略对扭转工会入会率长期下降的趋势并不成功。当这些工人在不同企业服务时，或者甚至当他们因为家庭情况的变化进入或退出劳动力市场时，工会还要考虑是否需要开发出新的代表模式，以便更好地代表与服务于与某个雇主存在关系的员工。

对于工会来说，没有比会员更为核心的问题了。工会的活力与集体谈判的动力源泉都来自会员。本章将探讨有关会员入会率的趋势问题，以及历史上美国和其他国家解释入会率上升、下降现象的各种理论。

## 6.1 工会与政治

美国的劳工界在历史上主要致力于集体谈判而不是政治行动。总的来说，如第2章所述，美国工会遵循的是工联主义的思想。这种思想认为，工会要避免提出任何不切实际的政治思想，而要将工作重点放在通过集体谈判提高会员的雇佣条件上。这是美国劳工界与其他国家政治性的工会主义的明显区别。

在美国政治制度中，并没有较大的劳工政党，而劳工的政党在欧洲很多国家却很普遍。而且，除了少数例外，美国工会不把自身视为社会主义的政治平台，其他一些特征与欧洲许多劳工运动是一样的。但是，尽管有上述观察，学者们仍在争论，工联主义在多大程度上能代表美国劳工运动的历史，而且当代的工联主义者也一直在争论，在美国政治制度中工会应当扮演什么角色。

## 6.1.1　美国工会的确也有政治议程

　　工会历史上曾在支持福利项目中扮演过重要角色，如社会保障、医疗、儿童发展项目以及其他与工作家庭，尤其是与低收入家庭相关的项目。他们还是1964年《民权法案》的坚定支持者。

　　工会还是联邦涉及保护和提高雇员雇佣条件立法的坚定且成功的支持者。这些立法包括《最低工资法案》、《职业安全与健康法案》（Occupational Safety and Health Act）、《戴维斯—佩根法案》（Davis-Bacon procedures）、　《家庭和医疗假期法案》（Family and Medical Leave Act），以及各种有关养老金的规定。美国劳联—产联还在有关联邦政治教育委员会（Committee on Political Education，COPE）的争论中扮演积极角色。此外，工会还保持着动员选民的积极作用。

　　美国工会还在州和地区的政治活动，如为立法作准备和行政长官选举等活动中，表现非常积极。很多州的劳联—产联、政治教育委员会、社区团体与工会关系都很密切，并且地方工会在州和地区事务中表现得也很积极。

## 6.1.2　国家和企业事务中劳工的声音

　　近年来，劳联—产联增加了对支持工会有关劳动、贸易、其他经济与社会事务立场的候选人和国会议员的选举支持力度。虽然美国劳工运动经常与民主党候选人相联系，但是支持劳工运动的国会共和党议员有时也能受到来自所在州工会的帮助。

　　当John Sweeney1995年担任劳联—产联主席后，他设立了一个新的部门，即公司事务部，其工作任务是识别公司的行为、决定战略，以便更好地代表工人利益，而不考虑这个公司是否参加集体谈判。这个部门联合其他股东监督和影响公司的行为，包括监管工资的增长以及公司的其他行为等。有时，这个部门也采取更积极的手段，例如，在2002年当安然公司会计丑闻被揭露导致破产后，这个部门与公司对簿公堂，以帮助员工从债权人序列的最底层上升到最高层。这个部门中有一个机构负责强化行业与社区的联系，以推动工作场所的创新与改革。在"9·11"恐怖袭击后，这个机构在协调地方工会与雇主双方来努力帮助在"9·11"中失去工作和受难的家庭与工人中发挥了积极作用。

## 6.1.3　政治联盟中劳方的角色

　　近年来，劳工运动增加了与其他组织的联合以支持立法和公司的一些行动。在立法方面结盟的主要例子，如在最低生活工资运动中，美国50个城市诞生了社区层面的规定，要求企业在与地区政府开展业务时支付工人高于州最低工资的报酬。为了通过这项规定，工会联合了社会上的宗教、种族、福利以及以家庭为中心的利益群体。在国际层面上，美国劳工界参与了发展中国家的很多学生社团和非营利组织，反对使用童工和其他侵犯人权的行为。所以，劳工在政治中的角色超越了与政党的正式关系而聚焦于更多以问题为导向的其他非正式的政治运动。

## 6.1.4　工会对其政治角色的争论

　　关于工会政治角色的争论，在美国劳工运动中一直存在。一些工会主义者近年来呼吁对劳工战略进行重新定位，从传统对集体谈判的关注转移到政治行动，并认为这能够解决有关劳工的终极问题。一个独立的劳工政党于1995年成立了，但是直到现在这个政党也只吸引了很少的入会者，并且其政治影响力很小。

劳工的角色将会在未来的政治事务中变得更为重要，不仅是发起一场支持独立政党的运动，还能在政治联合中作为建构者与参与者。这种变化了的角色定位体现了劳联—产联领导者的观点，即他们所代表的人不仅仅是雇员，还有股东（他们的养老金有很大一部分投资到了公司）和公民。

## 6.2 工会的发展及会员特征

对于任何一个独立的工会和劳工运动而言，最核心的战略问题是用多少资源来吸引和保留新会员。在探讨影响劳工运动发展的因素之前，本章将考察工会会员的现行模式和近年来的发展趋势。数据表明，工会会员存在长期下降的趋势，并且，数据也表明，组织与代表的问题是美国工会面临的主要问题。

### 6.2.1 工会会员的数据：变化轨迹

图表6.1揭示了从1930年到2006年工会会员在非农业劳动力中的比重的变化。如图表6.1所示，工会会员在20世纪40年代中期达到顶峰，大约35%。到20世纪60年代，工会入会率下降到占非农业劳动力比重的31%，到2006年会员率下降到12.0%。

图表6.1　　　　　1930—2006年非农业劳动力中的工会会员率

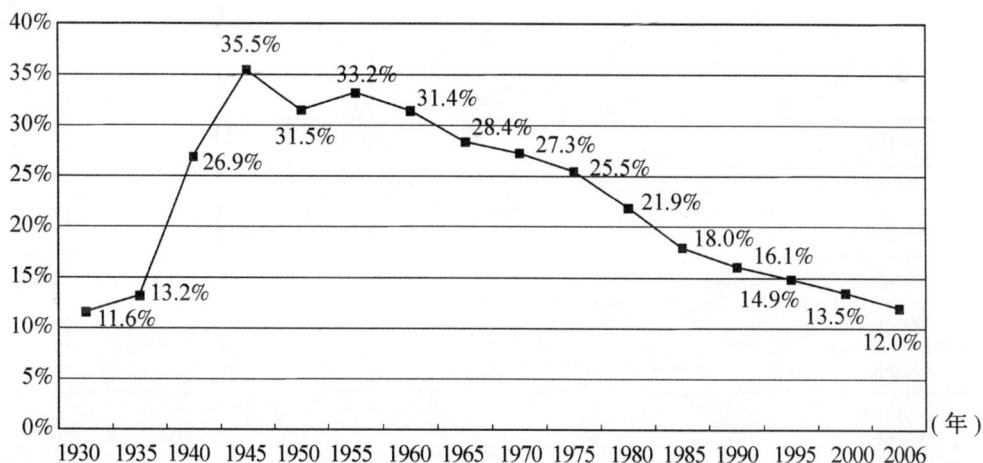

注：1985、1990、1995、2006年数据是指所有的行业（包括私人或公营部门）的工会会员占工薪雇员的比例。1980年的数值是23%。

资料来源：Thomas A. Kochan, Harry C. Katz, and Robert B. McKersie, *The Transformation of American Industrial Relations*, p. 31. The 1985 figure is from "Employment and Earnings" February 1987. The 1990 figure is from "New Bulletin," Bureau of Labor Statistics (Washington, DC, February 6, 1991), USDL 91-34, p. 1. The 1995 figure is from "New Bulletin," Bureau of Labor Statistics (Washington, DC, January 31, 1997), USDL 97-27, p. 1. The 2006 figure is from "Union Membership Rate, Dropped in 2006 to 12 Percent," *Daily Labor Report* 17, January 26, 2007.

工会密度（也称工会的渗透率）随着行业、职业、地区和工人的技能种类的不同而存在很大的差别。下面将分析工会会员在这些方面的变化。

美国一些地区的工会化程度比较高，而另一些地区则比较低。2006年，纽约州和夏威夷州在全美的工会密度最高，分别为24.4%和24.7%。但是另一个极端是北卡罗来纳州和南卡罗来纳州，工会密度仅为3.3%。

1）行业分布

总体的数据掩盖了不同行业之间工会会员的差别。图表6.2显示了从1930年到2006年不同行业的会员数据之间的差异。尽管在制造业工会化雇员所占比重从1953年的42.4%下降到2006年的13.0%，但政府部门的雇员加入工会的比率却在同时期从11.6%上升到36.3%。所以，20世纪60年代到70年代政府部门工会化的扩张与制造业会员的减少形成了鲜明的对比。

服务业的工会化情况是另一种模式，如图表6.2所示，服务业工人加入工会的比率从1953年的9.5%上升到1975年的13.9%，但在2006年下降到3.1%。

图表6.2　　　　　　不同行业工会会员的比例（1930—2006年）

| 年份（年） | 制造业（%） | 政府（%） | 服务业（%） |
|---|---|---|---|
| 1930 | 7.8 | 8.5 | 2.3 |
| 1935 | 16.4 | 9.0 | 2.6 |
| 1940 | 30.5 | 10.7 | 5.7 |
| 1947 | 40.5 | 12.0 | 9.0 |
| 1953 | 42.4 | 11.6 | 9.5 |
| 1966 | 37.4 | 26.0 | n. a. |
| 1970 | 38.7 | 31.9 | 7.8 |
| 1975 | 36.0 | 39.5 | 13.9 |
| 1980 | 32.3 | 35.0 | 11.6 |
| 1983 | 27.8 | 36.7 | 7.7 |
| 1986 | 24.0 | 36.0 | 6.3 |
| 1990 | 20.6 | 36.5 | 5.7 |
| 1996 | 17.2 | 37.6 | 5.7 |
| 2000 | 14.8 | 37.5 | 5.6 |
| 2006 | 13.0 | 36.3 | 3.1 |

注：数据表示每个行业加入工会的会员占工人总数的百分比。

资料来源：Figure through 1980 are from Leo Troy and Neil Shefin, *Union Sourcebook* (West Orange, NJ：Industrial Relation Data and Information Service, 1981). Data for 1983 – 1986 are from the U. S. Department of Labor, Bureau of Labor Statistics, *Employment and Earnings* (Washington, DC ：GPO, January 1985 and January 1987). 1990 data are from "News Bulletin," U. S. Department of Labor, Bureau of Labor Statistics (Washington, DC, February 6, 1991). USDL 91-94, table 2. Data for 2006 are from the BLS Web site：www. bls. gov/news. release/union2. nr0. htm.

2）职业分布

工会入会率随着职业的不同也存在很大的区别。图表 6.3 显示了 2006 年主要职业群体的工会会员的分布情况。在蓝领工人中，组织程度最高的是技术工人（15.8%），其次是半技术性的职业工人（生产性工人的组织率为 15.5%）。

在白领工人中，从事某种专业性职业的雇员组织程度最高，2006 年达到了 17.7%。这些会员主要分布在公营部门之中，例如公立学校教师等。服务业工人的组织化程度较低（11.4%），只有 4.9% 的高级管理人员、行政管理人员和经理人员和 3.1% 的销售人员加入了工会组织。尽管工会仍然没有深入到白领职业当中，但是白领工会会员却在所有工会中增长迅猛。最近比较有趣的工会化发展是，在医生职业中，当医生们在医疗保障组织（HMOs）计划中面临着丧失独立性和背负财政压力的危机时，他们的工会组织得到了发展。

图表 6.3　　　　　　　　　　**2006 年不同职业的工会的入会率**

| 职业分类 | 工会比例（%） |
|---|---|
| 白领工人 | |
| 执行层、管理层和经理人 | 4.9 |
| 专家 | 17.7 |
| 销售人员 | 3.1 |
| 服务人员 | 11.4 |
| 蓝领工人 | |
| 手工业工人 | 15.8 |
| 生产工人 | 15.5 |
| 农业、林业和渔业工人 | 3.5 |

注：上述数据代表了各个职业工会的入会率。

资料来源："Union Members（Annual）" U. S. Department of Labor, BLS, www. bls. gov/news. release/pdf/union2. pdf.

**专栏 6.1**

### 医生组建工会

医生们一直在尽力适应医护派遣带来的巨大变化。1996 年代表全国大多数足病医生的协会成立了第一个全国医生工会，从属于劳联—产联。工会的组织者声称，如果医院或政府医疗组织雇有看足病的医生，他们就将行使传统的集体谈判职能。但是它的绝大多数会员，传统意义上是单个的承包商，所以工会与医疗派遣组织进行谈判。对于工会中单个的行医者，工会提供一系列服务，包括政治游说，但不包含集体谈判。到 1997 年 5 月，工会拥有 7 000 名会员，并且仍在迅速增长。

与此相关的是，1997 年 6 月，代表了 9 000 名实习医生的实习医师与住院医师委员会，宣布加入服务性雇员国际工会（SEIU）。SEIU 代表着 475 000 名医护人员，其中 6 000 名是医生，他们大多都在公营部门工作。

1999 年 9 月，美国医疗协会（AMA）建立了一个资源中心帮助内科医生组建地方集体谈判机构。他们开展了一项"内科医生负责任的谈判"（PRN）计划，AMA 的 5 名委员被指派监督这项计划的实行。PRN 计划的章程中所说明的计划目标与传统的工会组织并不相同，它不要求内科医生举行罢工，也没有积极招募会员，也不寻求申请得到美国劳资关系委员会（NLRB）的承认。相反，美国医疗协会旨在向会员提供一个组织结构，为当地的内科医生群体进行集体谈判提供外部法律支持。"内科医生负责任的谈判"项目的潜在目的是提供高质量的医疗服务，保障病人的权利，并不采取罢工或其他不利于医疗服务的行动。

虽然 PRN 已经成功地代表了私营部门的内科医生，并且将继续组织公营部门的内科医生，但最近最高法院的判决将阻止私营部门医生的工会化活动。在国家劳工关系委员会（NLRB）诉肯塔基河社区治疗机构（V. Kentucky River Community Care, Inc.）一案中，法庭拒绝执行 NLRB 的一项裁决。该裁决认为 6 名注册护士不属于监督管理人员，因为他们不行使独立的决断权。最高法院声称，NLRB 对于一名工人是否行使独立决断权的界定与《国家劳工关系法案》的规定不相符。这项判决很可能导致要重新评价 NLRB 从 1994 年以来的很多裁决。NLRB 的裁决一般认为，医疗护理专业人士在指导低技术雇员行使"独立的决断权"时，他们给出的"通常是专业性或技术性的决断"。所以医疗护理机构的专业人员是监督管理人员，根据 NLRB 的界定，因此他们不能加入工会。根据 PRN 的看法，最高法院的裁决是私营部门集体谈判的大倒退，因为它将重提医生是否属于监督管理人员这个老话题。NLRB 现在将不得不重新作出评估，可能不允许最近成立的集体谈判单位的存在，而这将减少有权组织起来的内科医生的人数。AMA 的代言人 Donald Palmisano 认为，即使这一裁决剥夺了内科医生的集体谈判权，"AMA 仍然会采取其他措施，以确保这些内科医生在影响到病人的医疗护理和他们公平行医能力的决策中发出合法的声音"。

资料来源：Steven Greenhouse, "Podiatrists to Form Nationwide Union；A Reply to H. M. O.'s" *New York Times*, October 25, 1996, p. A-1 and B-3；"CIR Announces Affiliation with SEIU；Groups Earmark ＄1. 4 Million for Organizing," *Daily Labor Report*, June 9, 1997, No. 110 p. D-7；"AMA Begins Formation of Body to Help Physicians Form Local Bargaining Units。" *Daily Labor Report* 177, September 14, 1999；A-3；and "High Court Ruling Causes PRN to End Organizing Effort for Private Sector Doctors." *Daily Labor Report* 111, June 8, 2001：A-6.

3）不同群体的工会化情况

工会化水平还因人口特征的不同而存在很大差别。2006 年，13. 0% 的男性和 10. 9% 的女性是工会会员。女性工会会员在所有工会会员中的比重正在增加：女性会员已经占全部会员的 39. 6%。而且黑人比白人更倾向于加入工会。美国劳工统计局的数据显示，黑人工人中有 14. 5% 是工会会员，而白人只有 11. 7%。西班牙裔最少，仅有 9. 8%。

4）大型工会的会员情况

大多数工会会员都集中在少数几个大型工会中。图表 6.4 显示了 2004 年美国最大的五家工会。它们分别是：全国教育联合会（National Education Association，NEA）、服务性雇员国际工会（SEIU）、美国食品和商业工人工会（UFCW）、美国州县市政雇员联合会（AFSCME）、卡车司机国际联合会（IBT）。美国从 1970 年以来，增长最快的是公营部门的工会。

图表6.4 **某些年单个工会的会员人数**

| 工会名称 | 工会会员（单位：千人） | | | | | |
|---|---|---|---|---|---|---|
| | 1939 年 | 1960 年 | 1979 年 | 1983 年 | 2000 年 | 2004 年 |
| 全国教育联合会（NEA） | 0 | 0 | 1 594 | 1 444 | 2 530 | 2679 |
| 服务性雇员国际工会（SEIU） | 62 | 269 | 597 | 644 | 1 374 | 1 603 |
| 美国食品与商业工人工会（UFCW） | 66 | 364 | 892 | 1 203 | 1 380 | 1 359 |
| 美国州县市政雇员联合会（AFSCME） | 27 | 195 | 942 | 955 | 1 300 | 1 350 |
| 卡车司机国际联合会（IBT） | 442 | 1 481 | 1 975 | 1 616 | 1 402 | 1 328 |
| 教师协会（AFT） | 32 | 56 | 452 | 457 | 707 | 816 |
| 北美劳工国际工会 | 158 | 443 | 537 | 461 | 818 | 744 |
| 电子工人协会（BEW） | 136 | 690 | 922 | 869 | 728 | 683 |
| 机械师协会（IAM） | 178 | 687 | 735 | 540 | 731 | 627 |
| 汽车工人联合会（UAW） | 165 | 1 136 | 1 520 | 1 026 | 672 | 625 |
| 媒体工会（CWA） | 71 | 269 | 523 | 578 | 500 | 557 |
| 木匠工会 | 215 | 757 | 727 | 678 | 534 | 523 |
| 钢铁工人联合会（USM） | 225 | 945 | 1 205 | 694 | 612 | 512 |
| 服装与纺织工会（UNITE） | 240 | 273 | 316 | 251 | 220 | 440 |
| 工程师协会 | 58 | 282 | 452 | 436 | 379 | 391 |
| 管道工协会 | 61 | 261 | 338 | 329 | 307 | 325 |
| 纸业工人协会 | 0 | 0 | 269 | 234 | 311 | 263 |
| 邮递员协会 | 0 | 0 | 263 | 226 | 316 | 239 |
| 宾馆与酒店工人协会 | 221 | 435 | 398 | 344 | 249 | n. a. |
| 音乐家协会（AFM） | 127 | 260 | 274 | 219 | 105 | n. a. |

资料来源：Data from Courtney D. Gifford, *Directory of U. S. Labor Organizations*, *2005 Edition* (Washington, DC: Bureau of National Affairs, June 2006), p. 3.

## 6.2.2 近年来工会会员的减少

到 2006 年为止，工会会员在所有非农业劳动力中的比重已经由最高值 1945 年的

35.5%下降到12.0%。工会会员在劳动力中所占比重从1977年（当年为23.8%）后迅速下降。造成这个结果的原因是因为工会化程度最高的行业遭遇了经济周期性的衰退，美国的制造业产品在国际市场的竞争力下降，并且这些行业面临着经济和组织的重组。

如图表6.4所示，从1979年到1983年，钢铁工人工会的会员数减少了511 000，美国汽车工人联合会的会员数减少了494 000，而机械师工会的会员数减少了195 000。虽然公营部门的一些工会在20世纪90年代早期发展迅速，如图表6.4所示，但是如果把眼睛转到私营部门，你会看到许多工会的会员都在20世纪90年代迅速下降（即使当时的经济发展良好）。

尽管这些数据显示，美国的工会化程度下降得很严重，但数据却没有反映出近年来美国工会化模式的转变。20世纪60年代到70年代，在很多行业都出现了非工会化部门，并且自那时起日益壮大。这种增长趋势在很多历史上是工会化坚定支持者的行业也惊奇地出现了，如煤矿业、建筑业和货车运输业。

1）煤矿业

在煤矿业，非工会部门从无到有，并超过了50%。主要的企业现在都采用非工会化的管理战略，这些企业经常处在美国煤矿工人聚集的中心地带，如肯塔基州和西弗吉尼亚州。

2）建筑业

建筑业中非工会化的作业机构甚至在大的商业项目中也开始出现。从20世纪50年代到60年代，非工会化的建筑公司开始进军住宅和小型商业建设项目，但是工会化的公司仍然占据着重要的建筑部门。从20世纪70年代开始，这种情况发生了变化，办公楼群和大的产业基地开始由非工会化部门来建造。非工会化运作现已成为建筑业的主导运作模式。

3）卡车运输业

长途货车运输业也出现了同样的情况。从20世纪80年代行业放松管制后开始，行业经历了一次转型。在放松管制后不久，一些大型的工会化运输公司破产并被小型的、独立的非工会化企业所取代。同时，很多小型企业也出现了破产，因此在放松管制后直到20世纪90年代，最大的三家工会化的运输公司都占据了市场的主要份额。同时，一些小型非工会化的运输公司在剩下的市场份额内提供专业化服务。

4）电子通信业

行业技术升级到无线通信，并且放松管制使长途通信服务业向新公司、贝尔系统的原有部门开放，这就为非工会化奠定了基础。由此电信业的工会入会率从1983年（美国电报电话公司分拆之前）的55.5%下降到2001年的24.3%。

5）某些企业的情况

在企业层面上，从一些公司获取的数据也充分证明了这个趋势。在20世纪60年代早期，通用电气有30~40家非工会化企业，但到了1990年，由于公司重组和开设新的非工会化工厂，这个数字翻了一倍。从一些诸如Monsanto和3M公司这样的企业可以看到，生产和维修工人由工会代表的比例在下降——从80%下降到大约40%。同样，一些自动化行业中的主要公司，比如Dana、Bendix（现在已经是联合信号公司的一部分）、Eaton已经发展了大规模的非工会化部门。

美国工会从 20 世纪 50 年代早期就面临着严峻的会员下降问题。如何解释这种下降趋势？下面的内容从总体上分析了影响工会发展的因素，这些作为基本的理论可以帮助我们分析美国工会近年来的经历。

# 6.3　工会发展的模式

两类因素影响着工会的发展。一方面，工会的发展受国家经济的影响，这些因素可以归类为周期性因素；另一方面，许多历史的、政治的、社会因素对工会是否可以组织成功有重要影响，这些因素通常被冠之以"结构性"因素。

## 6.3.1　周期性因素

Commons 是首批注意到工会在经济繁荣时期成长，而萧条时期衰落的学者之一。19世纪后半叶，工会会员和工会组织数量的上升与下降和那个时期的经济周期完全同步。Commons 指出，劳动力市场在经济上升时期比较紧张，从而工人们会更积极地追求他们的目标，而雇主对于雇员所采取的集体行动也较少抵制。供不应求的劳动力市场给了工人更大的谈判能力，从而增加了工会的胜算。伴随着繁荣时期的高利润，一旦发生罢工和其他工会活动，雇主将失去更多利润，因此雇主没有什么动力去抵制工会化。

工会会员的经济周期性变化在其他地方和其他时间也存在。有关工会在美国和其他国家发展情况的分析显示了工会会员的数量与经济形势呈正相关关系。

## 6.3.2　结构性因素

1）历史和法律因素

尽管经济周期因素明显地影响着工会的发展，但是值得注意的是，美国工会的发展仅在一些重要时段才出现。如图表 6.1 所示，工会在 20 世纪 30 年代末期和 40 年代早期与中期发展迅速，公营部门的工会也仅在 20 世纪 60 年代早期才开始发展。1992 年后，工会在经济扩张时期并未如期复苏的事实证明了周期性因素并不是唯一影响工会发展的因素。

大萧条和两次世界大战时期的一些事件，反映了伴随着社会动乱工会相反却得到了奇迹性的发展。分析人士认为，20 世纪 30 年代的政治环境和由战时经济引发的社会动乱给了工人寻求工会帮助的极大动力。

2）法律规定和公共政策的影响

工会发展和衰落同样受法律环境和公共政策的影响。正是由于美国国家劳工关系委员会介入集体谈判，才使工会在 20 世纪 30 年代末和 40 年代发展迅速，而不完全受大萧条的影响。

工会入会率在存在《工作权法案》的州较低，这是公共政策影响工会发展的另一个证据。这些法律明确规定，以要求雇员加入工会为雇佣条件的行为是违法的（22 个州都存在这种法律）。

另一个证明公共政策影响工会发展的证据是公营部门的工会在 20 世纪 60 年代和 70 年代的发展。这个发展趋势是在很多州立法保护公营部门的雇员工会化及其集体谈判权利的背景之下产生的。但不幸的是，谁是因，谁是果，很难说清。

一方面，工会会员在一些通过立法给予公营部门雇员集体谈判权的州增长迅速；另一方面，政治环境比较有利，工会组织的潜力巨大，甚至在某些情况下工会已经开始在公营部门组织起来，这些都会促使在这个州通过立法，而且很可能这是工会化发展迅速的主要原因。所以，可以这样下结论，公营部门立法的通过既是工会化的部分原因，也是工会化发展的结果。这种相互之间的因果关系使得很难分离出影响工会发展的独立的公共政策因素（集体谈判也是一样。）

总的来说，美国和其他国家工会化的发展受经济周期因素和许多结构性因素的影响，后者包括了公共政策和主要的历史与社会事件。

## 6.4　近年来工会化程度下降的解释

在 20 世纪 40 年代中期之后，美国工会出现了会员在劳动力中的比例大幅下降的问题。更进一步说，从 20 世纪 80 年代开始，美国工会不仅是会员的绝对人数在下降，而且在劳动力大军中所占比重也在加速下降。如何解释这一现象呢？是否可以应用上述介绍的理论，还是需要进行特殊的解释呢？

下面的内容是在 Jack Fiorito 和 Cheryl Maranto 首次提出的有关解释美国工会会员下降的理论基础上发展而来的。他们找出了 6 种可以解释这种下降趋势的因素。我们另外再添加一种。

### 6.4.1　因素 1：经济与劳动力的结构变化

工会在吸引新成员入会上存在困难，部分原因是因为工作性质与工作的地点发生了变化。工会历史上一直在组织东部、西部沿海，以及中北部的城市地区上占有优势，但是后来企业逐步迁移出了这些地区。工会还在争取中年男性蓝领工人入会上占有优势，但是，服务业和白领工作的增加、年轻女性的加入，使得工会逐步丧失了优势。统计数据显示，在过去 30 年内发生的工会会员人数的下降（在劳动力中所占的比重），大约有 40%，可以用地区、行业和职业的特征进行解释。

更需要注意的是，在特定地区或职业中工会会员人数的减少与管理层和工会的行为存在着很大的关系。劳动力雇佣向南部转移反映了管理层在削减地区劳动力成本上的考虑——南部的劳动力成本低于那些工会化程度很高的北部地区——管理层相信南部的社会与政治环境降低了雇主对工会的依赖。同样，就业机会转移到了服务业，工会却还没有作好重新配置资源的准备以应对这种转变。

### 6.4.2　因素 2：雇主通过雇员选举活动来抵制工会

有证据表明，很多雇主加强了对工会的抵制，特别是在工会选举期间变得更有策略。管理层的策略包括利用顾问、与雇员直接讨论、执行官在工会选举活动中发表演讲等，有时这些策略带来了很大的威胁。管理层在工会选举活动中对工会的抵制使得在选举中工会很少赢得胜利。

雇员明显感觉到雇主强烈地反对工会化，并且能感觉到雇主将会长期采取行动来抵制工会。图表 6.5 揭示了由 Richard Freeman 和 Joel Rogers 教授研究的结果，在研究中他们向工会化与非工会化的雇员提出了询问，问他们感觉管理层将会采取怎样的行动来对付工会。调查结果显示，雇员都相信他们的管理层会采取敌视的方法来抵制工会。

图表 6.5                  **你的管理层如何应对工会化**

|  | 非工会化雇员 | 工会化雇员 | 有工会化倾向 |
| --- | --- | --- | --- |
| 欢迎工会 | 3% | 12% | 5% |
| 通过信息反对工会 | 51% | 34% | 43% |
| 威胁或骚扰工会 | 15% | 28% | 23% |
| 无所作为 | 19% | 14% | 24% |

资料来源：Richard B. Freeman and Joel Rogers, *What Do Workers Want*? ( Ithaca：Cornell University Press，1999）.

## 6.4.3　因素 3：强化人事管理替代工会的作用

管理层不会等待通过选举来试图说服雇员，使他们觉得工会没有必要。管理层会采取复杂的人事管理方法来替代工会，最起码可以不让工会代表雇员行事，尤其是人力资源管理的产业关系模式（在第 5 章中讨论过）是其中主要的避免工会代表雇员的战略之一。人事管理活动与上述讨论过的雇员选举活动相比，更具有长期性的特征，并且管理层有诸多理由来实施他们的人事管理活动，包括通过这些活动来提高企业绩效与适应性等。

## 6.4.4　因素 4：政府替代了工会的作用

美国联邦政府和州政府从 20 世纪 60 年代末开始，都直接参与到制定雇佣条件的活动之中。政府对雇佣条件的影响主要是通过制定公平就业机会、职业健康与安全、养老金权利等规范加以实现。政府的立法使工会为工人发挥的作用被削弱了。

政府在制定雇佣条件中扮演着越来越重要的角色，这确实抑制了工会的发展吗？上述工会替代行为与在一些政府参与程度更高的国家，如欧洲和斯堪的纳维亚国家（通常是社会民主党政府）工会的强大与壮大并不一致。或许工会替代行为仅在美国有显著作用。

## 6.4.5　因素 5：美国工人的意识形态

一些历史学家称，美国工人的意识形态使得工人远离了工会。这个观点认为美国文化中的个人主义与缺乏阶级或贵族政治的传统使得弱工会成为一种常态。

例如，Seymour Martin Lipset 比较了美国与加拿大工人的意识形态，认为正是这点可以解释加拿大比美国有更高的工会入会率的现象。美国经济比加拿大要强，尽管两者在经济条件上有很多共同点，但 Lipset 认为，美国公民是个人主义导向，而加拿大从文化上更容易被工会和其他互助组织所吸引。Lipset 的观点认为，美国工会在大萧条时期的增长仅是意外现象，而 20 世纪 40 年代后期工会所经历的并不是什么衰落趋势，美国的工会入会率本来一直就很低。

正如工联主义到底是不是美国工会的特征存在争论一样，美国工人是否持有与其他国家工人非常不同的意识形态也存在着争议。

更进一步，民意问卷显示，美国与加拿大公众对工会的态度十分接近，并且从冷战后一直保持一致，因此工人与公众的意识形态是否能解释两国的工会发展情况的结论仍存有疑点。

仍然存在争论的还有，工人的意识形态是否独立于管理层行为和在劳工运动中的行动，或者，例如在管理层较少抵制工会和工会提供不同政策时，美国工人可能会有不同的反应。

## 6.4.6　因素 6：内部工会事务与行动

工会可能也应该对组织困难和自身的衰落负责。有人提出，美国工会遭遇自身腐败和对时代变革滞后反应的影响。分析人士还指出，历史上对卡车司机工会和码头工人工会的贪污指控严重影响了公众眼中工会的形象。

还有人称，工会在代表权选举中表现不佳是因为他们没有投入足够的精力与资源进行组织活动。一些批评人士认为，工会不再像 20 世纪 30 年代那样热情与忠诚地完成组织新工人的任务。

一项对 20 世纪 50 年代至今工会选举行为趋势的研究表明，选举的次数、选举中工人的投票数以及工会赢得选举的比例都在下降。正是由于这些下降，每年劳动力中适合参与工会的人数也在下降。工会只能组织一小部分新会员，这部分人数并不能抵消由于工人离开劳动力市场而脱离工会的人数。

总结一下，美国劳动力参与工会人数的下降可以用很多因素进行解释，最好的解释就是将上述提及的所有因素综合起来。

## 6.4.7　因素 7：标准的组织模式与代表模式的局限性

工会传统的招募与保留会员的模式本质上存在局限性。美国劳动法规定，工会要想代表工人集体谈判必须获得 50% 以上的支持率。要想得到这个结果，工人必须要对雇主或工作条件十分不满，并且相信工会是改善其工作条件的有利手段才能进行。并且，一旦组织了工会，工人个人就只有留在与工会签订了集体谈判协议的雇主那里时才是工会会员。

劳动法的这一特征和工会的组织条件，要求工会需投入大量的资源来组织工人。同时，会员离会率也成为大问题。调查数据显示，曾经是工会会员的人数现在仍是会员人数的两倍，这说明很多人在工作的不同阶段进入与退出工会。一项研究表明，工会要想保留一个新的工会会员，需要招募至少 5 个工会会员。

我们将在下章更深入地探讨这种组织模式和对这种模式的选择。在这里，先把这个因素加入到长期影响工会会员数与工会代表数下降的因素之列。

## 6.5　工会在集体谈判中的结构

工会要想在集体谈判中有效地达成目标，就必须有合适的结构。工会结构不仅对赢得集体谈判有作用，而且对内部权力分配与决策的影响至关重要。下面将介绍劳联—产联、全国性工会、地方工会的内部管理和活动。

### 6.5.1　劳联—产联

劳联—产联是全国性工会的联盟，是美国最主要的工会联盟。劳联—产联的主要作用是争取劳工运动的政治目标和为其成员工会的集体谈判提供帮助。劳联—产联争取政治目标的方式主要是进行政治游说和为工会会员提供有关政治事件和政治选举的信息。在 1995 年 John Sweeney 担任主席以来，劳联—产联转而采取更为积极的措施组织工会。

劳联—产联并没有什么正式的权力干预成员工会的集体谈判活动，更很少直接参与这些活动。但近年来，劳联—产联的住宅与建筑行业部与钢铁行业部在某些建筑项目及联邦公营部门的集体谈判中发挥着更积极和直接的作用。比如帮助工会建立与新的雇主的谈判关系，专栏 6.2 描述的恺撒医疗机构（Kaiser Permanente）工会联盟就是近来的典型案例。劳联—产联的事务部还为单个工会和某类工会普遍遇到的问题提供深度研究和技术支持。同时，相互竞争的工会也会向劳联—产联就管辖权的争端寻求仲裁。

劳联—产联的最高权力机关是两年一次的全国代表大会。劳联—产联的主席是大会的主席，其最有影响力的决策机构是执行委员会。但劳联—产联的主席传统上在劳联—产联的权力最大——对执行委员会和其委员都具有重要影响——因为主席在执委会闭会期间有权解释工会章程，并且管理劳联—产联的工作人员。

**专栏 6.2**

---

#### 恺撒医疗机构的工会联盟

1995 年，恺撒医疗机构与代表其雇员的 26 个地方工会和 8 个国际性工会的关系出现危机。工会会员和工会领袖在裁员人数、工资妥协的要求、罢工和医疗业务竞争产生的压力等方面对恺撒医疗机构十分失望。恺撒医疗机构内最大的一个全国性工会是服务性雇员国际工会（SEIU），SEIU 开始召集它的地方工会与医疗机构内的工会会员商谈战略。"这与我们试图建立的关系和建立的产业不同，"Margaret Peisert 回忆道。她当时是服务性雇员国际工会的研究员，现在是恺撒医疗机构工会联盟的助理总监。

SEIU 转向劳联—产联的产业工会部（IUD）寻求帮助，请求召开一个所有代表恺撒医疗机构雇员的工会组织的会议。恺撒医疗机构的护士，由美国教师联盟代表，响应了 SEIU 的号召。劳联—产联的产业工会部有多年协调谈判的经验，也欢迎通过召集会议处理恺撒医疗机构内部的问题。Peter diCicco 描述了他们当时是如何开始的。

我们采取了常规的方法。我们召集了主要工会的会议，100 多人参与了会议。我们的经验告诉我们，需要使所有的工会都进入委员会来共同处理恺撒的问题。公众对

---

医疗机构罢工采取消极态度，因此我们必须考虑用其他方法来增强谈判力量，例如组织"统一战线阵营"等。我去了很多国际性工会为组织统一战线阵营增加经费。他们接受了预算方案，于是我们开始为组织统一战线阵营作筹备，并且是非常成功的筹备。例如，我们在恺撒的一个地区发现了一份有关恺撒医疗质量的负面报告，并告诉恺撒我们想把它公开，这说明如果恺撒的行为不作出任何改变，我们就准备这样做。

但是很明显如果我们公布了过多的数据，我们将失去对局势的控制。政府会插手而我们都将是输家。所以我去找国际工会的主席们并且告诉他们恺撒并不是我们最难对付的雇主。如果我们要毁掉一切或者只用短浅的目光利用搜集到的信息，我们将对恺撒和其中 75 000 位工会会员造成长期损害。还有其他抉择吗？也许我们可以在谈判桌上利用我们的谈判实力，让恺撒选择与我们达成合作。

John Sweeney，当时 SEIU 的主席（后来是劳联—产联的主席），向 David Lawrence（当时恺撒的首席执行官）递交了提案并且启动了程序。恺撒用了 6 个月考虑这个提案。董事会慎重讨论了提案。幸运的是，西北天然气公司的主席也是董事会成员，他在自己的公司对积极处理劳资关系很有经验。David Lawrence 在咨询了他的意见和征求了董事会其他成员的意见后，向 John Sweeney 答复说："让我们共同实现这个提案。"

结果就是成立工会联盟，一起继续进行谈判（专栏 7.11 是有关这些谈判的描述）并商定了覆盖所有恺撒工会会员的全国范围的合同，建立了美国历史上最庞大的劳资合作关系。

说明：diCiccio 提及的统一战线阵营是指由工会进行的协调研究和向公众披露信息，以使公众更关注公司，从而给公司以压力来改变劳工关系的一种做法。

资料来源：Thomas A. Kochan, Susan Eaton, and Robert B. McKersie, "The Kaiser Permanente Union Management Partnership：The First Five Years," unpublished manuscript, MIT Sloan School of Management, 2002.

## 6.5.2　全国性工会的结构

全国性工会是美国大多数工会的权力中心和主体。全国性工会通常在集体谈判中表现积极，并且负责批准地方工会会员和向它们提供帮助。

1）职业工会与产业工会的结构

理解工会的管辖权如何影响工会发挥作用这一点非常重要。工会的管辖权决定了工会合法组织工人的范围。工会通常分为两种类型：职业工会和产业工会。职业工会的管辖权仅限于某个职业的工人（如油漆工、电工或木工），或某个专业领域的人士（如教师、护士、航天员、棒球运动员和消防人员）。而产业工会可以代表包括企业里的所有工人（如钢铁产业、汽车产业或煤矿业）。

美国的早期工会是建立在当地劳动力市场基础上的职业工会。劳联（AFL）从 1886 年建立起就秉持职业工会的原则，仅组织具有某些技能的工人。但随着交通运输的改善和大规模工业生产的发展，劳动力市场和产品市场随之扩张，由此扩大工会管辖权的需要就十分明显。市场穿越了州界，非技术工人成为劳动力的重要组成部分，这对狭窄的、以职业为基础的组织形式提出了挑战。

1935 年，在美国矿工工会的主席 John L. Lewis 的领导下，产业工会发展起来，一些产业工会从劳联（AFL）中独立出来，1937 年成立了产联（CIO）。在大型产业工会发展的同时，企业与市场也在扩张，这使得集中化的谈判成为普遍现象——这就需要建立国家性工会组织作为绝大多数产业工会的中心的且最有权力的组织。

2）全国性工会的内部管理

全国性工会一般都有章程和细则规范着它的行为。通常每隔一年或两年，全国性工会要召开大会选举领导人，修改章程和细则，并就某些政策进行辩论。作为全国性工会分支的地方工会派代表参加会议，代表的人数由地方工会会员人数决定。

全国性工会选举的领导人有主席、财政部长、副主席（负责某个公司和行业的工会）和一个执行委员会。全国性工会还有一个由主席指定的行政专员。

全国性工会的职员负责执行工会的政策，包括工会的组织、合同谈判、申诉管理、职业健康和安全、罢工、福利基金管理和相关研究工作。职员的一个很重要的工作是与工会以外的其他组织进行交流，例如其他国际工会、劳联—产联的官员以及政府机构。全国性工会职员的另一项职责是为地方工会提供建议与帮助。

## 6.5.3　地方工会

对于大多数工会会员来说，他们交往最密切的就是代表他们利益的地方工会。工会会员可以参与地方工会的会议并且选举地方工会干部。正是地方工会参与不满申诉的初始程序，指导罢工和纠察行动。

如果一个地方工会不加入任何一个全国性工会（这在一些小型制造业公司很常见），那么地方工会自行进行集体谈判。但是，更典型的是，地方工会是某一个全国工会的分支机构，或者受约束于某一个全国性工会的宪章和规定。除了正式的联系以外，地方工会与全国工会的干部们还有深入的接触（尤其是在合同谈判和合同管理过程中）。

1）地方工会和全国性工会的职责区分

大多数的产业工会，如钢铁、汽车、纺织和采矿业工会，工会会员同时被地方（集体谈判）合同和整个公司谈判出来的合同所覆盖。地方工会负责谈判地方合同，而全国性工会负责公司层面及行业层面的合同。

当同时有地方合同和更高层面（公司和行业层面）的集体谈判时，每个合同覆盖不同的主题。地方合同（覆盖单个工厂或者公司内所有工厂）通常包括如工作所需的工作规则、资历权利和各个岗位的工资率等。整个公司和全国性的合同处理的事务如合同有效期间的工资增长率、福利，以及不满申诉程序等。

全国性工会在地方进行集体谈判时通常会帮助地方工会。全国性工会可能会指派一个辅导谈判的专家，在有些情况下全国性工会还会代表工会一方参与谈判。或者，全国性工会的研究人员会提供相关背景研究（行业的工资水平或者其他经济部门的工资水平等）或者技术支持。

在劳动合同的有效期间，地方工会和全国性工会的人员常有联系。例如，当全国性工会开发或者执行了职业安全与健康项目、雇员支持项目时，可能会向地方工会提供技术支持。在工会进行组织活动时，全国性工会要协调地方工会的活动。另外，我们将在第11章中谈到，由全国性工会决定未解决的申诉是否需要提交仲裁。

2）地方工会的内部管理

地方工会通常有几个选举出的执行官员，包括一个主席和一个财务秘书。产业工会还经常有谈判主席与谈判委员会，以指导地方工会的合同谈判。在建筑业和其他地方工会，业务专员负责地方合同谈判，处理争议，并像地方工会首席执行官一样行使职责。

地方工会的经费来源是会员缴纳的会费。在大型的或者资金充裕的工会，地方工会的执行官员会得到全职或者兼职的工资以处理工会事务。在很多地方工会，只有工会主席是全职的岗位，其他人员都是兼职从事工会事务，其他时间从事正常的工作。

工会干部负责制定地方工会的战略方向，但与普通工会会员联系最紧密的是工人代表。在一个典型的工会里，每个工人代表向基层10～20名工人提供服务。当工人有委屈或与监督管理人员发生纠纷时，正是工人代表首先快速参与以解决问题。并且，工人经常是从工人代表口中得知工会的事务与项目。

3）地方工会内部的政治生活

地方工会的干部和工人代表由选举产生。很多工会选举出的干部有两年到三年的任期。地方工会的竞选有时十分激烈，有很多的候选人参加。虽然在工会选举里有很多非正式团体采取一致的行动，但这和正式的政党选举没有多少相似性。

## 6.5.4　工会的民主

全国性工会和地方工会内部的民主情况如何？尽管工会之间的差异性很大，很难一概而论，但是工会还是很民主的。工会干部由民主程序选出。与企业内的执行官是挑选出的相比，工会干部的选举显然更民主。

全国性工会干部的选举比地方工会更有稳定性。例如，很多全国性工会的主席常常被选举连任。在美国劳工史上，一些全国性工会的主席是重要的传奇人物，如 John L. Lewis（美国矿工工会主席）和 Walter Reuther（美国汽车工人联合会主席）都被选举连任多次。

很多工会在与管理层进行集体谈判时应该采取什么战略上存在争论，这是健康的民主程序的另一种表现。虽然工会内没有像美国政党一样的正式政治团体，但是在某些具体问题和事务上常常存在争论。

例如，近年来，工会内部就有争论是否应该与管理层更多地合作。有时引发这个争论的是管理层要求改变工作规则以提高生产率。这种合作方式的抨击者认为，工会不应该放弃多年来赢得的优势，否则将失去保护工人利益的能力。

## 6.5.5　工会的腐败问题

工会内也有一些腐败事件。例如，很多年前，有一项对卡车司机国际工会的指控，称其与有组织犯罪有关。专栏6.3描述了美国司法部对卡车司机国际工会敲诈勒索的起诉以及他们是如何解决的。

有人以一些地方工会存在腐败行为，以及有一些贪污的工会领导人作为证据，说明工会并不是完全民主的组织。但是，有证据表明，工会内也有激烈的争论，并且几乎每个工会干部都是由民主选举产生的。

专栏 6.3

## 对卡车司机国际工会敲诈勒索的指控及其改革

丑闻与改革一直伴随着卡车司机工会的历史。自从 20 世纪 30 年代以来，有指控称卡车司机工会的部分干部与有组织的犯罪有关。卡车司机工会的五任主席都被指控从事犯罪活动，其中三任主席坐牢，一些工会职员和对工会领导权发起挑战的人在不明情况下被谋杀。

20 世纪 80 年代，美国司法部控告卡车司机工会敲诈勒索。代表联邦的检控官指出至少有 200 位工会干部被证明与有组织的犯罪有关。1989 年卡车司机工会与司法部在庭外和解。在和解中，工会（约有 160 万会员）同意于 1991 年在全部会员中进行对全国性工会干部的选举。这取代了以往只由地方工会领袖来选举全国性工会干部的制度。司法部还指定了一些个人暂时监督工会的财务运营和接管部分分支机构。

意外的是，卡车司机工会原来的 UPS 部门负责人 Ron Carey 于 1991 年在众多提倡改革的候选人中被选举为卡车司机工会主席。值得注意的是，Carey 赢得选举的原因是他提倡建立民主的卡车司机工会（Teamsters for a Democratic Union，TDU），他的上任承载着将工会丑闻的历史抛到身后的殷切期望。

在 1996 年的选举中，Carey 以微弱优势战胜了 James Hoffa，Jr.，连任卡车司机工会主席，但是关于 Carey 在 1996 年的选举中募集竞选基金的丑闻随即浮上水面。美国地区法庭仍然负责监督工会，要求重新进行选举，并剥夺了 Carey 的被选举权。就这样，Carey 因为被指控在 1996 年他的连任选举（和克林顿的选举）中非法募集资金而被驱逐出工会。

1998 年 11 月，James Hoffa，Jr. 在竞选中宣称将重新强化工会在他的父辈时的力量，赢得了地区法庭要求的再次选举，并成为卡车司机工会的主席。James Hoffa，Jr. 于 1998 年 3 月上任，申请政府停止干预工会内部事务。他发起了反腐败的运动，被称为 RISE 项目（尊重、正直、能力、伦理），建立了工会会员的行为规范。RISE 项目的主要部分是对与有组织的犯罪的关系进行评估。Edward H. Stien，美国的前检察官，被卡车司机工会雇用以监督 RISE 项目的实施，希望借此配合政府完成调查，从而证明自己有能力自行管理。

但是，在执行 1989 年合同时，政府和卡车司机工会的关系再次出现紧张。2002 年 6 月，Hoffa 递交了有关章程修改的提案，如一人一票的规则和会员直接选举全国性工会的干部等。Hoffa 希望 2002 年秋天的选举变得更加透明，章程的修改和 RISE 项目也同样透明，能够结束法院与联邦政府对卡车司机工会内部事务的监管。

资料来源："1991 International Officers Election," in *Daily Labor Report* (Washington, D. C.：Bureau of National Affairs), June 12, 1990, p. A-16; "Decision of Kenneth Conboy to Disqualify IBT President Ron Carey," *Daily Labor Report*, November 18, 1997, pp. D-1-32; and "IBT Negotiating with Justice Department for End to 12-Year Government Oversight." *Daily Labor Report* 95, May 16, 2001：A-10.

## 6.5.6 John Sweeney 的当选和劳联—产联的重新定位

执掌劳联—产联多年的主席 Lane Kirkland 退休后，工会主席一职的选举引发了一场有关工会的未来和劳联—产联角色的辩论。1995 年 10 月，John Sweeney，服务性雇员国际工会（SEIU）的前任主席当选劳联—产联主席，并强调工会需要更积极地开展组织活动，要重新定位劳联—产联的角色。

伴随着 John Sweeney 的当选，劳联—产联发布了新的行动宣言（见图表 6.6），并且开展了一系列新的措施，包括：

（1）在劳联—产联建立一个新的组织部门，每年预算 1 000 万美元。劳联—产联建议其他全国性的工会将组织问题优先提到议事日程，并就组织活动提供战略研究和其他帮助。

（2）投入 4 000 万美元用于 1996 年、1998 年、2000 年国会议员的选举，组织了一个以问题为导向的阵营从而试图选出一个同情劳工的国会。这些活动提高了会员的积极性，获得了巨大的成功。在 1992 年的选举中，19% 的投票人是工会家庭；到 2000 年，这个数字上升到 26%。

（3）1996 年启动了"工会之夏"项目，吸引大学实习生到工会领域协助工会从事组织活动和政治活动。

（4）在劳联—产联建立一个新的战略活动中心，以帮助协调工会组织统一战线阵营的活动。我们将在下一个章节讨论这些活动。

（5）劳联—产联组建了一个"田野"动员部，以鼓励中央劳工委员会（劳联—产联的多方工会的地方组织）的活动。利用这些协助工会进行组织活动和社区政治活动。

图表 6.6　　　　　　　　　　　　　劳联—产联新的行动宣言

劳联—产联的任务是改善工人的家庭生活——为工作场所带来经济正义，为我们的国家带来社会正义。为了完成这项使命，我们必须建立和改善美国的劳工运动。

**我们要通过组织工人进入工会从而将广泛的美国劳工运动推广开来**

我们要招募并且培训组织者的接班人，集中资源进行组织活动并且制定战略以在组织运动和工会合同谈判中获胜。我们需要使会员理解组织工作的重要性，扩大在非组织化工人中的影响力。我们要通过这些努力争取领导劳工运动。

我们将代表工人在政治上发出声音。我们要让各级政府早日将有关工作家庭的提案提上议程。我们要影响州政府的决策。我们要为了社会正义与经济正义争取联合。我们要在劳工运动中创造一股政治力量，当涉及我们生活的政治决策时，我们需要政治上的代言人。

**我们要改变我们的工会，在变化的经济形势下为工人代言**

我们要在经济全球化运动中、在我们受雇的行业内、在我们所工作的企业里、在每天的工作中为工人发出一个新声音。我们要转变工会的角色，不再只着眼于会员的合同而是要让工人在一切影响到工人利益的决策中有发言权——从资本的投资到我们的产品和服务的质量，再到如何组织我们的工作。

我们要改变劳工运动，在我们的社会中为工人创造出一个新的声音。我们要让工人家庭的声音响遍全国。我们要创造有活力的社区劳工委员会，接触到基层的工人们。我们要强化劳动者与我们之间的联系。我们要用更有效的方式为工人谋福利。

# MISSION AND GOALS
# OF THE AFL-CIO

尽管工会对上述这些新政策非常热情，但仍然有一些工人和工会领导人不赞成上述的某些做法。2001 年 3 月，出于对劳工运动节奏和本质的变化的不满，木匠工会从劳联—产联中脱离（见专栏 6.4）。

专栏 6.4

---

### 木匠工会脱离劳联—产联

2001 年 3 月，美国木匠工会（UBC）投票一致通过从劳联—产联中脱离。木匠工会的主席 Douglas McCarron 称这个决定是由于对劳联—产联组织与开支政策的不满。他批评道，劳联—产联仍然在旧有的规则程序下运作，而忽视处理工作场所最紧迫的问题。McCarron 称"他的责任是为工作中的木匠们谋福利，而不是建立一个制度结构，我们要为需要的改变作努力"。McCarron 希望劳联—产联能迅速解决其内部争端，这样两个组织仍旧能保持开放的关系。

劳联—产联主席 John Sweeney 对木匠工会的决定表示失望。他认为，"今天的工会需要加强联合，为木匠工人提供强有力的声音，这是其他工会会员和所有工作家庭都面临的严峻话题"。同样的，Edward Sullivan，劳联—产联住宅与建筑业务部门的主席认为，在未来的几年，劳工应该紧密联合共同面对困难，比如"一个敌视的政府和一个敌视的国会"。

美国木匠工会的脱离使得劳联—产联住宅与建筑业务部门面对巨大的财政压力，美国木匠工会一直是住宅与建筑业务部门的 15 个成员工会中会费缴纳最多的组织。劳联—产联和其住宅与建筑业务部门一直指控木匠工会较前些年故意少交会费。2000 年 2 月，劳联—产联的财务委员会批准了给木匠工会制定合理的缴费标准，并要求补齐每月 20 000 个会员的会费。但是，在木匠工会作出脱离劳联—产联的决定后，劳联—产联执行委员会一致通过要求木匠工会全额补齐所欠会费。木匠工会还未就此作出回应。但是，Douglas McCarron 曾在退出劳联—产联前多次表达了他对缴纳会费的不满，甚至声称"这是在赞助一个没有为其成员带来利益的华盛顿的官僚组织"。

McCarron 坚称木匠工会脱离劳联—产联是正确的选择。他相信工会不需要一个联盟进行组织以增加工人的利益。他希望木匠工会与共和党、民主党保持温和的关系，并且能够灵活地处理事务。同时，木匠工会可以自由地与其他职业工会竞争管辖权，用 McCarron 的话说，木匠工会能够"组织今天的行业工人，而不只停留在 25 年前的水平"。

2002 年后半年，媒体报道根据木匠工会与劳联—产联的商谈，木匠工会有可能重新加入劳联—产联的住宅与建筑业务部门。

资料来源："AFL-CIO: Carpenter Unions Withdraws from the AFL-CIO, Citing Disagreement over Internal Policies," *Daily Labor Report* 62, March 30, 2001: AA-1.

---

劳联—产联仍然对它的日程表进行着更新和修改。2001 年后期，劳联—产联批准了一个新的项目以试图将政治活动和会员组织与动员相联系。这个新项目由每人增加会费作为支持，和其他各种会费一样，遭到了激烈争论（见专栏 6.5）。在劳联—产联的新措施之下，全国性工会和地方工会实际会发生多大改变，以及在木匠工会宣布退出劳联—产联

后，劳联—产联会不会有进一步分裂的趋势，这一切还有待观察。

## 6.5.7　工会的服务模式与组织模式

随着工会会员在美国劳动力的比例持续下降，工会内产生了激烈的辩论，即工会代表工人的方式是否需要从它的传统服务模式转向组织模式。传统的服务模式是指聚焦于合同谈判和合同管理，以及为工会会员提供一系列服务。在这种模式下，集体谈判由全国性工会和地方工会负责进行，并辅以劳联—产联的政治游说。相比而言，较少的资源用来投入到组织工作中，并且在服务模式里，工会会员在罢工行动中扮演重要角色，而不参与工会日常事务。

与此相对，工会的组织模式聚焦于将较多的资源和活动用以组织工作。进一步说，这种方式即要求会员参与工会的组织活动和工会内部事务的管理。在工会对外和对内的组织活动中都要动员工会会员参加。有多少工会可以采用这种组织模式，这种模式是否能够带来工会会员的增加，这还有待观察。

## 6.5.8　工会的合并

一个全国工会能够改变自身管理结构的做法之一就是与其他工会合并。1955年劳联—产联的合并目标之一就是通过合并使工会结果合理化并且巩固成员工会。的确，George Meany 和 Walter Reuther，当时分别是劳联和产联的主席，希望新的劳联—产联的成员工会能从起初的135个合并减少到50个。现在劳联—产联的成员工会大约有69个。

工会合并的优势之一在于，通过规模经济和减少由于工会竞争带来的成本从而使管理和谈判收益增加。小工会缺乏为工会会员服务所需要的财政资源和专业人士，可以合并到大型的、财政资源较丰富的工会。减少同行业或同职业工会之间的竞争可以解放更多的原来用以互相残杀的资源，以提升集体谈判和政治努力的效果。最后一点，一些传统职业的工会可以放心地集中资源帮助会员适应环境的变化，保障会员的就业，而不再要为维护工会的存在而煞费苦心。

另一方面，对工会的合并持批评态度的人认为，工会合并并不是解决已经过时的工会管辖权之争的理性做法。相反，他们认为，某些合并只不过是一种机会主义和扩张主义的行为，是工会领袖希望得到更多会员、更多财富、对他们来说更稳定的工作和在劳工运动中更大的权力。批评者们还质疑工会合并是否能提高工会管理和集体谈判的效率。他们强调大型工会对会员的控制和工会民主具有消极影响。

随着会员的减少，一些工会也面临着财务危机，因此近年来不得不裁减工会的工作人员。因此，正如衰落的行业中工人面临解雇一样，工会职员们也面临着失去工作岗位。

为了应对财务危机和其他压力，很多工会都寻求合并（见专栏6.6）。小型工会希望通过合并组建大工会以增加在集体谈判中的实力，并保护工会职员的经济利益。也有一些较大的工会进行了合并，例如1995年 ILGWU 和 ACTWU 合并组成了 UNITE。代表政府雇员的工会通过合并，在工会所代表的部门在美国劳动力中持续下降的情况下，变成了美国最大的工会，例如 AFSCME 和 SEIU。

伴随着技术的变革，运营有效工会的成本的上升，使得工会合并面临巨大压力。同时，合并一个或多个工会产生的政治上的问题也影响着工会合并（比如，很明显合并后将只有一个主席）。批评者们质疑下列问题必须得到解决：合并者们改善了他们许诺的管理和集体谈判服务的水平了吗？他们提高了会员适应新的技术进步的能力了吗？合并后的收益有没有带来对会员控制和工会民主的问题？这些问题值得深思。

## 6.5.9　网络化工会

流动性已经成为工人今天职业生涯的重要特征，或许明天，工会需要一个新的概念来定位。当工人们变换职业，甚至当他们在家庭周期的不同阶段进入或退出劳动力市场时，工会可能会成为工人网络化的代言人。这个概念和此前提到的数据对应，即很多工人在他们工作生涯的某个时段遭遇工会，却并不始终是工会会员。

进一步说，研究数据表明，工人们在他们职业生涯的早期形成对工会的印象。如果在他们职业生涯的早期没有加入工会，在此后工会就很难再引起他们的兴趣。这就需要工会将他们的角色定位于劳动力市场的全方位服务，即当大多数工人投票选举工会，进行集体谈判后，工会要为工人们提供终生学习的机会和职业发展的信息，提高养老金覆盖以及其他集体合同没有涵盖的项目。工会结构也亟待改变。工会需要加强在社区和地方工会的活动以支持工人的流动性和为其持续服务。

这种方法是否能给工会带来生命力，很明显如果美国工会得以复兴，就不能仅仅把更多的资源投入到传统的战略中，而要在组织和代表活动中创新。

**专栏6.5**

---

**劳联—产联批准提高会费以筹集"工作家庭"政治项目的经费**

2002 年 5 月，劳联—产联执行委员会批准了从 2005 年 7 月起每个会员每月增加 4% 的会费。这项增收预计将达到 700 万美元的收入，以备政治项目之用。根据主席 John Sweeney 所言，这些钱将用于教育和会员动员上，不会花在候选人和政党身上。这项行动是劳联—产联在 12 月的大会上所通过的一个 10 点的项目启动的。这个项目试图通过一系列举措将政治与组织、会员动员联系起来。会员动员将在 2002 年 2 月通过"工作家庭"项目提上议程。这个议程号召增加和保护好的工作岗位，通过长期投资重塑美国，保护退休福利，支持普遍的医疗照顾，支持可靠的企业，赞助劳动法进行改革从而对工人组织更为有利等。

只有两个工会反对这项增收，卡车司机工会（IBT）和国际机械师联合工会（IAM）。虽然 IBT 的主席 James Hoffa 宣称，他认同劳联—产联选举一个代表工作家庭的国会的目标，但是 IBT 希望更多人参与候选人选举并监督劳联—产联的政治款项如何花费。Hoffa 还希望代表劳工的候选人更为可靠，因为政治就是"拿走你的钱，但是选举时投反对票的把戏"。Hoffa 还批评劳联—产联更多赞助民主党而不是共和党的做法。IAM 的主席 Thomas Buffenbarger 表达了对劳联—产联和劳工运动政治赞助后只收到极小收益的失望。但是，与 Hoffa 不同，Buffenbarger 将劳联—产联失去权力归责于一个共和党总统及共和党在国会占大多数的状况。他相信劳工运动需要重建民主党，可

---

以通过将低级别的对党忠诚的人从地方政府选到州政府，再推举到更高的政府机构中来实现。

John Sweeney 的回答是，这个项目"不是对候选人的政治献金，而是通过解决与此相关的问题改善工作家庭的生活水平，并且让候选人在这些问题上代表我们的利益"。因为很多成员工会提出希望知道劳联—产联如何运用这笔资金，劳联—产联官员计划与劳联—产联政治委员会协商，并向执行委员会（由众多全国性工会主席组成）提出建议。同时，劳联—产联还计划在每个预算周期对成员工会进行投入，以更好地运用政治款项。Steven Rosenthal，劳联—产联的政治总监，说劳联—产联支持Teamsters 支持前共和党人的战略，还说劳联—产联将继续积极地寻找可以支持自己的共和党候选人。

资料来源："AFL-CIO Executive Board Approves Per Capita Tax Increase for Political Programs," *Daily Labor Report* 100, May 5, 2002：AA-1.

专栏6.6

## 近期的工会合并

工会仍有很多理由进行合并，通常是为了增加谈判实力和影响力。Alan Barnes 是纸业、相关产业、化工能源工人国际工会（PACE）的 4 367 个地方工会的财务秘书，他说工会合并使工会有更多的资源、更多的项目用于职业安全与健康、组织与研究等工作。PACE 是 1999 年将石油、化工和原子能工人协会以及国际纸业工人协会合并后成立的。Johnny Rodriguez 是美国联合食品与商业工人协会的主席，他说合并的收益远远大于成本。1999 年 5 月，纺织操作工、服务业贸易、健康照顾专业和技术国际工会，一个代表 13 000 名洗衣工、家庭护工和纺织操作工的独立小工会加入了美国联合食品与商业工人 协会（UFCW）。Rodriguez 称他希望通过合并增加会员率，因为合并后的工会"增加了集体谈判、组织化和社区参与的资源"同时"扩大了你的权力、经济实力和政治领域，从而让更多的人认识你"。James Hoffa，卡车司机工会的主席，在他的任期内也缔约进行合并。他批准了一项吸纳 50 000 名火车工程师工会会员的提案。

尽管国家教育协会和美国教师联合会，代表教师的最大的两个组织，希望合并已经很多年，但仍没有官方的合并方案。2001 年 7 月，两家工会签署了一项合作协议，为进一步开展合作提供了框架。这项协议成立了一个委员会，由每个工会各派 15 名代表加入。这个委员会还包括 11 名美国教师联合会执行委员会的成员和 9 名国家教育协会执行委员会的成员。这个委员会将决定两家组织以什么形式开展合作，包括召开会议讨论共同关心的问题、协调法律行动等。

资料来源："Union Mergers Give Workers Stronger Voice, Union Leaders Tell Labor-Management Forum," *Daily Labor Report* 65, April 4, 2000：C-1；"Hoffa Vows to Grow Union through Organizing, Mergers," *Daily Labor Report* 58, March 26, 2002：A-9; and "NEA Approves Partnership Agreement Providing for More Cooperation with AFT," *Daily Labor Report* 130, July 9, 2001：A-9.

## 6.5.10 劳联—产联的分裂和"变革求胜"组织的建立

随着工会会员的减少，劳工界开始讨论如何重建工会实力。1995 年 John Sweeney 当选为劳联—产联主席，并且面临着对劳联—产联政策方向和领导力的改革。10 年过去了，一个全新的工会领导人团队开始挑战 Sweeney 的行政团队，并提出有关劳工运动的新方向。2001 年，木匠工会因为不同意劳工运动变更节奏和性质而退出劳联—产联。到 2004 年，很多大型工会呼吁劳联—产联进行变革，要求把更多的资源用以组织活动和鼓励合并小工会从而组建更强大的工会。

2005 年，有关劳联—产联未来发展方向的争论愈演愈烈。2005 年 5 月，四大主要工会，服务性雇员国际工会（SEIU）、美国酒店工会（UNITE HERE）、卡车司机国际工会（IBT）和北美劳工国际工会（ILIU），联合提交提案呼吁劳联—产联改革。这个提案聚焦于三个领域。第一，应该将更多的资源用于组织活动。为了鼓励组织活动，他们提议减少组织活动开展得好的工会应缴会费的一半。第二，他们认为现存的较小的工会很难在组织活动中配置资源，因此指定各行业和职业的领头工会，鼓励小型工会合并进入大工会。第三，他们认为劳工的政治努力应该聚焦于打造劳工运动和增强工人的实力上，包括支持倾向于劳工的共和党及第三方候选人，而劳联—产联却将他们的政治活动的大部分资源用以支持一个政党，即民主党的候选人。

劳联—产联执行委员会否决了提出改革的提案，相反采纳了由 John Sweeney 提出的相反提案。反对改革提案的原因是，将资源从政治活动转移到组织活动会减少倾向于劳工的候选人的当选概率，合并小工会会干涉工人们选择工会的自由权。

2005 年 6 月，四个持反对意见的工会，联合食品和商业工人协会（UFCW），宣称组建新的工会联盟，即"变革求胜"联盟（CTW）。在 2005 年 7 月劳联—产联的大会（讽刺的是，这原来是庆祝劳联与产联合并建立劳联—产联工会的 50 周年庆祝会）上，卡车司机工会（IBT）和服务性雇员工会（SEIU）宣称它们将脱离劳联—产联并加入"变革求胜"联盟。2005 年 9 月，"变革求胜"联盟在密苏里州的圣路易举行成立大会，标志着半个世纪以来美国第一次同时出现两个大型的工会联盟。除了发起成立的五大工会外，"变革求胜"组织还吸收了美国木匠工会和农场工人联合会（United Farm Workers）。联合了七大工会后，"变革求胜"联盟代表了美国 600 万工人，而劳联—产联则代表着 900 万工人。专栏 6.7 介绍了服务性雇员工会的主席，如今成为"变革求胜"联盟的核心领导人之一的 Andy Stern。

"变革求胜"联盟的支持者认为，在工会入会会员减少的情况下，需要一个全新的、有活力和创新的工会运动，而劳联—产联做不到这点。相反，反对分裂的批评人士认为，劳工运动分裂为两个互相竞争的工会联盟会削弱工会的实力。劳联—产联领导人的支持者认为，分裂是源于劳工运动内部领导权和控制权的纷争。需要注意的是，这个纷争来自于 John Sweeney（前服务性雇员工会主席，后来的劳联—产联主席）和 Andy Stern（"变革求胜"联盟的新领导，曾于 1995 年接替 John Sweeney 担任服务性雇员工会的主席）。

分裂后人们担心两大工会联盟互相竞争，而不能就代表工会共同利益的议题进行合作。但是，从起初的经历来看，两个联盟还是能够在某些领域相互合作的。2006 年 1 月，

SEIU 与 AFSCME，"变革求胜"与劳联—产联的两大重要工会共同发出电视广告，反对政府削减健康福利支出。AFSCME 还与 UNITE HERE 签署协议，互不干涉各自原来的集体谈判关系，例如，强迫工会会员转换工会等。2006 年 5 月，"变革求胜"联盟与劳联—产联建立了一个政治行动的协调委员会。同时，他们还宣布支持"变革求胜"联盟的地方工会参与劳联—产联在各州的组织和中央劳动委员会。这些共同努力的现象说明两个工会联盟由于分裂而导致的互相敌视的态度会随着双方认清其共同利益而改变。

劳工运动近来的分裂说明了什么问题呢？对于劳工运动，一个危险是政治领域的声音由于分裂而弱化。这是劳联—产联对分裂行为持批评态度的人最担心的问题。如美国钢铁工人联合会的主席 Leo Gerard 在分裂时评论道："今天是灾难性的一天，因为离开劳工大厦的人们会动摇我们的大厦。我为他们感到可耻。"同时，在美国历史上也曾有过相互竞争的工会联盟的时期。1935—1955 年，在劳工运动发展最为迅猛的时期也正是劳联和产联相互竞争的时期。2005 年"变革求胜"联盟在宣言中回顾了这段历史。20 世纪 30 年代产联的建立就是为了组织新的大规模生产下的工人们。"变革求胜"组织是否能够在未来完成相似的历史使命，或者会出现 20 世纪 50 年代劳联与产联合并的情况，我们将拭目以待。

专栏6.7

---

### Andy Stern，SEIU 的主席与"变革求胜"联盟的支持者

学生可以成为老师，儿子可以成为老子，旧的变成了新的——这有很多例子。Andy Stern 是美国原产联主席 John L. Lewis 的回忆录的作者，也是 SEIU 的主席，当他成为"变革求胜"联盟的奠基人之一时，便成为了 John Sweeney 和劳联—产联的极大挑战者。Stern 是如何走到这一步的呢？

Stern 出生于新泽西州的西奥兰治，从宾夕法尼亚大学毕业后，作为一个为州政府服务的雇员开始了他在 SEIU 的职业生涯。不久他便成为地区工会的主席，两年后，即他 29 岁时，被选举为 SEIU 执行委员会有史以来最年轻的委员，从此他开始在工会历史中崭露头角。

1984 年，SEIU 的主席 John Sweeney 带着 Andy Stern 来到了华盛顿领导一个全国性组织阵营。Stern 一直站在 Sweeney 身边直到 1995 年，Sweeney 要求 Stern 的帮助，带领他的竞选阵营接任劳联—产联主席。在 Sweeney 赢得劳联—产联主席后，在正式选举前 SEIU 有一位过渡期间主席，由于担心 Stern 的实力和魅力，过渡期间主席开除了 Stern，但是 Stern 在 1996 年的正式选举中重新夺回了主席的位置。在接下来的 8 年里，Stern 取得了令人惊叹的成绩，在任期内组织了 60 万名会员工人——这个数字是Sweeney 几乎花了两倍时间完成的。但是，2002 年，Stern 个人生活中的一个悲剧改变了他的工作。

Stern 的女儿，Cassie，患有先天性肌无力症，她的身体在童年时期十分虚弱。2002 年，在进行脊柱侧凸的矫正手术后，Stern 早晨起来发现女儿在床上身体冰冷，而且没有呼吸。在绝望中他将女儿送往附近医院救治，可是 Cassie 陷入了昏迷，不久便

---

去世了。在这次打击后，Stern 不确定自己是否还能继续工作，甚至没有参加工会的一些会议。

一天，Stern 突然意识到虽然他不能救自己的女儿，但是可以为美国街头那些贫穷困难的人们做一些事情。在这个理念下，Stern 向 John Sweeney 和劳联—产联递交提案，希望采取一些更成功的战略。他提案中的最大问题是认为劳联—产联扩张太慢。在劳联—产联的 60 个成员工会里，有 50 多个成员工会的会员人数少于 6 万——很难影响整个行业的组织工作。所以，他反对在劳联—产联组织架构内存在众多相互竞争的同行业工会，Stern 希望行业内仅有一到两个大型工会代表所有会员。同时，Stern 还批评劳联—产联在政治联盟上花费了太多预算，而不重视会员的招募。为了证明这个观点，Stern 引用了他在 SEIU 的成功例子，主要归功于直接招募会员。

虽然 Sweeney 对 Stern 的观点很赞同，也意识到需要改变，但他却在劳联—产联内部没做什么改变。因此，2004 年，Stern、SEIU 和其他三个工会成立了"团结合作新天地"（New Unity Partnership，简称为 NUP），着眼于以行业为基础组织工会和招募新会员。在劳联—产联合并 50 周年纪念日的当天，Stern 给了劳联—产联一个选择：或者尽快改革，或者 Stern 和其身后有着 100 万会员的 SEIU 将和其他一些工会（包括卡车司机工会）退出劳联—产联。2005 年，NUP 没有作多少改变便改组为"变革求胜"联盟，2006 年吸收了从劳联—产联退出的其他四个工会，由 Stern 负责掌舵。

现在，Stern 被他的批评者们描绘为自大、过于自信甚至独裁。这些人认为，Stern 的行为是为了掌握权力而并非寻求改革。但是，他的支持者们却不这么认为。从选取 SEIU 的紫色标志到他做的几乎所有事，都赢得了众人的信任和赞赏。他不像其他的工会领导人那样，他在工会的组织活动中甚至会亲自抓细节，并且生活简朴。

但是 Stern 的战略是否对劳工有利？他的组织活动是否能逆转劳工运动的低潮？只有时间知道，但有一件事可以确定：接下来的时间将是美国劳工运动极为关键的阶段。

资料来源："Stern Criticizes AFL-CIO on Immigration Bill; Says Unions' Decline Led to Rise in Lawsuits," 3/20/06. *Daily Labor Report*, March 20, 2006: C-3; "Stern Outlines How He Would Change Labor Movement to Boost Organizing," 6/23/04. *Daily Labor Report*, June 23, 2004: C-1; "Can This Man Save Labor?" 9/13/04. BusinessWeek, September 13, 2004, p. 80; "Sweeping changes will save unions, says Stern, who knows turmoil," 2/27/05. *The Philadelphia Inquirer*. "Love, Labor Loss: A Child's Death Stirred Andrew Stern to Challenge Himself—and Unionism," 1/3/06. *The Washington Post*.

## 本章小结

本章开头引述的工会会员的数据揭示了当今工会面临的最具挑战性的问题。美国工会在劳动力中所占的比重从 20 世纪 50 年代早期开始下降，这种下降趋势比有些行业成立非工会化的分厂对工会的威胁更大。导致这种下降有很多原因，如人力资源管理战略和在一些非工会化的企业抵制工会的战略、经济结构和劳动力结构的变化、国际贸易竞争的加剧，以及工会在某些情况下无能为力的状态。工会没有采取什么有力的措施扭转这一局面。

但是劳工运动的前景也并不完全悲观。人力资源管理对工会的替代也仅在美国很有限的劳动力部门应用。很多工人并不能维持长期的雇佣关系，而长期关系是使人力资源模式起作用的必要条件。美国的临时工、非全日制工人、劳务派遣的工人越来越多，他们会从事某个职业却不再为某个雇主一直工作。这些工人的出现对采取新方法招募和保留工会会员也提出了挑战。

同时，尽管很多工人对工会领袖和劳工制度存疑，但是大部分还是倾向于让工会代表工人行事，帮助他们处理与他们的职业安全和雇佣条件相关的事务。由于无法满足工人们的这些需要，以及在战略上出现了分歧，使得劳联—产联和它的竞争对手——从劳联—产联分离出去的"变革求胜"联盟重新思考他们的基本战略。但是工会的组织活动和代表战略是否会有长期的深远变革，以及这些变革是否与新的工会政治战略相联系还有待观察。

由于工联主义在美国占主导，所以集体谈判是美国工会的中心任务。同时，美国工会在政治和社区事务上非常主动。全国性工会参与的活动包括集体谈判、政治游说和组织活动，同时他们还负责监督地方工会的运作。

工会依靠它们的成员选举工会干部，并形成政策战略。除了少数例外，美国工会内部非常民主。民主还体现在工会应该如何面对会员减少和环境压力挑战的广泛争论上。

# 讨论题

1. 美国工会的基本理念是什么？讨论有关这一理念的争论。

2. 很多人口特征，如职业类型和性别等，对工会入会率起着重要作用。讨论其中的一些特征。

3. 本文给出了有关工会会员减少的七个原因。简要讨论这些原因。

4. 全国性工会的结构对工会是否可以成功地与雇主进行集体谈判至关重要。讨论工会管辖权在结构中起的作用。

5. 自从劳联—产联合并后，很多工会进行了合并，以巩固其结构和会员。支持合并的理由有哪些？反对的有哪些？

6. 描述 John Sweeney 当选为劳联—产联主席后的举措，为什么面对这些举措，其他一些工会领导觉得有必要组织另一个工会联盟，即"变革求胜"联盟？

7. 你认为劳联—产联与"变革求胜"联盟分裂后会加强还是削弱美国劳工运动？

# 第 3 部分

## Part Three

# 产业关系的功能层面的分析

# 第 **7** 章

## 工会的组织与集体谈判结构

第 7、8、9、10 章将分析中间一个层面的产业关系活动。本章的重点是工会的组织活动和新工会的选举程序，以及集体谈判的结构。谈判结构要确定集体谈判协议覆盖哪些雇员。

在某种程度上说，工会代表权的选举是集体谈判中最重要的一个步骤。例如，如果尚未组织起来的工人没有选举工会代表其利益行事，那么集体谈判将无法进行。从另一方面说，工人对这种选举是否感兴趣决定了接下来的集体谈判方式。

各种环境因素塑造了在工会的组织过程中各方的力量与偏好。例如，法律在推动工会组建和代表权的选举中扮演了重要角色。环境因素还会在劳资的正式谈判采取何种结构上产生重要的影响。例如，罢工作用力和经济环境不仅对工会是否可以组织成功至关重要，同时还决定了各方对某种谈判结构的偏好。

## 7.1 工会的组织活动

只有先承认某个工会是某群雇员的唯一谈判代表，集体谈判才可以开始进行。通常来说，这就需要工会赢得代表权的选举（尽管雇主可以自愿地承认一个工会，如果这个工会可以证明它代表了绝大多数雇员）。下述将分析与代表权选举相关的一些事件与规定。

### 7.1.1 工会组织雇员的程序

工会的组织活动和代表权选举的关键步骤在专栏 7.1 中已作了说明。需要注意的是，在美国国家劳工关系委员会确定进行选举日程前，选举单位中至少要有 30% 的人出示授权卡表明工人愿意参加选举。专栏 7.2 介绍了最近的一场选举中应用的一份通知单和一张工会授权卡。为了更好地理解工会的组织程序是如何进行的，我们需要首先了解为什么工人需要工会代表他们行事。

1）为什么工人需要工会代表

有证据显示，工人倾向于加入工会通常是因为：①他们对现行的工作与雇佣条件极度不满；②他们相信工会能够帮助他们提高工作条件；③他们愿意容忍工会在大众眼中的一些负面的刻板形象。

工人参加工会是因为他们对雇佣条件很不满，也因为他们对有关工作场所的决策过程有意见，所以，工人选举工会代表他们行事是希望他们能在集体谈判中提高工资，或者工人可能是对近期管理层的决策（比如解雇或不实的绩效评估）表示不满。在这些情况下，工人愿意寻求工会的帮助，希望工会改进管理层将来的决策，或者最起码，帮助他们在未来的决策中能够更多地表达出反映他们利益的声音。

专栏 7.1

### 工会的组织活动和代表权选举的步骤

（1）对工会感兴趣的雇员挑选某个工会，了解组织工会的权利，寻求工会的帮助进行组织活动；或者，工会主动找到某群雇员，向他们解释他们的权利以及他们组织工会可获取的利益。

（2）工会从雇员那里获得他们对组织活动的支持，要求雇员在授权卡上签名。

（3）当搜集到足够的授权卡说明雇员支持工会时，工会就可以要求雇主承认工会可以充当雇员的谈判代表。如果至少有 30% 的雇员签署了授权卡，工会就可以向 NLRB 申请进行确认工会代表权的选举。如果有 50% 以上的雇员签署了授权卡，工会就可以要求雇主承认工会的代表权，或者，如果雇主拒绝承认，或雇主采取了不当劳动行为，工会就可以要求 NLRB 举行选举。如果雇主不愿承认工会，那么任何一方都可以向 NLRB 申请确认工会代表权的选举，以验证工会是否赢得了大多数雇员的支持。

（4）NLRB 经过调查决定是否可以进行选举。委员会需要考虑一些问题，诸如这群工人是否能成为一个独立的谈判单位，工人对选举是否普遍感兴趣，这是否已经是一个谈判单位，在过去的 12 个月是否已经进行过一场选举。最重要的是，委员会要决定这个谈判单位是否合适。

（5）如果 NLRB 发现选举的条件都满足，就可要求进行选举。选举的正式程度各异，取决于劳资双方存在多大的意见分歧。如果工会已经开展组织纠察活动，就可以施行简易的程序。

（6）当选举日期确定后，双方的选举阵营开始行动。在这段时间内法律对双方的行为都有约束，以保证工人是在"实验室条件"下进行自由的选举。

（7）NLRB 的代表主持无记名投票选举。工会、雇主和 NLRB 都可以质疑雇员的投票权。如果有 2 个以上候选的工会，或者选举中没有任何一个工会得到大多数选票，将重新对得票最多的两个工会进行选举。

（8）如果工会赢得选举，则无人反对或提请上诉，NLRB 将确认该工会是雇员的唯一谈判代表机构。雇主有义务与其开始谈判第一个合同。如果雇主赢得选举，那么在接下来的 12 个月内将不得再进行选举。

图表 7.1 是 Richard Freeman 和 Joel Rogers 做的一份问卷，通过调查得出了雇员选举工会代表其利益的原因。调查显示，决定雇员选择工会的重要因素是他们对管理层的信任程度，以及他们是否得到了管理层公正的对待。

图表 7.1　　　　　　　　　　**雇员投票选择工会的动机**

没有参加工会的雇员说如下话时，表示他们更可能投票支持工会：

1. 雇员与管理人员的关系糟糕；

2. 他们不信任管理层；

3. 他们相信管理层不关心雇员；

4. 他们不喜欢现在的工作；

5. 他们对工作和他们的影响表示不满；

6. 他们相信管理层不愿意分享权力。

资料来源：Survey evidence reported in Richard B. Freeman and Joel Rogers，*What Do Workers Want?* (Ithaca：Cornell University Press，1999)

2）工会的选举阵营

工会通常依靠工会组织者们在选举中赢得雇员的支持。这些组织者通常包括工会的全职工作人员，他们为选举活动到处奔波。工会还经常招募现有的雇员作为组织者。工会的组织者和支持者通过一系列渠道极力传播有利于工会的信息，还经常在工作外的时间里在当地教堂或社区会议室召开小组会议。在有些情况下，工会的支持者们（通常是某些职业的工人）还可以在工作时间内在工作场所散发信息。

专栏7.2

---

### 工会授权卡

是的，我已准备好与其他雇员一道为在 Puget Sound 争取更好的养家糊口的工资和更好的未来而组建工会。

签授权卡只是第一步，打造工会的影响力需要每个人的参与。以下是你可以做到的事：

☑参加工会会议；

☑请求其他工人签授权卡；

☑对工会选举进行宣传；

☑站出来支持我们的结社权利。

打电话给卡车司机工会的 174 个地方工会以获取更多的信息。

---

### 工会代表权授权卡

我将与其他工人一道为建立美好的未来而努力。我在此授权卡车司机工会的 174 个地方工会代表我与雇主进行有关工资、工时和工作条件的谈判。

| 将卡片归还到发放卡片的人手中或者寄到工会 | | |
|---|---|---|
| 姓名 | 社会保险号码 | |
| 地址 | 所在城市　邮编 | |
| 电话 | 卡车车主或司机的姓名 | |
| 雇主姓名 | 执照号码 | |
| 签名 | 日期 | |
| 负责分发授权卡的人是：_____ | | |

3）管理层的选举阵营

管理层在工会选举中不会是消极的旁观者。管理层通常会设计人事政策或者其他政策来劝说雇员不要支持工会的代表。回顾这些政策是很有必要的，因为管理层在选举中实行的这些策略对选举结果有着重要的影响。

管理层在选举前采取削弱工人参与工会动机的策略通常包括以下几方面：

（1）工资与福利等于或高于当地劳动力市场具有可比性的工人的平均工资；

（2）增加诸如培训和职业发展等员工项目的投资；

（3）极力稳定就业，尽可能避免裁员；

（4）建立一套先进的沟通与信息分享的系统；

（5）通过非正式的机制鼓励员工参与有关工作方式的决策；

（6）营造积极的环境与氛围，培养并表彰忠于组织的行为；

（7）实行合理的薪酬管理、绩效评估和晋升体系，不仅要奖励工作绩效的提高，同时也要承认资历的作用；

（8）建立非工会化的不满申诉程序（通常不包括有约束力的仲裁）；

（9）把新的生产和服务地点放在农村或者工会力量薄弱的地区。

管理层并不会采取上述所有的政策。有的时候虽然采取了一些政策，但仍然会出现工会选举阵营。

如果遇到工会选举，管理层通常就有一系列手段诱使工人不投票给工会代表。管理层可能会召集工人（可能是找某个人或者某群人）开会解释有关情况。在 NLRA 的规定下，管理层在工作时间是有权召集此类会议的（法律允许在选举开始前的 24 小时召开这种"迷惑听众的演讲"）。在这种演讲中，代表管理层的发言人（通常是总裁）会提醒雇员参加工会的直接成本以及罢工带来的收入损失。

根据 NLRA 的规定，当选举开始后，雇主不能威胁工人说，如果他们加入工会或者投票赞成工会，就要对他们进行惩罚。NLRA 还禁止雇主作出引导雇员抵制工会的承诺。但是雇主可以对未来作出预期，只要这个预期是基于事实的。所以雇主可以说，如果工会赢得选举并且要求增长 50% 的工资，雇主将裁员——只要有证据表明增加 50% 的工资确实提高了成本，从而不得不裁员。

NLRA 还授权 NLRB 如果发现雇主在工会代表权选举中有严重的违反劳动法的行为，就可以直接承认工会的代表权，并要求雇主与工会进行谈判。尽管 NLRB 很少发出谈判命令，但专栏 7.3 揭示了近期 NLRB 审理的一个案例。

现在比较普遍的现象是，公司雇用顾问或者律师事务所指导或者直接介入管理方的选举阵营。专栏 7.4 的材料描述了劳资双方在同一次的组织选举中的一些文件。可以想象一下，你是要参加选举的雇员，收到以下的文件，你是否会在作出支持或者反对工会的决定上受到影响？专栏 7.5 即是近期一个工会代表选举的传单样本。

专栏 7.3

## NLRB 命令雇主承认工会的罕见案例

NLRB 极少运用职权命令雇主承认工会，除非雇主严重违反劳动法。这个例子就发生在 Nevada Casino 酒店（从属于 Flamingo Hilton 酒店集团）。起源是 1993 年钢铁工人联合会进行组织活动。雇员在 1993 年以 495 对 389 否定了工会的代表权。钢铁工人联合会质疑这次选举，并认为雇主在其中采取了不当劳动行为。1997 年 8 月，NLRB 没有进行工会选举并命令 Flamingo Hilton 酒店集团承认工会并与之谈判。

NLRB 之所以这样做，是因为发现了 Flamingo Hilton 酒店集团的管理层在 1993 年选举前后，根据求职者对工会的看法对求职者进行了非法筛选。委员会同时发现，Flamingo Hilton 酒店集团的管理层参与了"非法的反对工会的活动"。例如，在工会选举前改变了健康福利政策；提高了雇员的工资，并且告知雇员，如果工会获胜，雇员就不会得到工资的增加；在选举前夜启动了不满申诉程序；安抚了工人的不满，并承诺如果工会选举失败，就会解决工人们的抱怨事项；阻止工人就工会进行讨论，并打击工人们对工会的感情。

资料来源："NlRB：Labor Board Affirms Bargaining Order for Steelworkers Local at Flamingo Hotel," *Daily Labor Report*, August 11, 1997, 154, p. D-7.

专栏 7.4

## 管理层的选举材料

亲爱的同事们：

请认真考虑一下将在 4 月 21 日在这里举行的选举吧！我们要考虑到一些重要的事项，这一点非常重要。这些年来我们的公司为你做了什么？我们提供了工作，一份难得的稳定的工作，在现在并不是件容易的事情。你我都知道，公司已经提供了很好的工资和福利，如带薪休假、养老金和医疗与人寿保险等。并且，**千万不要忘了每年圣诞节丰厚的奖金**！我们的公司长时间来一直很关注你，而工会的组织者只会给你带来账单。他们要收会费、评估费、人头费和其他一切巧立名目的费用。这些钱都要从你的工资袋中溜走。

这些外面的工会组织者们是谁，他们为什么要这么做？他们靠工会会员的会费生活，他们不付出任何东西，除了没有保障的虚假诺言。现在他们又来要求你为他们的生活费掏腰包了。如果工会赢得了选举——尽管我知道你不会让此发生，正如之前你已经拒绝过多次一样——第一件事就是工会让你付会费。这意味着，一旦你授权给它，工会的会费就会从你的薪水中直接扣除。是的，工会想要的不过是让你上钩并且一直从你口袋里掏钱。工会告诉过你这就是他们要请你做的事吗？还有工会的所有规则和规定都是什么呢？工会有两本长达 95 页的章程，当工会的组织者晚上去你们家的时候，他们带了一份复印稿给你吗？

与你的家庭讨论一下这次选举吧。这对你和家庭十分重要。记住：工会没有给你工作也没有给你工资。工会唯一保证会给你的就是工会会员需要缴纳会费——每个会员都要交！每个月都要交！

**投票反对吧——你不需要工会！**

真诚的

John Smith
总裁

---

## 工会的竞争材料

# 力 量

这是组建工会的基础
同样也是做正确的事情的基础
本周五，还有两天，我们就有机会显示我们的力量

——我们需要力量探讨重大事宜：
保险、9 天规则、资历、假期、丧葬工资、
我们的爱好、工作应有的尊重。

——我们需要力量提出这些严峻的问题；

——我们需要力量建立组织为我们的家庭争取更好的生活；

——同样需要力量坐在那里，听取 Smith 先生的演讲，
他拒绝公平、公开的辩论。

但是，我们已经做到了，我们为此自豪！

我们是强大的，我们是团结的，我们将赢得胜利！
为了我们的家庭！我们的未来！
请投工会肯定的一票！

专栏 7.5 选票样本

**美国国家劳工关系委员会**

SAMPLE

官方匿名选票
为 Delavan Industries, Inc.
Blasdell & West Seneca,
NY 的部分雇员所制

**你希望由汽车工人联合会代表你进行集体谈判吗？**

**在下面方框填写"X"**

是 否
□ □

不要在此选票签名。折叠好后投递选票箱。
如果你毁坏了选票，请向委员会代表索取一张新选票。

## 7.1.2 选举单位

选举单位是谈判单位的基础。选举单位是由国家劳工关系委员会（或者其他各州某个适当的机构，依有关雇员的管辖权而定）决定的拥有合法参与投票选举工会代表权的雇员。

定义一个合格的选举单位必须在以下两个方面作出决定：首先，要决定选举单位所覆盖的雇员范围。这涉及是要以职业为基础（仅覆盖单个职业的雇员），还是以行业为基础（例如，工厂里所有的从事生产和维修工作的蓝领工人）来决定选举单位。还要决定是以一个工厂或一个地区为选举单位，还是把多个工厂和不同地区的雇员放在一起进行选举。其次，必须决定哪些人属于监督管理人员或经理人员，因为根据美国 1947 年通过的对 NLRA 的修正案，即《Taft-Hartley 法案》的规定：监督管理人员不在此法案的覆盖之列。

1）选举单位的范围：NLRB 的标准

由于选举人员的构成会影响选举的结果，所以选举单位的范围通常是争议的焦点。简单地说，工会经常想得到一个最能使工会赢得选举的选举单位，而雇主则想要得到一个工会获胜几率最小的选举单位。NLRB 表示，在选择选举单位时要确保最基本的目标，即确保雇员有"法案所保障的选举中的足够的自由"。

NLRB 和其在各州、各地区的组织在界定合格的选举单位时，通常会考虑以下标准：

（1）雇员对于组织工会的兴趣；

（2）若换作其他的选举单位，则是否能保证劳资关系的稳定性；

（3）要给专业人士和技术性雇员足够的选择自由；

（4）集体谈判的历史和雇主的决策结构。

某些雇员履行了监督管理职能，劳资双方对他们是否应该被排除在外可能产生意见分歧，这四条对于解决这方面的纠纷非常有效。

是否把技术工人作为某个工厂（公司）的生产工人一起放进同一个选举单位，这在定义选举单位时非常难以抉择。尽管 1947 年的《Taft-Hartley 法案》的第 9（b）（2）条，就是要限制 NLRB 把技术工人放入行业选举单位的职权，但是 NLRB 常常驳回把技术工人排除在外的申请。这是因为，NLRB 认为，技术工人与生产工人之间的相互依赖关系使得他们应该组成一个综合的选举单位。

NLRB 在某种程度上更倾向于将技术性雇员放在单独的选举单位内。1947 年的《Taft-Hartley 法案》的第 9（b）条禁止 NLRB 将技术性雇员与非技术性雇员放在同一个选举单位，除非大多数技术性雇员经过选举后同意被放在较大的综合性选举单位内。

2）在医院选举单位的确定

医院和其他公共机构集体谈判的盛行也引发了有关选举单位的诸多难题。例如，医院内各类专业人员在专业上存在一系列差别，他们工作内容的性质也有极大不同。20 世纪 70 年代和 80 年代，在工会寻求组织不同的医院时，NLRB 需要决定这些多种类的雇员是否应被放在普通的选举单位内。例如，注册护士、没注册的护士和助理护士在代表权选举中是否应该被放进同一个选举单位中？护士与医院行政人员或实验室人员是否应该被放进同一选举单位中？

为了解决这个问题，NLRB 最初是让医院内各个群体分别建立独立的选举单位：注册护士和实验室专业人士、行政人员与书记员、服务和维修人员等（都成立了各自的选举单位），后来，NLRB 将选举单位的范围扩大。1990 年，NLRB 又倾向于回归到建立较小的选举单位。因此，医院雇主频频向联邦法院申诉，争议便由此而来。

## 7.1.3 工会组织活动的成功率

2005 年，工会在代表权选举中赢得了 61.5% 的成功率（在 2 117 次选举中成功 1 302 次）。这个数据自 1964 年后稳步下降，当时工会的获胜率为 61%，但 1996 年后有所反弹。2005 年，工会在 NLRB 认可的选举中成功组织了 63 700 人，较之前的 84 000 人有所减少。2004 年，工会在选举单位人数不到 50 人的选举中赢得了 63% 的选举，可与此对比，在 500 人以上的选举单位中，这个比率仅为 46.7%。在大型的拥有多个分厂的公司中，工会甚至连确保收集到足够的以获准进行选举的授权卡都有困难。

不同的工会在代表选举中的参与程度和选举的获胜率各不相同。卡车司机工会（Teamsters）是其中最活跃的工会，在 2005 年举行了 555 次代表权选举，大约占 NLRB 当年所有代表权选举的 1/4。第二个代表权选举活跃的工会是 SEIU，2005 年进行了 196 次选举。劳工联合会（Laborers）是其中最成功的工会，在参加的 NLRB 负责举行的代表权选举中，它赢得了 72.1% 的选举。SEIU 排在第二位，赢得了 69.4% 的选举。

同时，较低的工会组织成功率和美国仅 14% 的工会参与率说明，仅有很小部分的美国劳动力期望由工会代表他们行事。但是 Richard Freeman 和 Joel Rogers 教授的研究表明，有数目相当可观的非工会化雇员渴望由工会代表他们行事（见图表 7.2）。将 32% 的希望由工会代表他们行事的私人部门的非工会化雇员和90%希望维持工会代表权的工会会员结合起来考虑（见图表7.3），Freeman 和 Rogers 计算出44%的私人部门劳动力希望由工会代表他们行事。

希望获得工会代表选举权的公营部门的雇员甚至更多，正如图表7.2所示。因此 Freeman 和 Rogers 推测，美国存在一个"代表权缺口"，说明希望获得工会代表的工人比例和实际获得工会代表的工人比例之间存在差距。

图表7.2　　　　　　　　**非工会会员希望工会化**

如果今天进行选举，作为雇员的你是否愿意由工会来代表？

|  | 公营部门 | 私营部门 |
|---|---|---|
| 支持工会 | 39% | 32% |
| 反对工会 | 48% | 55% |

资料来源：Richard B. Freeman and Joel Rogers, *What do Workers Want?* （Ithaca：Cornell University Press，1999）.

面对工会化程度的不断下降，美国工会正在采取新的策略（将在第8章中阐述）。新的组织策略之一是工会加强对专业人员的组织工作，专栏7.6描述了工会采取新的策略组织包括大学研究生在内的助教群体。

即使工会赢得了大多数的代表权选举，也并不意味着将立即开始第一个劳动合同的谈判。美国 NLRB 要求雇主和工会进行善意谈判，但是法律并未要求双方必须取得一致。事实上，在新成立的谈判单位中只有2/3的单位签订了第一个劳资协议。

图表7.3　　　　　　**工会会员对于继续维持工会代表权的调查**

如果今天选举，那么你是投票维持工会的代表权还是取消工会的代表权？

|  | 公营部门 | 私营部门 |
|---|---|---|
| 维持工会 | 83% | 90% |
| 取消工会 | 13% | 8% |

资料来源：Richard B. Freeman and Joel Rogers, *What do Workers Want?* （Ithaca：Cornell University Press，1999）.

专栏7.6

---

### 大学研究生组建工会

新世纪出现了对包括大学研究生在内的专业人员组织工会的潮流。根据 Paul Almeida，劳联—产联专业人员部门负责人的说法，大学也如公司一样，他们只是要"维持底线……"

对研究生助教进行组织活动最初成功的案例发生在1969年的威斯康星州立大学。在接下来的30年里，公共部门谈判很快扩展到其他公立学校，包括在纽约州立大学（SUNY）加利福尼亚系统的学校和在加利福尼亚的加州大学（UC）系统的学校。从

---

1999 年到 2002 年春天，32 个公立学校认可了研究生集体谈判代表。但是研究生工会的形成还处于自发状态，因为传统形势上的工会仅在有长期依附关系的企业内存在，但是下列因素催化了这个进程。从 1970 年到 2000 年，每年授予学位的人数（从本科到博士）增加了 1.5%，同时博士毕业找工作的人数趋于下降。这说明学生要获得学位需要在学校待更长的时间，同时学生们在经济上缺乏保障，这使得他们更易倾向于建立工会。

2000 年的下半年，NLRB 将研究生助教们可以组建工会的权利扩展到私立大学。2002 年 1 月，纽约大学和美国汽车工人联合会（UAW）达成了协议，这是私立大学与研究生助教之间的第一个集体谈判合同。这个为期 4 年的合同覆盖了 40% 的研究生。大学还同意支付全部健康福利的费用。作为回应，纽约大学保持了对教学的控制，如研究生应该教什么课程，课堂上应有多少学生，同时不允许罢课的条款也包含在合同之中。

研究生们组织工会的努力扩展到了其他私立大学，如哈佛、哥伦比亚和康奈尔大学。不满的研究生们指控大学将他们视为廉价劳动力，以弥补终身教授的不足。在哥伦比亚大学，学校管理者反对工会，认为工会破坏了高质量的教学并导致学生与教员之间的关系紧张。2002 年 4 月，哥伦比亚大学向 NLRB 申诉，要求 NLRB 推翻有关纽约大学的裁决，因为研究生教学是学术训练的一部分，并且他们获取了奖学金，所以不能被视为普通工人。这个案件还将持续一段时间。

2002 年大学研究生们组织工会的活动将专业人员的工会化推向了高潮，23% 的专业人员组织了工会。

2004 年 7 月，在一个布朗大学研究生助教案中，NLRB 推翻了它之前在 2000 年对纽约大学的裁决，认为研究生是学生而不是雇员，因此不能根据 NLRA 进行集体谈判。但是这项裁决并不影响公立学校的研究生助教根据州立法参与集体谈判，但是它确实将私立学校的研究生助教从劳动法案保护的范畴中排除了出去。这个裁决还使得如住院医师、实习生及其他小群体是否受联邦劳动法的保护备受争议。

尽管不受联邦劳动法的保护，但是这并不意味着集体谈判关系的自动终止或是合同的无效，雇主仍需要采取诸多步骤来结束集体谈判。例如，在 NLRB 就布朗大学案作出裁决后，纽约大学决定结束集体谈判，并且结束对代表研究生的工会的承认，让第一个合同在 2005 年 8 月 31 日到期时作废。在纽约大学拒绝进行第二次谈判时，研究生助教们采取了罢课的手段给校方施加压力，以使校方重返谈判桌。尽管罢课持续到 2005—2006 学年末，但是工会没能成功，纽约大学没有接受集体谈判的要求。

资料来源："NYU Becomes First Private University to Reach Pact with Graduate Assistants." *Daily Labor Report* 22, February 2, 2001：A-2. "NLRB 3-2 Reverse NYU, Won't Allow University Graduate Assistants to Organize." *Daily Labor Report* 136, July 16, 2004：AA-1; and "NYU Graduate Assistants Return to Jobs as Academic Year Begins." *Daily Labor Report* 175, September 11, 2006：A-6.

## 7.1.4　选举阵营的活动是否会影响工人的投票

研究表明，如果选举延期，工人就不倾向于投票支持工会。研究还表明，雇主在选举阵营中采取非法的行为（发出信号表示雇主强烈反对谈判）将影响第一个合同的达成。还有证据表明，劳资关系紧张并且工资较低的企业有较大可能在选举阵营中采取不当劳动行为。

但是选举阵营的活动在多大程度上能影响工人在工会代表权选举中的投票，研究者却提出了相反的证据。例如在 20 世纪 70 年代，Julius Getman、Stephen Goldberg 和 Jeanne Herman 对超过 30 个选举阵营进行的研究表明：无论是雇主还是工会方采取的非法选举行为对选举结果仅有很小的影响。因此，他们认为，NLRB 对选举活动不用如此关注（尤其是不必具体到审查选举宣言的准确性、对利益的承诺，或者来自任何一方的威胁）。Getman 的再次研究却发现，选举程序启动前后雇主的策略会严重影响到工会是否赢得选举。更进一步说，雇主的反对还会明显降低赢得代表权的工会是否会在第一次谈判中获胜。

## 7.1.5　取消工会代表权的选举

许多工会通过赢得代表权选举而获得了会员，而在取消工会代表权的选举中失去了会员的支持。1947 年通过的对 NLRA 的修正案，即《Taft-Hartley 法案》，规定了取消工会代表权选举的程序。

自 1947 年颁布《Taft-Hartley 法案》以后，取消工会代表权的选举数量比代表权的选举数量少很多，但是近年来这一数字却一直在增加，而工会在选举中落选的比例也在增加。《Taft-Hartley 法案》实施后的第一年，举行了 97 场取消工会代表权的选举，但仅占当年 3 822 场代表权选举的 3%。这个比例从 20 世纪 50 年代到 60 年代稳步上升，一直持续到 20 世纪 70 年代。2005 年，共有 331 场取消工会代表权的选举。工会在选举中能保留代表权的仅占 33.5%。

尽管取消工会代表权的选举的数量在增加，但大多数工会会员对工会和领导者还是满意的。一个近期的调查显示，工会会员对他们在工作场所与在工会的经历总体上比较满意，如图表 7.4 所示。同样，图表 7.3 显示，有 90% 的工会会员将会选择保留工会。

## 7.1.6　关于劳动法改革的争论

工会在代表权选举中的低成功率，引发了对美国劳工法案赋予集体谈判权是否能够落实的争论。记住，法案最初的目的旨在保障雇员能够就工会代表权自由选择，不受虚假承诺和信息的诱导，不受来自雇主和工会任何一方的威胁和其经济力量的滥用。为了保证这个客观性，美国 NLRB（和大多数州立机构）试图为选举建立"实验室条件"。这个理念意味着工人能够自我判断他们是否需要工会，从而不受错误信息的引导。

劳动法改革的支持者认为，对选举中采取不法行为的雇主的惩罚过于轻微。他们还认为，制裁不当劳动行为和进行代表权选举的时间过于漫长，并且他们认为，雇主仅仅关闭工厂即可阻止工会，这是很不合理的。在专栏 7.7 中介绍了 La Conexion 一案，以说明雇主惯常采用的策略以及为何现阶段的劳工运动对现有的程序感到失望。

图表 7.4 　　　　　　　　　　工会会员对工会的满意度

你将如何描述自己在工作场所与参与工会的经历

| | 公营部门 | 私营部门 |
| --- | --- | --- |
| 非常好 | 24% | 26% |
| 好 | 40% | 45% |
| 不好 | 6% | 5% |
| 非常不好 | 2% | 2% |
| 既好也不好 | 26% | 22% |

说明：这项调查抽取了一组工会会员样本。

资料来源：Richard B. Freeman and Joel Rogers, *What do Workers Want?* (Ithaca：Cornell University Press，1999).

国会在 1977 年和 1978 年展开了大辩论，讨论劳动法的改革。国会提交了一份修改劳动法的提案，包括对违反劳动法的不法行为予以严惩，对选举作出严格的时间限制，对遭遇不正当劳动行为的受害人实行及时的补救措施。这项法案未能通过（该项法案在众议院通过，1978 年却在参议院遭到否决）。1991 年，国会再一次就《劳动法修正案》发生争论，这一提案提出限制雇主雇用长期罢工替代者的权力。1994 年，被称为"邓洛普委员会"的总统委员会，建议对劳动法进行一系列修改，以解决雇主有意拖延的问题和处理雇主一系列反工会化的活动，这些将在第 15 章详细论述。但是在最后，邓洛普委员会的提案被否决了。所以，有关劳工政策的争论仍在继续。

专栏 7.7

---

### 雇主是在采取抵制工会的策略吗

#### ——La Conexion 案

1997 年 11 月，美国哥伦比亚特区联邦上诉法庭推翻了美国 NLRB 的一项裁决，认为 Sprint 有充足的商业理由关闭在 La Conexion 的工厂。关闭工厂事件发生在 3 年半前的 1994 年 7 月，就在全厂 177 名说西班牙语的工人进行工会代表权选举的前 8 天。

1995 年 8 月，美国通讯工人联合会在 La Conexion 组织工会时提出控告。一位 NLRB 的行政法法官认为，企业从事了很多反工会的选举阵营的活动，包括威胁关闭工厂等。1995 年 12 月，NLRB 裁定，Sprint 有罪，它从事了影响工人行使基本权利的违法行为。NLRB 告知 Sprint 停止以"关闭所有有工会进入的工厂"作为威胁。NLRB 并没有要求关闭的厂重新开张，而是要求 Sprint 为工人在现存的工厂内提供与之前相同的工作。NLRB 还要求公司支付从闭厂到重新安排工作这段时间的工资。

Sprint 不服 NLRB 的裁决上诉到联邦上诉法庭，结果联邦上诉法庭推翻了 NLRB 的裁决。联邦法院称"一系列经济原因"导致了闭厂行为，尤其是财务上的原因，而不是工会的原因而关闭工厂。同时，法院也认为，Sprint 在 1994 年春天采取了非法的反对工会选举的活动，从而导致 NLRB 对 Sprint 后续的闭厂行为作出错误的裁决，认为其违反了《美国劳工关系法案》。

这个案件具有深远的国际影响，因为它首次对北美自由贸易协定下的劳工协定提出了质疑。

资料来源："Sprint Lawfully Shut Down Division During Union Campaign, Court Rules," *Daily Labor Report*, November 26, 1997, no. 228, p. D-9; and "NLRB Orders Sprint to Rehire 177 Workers at La Conexion Familiar," *Daily Labor Report*, December 31, 1996, no. 250, p. D-5.

专栏 7.8 总结了支持劳动法改革的人士所提出的各种建议。这些建议很少有成功的。如果不对法律进行修改，很多分析人士认为，雇主对工会采取抵制的做法就仍将盛行。而这些也将使工会主义者们采取新的非传统的策略。

## 7.2　非传统的工会组织策略

### 7.2.1　统一战线策略

由于工会使用传统的选举策略遭遇到诸多困难，所以很多工会采取了更积极的统一战线策略（corporate campaigns）及其他策略以增加工会成功组织的几率。统一战线策略包括工会的各种行动，例如对高管人员施加公众的、财务上的或者政治上的压力。

例如，在 20 世纪 70 年代后期，在一项针对 J. P. Stevens 公司的统一战线策略中，美国服装及纺织工人联合会（ACTWU）成功地组织了一次全国性的对 Stevens 产品的联合抵制活动，并向在 Stevens 董事会有一席之地的银行威胁将取出存在该银行账户的工会养老金。最后，在近 10 年的努力下，1981 年双方开始就第一个合同进行谈判。工会类似的努力还发生在如 Beverly Nursing Homes 这样的企业中。

专栏 7.8

---

**有关代表权选举程序改革的建议**

1. 给予工会与雇主同等的为选举接触雇员的权利；

2. 解除对雇主和工会有关选举发言的约束；

3. 尽快执行选举规则，加大对下述违法行为的处罚：

（1）运用法庭禁令阻止重大的违法行为，或者对此采取补救措施，如选举期间的歧视性解雇；

（2）要求让遭遇不当劳动行为的雇员迅速重返工作岗位，在选举结束前，即在投票时让工会的支持者在岗；

（3）当雇主有意侵犯雇员的权利时，允许雇员和工会提起民事损害诉讼；

---

（4）提高雇员可得补偿的金额，以免雇主长期采取非法行为（在现有的法律规定下，仅允许法庭判处雇员自解雇起获得与失去工资同等的补偿额）；

4. 实行快速的选举方案，允许在较快时间内进行选举；

5. 让工会能够为了缔结第一份协议举行罢工，禁止雇主雇用永久性罢工替代者，允许工人在罢工期间联合抵制雇主的产品；

6. 当第一份合同谈判遇到僵局时，要求进行仲裁。

资料来源：Paul C. Weiler, "Milestone or Millstone: The Wagner Act at Fifty," in *Arbitration 1985*: *Law and Practice*, ed. Walter J. Gershenfeld (Washington, DC: Bureau of National Affairs, 1986), pp. 37 –67; and Charles J. Morris, *American Labor Policy*: *A Critical Appraisal of the National Labor Relations Act* (Washington, DC: Bureau of National Affairs, 1987).

大多数的统一战线策略都与其他一些策略一同实施，如对其他一些与企业有业务往来或关联关系的个人或公司施加压力。这些行为都发生在工会领导人发现在 NLRB 监管下的工会代表权选举中，资方采取了不当劳动行为或者对选举程序有质疑的情况下。

# 7.2.2 在组织"工友"（保洁人员）的过程中所使用的策略

自从 20 世纪 80 年代开始，SEIU 在一些地区通过采取非传统策略组织工友人员。在某些情况下，工会甚至采用了 NLRA 和 NLRB 规定程序之外的活动来获得工会代表权。他们的组织阵营名为"工友的公正"（the Justice for Janitors），建立在多个雇主（地区性）的基础上，不通过 NLRB 代表权选举，让雇主自愿承认工会。这个选举阵营通常向几个大雇主施加压力，而这些雇主要依靠分包商提供给他们的建筑物的保洁服务，如专栏 7.9 中描述的苹果公司。"工友的公正"组织阵营还试图与社区的其他团体结成联盟，如教会等，以寻求公众的支持。

专栏7.9

**"工友的公正"选举阵营**

1985 年，服务性雇员国际工会（SEIU）开展了"工友的公正"选举阵营以声援在匹兹堡的 Mellon 银行的清洁工人罢工。这次为了组织清洁工人而开展的全国性活动针对的是一些利润很高却把清洁服务包给非工会化清洁公司的大公司。SEIU 针对的是使用非工会化清洁公司服务的大公司，而没有直接针对非工会化的清洁公司展开活动，这是因为工会认为正是这些大企业通过确定支付给分包商的价格从而决定了这个行业的工资标准。工会还认为，非工会化的清洁公司大量使用没有身份文件的工人，经常违反工资和工时的规定，提供的是低工资与低福利。SEIU 还援引数据说明，非工会化的清洁工每年的平均工资仅为 12 000 美元，而且没有任何健康福利。

苹果电脑公司、丰田汽车公司、惠普、Carr Real Estate、美泰玩具公司（Mattel Toys）等大公司是本次运动的目标。在本次运动中，工会采取的策略有这样一些：设置纠察线，进行示威，与商业团体合作，通过负面的公众报道给大公司和非工会化的清洁公司施加压力。丰田公司和美泰公司在工会年刊上登上了"北美最垃圾的公司"排行榜。

SEIU 的组织活动成功地吸引了 35 000 名新会员。在组织华盛顿商业区的 4 000 名工友时，SEIU 将 Carr Real Estate Services Inc.，这家华盛顿特区最大的开发商设为目标。组织者们在街上进行了声势浩大的示威活动，在公司大厦前和公司高管的住宅前设置了纠察线，公布公司的纳税记录，使公众对这家公司与非工会化清洁公司签约产生了负面印象。Carr Real Estate 向 NLRB 控告工会采取了不当劳动行为。最后，双方达成了协议，但是 Carr Real Estate 仍然成为 SEIU 的组织目标。

1997 年春天，SEIU 的主席 Andrew Stern 公开承认，街头示威、中断交通和其他一些针对 Carr Real Estate 的违反市政规定的活动，以及针对其他在华盛顿特区雇主的行为过于激进。他倡议结束罢工和纠察活动，同时接受第三方的介入。Stern 同时强调，尽管方式需要改变，但是工会的最后目标不会变，那就是要提高保洁人员等工种的工作条件。

2000 年，SEIU 代表超过 100 000 名工友在全国 40 多个城市开始进行集体谈判。谈判的目标是缩小城乡之间工友的收入差距，并且提高全职工作的职位数量。当年底，工会代表了约 185 000 名工友，占这个部门全国人数的 6.5%。然而，在 22 个大城市工会代表了该部门这类工人人数的 65% 以上。SEIU 宣称，它将继续在不同地区组织这类市场的大多数人，因为要明显提高这些人的合约利益的唯一方法就是制定行业标准。很多雇主之所以犹豫是否要提供更好的工作条件，就是因为它的竞争对手没有工会化，因此他们可以从给雇员的低工资中获益。

SEIU 在 2001 年的组织活动中选取了东北部的三个主要地点：北新泽西、费城的一个郊区和巴尔的摩市。组织活动在上述地区获得了成功，使得 SEIU 的会员增加了 9 000 名。只有当每个地区的清洁工行业中的大多数工人都组织起来了，才能让谈判所得到的高工资的合约真正实行。每个地区的工资率从每小时 6.5 美元上涨到 7 美元，到每小时 9 美元上涨到 9.5 美元不等。

2002 年，SEIU 的目标地点增加了两个东北部城市：华盛顿特区的郊区和波士顿。SEIU 的目标是组织低工资、大量非工会化的东南部、西南部地区市场，从而全国的工会化清洁公司可以与本地区非工会化的清洁公司竞争，这样就增加了郊区全职工作的比例。

总的来说，"工友的公正"选举阵营采取了创新的策略，以组织竞争激烈的行业中非工会化的工人。但是，该项运动在它试图组织南方地区时遇到了麻烦，因此需要应用更创新的集体谈判策略。

资料来源："100 000 janitors Covered in the SEIU Pacts Bargained During the 2000 in Two Dozen Cities," *Daily Labor Report* 229，November 28，2000：C-1.

### 7.2.3 劳联—产联的组织局和劳联—产联的组织部门

劳联—产联在 1985 年出版的《工作的演变》报告中，承认工会面临着组织工作的诸多困难。1989 年，劳联—产联采纳了该报告的一项建议，组建了新的劳联—产联组织局。劳联—产联一直以来有一个专司组织活动和提供相关服务的部门。组织局专注于提供组织服务和培训新的组织者。在 John Sweeney 当选为劳联—产联的主席之后，如前一章所述，劳联—产联成立了一个新的组织部门，并获得了不小的预算资金。它的任务是拓展组织活动。除了招募新会员和向新的组织者提供培训外，这个新的组织部门还为成员工会提供组织活动的建议与咨询。劳联—产联还向大学生提供一些夏季组织活动项目的实习机会。

### 7.2.4 大众组织方法

劳联—产联采取组织活动的一个目的是推广成员工会成功的组织经验。服装与纺织工人联合会（UNITE）和服务性雇员国际工会（SEIU）在组织活动中有超过一半的获胜率。这些工会选举的组织者大多是年轻的、受过良好教育的成员，他们直接与对工会感兴趣的工人进行沟通，同时与其他社区组织开展合作，如教会。这种组织方法被称为"大众"组织策略，与传统的自上而下、依靠某个组织者和正式沟通渠道的策略相区分。"大众"组织策略还试图扩展工会要解决的问题，如儿童照顾计划、平等工资和其他与当代劳动力问题紧密相关的议题。Kate Bronfenbrenner 的研究发现，在私营部门采取这种"大众"组织策略较传统策略更易获得成功。

但是，劳联—产联是否会增加对"大众"策略的使用还要拭目以待，这种做法是否会对工会组织活动的成功有重要作用也有待观察。

### 7.2.5 工会代表权选举中雇主保持中立

在工会的组织活动中会使用一些集体谈判的语言。其中一条就是雇主同意在工会的组织活动中保持中立。例如，在 CWA、UAW 和 USWA 的协议中，雇主同意"既不帮助也不阻止"工会的组织活动，但是合同允许雇主向雇员告知"事实"，在某些情况下仅指回应询问。另一个不同的方法，可以酒店和制衣工会的合约作为典型实例，此合约要求雇主不允许反对工会代表权。只有在极少的例子中，雇主对工会代表持欢迎态度。

工会领导人要求管理层在增加新投资时让工会也受益，并能取得新建机构的工人代表权。在一些情况下，雇主接受工会代表新机构工人的要求，但是要求工会答应资方的一些灵活性措施并且维持合作的劳资关系。

管理层面临的一个战略选择是：是在工会代表权选举中与工会对抗，还是自愿承认工会以换取工会维持合作式的劳资关系。近来的研究表明，如果不采取敌视工会选举的态度，劳资双方就能够建立更好的劳资关系。工会在近几年推动了管理方根据授权卡来承认工会的做法，我们在下面就要讨论这一点。这使得资方在工会的组织活动中的态度更为中立。

## 7.2.6 自愿承认工会

NLRA 允许雇主自愿承认工会，同时，该法案还要求雇主在代表权选举中保持中立态度。20 世纪 40 年代到 50 年代，雇主在选举中采取自愿承认和保持中立的态度并不奇怪。此后，雇主自愿承认和保持中立的态度开始转变。当然，这种趋势也有例外。

1) 施乐公司的案例

施乐公司（Xerox）即是一个例外。施乐公司自 20 世纪 30 年代起与 UNITE 一直有集体谈判关系（施乐原本与 ACTWU 进行谈判，后来此工会与 ILGWU 合并成立了 UNITE）。因为公司的创始人 Joseph Wilson 坚定地奉行积极的劳资关系的价值观，因此公司历史上对工会组织施乐的工人持中立的态度。当公司开设新工厂时，公司并不反对 UNITE 代表公司的生产和维修工人。（当然，寻求企业对工会的承认仍旧是工会的职责。工会或者通过选举或者向企业提出证据表明工会已经获得大多数工人的授权卡，授权工会代表其利益，这样就可以获得对工会的承认）

**西南航空公司的案例**

西南航空公司开始是作为地区航空公司创建的，位于得克萨斯州。它的创始人和首席执行官 Herb Kelleher 直到 2002 年退休都将合作的劳资关系视为获得服务行业企业竞争优势的来源。他不反对工会，直到现在西南航空公司仍然是航空业工会化程度最高的公司。这个战略让西南航空公司受益多年。西南航空公司成长为雇员人数第六位的航空公司，从 1990 年到现在也是行业内盈利最高的公司，同时客户满意度也最高。西南航空公司的成功经验之一就是富有弹性的劳动合同、合作性的劳资关系，以及员工对公司的参与和协作。

2) 通用公司的案例

通用公司历史上对工会的承认及其与现在的谈判单位的关系也十分具有启示性。在 20 世纪 70 年代早期，通用公司在南方开设了很多拒绝工会化的新厂，尽管美国汽车工人联合会（UAW）试图进行组织活动，但都失败了。但在 1976 年 UAW 与公司进行谈判，要求通用公司在今后新公司的工会组织活动中保持中立，工会获得了胜利。1979 年，双方还达成附加条款，只要通用公司开设新工厂，UAW 将自动获得代表权进行集体谈判。这项条款使公司认识到，如果在新建工厂推行抵制工会的政策，那么 UAW 将在原有工厂就工作条件等问题不与公司合作。

1985 年，通用公司与 UAW 的合作更进了一步，当公司要开设一个新部门生产小型车时，双方联合设计新厂的劳资关系和工作制度。这项在通用土星分部（Saturn）施行的协议引发了保守的、反对工会的团体的反对。他们称这项协议违反了 NLRA，因为这种在工人招募之前事先进行工会化的行为剥夺了工人自主选择加入还是不加入工会的自由。美国 NLRB 驳回了这种意见，认为有充足的理由相信通用土星分部和通用其他的工会化的工厂有密切联系。通用土星分部的很多工人是以前在通用其他工厂工作的人，很多工人申请进入土星分部是因为他们之前服务的通用工厂关闭了。

通用公司和福特公司与 UAW 在 1999—2003 年合同的谈判中接受了在他们的运营中心和其他分厂通过工会授权卡承认工会代表权的做法。这些协议对新开设的分厂，如 Delphi

和 Visteon 这些非工会化的工厂有重要影响，因为非工会化的工厂将在今后迅速发展。值得注意的是，Chrysler1999—2003 年协议的谈判没有同意 UAW 通过工会授权卡承认工会代表权的做法，这使得 UAW 在组织 Alabama 流水线工厂时付出极大的努力，这家工厂曾是 Daimler Benz 的工厂，现在则是 Daimler-Chrysler 的工厂。

UAW 正在努力组建独立的汽车分部。虽然汽车制造业工会化的程度曾经很高，但从 20 世纪 70 年代起，这个部门面临着管理层激烈的反工会化行动，UAW 和其他工会没有能力在代表权选举中获胜，使这个部门的工会化程度大减。在接下来的选举中，UAW 要求企业接受通过授权卡承认工会代表权的做法，或者最起码在选举中保持中立。专栏 7.10 描述了 UAW 在江森自控有限公司（Johnson Controls Incorporated）通过授权卡获得代表权并且与公司签订了第一个合同的情况。

一些原属于贝尔公司的电子通讯业企业近来也自愿地通过授权卡承认工会代表权。有趣的是，雇主这样做的原因是，换取代表电讯员工的工会、CWA 及 IBEW 在雇主有关并购和管制政策上的支持。专栏 7.11 描述了最近在 Verizon 和 SBC 中发生的事。

正如专栏 7.12 所讨论的，自愿地通过授权卡承认工会代表权的合法性遭到了质疑。

**专栏 7.10**

### 江森自控汽车制造厂通过授权卡承认工会

2002 年 6 月 12 日，江森自控在路易斯安那州、密苏里州、俄克拉何马州的三家工厂批准了第一份集体谈判协议。这三家工厂和另一家在俄亥俄州的 Northwood 的工厂的工人一起举行了罢工，以破坏使用这些厂生产的配件的通用公司和 Chrysler 公司的配件生产活动。

在罢工之前，江森自控拒绝了 UAW 在 Northwood 的组织要求。而现在，在绝大多数工人都签署了工会授权卡的情况下，江森自控承认了 UAW 代表其 26 家工厂，包括 Northwood 的工厂在内的工人的权利。这 26 家工厂共雇用 8 000 名雇员。26 家工厂还必须遵守雇主在工会选举中保持中立的协定，不妨碍工会的选举。同时，公司还同意，在这 26 家工厂的任何一家，如果多数工人赞成由工会代表行事，则第一份合同可以采取有约束力的仲裁来调停纠纷。

资料来源："JCI Workers Ratify First UAW Contract; Wages Increased, Plant Closings Banned," *Daily Labor Report* 117，June18，2002：A-3.

**专栏 7.11**

### 雇主中立与通过授权卡承认工会的代表权：成败参半

面对雇主在代表权选举中采取的敌视态度和选举成功率的下降，近年来工会越来越多地通过授权卡来获得对工会代表权的承认，并且通常要求雇主在工会组织活动中保持中立。工会在这些实践中成败参半。

在 SBC，通讯工会就是通过授权卡获得了承认而组织成功的（由于最近 SBC 与 AT&T 合并，SBC 现在已经是新的 AT&T 的一部分）。2005 年 8 月，美国通讯工人联合会（简称为通讯工会，缩写为 CWA）在 Cingular Wireless 成功地通过授权卡获得了承认，并且让雇主同意在这些活动中保持中立。如果集体谈判单位 50% 以上的人签署了授权卡，Cingular Wireless 就同意承认工会的代表权。结果，2005 年 11 月，CWA 在 13 个城市及 25 个州组织了超过 11000 名新会员。

但是，并不是所有的让雇主保持中立与通过授权卡承认工会的做法都将获得工会组织活动的胜利。例如，2000 年 8 月，Verizon 通讯公司与电气工人联合会（IBEW）及 CWA 签订了一个 4 年的合约，同意如果谈判单位 55% 以上的人签署了授权卡，则承认工会的代表权。协议签署后的 4 年，因为工会没有获得代表权而导致合约失效。在合约签订的当年，工会称 Verizon 对谈判单位划分得过细从而使工会无法发放授权卡。同时，工会还称公司拒绝承认工会已经获得授权卡的数量，并且提出了对公司阻止承认工会代表权的控告。

资料来源："AFL-CIO Strategic Campaign to Boost Organizing at Comcast, Verizon Wireless," 03/05/04. *Daily Labor Report*, March 5, 2004：A-12；"CWA Organizes More than 11 000 Workers at Former AT&T Wireless under Cingular Pact," 11/28/05. *Daily Labor Report*, November, 28, 2005：A-8；and "Verizon Neutrality Pact with CWA. IBEW Expires after Four Years；No Units Organized," 08/24/04. *Daily Labor Report*, August 24, 2004：A-12.

专栏 7. 12

### 中立协议与通过授权卡承认工会：是否合法

在选举中是否可以签订雇主保持中立的协定，通过授权卡承认工会是雇员的代表，从而不需要由 NLRB 负责进行选举，这一点近来受到严格的审查。

在 2003 年末与 2004 年初，专门生产汽车零部件的 Dana 公司的三名雇员提出了诉讼。诉讼称 Dana 与 UAW 在工会选举前就达成了协议，这样做违反了国家劳工关系法案（NLRA）。特别值得一提的是，这些雇员认为，Dana 与 UAW 在一些原则上作出了妥协，即一旦 UAW 获得了代表权，则 Dana 需要与之进行集体谈判，这样 Dana 就非法地协助了 UAW，而 UAW 也非法地接受了这种协助。这样做的结果侵犯了 NLRA 第 7 条所赋予雇员的权利。

一位行政法官作出的裁决认为，UAW 与 Dana 之间的中立协定事实上并不是承认工会前的集体谈判。于是雇员上诉到美国 NLRB，2006 年 4 月，NLRB 要求双方就自己的立场作出简单的陈述。很多公司，如 Cingular Wireless、Liza Claiborne，以及通用均同意最初的裁决，请求 NLRB 支持行政法法官的判决。他们认为这种方式有利于达成双赢关系，并能解决工作场所的很多问题，对各方均有好处。由于公司与工会合作，所以雇员更能决定他们是否需要工会为其代言。与空头支票和虚假承诺不同，这样做更能使雇员清楚地了解工会可以如何为之服务。

另一方面，也有人站在 Dana 雇员一方要求 NLRB 撤销行政裁决。这个要求是由国会 7 名共和党议员及一家有同样遭遇的企业的雇员提出的。国会议员提出议案称，"在某个独立的谈判单位，在工会还未获得大多数工人支持的情况下签署合同，这违背了 NLRA 的立法目的，即只有当大多数人表明他们愿意由工会代表行事时，才能进行集体谈判。这也侵犯了雇员选择谈判代表的自由，因而无法让雇员所选择的代表代表雇员的利益进行合同的谈判"。

由此可见，对于公司和工会签订中立协定与通过授权卡承认工会的做法，不同的人看法并不相同。你同意谁的见解呢？

资料来源："Parties Weigh in on NLRB Case Involving Neutrality Agreement Between Dana, UAW," 06/21/06. *Daily Labor Report*, June 21, 2006：C-1.

## 7.3 工会复兴的选择

在通过传统的组织策略无力扭转工会会员率低的趋势下，来自工会内部、外部的声音都要求工会采取新的措施进行招募、组织和保留工人。以下是一些工会常用的复兴策略：

- 不依靠美国 NLRB 的选举程序进行组织活动。一些工会用他们的集体谈判力量获得了雇主中立协定和通过授权卡承认工会的做法。如专栏 7.10 和专栏 7.11 所探讨的例子。
- 运用统一战线的选举阵营和对政府监管机构施加政治压力的方式，促使雇主在工会的组织活动中保持中立。美国钢铁工人联合会和通讯工会（CAW）就采取这种方法取得了效果。SEIU 在加利福尼亚成功地采用草根组织方法和进行政治游说的方法，在对 75 000 名家庭护理人员的组织过程中成功设定了一个公营部门的雇主（参见专栏 7.13）。
- 联合社区的力量支持工会的组织活动。最成功的例子是上文提及的 SEIU 的"工友的正义"选举阵营，它获得了路易斯安那州办公大楼的业主和清洁服务的分包商对工会代表权的承认。
- 招收个人作为"会员"，即使不能获得排他性代表权或者签订集体谈判合约。教师联合会很多年前就采取了这种方法，近年来通讯工会等也采取这种方法帮助在微软和 IBM 工作的临时工。

专栏 7.13

---

**SEIU 经过 12 年的努力在加州取得了突破性进展，组织了 75 000 名会员**

1999 年，服务性雇员国际工会（SEIU）在加利福尼亚洛杉矶市赢得了 75 000 名家庭护理人员的代表权，从 20 世纪 40 年代以来，没有一家工会获得过这样的成功。

---

这项组织化运动花费 12 年的时间才完成。1988 年，当组织活动开始时，洛杉矶的家庭护理人员的工资低于每小时 4 美元——是当时州政府的最低工资——甚至不能把工资提高到高于联邦贫困线标准。尽管一周工作 40 个小时使得工人们可以维持基本生活，但是大多数工人由于得不到足够时间的工作而满足不了对基本的生活必需品的需求。同时，由于这些工人被视为独立的承包商，所以他们不能获得医疗保险、带薪病假、养老金和旅行假期等福利。

工人们的这种窘况对 SEIU 来说是一柄双刃剑。一方面，家庭护理人员非常希望加入工会，以摆脱这种糟糕的境况。另一方面，工人们的工作十分分散，他们说着不同的语言，并且由于没有福利和最低工资保障，离职率非常高。家庭护理人员的分散化使教育这些工人进行组织活动十分困难。

更麻烦的是，这个行业没有真正的可以与之进行谈判的雇主。尽管家庭护理人员由州政府赞助的机构支付工资，但是，这些机构不具有与工会谈判的地位。更进一步说，如果客户要解雇工人，这些机构就不能与客户谈判，因为这些机构不能给工人任何承诺（如增加工资或者福利等）。

面对这种情况，SEIU 在组织洛杉矶的家庭护理人员时采取了三方策略：第一种也是最重要的策略是，他们推行草根组织策略。他们发现尽管工人们工作分散，但是一旦找到他们，他们都十分乐意加入工会。SEIU 的组织者通过门对门家访的方法进行组织活动。

第二，工会需要找到可以与之进行集体谈判的雇主一方。工会希望通过联合其他群体以影响政府的政策，确立一个雇主身份进行谈判，以给予家庭护工更好的待遇，从而给予老人们更好的照顾。尽管洛杉矶政府最初曾抵制这样做，因为它相信工会化和高工资会导致财政缩水，但是 SEIU 成功地对政策制定者施加了压力。这样洛杉矶于 1997 年成立了个人助理服务委员会（PASC）作为雇主一方。

1999 年通过对家庭护理人员近 20 年的组织运动，SEIU 在洛杉矶赢得了 75 000 名会员。同时，与个人助理服务委员会达成了一份 5 年合约，这包括连续工作两个月超过 112 个小时的工人可以获得医疗保险、牙医保险和其他如英语和计算机课程的教育、移民支持和教育机会等，同时还提高了工资。

资料来源："Homecare Worker Organizing in California：An Analysis of a Successful Strategy," *Labor Studies Journal*, Spring 2002；Teresa Lingafelter, "OUR VOICE：A Participatory Action Research Project of SEIU Local 434B," UC Institute for Labor and Employment, February 2003；"Workers win a Big One in Los Angeles," *LRA Online*, April 1999.

其他在劳工运动中广受争议的提议，包括在组织成功后采取更多的措施维持会员，甚至是在他们变动工作后也提供服务。这就需要工会提供更广阔的劳动力市场，同时为工人提供继续培训以使他们较容易进行工作转换。还有一种组织方法是通过因特网为工人提供服务。第三种方法是争取年轻人作为潜在会员，包括为他们提供就业指导和就业服务。所有的努力都显示，工人在职业生涯的不同阶段会进入或退出工会。如果工人能够在职业生涯的早期就加入工会并且被给予了足够的理由留在工会内，那么招收会员和会员流动性的问题就可以同时解决了。这些策略将在接下来的时间里通过实践加以证明。

**拓展工会的概念**

很多组织提供了一些传统工会不具备的功能，这也是一个值得尝试的方面。有一些组织，如"Working Today"，招募在纽约的媒体行业和艺术行业作为独立承包商的专业技术人员。"Working Today"提供健康福利、互助工作机会和其他高流动性专业技术人才需要的服务，因为他们是独立承包商，不是雇员，不受 NLRA 的保护。另一种形式是在很多公司内流行的网络群体，他们支持非洲裔美国人、女职员、同性恋者或其他群体。还有一些专业性团体通过政治游说或者与雇主建立非正式关系来代表其成员。典型的例子如律师参与的律师协会、美国医疗协会的各个分支机构，以及其他 21 世纪刚刚涌现的医生专业团体（代表住院医生寻求缩减工作时间，参见专栏 6.1）。

这些团体很少有集体谈判权，但是它们却为成员提供服务和代言与工作相关的事项。是不是工会的界定会发生变化，或者这些组织的成员也应该被视为工会会员？这一切都有待在将来验证。

## 7.4　谈判结构

一旦企业开始工会化，不论是通过选举程序还是其他程序，集体谈判就会随之而来。谈判结构是指集体谈判合同覆盖和影响的雇主与雇员的范围。

劳资双方不一定只在选举单位进行谈判。例如，属于同一个雇主在不同地点的雇员希望集体谈判合约覆盖整个公司。在汽车、橡胶和其他行业，工会通常是进行全公司范围的集体谈判。同时，由同一个工会代表的不同公司的雇员希望联合起来使集体协议覆盖所有公司。这通常发生在煤炭、建筑和运输行业。如果雇员或者工会倾向于分散化的形式，上述这种谈判结构的扩大就不会发生，工会即会保持工厂层面或公司层面的谈判。

雇员和工会的偏好不是集体谈判结构唯一的决定因素。但是，当我们谈论集体谈判决定因素之前，需要理清一些概念。

### 7.4.1　谈判结构的定义

正式的谈判结构也就是谈判单位，是指合法地受谈判协议约束的雇员和雇主。非正式的谈判结构是指，因为模版谈判或者其他非约束性程序的存在而受谈判协议影响的雇主和雇员。

美国劳工统计局估算，在美国现存有 180 000 到 194 000 个独立的谈判协议，其中很多劳动合约仅覆盖单个雇主的地方工会的会员。

**美国集体谈判结构的分散化**

与其他国家相比，美国集体谈判结构呈现分散化趋势。在很多欧洲国家，如德国和瑞典，很多劳动合同覆盖整个行业或地区（见第 14 章）。近些年来，很多欧洲雇主要求集体谈判分散化，以使单个雇主可以根据经济形势及时调整。很多美国雇主也更加推行正式与非正式谈判结构的分散化。

## 7.4.2　谈判单位的类型

　　谈判结构的两大特征是：①谈判单位中所代表的雇员及工会利益的范围，是以狭义的职业为基础，还是以行业为单位从而包括多个职业；②谈判单位中所代表雇主利益的范围，是多个雇主进行谈判（集中谈判），还是单个雇主但多个工厂进行谈判，或者是单个雇主且单个工厂进行谈判（分散谈判）。

　　图表 7.5 说明了谈判结构的分类。纵轴表示雇员的利益范围。例如，在一个单个雇主但多个工厂的谈判中，一个小的谈判单位可能仅包括一个职业的工人。警察、消防人员、铁路工人、教师和飞机驾驶员等职业群体都典型地由小谈判单位来代表。另一个极端是大谈判单位，包括企业里所有的生产工人和技术工人。这种行业工会的谈判合同通常存在于如汽车业、钢铁业、农用设备、州政府雇员和纺织业等行业中。

　　还有一些介于中间的例子，不是一家企业里所有由工会代表的雇员都在同一个谈判单位，但谈判单位包括一个以上的工会所代表的工人。例如，在制造业的工厂，很多职业的技术工人都在一起进行谈判。

　　图表 7.5 的横轴表示雇主利益谈判单位的范围和集中程度。最分散的谈判结构是谈判单位仅包括一家工厂。例如，在一个工厂通常由一个工会代表电气工人或生产工人谈判签订劳动合同。

图表 7.5　　　　　　　　　　　　　　　谈判结构的类型和例子

| 雇员利益 | 雇主利益 | | |
|---|---|---|---|
| | 多雇主谈判<br>（集中谈判） | 单个雇主但<br>多个工厂的谈判 | 单个雇主且<br>单个工厂的谈判 |
| 以职业为基础的<br>谈判（小谈判单位） | 建筑业、卡车运输业、<br>海运业、医疗机构 | 航空业、教师、警察、<br>消防队员、铁路工人 | 小型制造工厂的<br>职业工会 |
| 以行业为基础的<br>谈判（大谈判单位） | 煤炭业、钢铁业（1986<br>年前）、酒店联合会 | 汽车业、钢铁业（1986<br>年后）、农用设备制造业、<br>州政府、纺织业 | 小型制造工厂的<br>行业工会 |

　　最集中的谈判结构是用一个集体谈判合同覆盖几个公司的所有工厂。尽管多雇主谈判在美国还很少，但仍有一些。例如，在卡车运输行业，很多跨地域（城市间或州与州之间）的卡车运输公司仅与卡车司机联合会签订一个合约（全国运输合约），覆盖所有的卡车司机。煤矿业很久以来也仅与煤炭工人联合会协商签订一个合约，覆盖很多煤炭公司工会化的矿工。这种多雇主谈判还在如建筑业、海运业、酒店业和一些城市的医疗产业存在。在这些情况下，雇主联合会代表资方进行谈判。这种集中化的合约可能覆盖一定地域（如纽约所有自愿参加的医院）或者覆盖一个行业（如煤矿经营者协会）内的不同雇主。职业体育俱乐部及其工会也有着类似行业范围的谈判结构，即由一个管理协会代表所有俱乐部的所有者们进行谈判。

雇主集中化程度中等的情形是单个合同覆盖一个雇主的多个工作地点。汽车业、钢铁、农用设备、纺织业和很多州政府采用这种谈判结构。在这种情形下，雇主签订一个合同，从而覆盖企业内所有的工厂，从而避免在每个工厂都签订单独的合同。这种公司合同通常是作为已规定了地方特殊工作条件的地区合同的补充形式存在。

另一个雇主集中化程度中等的情况是公立学校，通常单个合同会覆盖这个地域所有学校中工会化的教师。警察和消防队员的合同形式通常也是由一个合同覆盖城市里的多个地区。

## 7.5　谈判结构的决定因素

影响谈判结构集中程度的最主要推动力是谈判力量、公共政策和组织因素。这些因素是如何影响谈判结构的呢？

### 7.5.1　谈判力量

工会如果能够组织生产某种产品的大部分工人，则可以提高自己的谈判力量。要想使工资不受竞争的影响，一个最主要的做法就是扩张谈判结构，使之与市场的范围一致。但是，要想使谈判结构中雇主的集中化程度较高，工会就需要首先能够代表生产某种产品的市场上的较大比例的工人，并且长时间维持工会的高覆盖率——这个要求有点高。

这个过程可以从 John R. Commons 对最早的工会——费城鞋匠工会的评论中看出。Commons 描述到，由于工会化程度不是很广泛，在 19 世纪早期交通发展带来的产品市场扩张的影响下，已经工会化的鞋匠们遭受了极大的损失。由于费城以外的非工会化制鞋工人可以将他们的鞋运到费城以低价售出，所以费城制鞋工人的集体谈判力量被严重削弱。因此，费城的鞋匠开始对他们周边地区的制鞋工人进行组织，使他们也处于同一个工资协议的覆盖之下，使劳动力价格均等化，从而提高劳动力的价格。

例如，代表建筑工人的工会有强烈的动机试图使他们的工资和生产同样产品的其他建筑商雇用的工人工资相等。所以，建筑行业的工会倾向于与负责同一个项目的多个雇主进行集体谈判，如代表这个城市木工的工会希望出现的谈判结构是，工会可以与城市里所有的工程发包人进行谈判。

1）在某些情况下雇主也倾向于集中的谈判结构

我们不能武断地下结论，工会在较大的、集中的谈判结构中总是处于优势（而雇主总是处于劣势）。某些地方服务业的雇主（如酒店业、餐饮业、洗衣业和地方货运业等）通常发现，建立雇主协会，在一个多雇主的谈判单位进行谈判，好处多多。

例如，在谈判中团结一致可以使雇主避免地方工会领袖采取锯齿式谈判策略。所谓锯齿式谈判策略是指工会在与某个工厂或公司进行谈判后，向另一家工厂或公司施加压力，要求得到与之前工厂或公司相同的合同条款。航空业的工会直到 20 世纪 70 年代末都采用了这种谈判策略。然而，雇主通过集中统一的谈判结构，在某些时候可以避免工会采取这种策略。（如果雇主在谈判力量上占据优势，那么也可以采取锯齿式谈判策略对付工会）

2）集中谈判可以稳定竞争形势

在一些情况下，集中的谈判结构可以帮助雇主稳定竞争形势。在竞争激烈行业的小企业雇主会发现集中与某个工会进行谈判比较好。这可以帮助他们减少工会对某个小企业采取锯齿式谈判策略的可能性。如果发生罢工，集中的谈判结构就意味着没有哪个雇主能从罢工中获益，因为所有的工厂都将同时关闭。

雇主能从集中谈判中获得好处的例子在制衣行业中有很好的体现。雇主长期受惠于工会带来的稳定性竞争格局。劳动力成本在这个行业很多小企业的总成本中占很大比例，工人长期以来都接受由工会谈判确立的工资标准。统一的工资标准确保了各企业不能依靠低劳动力成本获得竞争优势。代表制衣业工人的工会也比较喜欢集中的谈判结构，它能帮助工会使工资问题脱离竞争状态。

## 7.5.2　公共政策

影响谈判结构的另一个重要因素就是 NLRB 在代表权选举中确定的选举单位的结构。例如，如果 NLRB 确定选举单位为整个行业，那么就不能以职业为基础进行谈判。

NLRB 的影响在通用电气公司的案例中得到了很好的说明。在 20 世纪 60 年代的很多年里，代表通用电气工人的工会试图联合起来进行谈判，但一直遭到公司的强烈抵制。联合谈判意味着，只要有一家工会的合同需要讨论，代表通用电气的其他很多工会就要坐在谈判桌上。NLRB 已经决定准许工会在通用电气采取这种联合谈判模式。NLRB 其他有影响的决定还包括，在谈判开始前或者当僵局刚刚出现后，只要提前适当的时间发出通知，某个雇主就可以从多雇主谈判单位中撤出等。

一些人认为，NLRB 偏爱较大的谈判单位，所以助长了集中谈判的趋势。George W. Brooks 就是持此类意见对 NLRB 进行批评的人之一。他认为 NLRB 偏好较大的包括所有生产和维修人员的谈判单位，而不喜欢让某个职业的人员单独形成一个谈判单位。这种对集中谈判的倾向将降低雇员选择不同工会的自由度，同时使得个人很难影响工会的行动方向，因此这将造成没有民主的工会和不回应会员要求的工会。

## 7.5.3　就业组织方面的因素

雇主组织内部的特征也会对扩大谈判单位施加压力。尤其是，大公司的发展和管理决策的集中化会使工会寻求集中的谈判结构。这种情况下的基本原则是，如果谈判结构与管理决策结构相对接，工会就会受益。这就是说，如果管理层多在公司层面处理产业关系事务，则工会也倾向于在公司层面进行谈判。

1）电信行业的谈判结构

电话行业可以说明管理方的组织结构如何影响谈判结构。从 20 世纪 40 年代到 70 年代 AT&T 的管理决策体制越来越趋向集中化，这首先引起很多独立的小工会合并进入通讯工人工会（CWA）这个全国性工会，然后发展成为集中的、全国范围的谈判结构。

第二次世界大战后，AT&T 将它产业关系的决策权集中到纽约总部。20 世纪 50 年代到 60 年代，CWA 仍旧单独和贝尔电话公司的各个州的机构进行谈判。但是 20 世纪 60 年代后，工会开始寻求更加集中的谈判结构或者在全国范围开展集体谈判。尽管 CWA 在 1974 年成功地进行了第一次全国合同谈判，但是 1984 年贝尔解体为各地区的电话公司，迫使 CWA 回到之前分散的谈判状态,与新的地区电话公司进行谈判。但是即使在解体后,AT&T 仍然保持集中化的全国管理,因此代表 AT&T 雇员的集体谈判仍旧在全国层面进行。

2)卡车运输行业的谈判结构

另一方面,卡车运输行业的谈判则表明了管理层是如何运用集中的决策力量反对工会的集中。20 世纪 50 年代,卡车司机工会的主席 James R. Hoffa 为了提高工会谈判力量,巩固他在工会的权力,试图集中不同路段(跨城或跨州)的卡车司机进行谈判。当 Hoffa 的努力获得成功时,雇主们也组建了一个全国性的卡车运营商协会与之进行谈判,对单个雇主的决策进行集中。当卡车司机工会在 20 世纪 80 年代因为非工会化企业的发展失去市场份额时,很多卡车运输企业从卡车运营商协会中退出,从而谈判结构开始分散化。

3)协调谈判

如果没有某个工会可以占据主导地位代表某个企业的雇员,劳联—产联就会试图协调各个工会进行谈判。很多年来这种协调谈判功能由劳联—产联中的产业工会部门(IUD)负责。在高峰时,IUD 与它的成员工会协调了 80 多起这样的集体谈判合同。这个部门在 2000 年撤销,从那时起,协调谈判功能由劳联—产联的其他职能部门负责。

由 IUD 负责的最后一个协调谈判结构是在凯撒医疗机构(Kaiser Permanente)。专栏 7.14 描述了这一过程:组建相应的谈判结构,实行了一些创新式的安排,随后劳方和资方谈判签订了一份覆盖整个组织的协议。我们将在第 8 章讨论在这种结构下如何进行谈判。这种协调谈判的成功依赖于不同工会是否愿意在一起进行谈判,是否能够协调不同工会的活动,以及是否可以得到普通成员的支持。长期的协调谈判安排在电子产品行业、玻璃制品和机器制造业的比较多见,同时也存在于一些生产多样化产品的集团公司,如通用电子、匹兹堡平板玻璃公司(Pittsburgh Plate Glass)和 Textron 公司等。

## 7.5.4　劳方和资方利益差别的影响

为了参与集中的集体谈判,地方工会的领袖和经理需要在一定程度上放弃自主权,服从集中的决定及领导。毋庸置疑,即便集中的谈判能为整个组织带来一系列好处,地方工会的领袖和经理也可能不愿意让自己的权力受到限制。如果有共同的利益,要服从集中的权力安排所带来的痛苦就会少一些。所以,另一个影响集中的谈判结构的因素是不同地方谈判主体的目标的差别程度,以及是否存在对组织忠诚的传统。

专栏 7.14

---

**在凯撒医疗机构组建全国性的谈判结构**

8 个全国性工会和 25 个地方工会组成了一个联合体,与凯撒医疗机构结成合作伙伴关系。他们面临的问题是在集体谈判中采取什么样的谈判结构。在过去,每一个地方工会都单独进行谈判。自从地方工会从合作伙伴关系谈判中获取经验后,都倾向于共同进行谈判,签署一份全国性集体谈判协议,对某个特定的地方问题签署补充协议。但是凯撒医疗机构的管理者强烈反对,担心如果工会威胁要整个系统罢工,单个的普通合约的最后期限就会极大地增加工会的谈判能力。

---

　　他们成立了一个劳资联合行动小组寻找新的办法。在工会联合体的支持下，该联合行动小组提出通过谈判签订一份全国性总协议。当他们于 1999 年向凯撒提出此建议时，遭到了管理层的拒绝。管理层主要担心两点：加利福尼亚劳动力市场之外的机构无法支付高昂的"全国性"工资，同时全国性总协议使整个公司更容易受到罢工的危害。由于现存的合同有不同的失效时间，所以管理层觉得不可能在公司里爆发大规模的罢工活动。

　　指导谈判的 John Stepp 与凯撒的领导者和工会的领袖们对这些问题进行了多次商讨，决定在劳资双方进行全国性协议谈判之前留出一些"退路"。任何一方都可以在其认为谈判已不具建设性意义时退出谈判。

　　其中一个最重要的"退路"就是当地劳动力市场工资率仍然有效。他们还迈出了关键一步：对可能参加全国性和地方谈判的人员进行有关以利益考量为出发点的谈判（IBN）的培训。此外，还有一条"退路"是，任何一方随时可以撤出全国性谈判（在真正推行这个方案时没有一方觉得有必要这样做）。凯撒和工会联合体最终同意这样修改这份提议：应用 IBN 解决问题的原则，为参与复杂谈判的各方提供必要的培训；一个综合性的全国性谈判允许各地的合同保持各自独立的终止日期（这就解决了雇主有关合约终止日期的担忧），以及针对特殊问题采取分散化的决策。

　　他们组建了 7 个谈判任务小组分别解决以下问题：①工资；②福利；③工作生活平衡；④绩效和培训开发；⑤服务及质量；⑥雇员健康和安全；⑦工作组织与创新。每个小组都在"以利益考量为出发点的程序"下进行共同的研究，针对问题的解决，进行谈判。这些小组将他们的推荐方案报告给共同问题委员会（Common Issues Committee, CIC），委员会由劳资的主要谈判者共同主持。他们除了谈判形成一份全国性协议，还要就地方性的协议进行谈判，尽管大多数地方性协议还未到期。CIC 对推荐的方案进行分类，决定哪些需要由地方谈判进一步解决，哪些可以在整个系统运用，从而需要开展全国性谈判。最后，大约有 400 名劳资谈判者受到 IBN 的培训并参与到谈判中来。他们在 9 个月内达成了一份协议并获得大多数会员的批准。

　　资料来源：Robert B. McKersie, Susan Eaton, and Thomas A. Kochan, "Interest Based Bargaining at Kaiser Permanente," unpublished manuscript, MIT Sloan School of Management, 2002.

　　例如，尽管警察和消防队员的工资和福利相似，有时甚至完全一致，但在美国的各个城市很少有警察与消防队员联合起来进行谈判。两个群体一直对立，历史上一直分别组织工会，因此使他们在绝大多数城市不可能进行正式的协调谈判或联合谈判。只有当市政府遇到严重的财务危机时，才会出现例外。

　　工会领导人反对组建联合谈判单位与正式合并工会的做法，这也限制了集中谈判的发展。原因很简单，任何形式的联合谈判都意味着一些工会领导人将失去影响力、地位甚至工作。

## 7.5.5　在不同谈判层级解决不同的问题

　　需要注意的是，即使在集中的集体谈判结构中，也有很多问题是在地方的谈判中加以解决。也就是说，在很多情况下，集中谈判所达成的总体协议，只覆盖一些广泛性的问题，对这些问题作出统一的规定，例如工资率和福利等。而一些企业或者工厂特定的问题，如职业安全与健康条件、资历条款、生产标准、轮班制度以及加班规定等，通常由分散化的集体谈判结构决定。

James W. Kuhn 指出，集体谈判结构甚至会扩展到部门这样的非正式的工作群体层面，监督管理人员与工人可以在这个层面进行非正式的谈判，达成某个不成文的协议，或者事实上忽略合同的某个条款。他将这种行为称之为"细部谈判"（fractional bargaining）。的确，从 20 世纪 80 年代以来的产业关系的一个重要趋势就是谈判结构逐渐下降到较低层次。

## 7.6　模版谈判

模版谈判（pattern bargaining）是指采取非正式的手段，将一个正式谈判结构所确定的雇佣待遇和雇佣条件推广到另一个谈判结构中。这是一种非正式的集中谈判的替代方式，目标是使工资不受市场竞争的影响。

研究集体谈判的学者在二战后首先发现了模版谈判的重要性。战时劳工委员会（WLB）鼓励模版谈判的发展，第一，这样可以建立全国性的工资政策；第二，可以对工会所提议的工资方案和其他行业、地区，以及全国的工资方案进行比较，以此作为一个最主要的标准，解决工资争议。

战时劳工委员会并不是模版谈判的唯一来源。在集中的谈判出现之前，甚至在工会出现之前，钢铁公司以及其他集中程度较高的行业，尝试按照行内领头企业的标准调整他们的工资，例如在钢铁行业，这样的领头公司是美国钢铁公司（现在是 USX）。一旦公司在定价方面决定以其他公司为模版，工会也就很自然地在谈判协议上确定模版，从而覆盖其他公司。

### 7.6.1　在一个企业内的模版

在同一个公司工作的雇员一般对公司内的其他雇员的工资和福利情况非常关注，如果出现了工资差别，他们就会非常介意。企业内部的晋升（或者内部劳动力市场的其他机制）强化了这种比较。如果公司内存在多个谈判的情况，这样的内部比较随之而来的就是模版谈判。这在同一个公司的蓝领工人中十分普遍，当工会同时代表蓝领和白领工人时，这种情况也会发生。

例如，在波音公司，机械师国际联合会（IAM）代表着生产工人，而另一个专业工程人员工会——西雅图专业工程师和工程人员协会（SPEEA）则代表着工程师们。从历史上看，IAM 通常会在工资和福利方面确定模版，而后 SPEEA 按照这一模版进行谈判。2000 年，波音在与 IAM 的谈判中放弃了改变医疗保险计划的要求后不久，与 SPEEA 的谈判中却提出要对医疗保险计划作出重大改变。于是，SPEEA 的会员进行罢工，使得波音同样在与 SPEEA 的谈判中放弃了改变医疗保险的要求。这个例子鲜明地说明了公司内部雇员团体之间的比较以及他们对于公平的在意。

## 7.6.2 其他国家的模版谈判

经济学家总是希望劳资双方遵循某些基本原则，将工资调节与宏观经济形势相联系，日本的"春斗"就是一个典范。在每年的谈判季中，日本的政府、管理者和劳工代表总是要就第二年的经济形势和景气状况进行充分的交流、分享信息和决策。在充分讨论之后，会形成第二年大概的工资增长率。然后，企业与各自的工会单独进行谈判，从而得到在总体工资率之上的工资增长水平（见第 14 章）。

但是美国高度分散化与多样化的工会使得日本的实践在美国不切实际。但是多年来，美国一直寻求在行业内建立类似的制度，尽管全国性模式无法成形。

例如，一些行业内明显存在模版谈判，尤其是在二战后的十年时间内发生的几次主要谈判回合里。在 20 世纪 60 年代早期，两个独立的研究者将制造业分为"关键"与"非关键"行业。关键行业高度工会化，更加集中，生产重型耐用设备。研究表明，在冷战后的 20 世纪 60 年代，这些关键行业的工资率遵循相同的谈判周期。

最近对全国性模版谈判的研究所得到的结论是，虽然在工会化行业之间工资会产生互动，但从 20 世纪 70 年代以后，并没有出现像前几个谈判季出现的照搬工资增长幅度的情况。另外，由于美国工会化部门和非工会化部门的工资确定程序存在很大的差别，所以在可以预见的将来美国并不可能出现全国性的模版谈判。

## 7.6.3 行业内模版谈判

模版谈判在美国最主要的形式是行业内不同公司之间的模版谈判。在同一个行业不同企业的劳动合同的谈判中遵循某个模版，可以使工资的竞争稳定下来。这个行业内的主要工会将模版从一个雇主推广到另一个雇主。这种形式的模版谈判主要存在于汽车、宇航业和民用航空业。

行业内的模版谈判也有一系列问题。模版的过度推广会给公司或者那些无法吸收其成本的行业部分带来一些问题。过度推广模版会削减遵循模版谈判的雇员的就业机会，吸引更多竞争者进入该行业，从而削减了工会使工资不受竞争环境影响的能力，而这正是模版谈判的初衷。

行业的模版能推广到什么程度？随着民用航空业的大企业试图扩张他们在地区和小范围地域的业务，这个问题引发了激烈的讨论。飞行员倾向于削减航空支线，因为支线通常只支付较低的工资，会对受雇于大航空公司的飞行员的就业保障构成威胁。同时，航空公司需要降低他们的总成本结构，寻求扩张他们的地区业务或者与地区航空公司联合。有关是否实施模版谈判的争议引发了航空业内的诸多争议及罢工（见专栏 7.15）。

现如今，模版谈判在集体谈判系统内还扮演着重要角色。这种谈判还引发了诸多罢工，因为它既设立了统一的工资标准，还建立了雇员之间的公平规范。像模版谈判的其他形式一样，如果工会可以维持高度组织化，行业内谈判就可以帮助工会实现稳定的工资且不受竞争环境的影响。

专栏 7. 15

---

**飞行员对美国航空公司与雷诺航空公司合并的争议**

美国飞行员联合会（APA）的委员会 1999 年 10 月批准了一项协议，以解决有关美国航空公司与雷诺航空公司合并过程中飞行员的争议。这项协议是在联邦调解员提出的方案基础上达成的。

美国航空公司与其飞行员的争端在 1998 年后期开始。当美国航空公司与雷诺航空公司合并后打算让雷诺航空公司的 300 名飞行员在接受培训后上岗时，工会要求公司在合并后连续计算飞行员的工龄（总共有 9 500 名飞行员）。飞行员还称，公司在飞行员集体托病怠工的情况下趁着"总统日"假期的周末进行合并，使得很多航班被迫取消。联邦法官后来称工会应对未阻止集体托病怠工负有责任，并且需要赔偿给美国航空公司 4 550 万美元作为损失赔偿。

作为新协议的一部分，一个关键的问题被解决了，那就是美国航空公司被要求给予雷诺航空公司飞行员与美国航空公司飞行员同等的待遇。但是法院有关 4 550 万美元的赔偿并未改变。

美国飞行员联合会与美国航空公司还同意建立一个避免出现这类争议的解决机制。这个机制包括对如何解决问题进行培训，以及每两年一次邀请公司领导人和工会领导人参加高峰论坛。工会还同意与管理层合作以迅速消除飞行员们的抱怨。

资料来源："Mediated Talks between American, Pilots Union Set to Resume Next Week," *Daily Labor Report*155, August 12, 1999: A-B; and "Broad of Pilots Union at American Authorizes Talks to Extend Contract," *Daily Labor Report* 211, November 2, 1999: A-8.

---

## 7.6.4 集体谈判分散化趋势

从 20 世纪 80 年代起，很多谈判结构开始分散化。钢铁行业就是典型的例证。在 20 世纪 70 年代初，10 个最大的钢铁公司组成一个联盟进行谈判（尽管每家公司单独签订协议）。但是到 1982 年，参加行业谈判的钢铁公司减少到 8 个；到 1986 年，联盟解散，剩下的 7 家公司开始进行公司层次的谈判。尽管 1986 年的协定与之前的协定有诸多相似之处，但是合同之间的变动也清晰可见：不同公司之间工资、福利、利润分享、工作规则以及参与管理者决策的程度等都有显著差异。

在过去的 20 年里，煤矿业和卡车运输业的公司数量大幅减少。同时，被多雇主协议或行业合约覆盖的工人人数也急剧减少。在通讯行业，20 世纪 70 年代还存在覆盖整个贝尔公司的全国性合同，但是随着 1984 年 AT&T 的解体，通讯行业的集体谈判迅速分散化。

一些集体谈判的分散化是由于受到公共政策的影响。近年来对集体谈判结构影响最大的政府政策是对卡车运输业、航空业和通讯业产品市场的管制放松政策。在这种情况下，管制放松使得新的非工会化的企业进入行业，其工资和福利均低于行业内工会化企业的水平，这就使得工会化企业寻求修改劳动合同以便同新进入者进行竞争。由此，以上三个行业的谈判结构开始分散化。

如前文所述，在卡车行业，20 世纪 80 年代放松管制之前，卡车司机工会的集体谈判合同覆盖了跨地区的雇员。也就是所有跨城市、跨州甚至跨国家的主要卡车运输企业都被同一个全国性合同所覆盖。

但在放松管制后，行业内出现了新的非工会化的企业和小型的独立的承包商。同时，高度工会化的企业面临着激烈的价格竞争（尤其是小批量业务需要大的中转站网络）。这些竞争压力导致集体谈判结构分散化。很多业务量大的公司从集中的谈判结构中退出，而实行单独的工资及养老金计划。

在航空业，放松管制削弱了美国航空公司、美联航空公司、西北航空公司等主要航空公司的模版谈判结构。在 20 世纪 80 年代的竞争压力之下，模版谈判让步于公司特定的政策，包括"双轨工资模式"（即减少未来雇佣者起薪的工资协定）、工作时间调整、工资削减和改变福利分享计划以及在公司董事会中的员工代表人数。集体谈判的结果甚至改变了联合航空公司雇员的股份。

在 20 世纪 90 年代，大多数航空公司都赢利良好，要求模版谈判的压力随之而来，导致了很多集体协议谈判的推迟。西北航空公司将 IAM 替换成美国航空机械师联合会（AMFA），作为其雇员的代表。IAM 为了与 AMFA 进行竞争，在对联合航空公司的集体谈判中提出了同样的工资增长要求。总的来说，关于模版谈判的争议以及航空公司财务负担的增减，都是近年来行业内集体谈判的推迟原因。

一些观察家称模版谈判失去了它自 20 世纪 80 年代以来的重要性。这可能是一种夸大，但是有足够的证据表明，集体谈判在行业内外以及同一个公司的不同部门之间都发生了变化。更进一步说，从 20 世纪 80 年代后模版谈判的数量的确开始下降。

## ■ 本章小结

本章讨论了工会组织和谈判结构的问题。这两个核心问题在谈判程序开始时即出现。工会组织活动决定了谈判是否能很快进行，然后双方即把焦点放在有关谈判结构的问题上。

组织活动由工会组织者发起，通常是由全职组织者和基层雇员实施。要获得 NLRB 对工会代表权的承认，工会就需要收集超过 30% 的选举单位雇员签署的授权卡。管理者通常会发起反对选举的活动，试图说服雇员不要选举工会作为其谈判代表。NLRB 为组织活动中工会和管理者选举阵营的行为制定了约束规则。近年来，关于 NLRB 是否维持了选举中的"实验室条件"多有争论。

NLRB 在对选举单位的决定中有重要作用。NLRB 需要同时考虑雇员共同利益的程度和管理方的管理情况。工会和管理者有很多策略使得确定的选举单位有利于自己。

环境和谈判力量是组织活动的重要决定因素。谈判力量影响了工会是否有足够能力赢得选举或者避免雇主干预，从而通过自动承认工会的程序获得代表权的承认。

工会在过去 30 年里有关组织的努力一直不太顺利。管理者发展了很多人事管理政策以削弱工会的作用，并在选举过程中采取反对工会的行为。但是工会并没有消极放弃，而是采取了如"统一战线"及其他组织手段。

谈判结构决定了集体谈判合同将覆盖多大范围的雇员。划分谈判结果的两个维度是雇员利益的覆盖范围（以职业为基础还是以行业为基础），以及所覆盖企业的集中程度——从单个工厂到多个公司的协议。

与其他国家相比，美国仍然是分散化的谈判结构。从 20 世纪 80 年代起，原来在卡车运输、钢铁、煤矿业等集中程度高的集体谈判都在分散化。

要了解工会成功组织的结果和集体谈判结构的角色，需要了解集体谈判的相关内容，这将在下一章进行探讨。

## 讨论题

1. 简要描述工会组织活动的过程。
2. 管理者有哪些常用策略阻止工会进行组织活动？
3. 什么是谈判结构？讨论谈判结构的决定因素。
4. 什么是模版谈判？它如何影响非正式谈判结构？
5. 为什么近年来美国有很多公司和行业的集体谈判都出现了分散化的趋势？
6. 解释什么是"代表权缺口"。

# 第 **8** 章    谈判过程与罢工

第 8 章和第 9 章将阐述工会与雇主就集体谈判协议进行谈判的过程，这两章仍然是接前面对产业关系活动的中间层（即功能层面）进行分析。第 8 章要解释谈判的过程和导致罢工的因素；第 9 章将讨论谈判陷入僵局的解决机制。

谈判和罢工是集体谈判制度中最显著的部分。合同的谈判给员工和管理者提供了一个事先的时间段，双方可以利用这段时间来确定或修改合同条款。合同到期和潜在的罢工威胁的压力，使每一方都把注意力放到关键问题上，并且要表明这些问题对自己一方的重要性，表明是否需要改变现有的做法或是保持现状。谈判可能时不时地会引发罢工，给集体谈判带来非同一般的压力。但是，集体谈判与发生在工作场所层面的活动或者在战略层面的谈判关系并不是独立存在的。谈判中所运用的战略与战术都可能反映了劳方和资方代表在谈判之初的互信程度，同时，谈判结果也反过来会影响双方在合同有效期内维持关系的互信水平。因此，集体谈判对劳方与管理方都很重要，可能加强或改变他们未来的关系。

我们将会看到，今天许多谈判方都试图采取一种新的谈判方法，通常称之为"以利益考量为出发点的谈判"（interest-based bargaining，或称为"利益谈判"）或"互惠谈判"（mutual-gains bargaining）。这种新的谈判方式企图抛弃传统的立场性谈判方式，转而致力于在谈判中挖掘解决问题的潜力。因此，这种谈判过程既包括了对如何进行谈判要作出的选择，同时也包括了采取一些战术从而更好地表达谈判双方单独的或共同的利益。

为了更好地解释集体谈判过程中的各个组成部分，这一章将采用 Richard Walton 和 Robert McKersie 为比较两种集体谈判方式设计的分析框架。这一分析框架可以很好地说明谈判者在谈判过程中承受的多方压力与利益冲突。

## 8.1    谈判的四个子流程

当 Walton 和 McKersie 在 20 世纪 50 年代首次提出传统立场谈判方式的分析框架时，这种谈判方式在当时已是非常普遍。到 20 世纪 60 年代他们进一步发展了这一分析框架。这一分析框架为 20 世纪 80 年代"权益谈判"的技术提供了非常好的理论基础。所以，首先我们概述一下 Walton 与 McKersie 的分析框架，然后讨论集体谈判的过程是如何根据谈判方式而改变的。Walton 与 McKersie 认为，在集体谈判过程中存在着四个子流程。这四个子流程分别为：分配式谈判、整合式谈判、组织内部谈判与端正态度等。下面将对每个子流程以及他们之间的相互关系进行分析。

## 8.1.1 分配式谈判

分配式谈判所包含的集体谈判的特征是，在这种谈判中一方得利而另一方失利。分配式谈判是一种一赢一输的谈判（win-lose bargaining）或零和谈判（zero-sum bargaining）。在分配式谈判中，劳工获取的则是管理方所放弃的。分配式谈判通常最典型的例子包括工资与福利等。在工资方面，劳方因为工资提高而获取了更多的收入，而管理方则要为支付高工资损失一些利润。同样，如果福利（例如带薪假）减少，工人利益就会受损，而管理方则可以因减少带薪休假而获取更高的利润。

因为分配式谈判问题是一方赢而另一方输，所以这些问题往往会在谈判桌上引发冲突。谈判中双方力量的较量决定着如何解决这些分配性问题。例如，工会会威胁说，如果管理方不答应他们增加工资的要求，他们就要进行罢工，希望以此说服对方同意增加工资的要求。同时，管理方也会威胁工会说，如果罢工，则会减少工人的收入，并且也会向工会指出，工资增长会带来生产成本的提高，这样会导致就业量的缩减。在这种情况下，谈判力量、罢工作用力以及劳动力需求弹性等因素，就成为决定如何解决分配式冲突的要素。

集体谈判协议中的分配式问题是谈判的中心议题，因为劳动产品分配上的意见分歧居于劳资关系的核心位置。但不管怎样，学习集体谈判的学生或集体谈判的参与者都不应该忽略另外一个事实，即除了分配式问题之外还有其他谈判问题，忽视这一点是错误的。

## 8.1.2 整合式谈判

整合式谈判的问题与程序是那些能为劳资双方带来收益的解决方案，它能使双方共同受益，是一种双赢的谈判。劳方和管理方在解决阻止生产发展与组织绩效提高的问题时，双方都能获益。例如，假如企业的生产率提高了，而企业又能获得更高的利润，那么员工也可以得到更高的工资或工作时间的减少。

在工作场所有大量的问题需要去面对，同时，这些问题的解决也给整合式谈判提供了机会。工作基本不可能按照最有效的方式开展，工作方式欠佳或者工作规则陈旧，这些常使企业无法实现最优的业绩。因此，劳方和管理方可以通过改变工作方式、改变工作岗位的分类或资历规定，或者采取其他措施来提高组织的绩效。

新技术的引入往往也能带来整体利益的提高。新技术的有效使用能提高生产率，这样员工和公司都可以从中获利。但是，仅仅在车间或办公室引入新技术并不见得就能提高生产率。通常，只有工作方式的改变，包括减少科层等级、采用培训项目、调整报告路线等，技术才能发挥最大的作用。整合式谈判要处理的问题是，如果引入新技术，就要针对如何以及在多大程度上为了提高生产率而改变工作规则这些问题进行谈判。

既然这种改变有可能会给双方带来利益，那么为什么谈判双方不能主动作出整合式改革呢？换句话说，为什么整合式谈判开展起来如此困难？这个问题的答案是产业关系的核心问题之一。

1）为什么整合式谈判开展起来如此困难

整合式谈判有时因为许多原因在谈判中进行得很艰难。原因之一就是，尽管整合式谈判可能为谈判双方带来共同利益，但同时双方也面临这样一个问题，即如何划分共同的利益？结果，整合式谈判也会诱发分配式谈判的出现，而解决分配式问题的困难也会使得整合式谈判变得比较艰难。

例如，一项新技术被引入工作场所时将会发生什么？如果真的引入了新技术，那么新技术可能会实现双赢，为企业和员工都带来收入的提高。但是，双方都不能逃避一个现实，即假如因技术的引进导致了生产率的提高，就必须决定如何去分配因新技术而增加的收入。每一个整合式谈判就这样会诱发分配式的讨论。对于集体谈判双方来说，要在如何解决分配式的问题上达成一致是非常困难的。因此，有时候劳资双方无法就如何分配利益达成一致，从而无法达成整合式解决方案。

2）整合式与分配式谈判包含不同的谈判策略

集体谈判双方可能给对方发出了错误的信号或者信息不明确，这样也会使整合式谈判变得很艰难。之所以会出现这种情况是因为，整合式谈判与分配式谈判的谈判策略与谈判方式差别很大。图表 8.1 概述了整合式谈判与分配式谈判的不同策略。

前面提到过，分配式谈判所处理的问题是一方赢即是另外一方输。在这种谈判中，谈判者会发现，最好的谈判策略是，夸大自己的要求，隐瞒一些信息，树立态度强硬的形象。而有效的整合式谈判则是先要明确问题的所在，然后要解决问题。而要有效地解决问题应该采取的策略是公开交换信息，各自充分表达自己的意见，分享信息等。分配式谈判与整合式谈判的方式形成了鲜明的对照。

劳方和资方面临的难题在于，在同一场谈判中很难同时进行分配式谈判和整合式谈判。谈判的一方可能正要进行分配式谈判，此时另一方却准备通过整合式谈判解决问题。当后者面对强硬的分配式谈判策略时，不太可能进行整合式谈判，这样就使得整合式谈判很难出现。

也有可能因为阻止生产率提高的问题对于双方来说并不是很明显，从而使整合式谈判很难开展（即使他们对如何分配利益达成了一致）。即使不考虑这些情况，我们还要考虑到在集体谈判过程中的另外两个子流程。

图表 8.1　　　　　　　　　**分配式谈判与整合式谈判的策略**

| | 分配式谈判策略 | 整合式谈判策略 |
|---|---|---|
| 问题 | 许多问题 | 特定的问题 |
| 立场 | 开始时夸大真正的立场（要求） | 强调目标；没有最后的立场 |
| 信息的利用 | 信息就是力量；把持信息，有选择地使用 | 公开分享信息；视其为数据 |
| 沟通过程 | 沟通面有所控制；只有一个发言人；只有核心小组才有权说话，内部存在意见分歧；沟通是被动的 | 公开进行沟通；声音来自多方面；成立多个分支委员会进行沟通 |
| 互动关系模式 | 强硬的谈判；看重己方的目标与利益；短视，不太关注长期的关系；互信程度低 | 强调解决问题；关注彼此的目标；考虑长远的关系；互信程度高 |

### 8.1.3　劳方或资方内部的谈判

如果某一方的内部，可能是劳方也可能是资方，存在不同的目标或偏好，就会出现内部谈判。例如，如果工会成员（或工会谈判队伍）针对谈判中工会应该追求什么目标这个问题存在意见分歧，那么这时就会出现工会的内部谈判。年长的工会成员可能认为，工会的谈判战略是获得更多的退休金，但年轻的工会成员则可能更倾向于关注将来的工资增长问题。或者，工会中的技术工人可能支持严格限制利用外面的分包商来维修工厂的机器，而生产工人可能更愿意关注生产线上的安全条件。

资方也可能对哪个方案在谈判中更合理的问题上出现意见分歧。例如，总公司的管理者可能支持在公司的所有工厂内都严格推行一致的资历制度，而地方工厂的管理者则倾向于采取独特的（在公司的其他地方没有采用过的）资历制度。

当某个谈判方或双方在谈判桌上的人员没有足够的决定权时，也会出现内部冲突。最让谈判者沮丧的是，他们意识到他们打的是假人（shadow boxing）或者说是在进行表面谈判（surface bargaining），即谈判对手派出的代表没有足够的权力，无法作出能在自己的组织通过的承诺。谈判一方缺乏足够的决策权会大大提高谈判陷入僵局或罢工的可能性，因为这样才能让真正的决策者坐到谈判桌前。这样的谈判僵局特别容易出现在公共部门或准公共部门的谈判中，例如非营利性医院的谈判。

举例来说，在教师工会与公立学校管理部门之间发生的纠纷中就出现了剧烈的内部冲突，如专栏 8.1 所述。这次谈判僵局是由管理方内部意见的不一致造成的。工会唯一能采取的办法是让谈判陷入僵局，让调解者介入，给校董事会施加压力以解决他们内部的分歧，使谈判能够继续进行下去。

专栏8.1

---

**某校区的内部冲突**

在谈判之前的三年就埋下了冲突的种子，那时，教师们举行了一场痛苦的罢工。校董事会现任的主席和其他两个成员在罢工时都是董事会的成员，他们仍然对老师们抱有相当大的敌意。董事会的其他四名成员对老师们并没有表现出那样的敌对态度。

董事会的专业谈判员也是罢工所带来的产物。谈判员和工会之间是一种相互不信任与敌对的关系。故此，当新一轮谈判在这种方式下开始之后，董事会与教师仍然陷入了敌对关系之中。

谈判开始后不久，董事会就新雇了一名教育局长。受到教师与董事会之间仇视的压力，他对工会开始采取了安抚的立场。不久，在董事会谈判员和新教育局长之间产生了激烈的斗争。

在暑假期间的几个月中，新教育局长与工会主席进行了几次非正式的对话，并且他们共同制定了一份解决劳动合同问题的尝试性协议，准备请求董事会和工会批准。但是，董事会拒绝承认这份合同，其中部分原因是董事会的谈判员反对此份合同。在整个谈判过程中，新教育局长都一直试图说服董事会解雇这位谈判员。

---

因为这些事件需要几个月才能处理完，所以期间教师们向他们的工会领导施加压力，要求他们提出谈判陷入僵局，并且开始了怠工以及其他形式的短期罢工。在这几个月里，新教育局长和谈判员一直处于争吵之中，他们都与工会代表安排了单独的会议，一方努力要通过中立的调节者来开展工作，而另一方则试图把调节者排除在谈判过程之外。同时，双方为了获得权力斗争的胜利，都不断游说董事会成员。

很明显，只有内部争端解决好了，谈判程序才能开始进行。最终，新教育局长在权力争斗中成为了胜利者，并且，董事会解雇了谈判员。然后教育局长引进了一名能一起与他共事的管理方的新谈判员，并且也成功签订了谈判合同。

这个例子说明组织的内部冲突并不仅仅是工会一方可能出现的现象，但工会的政治结构的确使工会比管理方更难解决内部的权力斗争。然而，在一些决策权限不明或者管理权非常分散的企业，更有可能出现公开的冲突，并且在谈判过程中爆发内部冲突。

在公共部门发生内部冲突比较普遍，这是因为公共部门有着复杂的决策结构和众多的政治支持者。在多雇主谈判结构中，如果行业中的各个雇主所追求的目标不同，财务状况不一，就比较可能在资方这一边爆发内部冲突。

## 8.1.4 端正谈判态度

谈判通常包含了许多不确定性。这些不确定性来源于谈判各方很难预料罢工能发挥多大的威力，以及各方在理解彼此的谈判意图时会遇到许多复杂的因素。

谈判也非常容易陷入极端的情绪。谈判涉及的利益越大，通常在传统的谈判中使用的策略（例如，欺骗、敲诈、讨好委托人以及夸大愤怒等）就越难引导谈判各方在谈判中建立友善的关系。从这些事实可以看出，任何一轮谈判过程都是不同利益主体之间出现的更大的、长期存在的权力斗争的一部分。因此，我们就很容易看到为什么敌对的态度有时能在谈判中存在并且不断升级，并且，也能看出他们为什么不能进行有效的谈判。

其结果是，端正态度（加深谈判方彼此的互信程度）成为集体谈判的另一个子流程。例如，假如劳方和管理方彼此之间有着较高的信任度的话，那么双方较容易进行整合式谈判，因为信任能够促进双方在谈判问题上达成共识。相反，相互之间的不信任会使得妥协解决谈判的问题变得困难。不信任妨碍了谈判双方的交流，并且导致双方都不会采取妥协的态度，即便他们有这种想法。很明显，强烈的敌对情绪会阻碍谈判双方对一些实质性的问题进行深入的讨论。

劳方和管理方可以通过在谈判前或谈判期间进行讨论，促进双方公开交流意见与观点，从而建立彼此的信任。在这个问题上可以看出在合同的有效期间劳资在工作场所以及战略决策上的相互关系所发挥的作用。如果在平时，工会领导人和管理方共同努力建立信任、共享信息、发展员工参与项目、共同协商应对关键问题，那么通过这些行动建立起来的信任就可能带到谈判过程中。相反，如果在合同的有效期内双方采取了一些行动使彼此失去信任，那么这样的情绪也可能带入谈判过程，并影响到具体的谈判。

谈判代表的个性特征也会在互信的建立中扮演一定的角色。人们发现，某些个性，例如过分独断专行，会妨碍谈判者在谈判中为达成协议作出必需的妥协。

最近的研究显示，谈判代表的采择能力（perspective-taking ability）会提高谈判成功的可能性。所谓采择能力是指接受另一方观点的能力。然而，那些在思想上反对工会，或者不认同管理方在资本主义社会中所扮演的角色的人，他们可能会把谈判的问题看作是原则性的问题，从而很难在这些问题上进行妥协。在谈判中能够接受另一方的观点可以促进冲突的解决，否则谈判更可能陷入僵局。

## 8.1.5 管理方的目标

管理方工资目标的形成是谈判的关键。谈判者在谈判中通常会受到限制，或者说他们都有底线，突破底线只能进行或接受罢工。形成工资目标是管理方内部在谈判之前或谈判的早期阶段要完成的中心任务。

工资对管理方来说很重要，但它并不是劳动合同中唯一的核心问题。而且，管理方其他谈判目标的形成与工资目标的形成并无多大的差别，所以，下面的讨论具有普遍的适用性。

因为管理高层负责批准或授权决定谈判中的工资目标，所以谈判团队提出的目标必须反映最高管理层的目标。提出较高的工资目标会带来被拒绝采纳的风险，并因此而失去影响力。从另一个角度说，一旦确立了这些目标，这些目标就要扮演非常关键的角色，因为这些目标说明了谈判者可妥协的范围。

所以，从事产业关系工作的人员必须要制定出现实的、可以实现的谈判目标。下面我们将讨论在这个决策过程中有哪些标准。

## 8.1.6 工会的目标

管理方在确定谈判目标时必须要考虑工会的偏好。除非管理方足够强大，可以主导谈判，否则谈判团队必须考虑到他们提出的工资在多大程度上能够被工会接受。

工会通常会建立自己的工资谈判目标。在建立这些目标时，工会领导人会采纳两个评价标准：①此方案对会员实际工资的影响（用工资涨幅减去生活成本的上涨幅度）；②将此方案与其他谈判单位提出的方案或者与其他雇员的工资涨幅进行比较的情况。

因政治和经济的原因，与其他单位的比较对工会来说是非常重要的。在前面已提到过，工会的经济目标就是使工资免于竞争。这就导致工会要不断提高工资。工会领导也要面对来自会员的压力，会员会要求他们与其他工会完成的谈判方案"具有可比性"。普通工会会员经常会通过拿自己的方案与其他工会领导人完成的谈判方案，或与其他雇主给出的方案进行比较来评价自己的领导。

当一个或更多的工会对某个工会就代表某群雇员的权利存在竞争时，这样的比较相当重要。这一点已在最近几年的航空业集体谈判中给予了足够的重视，因为两个不同的工会，机械师协会（IAM）与航空机械技师协会（AMFA）一直为代表各航空公司雇员的利益存在着竞争。

所以，工会力求企业在工资决定中考虑其他方面的问题。但是，管理方在多大程度上考虑工会的偏好这要看工会谈判力量的大小。

## 8.1.7 与当地劳动力市场的比较

在设定企业的工资目标时，雇主需要考虑的一个因素就是当地劳动力市场的工资水平。假如雇主忽略当地劳动力市场，让企业内部实行的工资水平低于当地其他雇佣单位的工资水平，那么雇员的高流动率也将随其而至。低工资也可能导致劳动力的不满，并且也有可能很难招聘到能高效完成工作的员工。而相对于当地的劳动力市场，工资定得太高，会带来过多的合格的应聘者，增加不必要的成本。

提到这一点并不意味着雇主应该尽可能降低工资水平，只要能吸引工人从事工作就可以。在一个地方的劳动力市场上，雇主必须选择到他希望雇用的高素质员工。雇主必须决定，工资水平的增长是否能够吸引足够的高素质员工，并且能够降低间接人力成本（例如培训、人员流动以及监督管理成本）。

与当地劳动力市场的比较更有可能被用到工会力量较弱的谈判关系中。在工会力量强大的地方，工会使用谈判力量会比当地的劳动力市场的作用更大，凭借工会的谈判力量就可以得到他们所认为的公平的工资。

## 8.1.8 产品市场要素

在管理方的决策中，产品市场的比较扮演了越来越重要的角色。已经有或可能会出现新的竞争者凭借较低的劳动力成本展开竞争，这是驱使管理方不提高工资甚至要降低工资的关键因素（特别是低职位与低技能的工作）。最近一些年，威胁把这些工作外包已成为管理方很重要的谈判方法。

## 8.1.9 企业支付工资的能力

工资调整对整个企业利润的影响也会影响到管理方的工资目标。雇主作出的工资决定方案可以检验他们支付可能增长的工资的能力。对于一些小型企业或工会力量较弱的企业来说，对支付能力的考虑是显而易见的。

一般情况下，工会不太乐意支付能力强的公司提出一个较低水平的工资方案，除非企业能证明它遭受了严重的经济危机。工会领导和会员通常确信，在他们同意一个较低水平的工资方案之前，他们就已经受到了一定程度的损失。例如，1979 年 UAW 同意把 Chrysler 汽车公司的工资降到低于汽车行业平均工资之前，公司就面临着破产的威胁，并受到了政府的压力。最近一些年，对支付能力的考虑变得越来越重要。针对不断增加的竞争压力，管理方宁愿让工资与企业或工作绩效挂钩，也不愿意利用企业外部的标准。故此，管理方试图把原来对行业内工资或生活成本增长等因素的关注转向对企业支付能力的考虑。

## 8.1.10 内部的比较

每一个集体谈判都受到企业内非工会会员的密切关注。管理方必须考虑工资方案会怎样影响到企业内其他员工的期望与要求，不管这些雇员是否由工会所代表。例如，管理方在考虑是否提高工会化雇员的工资时，通常要考虑这样做是否会导致没有参与谈判的主管人员或其他白领员工的工资增长。管理方给白领员工增长工资的一个原因就是削弱这些员工潜在的工会化倾向。

# 8.2 管理方决策的动态过程

到目前为止,我们已描述了一幅管理方决策的静态画面。但是在整个集体谈判过程(从准备计划阶段到签署最终协议阶段)中,实际的决策过程是一个动态的过程。在这个过程中,谁有权制定政策并不是很清晰。决策者对不同目标的权衡并不相同,在相互竞争的决策者之间还存在着权力斗争。

管理方制定谈判战略的过程包括了更为广泛的组织内部的谈判,组织内部的谈判与外部工会与管理方的谈判一样激烈。内部分歧的成功解决是使谈判过程能够平和进行的必要条件,这对理解企业如何准备谈判是非常重要的。

为了给大家描述一幅管理方如何准备谈判的更完整的画面,专栏8.2列举了一个经典案例。这家企业正准备在它最大的生产厂与主要的谈判单位进行合同谈判。一般来说,合同中规定的经济条款将成为模版,并被应用到其他一些更小的谈判单位之中。

在谈判之前(或谈判刚开始时),从事劳工关系工作的人员就要尽可能准确地预测要达成协议需要开出哪些条件。但是,随着谈判的进行,这些人随时要准备好根据最新或更好的有关工会立场的信息来修改他们的预测。

专栏8.2所引述的案例说明,在现代组织中不同层面的人员存在不同的利益。这个案例说明,一个公司确定谈判战略的过程是一个非常政治化的过程,必须照顾到各个群体的不同目标。尽管从事劳工关系工作的人员在谈判战略的确定中是关键人物,但在最终的决策中还要综合经营管理人员、财务人员,以及公司其他利益群体的意见。

把传统谈判的准备工作和以利益考量为出发点的谈判的准备工作进行比较,这样做非常有意思。专栏8.3描述了同一个企业在最近一轮的谈判中为开展以利益考量为出发点的谈判所作的准备。尽管背景研究与获取的信息(与过去的谈判)类似,但是这次谈判的一些准备工作却是与工会一起开展的。在这个案例中,在公司与工会的关系中引进了以解决问题为导向的方法,使他们能在谈判中也运用这种方法。

专栏8.2

---

**管理方对谈判的准备:经典案例**

1) 工厂层面的活动

准备谈判过程的第一步发生在工厂这个层面。工厂从事劳工关系工作的职员要与监督管理人员开会讨论在管理现有集体谈判协议过程中存在的问题。通过讨论,他要列出一份清单,建议对合同条款作出哪些改变。同时,该职员也要系统总结在现有集体谈判协议下产生的不满申诉案件的情况,并收集一些当地劳动力市场和其他一些公司有关工资的信息。

---

然后，劳工关系职员会要和在工厂中遇到了劳工关系问题的经理人员举行会议。他们要在会上把工厂所关注的问题分为两类：一类是集体谈判协议的问题，另一类是应该在谈判之外解决的问题。另外，劳工关系职员还要请这些经理从提高工厂的经营的角度提出应该对集体谈判协议作出哪些修改。

2）企业高管的介入

接下来要在分公司召开一系列会议，这些会议由分公司的劳工关系职员、分公司的经营管理人员以及总公司负责劳工关系的经理和职员参加。在这些分公司的会议上不时会有一些企业外部的咨询人员参加。在这些会议上要用以下两个标准评估各个工厂所关注的问题：①如果修改集体谈判协议，那么经营上可能会得到什么收获；②哪些对集体谈判协议的修改可能在谈判过程中实现。

总公司的劳工关系职员在这些分公司的讨论中扮演着关键性的角色，因为修改集体谈判协议的建议可能在不同的分公司是不同的。另外，分公司的劳工关系职员还要负责仔细检查在各个分公司的集体谈判协议的用词是否一致，是否存在问题，要按照总公司的政策去除一些用词不一致或有问题的条款。有时工厂的劳工关系代表反对分公司提出的对集体谈判的修改意见，因为不同的工厂可能看重的问题不同，或者是因为工厂之间的集体谈判协议存在"差异"对工厂有利。

总公司的劳工关系职员要与公司财务副总裁密切联系，制定谈判的工资目标。在总公司职员所推荐的工资目标中要参考有关工厂的劳动力成本、公司的收入以及企业和所在行业长期的财务发展前景等信息。

3）研究方面的准备

公司从事劳工关系工作的职员要成立研究小组，为管理方的谈判准备进行背景研究。在正式的谈判开始之前至少一年半，研究人员就要开始为确定公司的谈判方案准备必要的背景信息。

研究人员要利用各类员工的数据库，分析企业的人事统计数据，例如员工流动率、缺勤以及不满申诉的比率等。他们也要留意公司内部工会的发展情况，特别是工会的大会决议、工会出版物以及工会领导针对即将开展的谈判所做的发言等。除此之外，他们还要调查各个工厂的经理人员，询问他们与工会的关系，他们希望把哪些问题提交到谈判桌进行处理。研究人员也要咨询工厂的劳工关系职员，请他们提一些建议。值得注意的是，与其他公司相比，这家企业为准备谈判，可能给研究人员投入了更多的资源，并给予他们更大的权力。

研究人员最后负责向分管劳工关系的副总裁和公司负责薪酬的董事提交一份总结性报告。然后，这些高管人员和研究团队及规划部门的负责人一起制定谈判目标。

4）管理方谈判准备的最后步骤

管理方谈判准备的最后一步是召开一次会议，由总公司的劳工关系职员、CEO 以及董事会的成员参加。在会议上，公司的劳工关系董事要提请董事会审核批准他们草拟的工资目标以及对集体谈判协议的修改计划，并说明这样做的理由。有时，公司要与工会举行首轮谈判之后才举行这样的会议。劳工关系董事一般更愿意等到谈判开始之后才召开这样的会议，因为让管理高层批准谈判目标之前先听取工会的态度和意见是非常有益的。这样会帮助他辨识清楚工会在工资问题上的态度，以及工会在其他合同条款上会带来怎样的压力。

劳工关系董事是这样描述他是如何向管理高层提交方案的：

"我总是会给我提出的谈判目标方案标号。计划的目标方案是 1 号方案。有人曾经问过我这是什么意思。我回答他说，这是一份我认为可能会拿出来达成协议的方案，我之所以标上号，是因为我可能在某些时候又会回过头来用我提出的 2 号方案、3 号方案等进行替换。"

专栏8.3

### 以利益考量为出发点的谈判的准备工作

在谈判中采用新的方法是随着员工参与自然发展的结果。在 10 年之前，我们采纳了这一方法的一些步骤，近期用得较多一点。工会和管理方代表都在员工参与项目中接受过解决问题的培训，我们也问自己：为什么我们不能在谈判中运用这种新的方法呢？

过去，我们也会把集体谈判协议的有效期内所出现的问题列出来，并开始按照清单上的问题准备谈判，询问工厂经理人员的意见。但是，当我们把这些意见都收集起来，并开始与分公司的高管进行会晤时，分管劳工关系的董事说他并不想把所有清单上的问题都带入谈判之中，他们会去掉一些甚至是大部分问题。他会问同事："哪些是你们的关键问题？这些问题的根源是什么？解决这些问题会有多高的成本？假如我们在这些事情上达成了一致意见，我们就去谈判，搞定这些问题吧！"

削减清单上的问题，且在需要解决哪些问题上达成一致意见，这就包含了艰苦的内部讨论与谈判。最后，总经理必须在一些关键性问题上作出决定，因为这些问题会影响到未来长期的经营。假如我们采取了一些经理所鼓吹的强硬路线，那么这将会危害到日后的劳资关系。

结果，在谈判桌上，我们提出了 8 至 9 个问题，而工会也仅仅提出了 15 至 16 个问题。在过去，我们和工会都将会提出比这多得多的问题。

我们成立了一个比原来规模小得多的谈判委员会。委员会由公司劳工关系董事领导，以及法律、财务、生产以及劳工关系部门各一名代表组成。

我们举行了一个大型的圆桌会议来进行谈判，在整个屋子里堆满了为讨论和解决问题而准备的图表及一些必备的资料。在正式谈判中，我们会时不时地请一些专家给予某些具体问题的技术指导，例如修改合同的正式术语等。原来谈判开始时大家会简短地交换各自的主张，现在我们用另一种方式取代了传统的做法，我们按照彼此的问题清单开始工作。我们制定了谈判的具体时间表。当我们正式谈判时，我们会问：为什么是这个问题？谁受到了影响？我们应该怎样去处理？它会影响到其他什么事情？我们是否能够认同解决方案？

在谈判桌前我们都非常遵守纪律。我们有首席发言人。实际上在谈判过程中在某个具体问题上我们也会变得非常焦虑与失望，谈判过程也会被打断。当我们开始超时讨论时，我们已经共同做了一些工作，决定哪些是主要的问题，并且我们也会让工会去处理加班分配的问题。这对于管理方来说是一个非常头痛的大问题，也是一个高成本问题。所有谈判成员私下里都非常同意在整个谈判单位中都用这种开创性的方法（解决加班分配问题），但是将这些问题提出讨论时，我们谈判团队的生产代表说："我们永远都不会答应这样做。"接下来我们看到他在私下采取了比较粗暴的行为，但是最终没有就这个问题展开讨论。过去我们永远都不可能在这项问题上取得进展。

当我们进入到艰苦的经济性问题的谈判时，谈判所呈现出来更多的是传统的谈判特征。谈判这些问题非常艰苦，并且工会领导人也需要通过这样的行为充分证明给会员看，他们是如何艰苦地逼迫我们才取得了最好的解决方案。我们对此也表示理解。

尽管如此，我们之间存在很好的交流，并且我们工作从来就没有超过晚上 8 点。

## 8.3　谈判中工会与工人的参与

这一节将分析工会与工人在集体谈判中通常要遵循的程序。这些材料与上一节我们讨论的管理方谈判准备的程序是相对应的。

### 8.3.1　工会谈判委员会的角色

在与管理方的谈判中，工会由一个谈判委员会来代表工会参加谈判。工会谈判委员会的构成在不同的工会差别很大，一般来说是由一些工会干部、支持谈判的人员（例如地方或全国性工会的研究人员，或者二者都参加）以及被选举出来的工人代表。通常谈判委员会的领导由谈判单位推选出来的工会干部担任。一些工会，例如地方建筑工会、餐饮工会以及卡车司机工会等，他们倾向于雇用一些谈判专家来领导谈判。

谈判委员会在正式谈判之前要举行多次会议。在政协会议上他们要列出一份工会谈判要求的清单，并且要讨论和预测工会将在谈判中赢得哪些利益。在这些会议之前，谈判委员会将从会员那儿收集他们的要求，或者直接在会员大会上号召会员讨论即将开始的谈判，有时在选举大会上也会如此。例如，在 UAW，从地方工会推选出来的代表在筹备汽车行业谈判的过程中，会按照规章召开会议，并投票表决谈判解决方案。在作为公司谈判协议的补充协议的工厂协议的谈判中，他们也会咨询 UAW 的会员。

一般来说，工会谈判委员会在准备谈判期间也会接受来自全国性工会研究人员的信息和建议。这些信息通常包含了公司的财务现状、公司的发展前景和经济状况等，同时总结最近其他工会的谈判方案或者在同一城市、企业及产业的非工会化雇员工资的增长状况。

像航空公司飞行员协会（ALPA）等一些工会，他们会对行业的经济发展状况以及每个公司的财务状况进行更广泛的研究和分析。在进入谈判之前，ALPA 的研究人员会给每个航空公司谈判委员会的成员提供内容广泛的简报。在某些情况下，例如，在美国大陆航空公司（Continental Airlines），研究人员还会与公司代表一起开会比较和分析公司的财务数据，但工会和企业方的研究人员一般不太可能向对方索取资料或共享信息，除非情况特殊。他们为了准备谈判，对一些基本的事实可能会产生争论。

许多工会现在开始在谈判之前要进行调查，利用焦点小组（Focus Group）进行座谈，或者直接与普通会员面谈，通过这些方法获取信息，调查人们关注什么问题，应该在谈判中优先解决什么问题。这是一种双向沟通过程。这样做既可以从普通会员那里了解到重点的谈判问题，同时又可以让普通员工参与到集体谈判的过程当中，让他们了解一些将要在谈判中讨论的问题等。UAW 在土星汽车公司（Saturn Corporation）的地方工会就发展出了一套所谓的"一对一"（one on one）的调查方法。在正式的集体谈判之前，工会要从工会干部和会员中招募一些志愿者，让他们与地方工会的每个会员进行访谈。很明显这就是一种双向沟通方式。这个做法与该工会的一贯政策是一致的，工会比较强调让员工参与决策过程。我们下面将要谈到，这也是一种利用以利益考量为出发点的谈判方式的必要条件。

## 8.3.2 如果谈判陷入僵局，就要获得罢工授权

如果工会和管理方的谈判陷入了僵局，并且工会准备采取罢工的方式来解决与管理方的争议，接下来的两个步骤就会随之出现。在地方集体谈判协议的谈判中，一般按照工会章程，地方工会需要向全国性工会申请罢工权。（全国性工会）批准（地方工会）罢工是一个非常重要的过程，因为这样做除了有其他考虑外，批准罢工还可以让罢工工人能够从全国性工会的罢工基金中获得罢工津贴。

工会在酝酿罢工时一般也会在会员中进行投票表决。罢工投票表决有两个目的：投票可以告诉工会领袖，会员是否支持这样的行动；同时，投票也有助于让工人围绕罢工目的团结起来。

## 8.3.3 集体谈判协议的批准程序

工会谈判委员会与管理方的代表达成协议后，工会就要启动集体谈判协议的批准程序。不同的工会所采用的具体程序略有差别。有些工会会首先把协议草案呈送给由低层次工会干部组成的委员会。如果进行的是公司一级的集体谈判，那么这个委员会通常包括地方工会干部。工会章程一般也会要求谈判单位中的所有会员对协议草案进行投票表决。

集体谈判协议通常由工会会员投票表决，当然也存在一些例外的情况。例如，直到20 世纪 70 年代，由矿工联合会所代表的煤矿工人才开始有权投票表决由全国性工会领袖谈判达成的新合同。同样，卡车司机工会的会员对总的集体谈判协议也没有投票表决权，这种情况直到 1987 年才有所改变。但是，一般情况下，都要由工人投票批准集体谈判协议（通常是要获得多数票的支持）。这样的投票程序是一种工会的民主机制，使工人可以参与到工会的核心决策中。

## 8.3.4 工会领导在战略形成中的作用

工会谈判的实际要求不能只反映会员预期的平均水平。工会领袖要形成谈判目标还要综合考虑其他一些影响因素。

首先，除了考虑会员的偏好之外，工会领导还必须评估实现目标的可能性。不现实的目标必须在谈判准备阶段或谈判开始阶段就要放弃。

其次，会员个人在工会的政治影响不一样。例如，一些年长或技术水平较高的工人，他们的政治影响就要比其他一些成员强。所以，最终目标选择就要更多地着重考虑他们的利益。

再次，工会领袖也必须考虑到工会长期的生存问题，并必须采取一些措施保护长远利益。工会领袖如果看重工会的生存而忽视会员的偏好，这往往是要冒风险的。

最后，所有工会领袖都应该认识到，工会领袖的核心工作就是要发挥领导作用。工会领袖必须权衡各种战略选择、做出决策，并且要确保会员支持这些决策。

工会领袖发挥领导作用的关键是要进行有效的内部沟通。工会领袖需要定期与普通会员和地方工会干部进行沟通。工会领袖要有效地发挥领导作用就要让决策者把他们的活动和决策返回去与会员进行沟通。工会可以利用一些技术手段来进行沟通，例如态度调查、卫星联播、电视广告以及互联网等。网络在今天已经是集体谈判的一个重要资源。工会领导人逐渐意识到，假如他们不能用这种工具去与会员进行交流，那么工会的其他竞争团体将会使用互联网。在 ALPL 的案例中，我们发现工会还没有向会员传达它与 Delta 航空公司达成的工资协议试行方案，在竞争对手的网站上就出现了对此方案的批判！所以，在互联网时代，工会在集体谈判中进行内部沟通的角色与手段都正在发生改变。

## 8.4  传统谈判的周期

整个谈判是一个周期，包括谈判的四个子流程和劳资的互动过程。下面将分析传统的谈判过程的一般性周期。

### 8.4.1  早期阶段

在传统谈判的起始阶段，谈判各方要公开提出他们的要求。在这个阶段通常涉及的人很多，不仅有参加最终协议的谈判人员，还有其他人会介入。例如，工会可能要让各种利益群体和不同层级工会的代表介入。这些人要参与最初方案的形成过程，这样才能确保以后的谈判方案得到会员的批准通过。让代表不同利益的群体介入能够消除工会组织内部的谈判。

工会所提交的方案包括工会关注的各种各样的问题。某些提议非常重要，当工会发出罢工威胁时，这些提议是讨论的核心问题。尽管一些提议很重要，但是在最后一分钟可能会被放弃。有些提议随着谈判的开展，可能被转化成更为具体的要求，或者可能被提升到更为重要的位置，有一些不太重要的问题可能在最后的决策阶段就要被放弃。

1）列出要求清单

工会从多方面考虑，可以列出一份（谈判）要求清单。有了这样一份清单，就可以提醒工会领导人不同利益群体的要求，至少可以说明他们在谈判中提出了这样的提议。一些不现实的要求也会提出来，从而可以讨论在这些要求背后需要解决的问题，然后雇主就可以拒绝这些要求。这个过程会减弱工会干部的压力，否则他们需要果断地去制止一些团体提出的荒谬的提议。在这张清单中，每一方都可以提出希望在将来谈判中进行探讨的问题。

在谈判的早期阶段提出一份长长的要求清单，其中包括一些"过分的"要求，对于隐藏工会的真实目的是非常有用的。或者，一份长要求清单便于在一些要求上做交易，有助于整合式谈判的开展。

2）早期阶段雇主的行为

谈判开始时不同的雇主行为相差巨大。有时，雇主会提出一套与工会的要求势均力敌的提议，有时雇主又会针对工会的要求制定以后谈判的策略。许多管理方代表不愿意在工资或其他一些经济问题上发表具体的意见，直到谈判进行到了正式阶段才正式提出。因为工资问题往往能带来强烈的情绪和意见分歧，所以管理方通常都先解决非工资问题。

管理方刚开始时也会努力去隐藏他们所持立场的底线，并且，在谈判初期，这样的立场可能也会带来内部的分歧。在一些企业中，直到工会提出最初方案，并发出明确信号表示最重视什么问题后，管理方才做出有关他们底线的决策。

在谈判的早期阶段，谈判双方的发言人通常会激烈地讨论所代表的各方的目标，双方都会执行各自的代表义务，并判定在某些热点问题上对手的反应。所以，谈判早期阶段是双方表演的舞台，对此我们无需惊讶。

## 8.4.2  中间阶段

谈判中间阶段包括许多对各式各样提案的严肃考虑。这一阶段最需要完成的任务有：①估计哪些问题是对方最需解决的问题；②估计哪些协议在没有罢工的情况下可能会通过；③告知对方这些问题，这些问题可能将成为下一阶段协商的目标。

通常，谈判双方将会把所有问题分成经济问题和政治问题。区分问题可能会对解决问题和进行整合式谈判有所帮助。在谈判中间阶段，所有阻碍谈判的因素都可能逐渐浮出水面。

## 8.4.3  最后阶段

谈判最后阶段从（工会）提出谈判的最后时限否则罢工的那一刻开始，在这个阶段，谈判的速度加快，谈判的激烈程度也逐渐升级。在谈判双方的个人之间，或代表的小团体之间，也有可能在双方与调解者之间，针对一些问题可能会产生非正式的磋商。磋商的目的有很多，比如，在委托人面前保全面子，允许每一方更明确自身的立场，研究可能的妥协方案等。

在许多案例中，谈判双方在谈判桌上提出的只不过是正式的提案。在这个时候，谈判代表对对手的底线将会有一个更加清晰的认识，双方将在私下里就可能达成一致的方案进行讨论。

不管真正的谈判是在谈判桌上还是在密室里进行，这都没有比那些让谈判达成协议，不陷入僵局的决定因素更为重要。在谈判最后时刻到来之前的谈判阶段，双方都有可能尽力使对方相信自己真的可能罢工。双方也尽可能努力使对手改变底线，阻止罢工发生。同时，每一方也试图确切地预测对手在某些问题上确切的立场是什么，以避免不必要的罢工。因此，一般在这一阶段，仅有一小部分决策者参与这个过程。

即使谈判中的某些关键人物认为可能达成谈判协议，也不一定可以保证会达成协议。因为他们并不能向所有的委托人兜售这些谈判方案，谈判还是可能无法达成协议，而不得不陷入谈判僵局（见第 9 章）。

## 8.4.4 以利益考量为出发点的谈判：与传统谈判不同的另外一种谈判方法

上面所概述的传统的谈判方式，常常因它在解决问题方面的局限性而受到批评。批评者认为，在传统的谈判中，分配性问题与战术占据了主导地位，谈判方倾向于夸大谈判要求，会使用一些战术，隐藏信息，这些行为往往会强化劳资关系的敌对关系。许多研究者，还有越来越多的实践者都建议采用另外一种谈判技术，这就是以利益考量为出发点的谈判技术。

以利益考量为出发点的谈判基本上就是在整个谈判过程都运用 Wlton 与 McKersie 所提出的整合式谈判规则。这种谈判方法最早流行起来是因为 Fisher 与 Ury 的一本畅销书：《无须让步的谈判艺术》（Getting to This）。在以利益考量为出发点的谈判中，鼓励和培训谈判方：①关注他们潜在的利益；②为满足这些利益找出一些选择方案；③共同收集评估这些方案所需要的数据，分享必要的信息；④利用一些可以反映双方利益的标准评估这些方案；⑤选择能使双方利益最大化的方案。

试想如何运用这些规则改变上述传统的谈判过程。每一方在开始谈判时将不再提出一份有些夸大的要求清单，双方将分别理出一些要在谈判中讨论的问题，明确他们的核心利益之所在。在一些案例中，谈判双方甚至可能建立劳资委员会，共同收集数据或研究一些难以解决的问题，例如职业安全与健康危害问题、医疗计划的成本与质量等，根据劳资委员会的报告列出谈判问题。然后每个谈判团队都将成立小组委员会，这个小组委员会将为形成选择方案收集更多的信息。理想的提案产生方式是采取头脑风暴的形式，在谈判前或谈判初期阶段，对问题根源的深层次分析以及共享数据也都是受到鼓励的。当集体谈判进入决策制定阶段，评价提案的标准在这时将形成，最终的目标则是选择出来的方案要适合双方的利益。

在理论上，以利益考量为出发点的谈判过程与分配式谈判和整合式谈判并没有区别。但是，通过强调基本利益和为获取这些利益所存在的问题，谈判双方都试图使用解决问题的方式或整合式策略来表达他们关注的所有问题。然而，经验显示，有些问题通过纯粹的以利益考量为出发点的谈判技术很难得到解决，因为这些问题存在明显的交替关系。当这样的状况在以利益考量为出发点的谈判中出现之后，谈判双方可能就要求助于更传统的谈判策略，这样在集体谈判中就可能混合使用两种谈判方式。

以利益考量为出发点的谈判要求谈判代表之间、谈判代表与他们的领导和委托人之间存在高度的信任。所以，在某些情况下，如果劳资关系处于敌对状态，谈判一方或者双方存在严重的内部冲突，以利益考量为出发点的谈判就很难开展起来。

自 20 世纪 80 年代这些谈判思路开始发展起来之后，许多大学、私营企业以及联邦仲裁与调解局就为劳方和资方的谈判代表开设了一些如何开展以利益考量为出发点的谈判的培训课程。这些谈判代表对以利益考量为出发点的谈判技术产生了相当高的兴趣，并开始在实践中加以运用。例如，1997 年联邦仲裁与调解局（FMCS）开展了一个全国性调查。调查显示，参与调查的 69% 的劳方和资方谈判代表表示，他们对以利益考量为出发点的谈判方法有所了解，并且，41% 的人表示他们已在谈判中使用这些方法与技术。大概有三分之二（66%）的人认为，他们更愿意使用以利益考量为出发点的谈判技术而不愿意用传统的谈判方式。紧接着的一个全国性调查发现，在 2 000 名被调查的劳方和资方谈判代表中，有 57% 的人在不同程度上已使用了这种谈判技术。所以，这种新兴的解决问题的谈判方法在劳工关系领域将有着非常好的发展潜力。实际上，这一谈判方法在不同行业领域的谈判中已取得了一定的成功，例如在大学的谈判（例如哈佛行政与技术工人工会与哈佛大学的谈判、辛辛那提大学和大学职员的谈判）、电信业的谈判（太平洋通讯公司与通讯工人工会、密歇根贝尔公司和通讯工人工会之间的谈判）、航空航天业的谈判（Northrop 公司与汽车工人联合会之间的谈判）、医疗行业的谈判（凯撒医疗机构与凯撒雇员联合会之间的谈判）、航空业的谈判（多家公司与工会之间的谈判）以及公营部门的谈判（伊利诺伊州 50 多个校区与伊利诺伊州教师协会之间的谈判）。凯撒医疗机构与其工会使用了我们在第 7 章分析过的谈判结构，开展了以利益考量为出发点的谈判。这是美国有史以来使用以利益考量为出发点的谈判技术最多也是最复杂的谈判案例。

但是，案例研究表明，对于那些采取某些结构与具备某些政治特征的劳资关系则很难运用以利益考量为出发点的谈判方法。最大的问题是如何处理来自委托人的压力。联邦仲裁与调解局 2000 年的调查发现，使用了以利益考量为出发点的谈判技术的 20% 的谈判代表经历了来自组织内部（管理方或工会的组织内部）委托人的攻击。谈判代表需要证明他们正在迫使对手作出让步。第二大问题则是在劳方和管理方之间缺乏信任。第三个方面的问题是，许多工会相信，他们与雇主交涉时面对的是一种不平等的权力关系。正因为存在这些问题，所以绝大部分使用以利益考量为出发点的谈判最终都混合使用了传统的谈判方法。实际上，当他们在使用这些方法并掌握了一定经验之后，他们都会按照具体的劳工关系环境进行相应的调整，并加倍小心地使用这些方法。只有当这些方法对组织和谈判环境非常适宜时，他们才予以采用。

谈判代表应该什么时候考虑使用以利益考量为出发点的谈判技术呢？并且谈判代表应该如何着手进行这样的谈判呢？大部专家都认为，双方的谈判团队在谈判开始之前都需要对这些技术进行培训。更进一步说，为了克服委托人的猜忌，有些人进一步提出建议，让不参与谈判的普通的工会会员与管理人员都参加培训、数据收集以及小组讨论。通常，受过专门训练的指导人员（相对于传统谈判中的调解人员）会成为教练，协助谈判双方开展以利益考量为出发点的谈判。

但是，以利益考量为出发点的谈判的案例到今天为止数量仍然不多，并且一些失败的案例也时常被报道。很明显，更加复杂的劳工问题与管理方对这一方法的支持态度，使他们努力寻找更好的方法实现双赢，找到能使劳资双方都能获益的解决方案。假如联邦仲裁与调解局的调查数据是一个指标的话，那么随着人们对这种技术不断地了解和感兴趣，未来几年将会有更多的谈判将采取这种技术，并且非常有可能，随着这些谈判技术不断地发展与精炼，这种谈判方法将更适合于不同的集体谈判的结构与环境。假如这一切都会到来，那么将来的劳方和管理方的集体谈判代表都需要掌握这种谈判技术。

## 8.5 罢工

最近几年来，罢工的数量有所减少，只有在 5% 的劳资谈判中出现了罢工。但是在许多谈判中，罢工的威胁在促使各方达成协议方面仍然扮演着关键的角色。我们将在这一节探究罢工和罢工威胁的作用。

### 8.5.1 罢工威胁如何影响谈判

在谈判中，谈判双方所签署的协议与为了避免马上就要爆发的罢工而答应的条款，可能存在实质上的差别。因此，罢工是决定劳资双方谈判力量的一个重要因素。

在谈判过程中，双方谈判代表对于谈判陷入僵局并导致罢工的可能性都有清晰的预期。同时，双方都有强烈的愿望去避免罢工，因为罢工会给双方都带来收入损失。

罢工过程中工人们放弃了本来要获得的工资，他们或许会试图通过从事短时间工作来弥补收入损失。同时他们也会用罢工补贴、配偶的收入或者储蓄来维持罢工期间他们自己和家庭的生活。

企业在罢工中损失了本来可以获得的利润。他们通过雇用替代罢工者的人员、销售即有的存货或转移生产等策略来试图减少利润损失。企业在罢工期间依靠其他业务的资产和收入来维持财务支出（例如设备费用）。对于服务行业，例如航空公司，罢工期间损失的业务并不能通过积累存货或罢工后的供应来弥补，罢工造成的损失将更为严重。这就是为什么这些企业尽力避免罢工的一个原因，我们在下一章讨论航空业解决纠纷的程序与改革建议时，将对此作出具体的分析。

下面我们将更详细地论述罢工威胁在谈判过程中所起的作用，并且列出了导致罢工的若干因素。

### 8.5.2 Hicks 罢工模型

John R. Hicks 提出了一个用于分析罢工影响力在决定谈判结果中所起作用的模型。图表 8.2 是 Hicks 罢工模型的示意图。为了简化讨论，假定各方只就工资进行谈判（或者假定存在纠纷的所有问题都可以货币化，并用单纯的工资来表示）。

在 Hicks 模型中，如果出现罢工，谈判代表就会对他们将最终达成何种协议有一定的预期。在图表 8.2 的情形 A 中，双方都会预期，如果罢工，那么双方将最终达成 $w(es)$ 的工资协议。然而，如果罢工真的发生，劳资双方就要承受罢工期间的收入损失。工人们将在罢工期间放弃收入，资方也将会因为停产而失去利润。

各方意识到这些潜在的收入损失后，便应该能够在谈判期间达成一个优于通过罢工才达成的工资协议 $w(es)$ 的谈判工资协议。

对于资方来说，罢工期间损失的收入换算为小时工资成本的数量是 $w(m)$。如果资方预期罢工将达成的工资为 $w(es)$，则资方在谈判期间应该愿意接受的工资是，预期罢工将达成的工资，再加上罢工给资方带来的潜在的成本工资，即 $w(es) + w(m)$。

在这种情形下，劳方也预期罢工将达成的工资是 $w(es)$。工人们在罢工期间损失的收入对于劳方来说换算成小时工资成本为 w（u）。因此在谈判期间，工人们应该愿意接受的工资是，预期罢工将达成的工资，再减去罢工给劳方带来的小时工资成本，即 w（es）－w（u）。

　　劳方和资方在谈判期间愿意接受的工资存在一定的差距，形成了一个潜在的达成协议的工资区域。在这个工资区域内，双方应该都愿意在谈判期间达成协议，而不是采取罢工，接受罢工后的工资，并承受罢工期间的收入损失。

　　当然，也可能并不存在可以达成协议的工资区域。图表8.2的情形B就是这种情况的示意图。在这种情形下，资方预期的罢工结果工资 w（esm）非常低，而工会预期的罢工结果工资 w（esu）很高。即便面临着预期的罢工成本 w（m）、w（u），达成协议的工资区域也不会存在，因为 w（esu）－w（u）大于 w（esm）＋w（m）。

　　在这一分析框架下，Hicks 注意到，问题的关键点在于，假如谈判双方对于罢工结果存在不同预期，那么可以达成协议的工资区域也不会存在。而事实上，存在着某种真实的罢工结果。劳资双方不同的罢工结果预期，来源于一方或双方在对罢工结果作出预测时的误判。可以达成协议的工资区域不存在，因此可以推知一方或双方在考虑罢工结果时一定是过于乐观了。

　　Hicks 因此得出结论，罢工只在出现误判时才会发生。问题的关键在于，既然罢工将给双方造成损失，那么经过谈判达成的协议应该更有吸引力。

图表8.2　　　　　　　　　　　　　　　　　Hicks 罢工模型

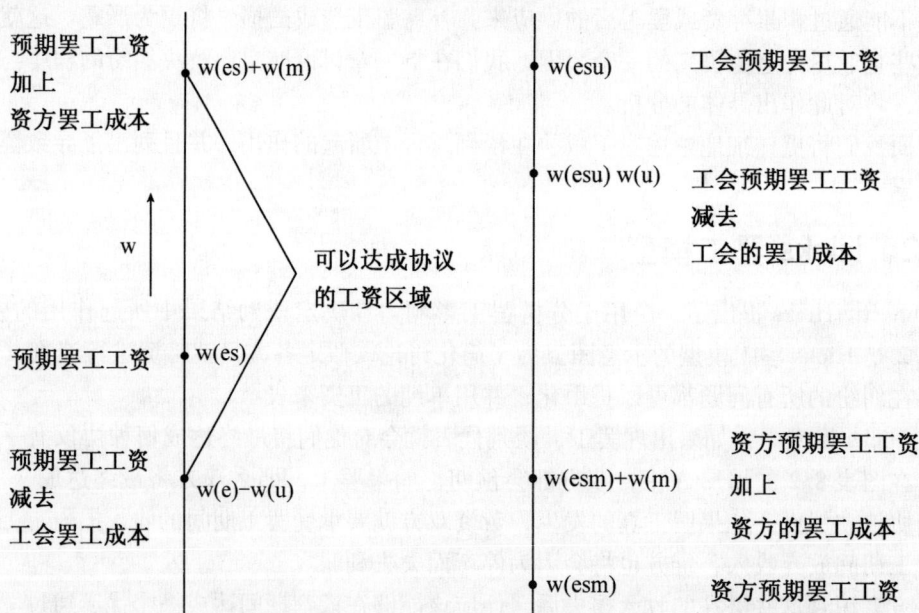

情形 A：存在达成协议的区域　　　　　　　情形 B：无达成协议的区域

　　即使存在达成协议的工资区域，罢工也可能发生，但根据 Hicks 的分析框架，这仍来源于误判。Hicks 论证说，即使存在达成协议的工资区域，双方也可能不在这个区域内达成协议。原因是通过先前的虚张声势或者强硬态度，双方无法达成他们都认为优于罢工结果的谈判协议。

在 Hicks 的模型中，谈判者有很大的回旋余地来增加己方的利益。如果可能达成协议的工资区域是一定的，那么资方的利益是尽可能在这个区域内达成较低的工资，而劳方的利益则是在这个区域内达成较高工资。

而且在谈判过程中，试图改变对方关于罢工结果的预期是符合各方自身利益的。资方要使劳方相信，潜在的罢工结果事实上只会得到很低的工资，同时劳方也试图使资方相信，潜在的罢工结果将会是很高的工资。双方面临的风险是他们试图改变对方关于罢工结果预期的同时，他们所采取的策略（例如虚张声势或威胁）将会导致误判，进而导致罢工和与罢工相关联的收入损失。

## 8.5.3　误判的原因

应该注意到，谈判者对潜在的罢工结果的预期可能不同于他们的委托人。Orley Ashenfelter 和 George Johnson 认为，罢工之所以会发生是因为工会会员有不切实际的预期。他们论证说，资方和工会领导者对罢工结果有准确的预期，但工会会员对他们在罢工中能够取得的成果过于乐观。在这种情况下，罢工是一种降低工会会员预期的手段。虽然难以证明为何在这三方中只有工会会员持有不切实际的预期，但 Ashenfelter 和 Johnson 的分析框架强调了当工会会员与领导者对罢工结果的预期出现分歧时，罢工就有可能产生。

Hicks 模型是分析谈判过程的一个很有用的起点。为了以他的方法为基础进行进一步分析，需要对影响各方参与罢工的意愿和能力的因素有所了解。这些因素决定了各方对罢工最后将达成的工资预期。并且，Hicks 分析框架表明了揭示那些导致各方在谈判过程中对于潜在罢工结果过于乐观或以其他方式造成误判的因素的必要性。

1）导致罢工的行为因素

行为因素，例如劳动者在多大程度上融入周围的社会群体，这可能是导致罢工误判的一个原因。在一项经典研究中，Clark Kerr 和 Abraham Siegel 分析了多个国家和产业的罢工数据，他们发现，在某些产业，例如煤矿和码头装卸，罢工率一直较高。他们提出某些产业特有的行为因素至少是高罢工率的部分原因。码头工人与煤矿工人经常拥有他们自己的亚文化，例如，远离主要的人口中心，并且他们的工作需要强体力劳动。Kerr 和 Siegel 认为，在这些产业工作的工人相对来说融入社会的程度较低，并且通过煽动相对较频繁的罢工来发泄他们的挫败感与被孤立感。

Kerr 和 Siegel 利用 Hicks 提出的理论，指出一系列因素，例如社会和地理上的隔离，都增加了谈判中误判的可能性。值得注意的是，Kerr 和 Siegel 还强调了罢工的发生也许与谈判的问题无太大关系。

2）作为罢工起因的好斗性

罢工也可能是由劳动力或者工会的好斗性引起的。激进学派的理论家注意到，在罢工频率与经济周期之间存在着统计上的显著关系。在较长的一段时间里（并且在多个国家中），罢工在经济上升期更为频繁。这种关系用 Hicks 模型很难解释，Hicks 模型预测，经济上升期间工资协议的达成率而不是罢工频率较高。

相反，激进学派的理论家认为，罢工频率的周期性运动证明了冲突是劳动者谈判力量的产物。这种罢工的谈判力量模型强调这样一个事实，即罢工通常是由工会和劳动力发起的。因此，当工会的谈判力相对较弱时，工会不太可能提出要求，并且也不太可能在寻求更有利的雇佣条件的过程中采取罢工行为。

谈判力量的论点还认为，罢工经常由不满于资方行为和工会官方政策的车间工人发起（这些种类的罢工经常被认为是未被授权的或者是野猫式罢工）。工人们在劳动力市场萧条并担心被解雇时，不大可能参加这种工厂行动。

我们应该认识到，谈判涉及许多问题，在罢工中实际会发生什么情况具有高度的不确定性，并且劳动谈判通常在相同的当事人之间反复发生等。这些因素使得在某次谈判中，预测谈判协议的达成点和僵局的产生原因是极为困难的。

## 8.6　罢工活动

图表 8.3 显示了美国自 1950 年开始涉及工人数超过 1 000 人的罢工数记录。这些数字说明，在不同时期罢工发生的频率存在着显著的差别。例如，从 1970 年到 2006 年，每年罢工和闭厂的数量在 14 到 381 起之间。大约有三分之二的罢工是在新协议的谈判中爆发的，剩余三分之一的罢工（通常持续时间较短）是在合同的有效期间因为其他问题爆发的。

需要注意的是，美国罢工发生的频率并不频繁。每年罢工损失的工作时间平均远低于0.5%，并且在 2001 年和 2002 年达到了历史最低点，在此之前曾有小幅回升。图表 8.3 列出的罢工频率总体而言比较低，反映出这样一个事实：对于任何一次谈判而言，罢工的可能性都很低。Cynthia Gramm 曾经利用了一个大样本对制造业工人参与的谈判进行了分析，他发现，13.8% 的谈判会发生罢工。前文已经谈过，FMCS 所进行的一项调查显示，在所有的谈判中只有 5% 引起了罢工。罢工的低频率与 Hicks 关于双方通常都有强烈的愿望避免罢工的预测是一致的。这同时显示出，最近一些年来工会参与罢工的能力有所下降，这是国际与美国国内竞争程度上升和产业内部与跨产业的工会覆盖率下降的结果，这支持了前文所述的谈判力量的论点。

图表 8.3　　　　　　　　　　美国涉及 1 000 或以上工人的罢工数据

| 年份 | 罢工数量 *（次） | 涉及工人数（千人） | 每月闲置天数 | |
|---|---|---|---|---|
| | | | 数量（千天） | 损失的工作时间（%） |
| 1950 | 424 | 1 698 | 30 390 | 0.26 |
| 1960 | 222 | 896 | 13 260 | 0.09 |
| 1965 | 268 | 999 | 15 140 | 0.10 |
| 1970 | 381 | 2 468 | 52 761 | 0.29 |
| 1975 | 235 | 965 | 17 563 | 0.09 |
| 1980 | 187 | 795 | 20 884 | 0.09 |

| 年份 | 罢工数量*（次） | 涉及工人数（千人） | 每月闲置天数 | |
|---|---|---|---|---|
| | | | 数量（千天） | 损失的工作时间（%） |
| 1981 | 145 | 729 | 16 908 | 0.07 |
| 1982 | 96 | 656 | 9 061 | 0.04 |
| 1983 | 81 | 909 | 17 461 | 0.08 |
| 1984 | 62 | 376 | 8 499 | 0.04 |
| 1985 | 54 | 324 | 7 079 | 0.03 |
| 1986 | 69 | 533 | 11 861 | 0.05 |
| 1987 | 46 | 174 | 4 481 | 0.02 |
| 1988 | 40 | 118 | 4 381 | 0.02 |
| 1989 | 51 | 452 | 16 996 | 0.07 |
| 1990 | 44 | 185 | 5 926 | 0.02 |
| 1991 | 40 | 392 | 4 584 | 0.02 |
| 1992 | 35 | 364 | 3 989 | 0.01 |
| 1993 | 35 | 182 | 3 981 | 0.01 |
| 1994 | 45 | 322 | 5 020 | 0.02 |
| 1995 | 31 | 192 | 5 771 | 0.02 |
| 1996 | 37 | 273 | 4 887 | 0.02 |
| 1997 | 29 | 339 | 4 497 | 0.01 |
| 1998 | 34 | 387 | 5 116 | 0.02 |
| 1999 | 17 | 73 | 1 996 | 0.01 |
| 2000 | 39 | 394 | 20 419 | 0.06 |
| 2001 | 29 | 99 | 1 151 | < 0.005 |
| 2002 | 19 | 46 | 660 | < 0.005 |
| 2003 | 14 | 129 | 4 091 | 0.01 |
| 2004 | 17 | 171 | 3 344 | 0.01 |
| 2005 | 22 | 100 | 1 736 | 0.01 |
| 2006 | 20 | 70 | 2 700 | < 0.005 |

*包括持续达到或超过一个整的轮换时间的罢工、闭厂数据。

资料来源：http：//www. bls. gov/news. release/pdf/wkstp. pdf.

虽然在其他时期，罢工看起来对工会会员来说有所回报，但近年来罢工经常只是被用来作为工会为继续存在而斗争的最后的防卫武器。已发生过的罢工经常比早期的罢工更充满敌意、更暴力和更不理智。罢工如此激烈，它们给双方都造成了更大的成本损失，因此劳资双方都产生了避免罢工发生的愿望。

近年来许多罢工的发生都是因为劳方和资方对如何应对医疗保险福利成本的增加无法达成一致。许多企业试图在合同的谈判中让劳方作出让步，或者是要求雇员提高缴费水平（共同缴费），或者减少医疗保险福利。专栏8.4引述了食品零售业最近发生的一次罢工，引发劳资纠纷的正是医疗保险福利的问题。

尽管近些年来许多工会罢工武器的威力都有所降低，但一些工会（和雇员）还保留着相当大的罢工作用力。NBA的篮球运动员就是这样一群人——他们的罢工作用力来源于这样一个事实，即没有人可以代替NBA的超级明星。1998年秋天的一场NBA球员罢工导致了大部分赛季被取消，球员与雇主之间围绕着自由人制度的条件和NBA总收入的分配方式，展开了持久的争议，并且意见一直很难统一。

**专栏8.4**

---

### 以食品零售业为例说明：医疗保险福利的纠纷导致多起罢工

2004年3月1日，一场为期5个月由于未来医疗保险福利引发的罢工得到了解决。食品与商业工人联合会与南加利福尼亚的几家食品零售商，Albertsons公司、Kroger公司和Safeway公司等，签署了一份新协议，结束了这场罢工。这份新协议覆盖了7万多名工人。新协议要求雇员为他们的医疗保险缴费，不给现有的食品零售业的工人提高工资。新协议对新老雇员的福利作出了不同的规定。现有的雇员仍然可以得到较高的工资，工资的增加也比较频繁，但将来的雇员只能得到一份基本医疗保险，而且他们还要为此支付高额的保险费。

在协议的有效期间，现有雇员将得到2笔奖金。另外，他们将不得不在协议的头两年为医疗保险缴费。这是UFCW的工人第一次由工人给医疗保险缴费。医疗保险的成本随保险类型的不同而高低不等。覆盖个人的是每周缴纳5美元，覆盖家庭的每周要缴纳15美元。

在这5个月的罢工期间工人损失了工资收入，这让有些工人觉得受到了工会领袖的误导。在过去的协议中，雇员的工资可以稳定地增长，还可以得到医疗保险福利和其他一些福利。因此，在2004年的协议中，工资不仅不增加，工人们还要为医疗保险缴费，这让工人们感到失望。而且，最近通过的协议和罢工前提出的协议很相似，致使工人们质疑罢工是否值得。

这是食品与商业工人联合会在2003至2004年间发起的第二次罢工。2003年12月，西弗吉尼亚州、俄亥俄州和肯塔基州Kroger商店的工人结束了一场为期2个月因医疗保险福利引发的罢工，返回了工作岗位。工人最初之所以罢工是因为，劳资双方就公司应该向由工会管理的医疗保险和福利基金缴纳多少费用无法达成一致。最后签署的协议规定了每年的工资增长幅度以及总的支付水平。新协议要求包括由Kroger每年缴纳工资的8%到医疗保险基金，但没有支持工会所提出的增加25%的要求，而是承诺在必要的情况下每年增加2.5%。虽然雇主的缴费上升到了300万美元，但工会

---

仍然坚持认为，这笔钱远不够以一个合理的成本为雇员提供医疗保险。另外，罢工期间的收入损失使得这 3 家商店彻底关门了。

资料来源："5-month grocery strike draws to an end." CNN. com, 1, March 2004, http://www. cnn. com. Bebe Raupe, "Kroger reopens 41 Stores After Ratification of New Contract; Closes Three Other Stores." *Daily Labor Report*, 16, Dec. 2003, http://ippubs. bna. com.

然而，2002 年 8 月棒球球员与球队所有者就合同谈判达成一致，而未采取罢工。专栏 8.5 描述了这一事件。很明显，球员与雇主都担心那时罢工将会引起球迷的强烈不满，并且可能会对这项运动（和他们自己的收入）造成长期的损害。球迷们对 1994 年的棒球罢工作出了激烈的消极反应，这导致了那一年的世界联赛被取消，2002 年双方都担心罢工的再次出现将会产生更大的损害作用。美国职业棒球大联盟的第一任理事长——Bud Selig 宣告，2002 年的和解是球员与球队所有者之间一种新型关系的起点，但是那种乐观态度是否有道理还有待观察。

**专栏 8.5**

---

### 2002 年棒球队在最后一刻达成协议从而避免了罢工的发生

美国职业棒球大联盟（MLB）球队的所有者与球员（由棒球联盟球员协会所代表）于 2002 年 8 月 30 日，即球员设定的罢工最后期限到来之前达成了一份为期 4 年的劳资协议。自从 1972 年以来，在球员与球队所有者之间举行的 8 次合同谈判中爆发了 5 次罢工和 3 次闭馆行动。前一次谈判是在 1994 年，那次谈判致使 8 月 12 日开始的赛季被取消，也使 1994 年的联盟大赛被取消，使广告商、球队俱乐部、球员损失了大量的收入。

这份 2002 至 2006 年的协议与前一份协议相比，在 30 支棒球队之间要更多地分配地方收入，加大了对高工资的处罚，人们称之为"奢侈税"。新协议为球员提供了某种形式的就业保障，协议中有这样一个条款，即在 2006 年的整个赛季中将不再淘汰任何一支球队（在 2002 年的赛季开始前，球队老板曾威胁要淘汰明尼苏达双城队和蒙特利尔博览会队）。新协议也第一次为球员提供类固醇的测试。

在棒球运动的集体谈判中，值得注意的是，在这个案例中是工会强烈要求在确定球员工资时要过多地依赖市场，而球队雇主则倾向于收入在球队之间要更大程度地分享（以促进竞争的平衡），并且限制球员流动（以限制球员的工资）。球员们在 1975 年建立了自由人制度，这一制度促使棒球球员的平均工资从 1976 年的 51 501 美元增加到了 2002 年的 238 万美元。专栏 9.3 描述了用于确定棒球球员工资的工资仲裁程序。

所有球队在 2003 年必须拿出他们当地收入的 34% 用来分享，较 2002 年的 20% 有所上升。在新的合同下，球员工资总额超过 1.17 亿美元（2003 年）的球队还要支付工资总额的 17.5% 到 40% 的奢侈税。超过起征点的球队的奢侈税率逐年增加。受新的

---

收入分享方案和奢侈税影响最大的是纽约扬基队（New York Yankees），它在 2002 年支付了 3 000 万美元的分享收入，并且在新的方案下，2003 年将支付另外大约 1 500 万美元。此外，自 1994 年以来，获得四次联赛冠军的扬基队 2003 年将不得不支付大约 900 万美元的奢侈税。

圣路易红雀队（the St. Louis Cardinal）的球员代表 Steve Kline 在解释球员接受新合同条款的原因时说："这对于我们来说，可归结为要在继续打球或者被球迷毁掉声誉与生活之间作出选择。"

资料来源："Strike Averted：Negotiators Avoid Work Stoppage with Last-Minute Deal，" http：// sportsillstrated. cnn. com/baseball/news/2002/08/30/labor-friday/；and Murray Chase，"Last-Minute Deal in Baseball Talks Prevents a Strike，" *New York Times*，August 31，2002：A1 and D3.

资方也可能发起罢工，他们在职业体育行业能这样做，在其他部门也可以这样做。资方的罢工通常称为"闭厂"（或者闭馆）。专栏 8.6 就描述了美国曲棍球联盟（NHL）发起的一次闭馆行动。这次行动导致 2004 至 2005 年 NHL 联赛被取消。如专栏 8.6 所描述的那样，在 NHL 的集体谈判协议中加入了工资上限的规定，并规定了一些新程序。

专栏 8.6

### 2004 年 NHL 闭馆，导致赛季被取消

2004 年 9 月 15 日，美国曲棍球联盟的主席 Garry Bettman 宣称，NHL 的闭馆将导致美国职业体育联盟因为一场劳资纠纷而停止整个赛季的比赛。一次又一次的谈判似乎都能达成某个协议，使赛季的比赛开始，但每一次都未能成功，因为他们没有解决这样一个问题：NHL 应该制定工资上限吗？

早在 2004 年 2 月，当公众知晓了有关联盟财政状况的一份报告（经济学家 Levitt 的研究）后，人们就知道美国曲棍球球员协会（NHLPA）与球队老板之间的关系会出麻烦。该报告指出，由于球员的薪水太高，占球队总支出的 75%，在前一个赛季，NHL 的特许经营权收入的 2/3，总计 2.73 亿美元没有了，只剩下 500 万美元多一点的利润。

尽管这是一个事实，但球员协会仍然认为，没必要制定什么工资上限，这是球队老板剥削球员的一种手段。球员协会认为，这份财务报告是在球队老板的授意下拟订出来的。他们提出，NHL 的财务状况从来不紧张。所以，NHLPA 反对设置工资上限，而是提出在球队之间分享收入。劳资双方未能就工资这个关键问题达成一致，导致 2004 年 9 月的闭馆。

虽然球员仍然强烈反对设置工资上限，但在闭馆近 3 个月后的 2004 年 12 月 9 日，第一次达成了真正的妥协，NHLPA 提出削减球员工资的 24%，外加其他成本的削减。然而，Bettman 和球队的老板们拒绝了这个方案，他们认为这只能暂时解决问题。如果推行这一方案，在未来的几年，球员的工资还会涨上去，这样做并没有什么实质上的改变。

2005 年 2 月，球员协会最终同意设置工资上限，虽然这并没有使这场纠纷立即得到解决。工会提出工资的上限为 4 900 万美元（比他们第一次的提议低 300 万美元），

球队老板提出工资上限为 4 250 万美元（比他们前一次的提议高 250 万美元），然后任何一方都不愿意进一步作出让步。结果，NHL 随后宣布取消 2004 至 2005 赛季。

接下来的几个月没什么改变，直到 2005 年 7 月 22 日，在闭馆 301 天后，最终一份新的集体谈判协议被批准了。协议中不仅设置了工资上限，规定球员工资最高为 3 900 万美元，最低为 2 150 万美元，还调整了其他有关工资的规定。例如，最低的起始工资从 18.5 万美元提高到 45 万美元。另外，球员有权成为自由人的年龄降至 27 岁，联盟在球员身上的总开支不允许超过球队有关收入的 54%。另外，还对曲棍球运动的规则作出了调整，例如，缩小了球门，如果加时赛仍打成平手，则用点球定胜负，取消了双边线等。

虽然很多人感到球队老板最终获得了胜利，但又有谁可以肯定地说球队老板赢了。闭馆不仅损失了整个赛季的收入，还可能破坏球迷的忠诚度，而曲棍球迷的数量与其他职业体育相比已经很少了。然而，未来还有希望。在新协议达成的时候，Bettman 这样说："现在我们建成了（曲棍球运动）未来的基石……这份新的集体谈判协议翻开了曲棍球联盟的新篇章，翻开了增进竞争平衡的新篇章。"

资料来源："NHL lockout talks end un deadlock," 02/05/05. *CNN*. com, February 5, 2005；"NHL cancel remainder of the season," 02/16/05. *CNN*. com, February 16, 2005；"NHL owners approve new deal," 07/22/05. *CBC News-CBC Sports*, July 22, 2005；"Back on the ice," 07/22/05. *CBC Sports Online*, July 22, 2005；"A 24 Per Cent Solution to the NHL Lockout?" 12/09/04. *www. proicehockey. about. com*, December 9, 2004；"The NHL Players' Association will not be swayed by catastrophic numbers," 02/13/04. *www. proicehockey. about. com*, February 13, 2004.

## 8.6.1 罢工替代者的角色

最有争议的罢工问题之一，是工人们罢工期间企业是否可以雇用临时性或永久性罢工替代者。在美国的劳动法下，资方有权雇用临时性罢工替代者，并且如果它如实告知工会和新雇用的雇员，那么资方还可以雇用永久性罢工替代者。一项研究发现，雇用罢工替代者会延长罢工的持续时间。因此，威胁要雇用永久性罢工替代者经常被认为是一个信号，说明资方打算采取强硬的谈判态度，说明如果工会继续罢工，就会取消工会。近年来，这个问题更加明显，因为像大陆航空公司（Continental Airlines）、底特律新闻报（the Detroit News）、国际纸业公司（International Paper）和卡特彼勒（Caterpillar）等大公司都坚持雇用永久性罢工替代者以替代罢工工人，并且最终不是破坏了罢工便是取消了工会的代表资格。

为了消除这种谈判战术，议会中的民主党人提出了一项禁止使用永久性罢工替代者的法案；然而，这项法案遭到了占多数席位的共和党的反对并未能通过。Clinton 总统接着独自颁布了一项限制使用永久性罢工替代者的行政命令，但是这种做法被最高法院裁定为违宪，最高法院认为这是一个需要议会负责的立法问题。

在现代的谈判中，威胁要雇用永久性罢工替代者的频率有多高？1997 年，联邦仲裁与调解局的调查发现，在被调查的谈判中，大约有 12% 的谈判，资方发出了永久性替代罢工者的威胁。2000 年这个数字下降到了 10% 左右。实际上，在已发生的罢工中，有 29% 的罢工出现了替代罢工工人的现象。因此，虽然罢工替代者在多数谈判中并不是一个影响因素，但是他们在许多有名的案例中发出了强有力的信号，并且在工会威胁要罢工或者真的罢工了的谈判中，罢工替代者便成为一种重要的影响因素。

## 8.6.2　首份合同的谈判

近年来，政策制定者特别关注的另外一个问题是如何改善首份合同的谈判过程，即工会在一个新的谈判单位中获得承认后所进行的第一次合同谈判。来自联邦仲裁与调解局的数据显示，大约有 1/3 新的谈判单位从未达成首份合同协议，从而没能履行为选举它的工人们进行集体谈判的承诺。联邦仲裁与调解局的调查数据进一步证实，平均来说，与持续进行的谈判关系相比，这些谈判更可能引发罢工，并且使用罢工替代者的可能性更大。更为特别的是，联邦仲裁与调解局的研究发现，在首份合同的谈判中，有 9.5% 的谈判发生了罢工，相比较而言，在合同续订的谈判中，只有 3.5% 的谈判发生了罢工。同时，在威胁使用罢工替代者的情况中，有 31% 使用了罢工替代者，而在威胁使用罢工替代者的合同续订谈判中，只有 9% 实际上使用了罢工替代者。因此，首次谈判是激烈竞争的阵地，需要引起政策制定者和谈判者的特别关注。

事实上，罢工效用的降低导致许多工会试图寻找其他方法，在给雇主施加压力的同时，又不冒全面停工可能造成损失的风险。专栏 8.7 描述了工会化的飞行员是如何试图使用过去的策略：怠工。

专栏 8.7

---

**发现罢工越来越难成功，越来越多的工会开始选择怠工……**

**但是企业和法庭对此作出了回应**

劳方很难成功地进行罢工，致使他们越来越多地怠工，但是企业和法庭对此作出了回应。以下这个案例可以说明这一点。

2001 年 3 月 15 日，最高法院拒绝了航空飞行员协会（ALPA）提出的，复审联邦法院禁止 Delta 航空公司飞行员进行怠工的要求。Delta 航空公司和飞行员之间的争议始于 2000 年年末，由于劳资协议的谈判没有取得进展，飞行员开始拒绝让他们加班的要求，导致了大量航班被取消。Delta 航空公司对 ALPA 和超过 200 名飞行员提出了诉讼，要求法庭颁发紧急禁令制止这种怠工行为。规范航空业劳工关系的是《铁路劳动法案》。铁路劳动法规定，在谈判期间要求双方维持现状。2001 年 1 月，第 7 巡回上诉法庭根据铁路劳动法的规定认为有必要颁发禁止令。法庭裁定，工会有"义务避免中断商业活动的进行"，而在必要情况下，法庭有权力强迫工会履行这项义务。因此，法院禁止 ALPA 和所有飞行员提出和参加不准加班工作的活动，也不允许他们骚扰那些选择加班的飞行员。

---

2001 年 3 月 16 日，第 7 巡回上诉法庭裁定，某联邦地区法院拒绝颁发预备性禁令，要求机械师国际协会（IAM）阻止其成员在罢工期间参与针对美联航空公司的怠工行动，是一项错误的决定。美联航宣布，IAM 发起一次由 15 000 名机械师参加的非法的怠工行动，导致成百上千次航班推迟或取消。工会的行动是为了获得谈判力量，加快合同谈判的发展速度。IAM 说，即使一些机械师参加了怠工行动，却没有足够证据证明工会授权了这些行动。美国地区法院的 William Hibbler 法官拒绝了美联航的禁令申请，因为他相信美联航可以通过处分雇员个人来制止怠工行动。第 7 巡回上诉法庭持相反观点——由于工会参与了怠工，因此资方对于雇员个人的处分不会有效。上诉法庭的裁决是以统计资料为依据的。统计资料显示，机械师提出有关检查和修理飞机的书面要求的数量增加了，由于机械故障推迟或取消的航班数也有所增加。法院同样获知，IAM 发出了一些信件和公告，要求所有雇员在发现飞机出现问题时要写出书面的维修请求。一些公告要求工人"安全工作"，美联航维修部的官员作证时说这个词语是怠工的代称。法院认为如果各方在谈判期间单方面地改变现状，法院就有权颁布禁令要求恢复现状。

虽然 Norris-LaGuardia 法案通常禁止在劳动争议中颁布针对工会的禁令，但是最高法院裁定，铁路劳动法有特殊的规定，较 Norris-LaGuardia 法案一般性规定，要优先考虑铁路劳动法的规定。第 7 巡回上诉法庭的法官 William Bauer 写道，在这个案例中，禁令是强迫工会维持现状的"唯一实用、有效的方法"；工会"有责任采取积极的措施维持现状⋯⋯在本案中，应该采取合理的行动防止或阻止罢工或类似怠工这样的集体行动"。

资料来源："Supreme Court Rejects Bid from Delta Pilots to Review Validity of Job Slowdown Injunctions," 05/15/01. *Daily Labor Report* 94, May 15, 2001：AA-2；and "Seventh Circuit Directs Preliminary Injunction Telling IAM to Discourage Slowdown at United," *Daily Labor Report* 52, March 16, 2001：AA-1.

## 8.6.3 将舆论压力作为罢工的替代或补充

随着资方威胁使用永久性罢工替代者、外包或其他策略，工会意识到他们传统的罢工手段的作用力正在下降，所以近年来一些工会利用舆论压力来增强他们的谈判力量。图表 8.4 是一张 NABET 和 CWA 发放的传单。这两个工会代表着 ABC 广播公司（由迪斯尼公司所有）的雇员，发放传单是为了在合同谈判期间对迪斯尼公司施加压力。

近年来，劳资双方都已经意识到谈判过程中公众的观点变得越来越重要，尤其是在罢工的情况下。毕竟，罢工经常给公众带来麻烦或者在许多情况下使公众承受巨大的损失。2005 年纽约市地铁工人的罢工就是一个很好的案例，可以说明这一点。纽约市的 35 000 名交通工人在舆论的压力下只罢工了 2 天就返回了工作岗位（见专栏 13.1）。另一方面，公众却支持了卡车司机工会 1997 年针对 UPS 的罢工。事实是，大多数的美国人，包括 UPS 的大多数客户，都认为工会的要求是合理的。这一点对达成有利于工会的解决方案起到了巨大的作用。类似的，在 2002 年棒球劳资的谈判中，知情人士透露，媒体和球迷对可能发生的罢工将会产生强烈的消极反应，这在促使双方达成协议方面起到了关键作用。在一个媒体发达和以服务为导向的经济环境中，与过去相比，集体谈判逐渐变成更加公众化的过程。

图表 8.4　　　　　　　　公众压力也是一种谈判战术

华特·迪斯尼公司……

# 以家庭为理念的公司却在伤害劳动者的家庭

迪斯尼公司喜欢把自己伪装成世界上对家庭最友善的企业。

这是一家带给你米老鼠、唐老鸭、阿拉丁和狮子王的公司。这是一家宣称致力于给美国儿童带来快乐的公司。

**迪斯尼——黑暗的一面……**

但是近距离看这家世界最大的娱乐公司就会发现，迪斯尼对待劳动者家庭的措施并不符合它对家庭友善的形象。

结果是，你今天在迪斯尼商店所看到的所有商品都是在世界各地，以一小时几便士雇用妇女和童工的血汗工厂中制造出来的。举例来说，在海地，缝 101 忠狗衣服的妇女的周薪为 12.2 美元，这样的衣服在美国卖 19.99 美元，每件衣服她们大约赚 0.06 美元。

**在美国——没有血汗工厂，只会打击工会**

当然，在美国，迪斯尼更难使用血汗工厂的劳动力。但是迪斯尼不关注为公司带来成功的美国雇员的福利和保障。现在，迪斯尼旗下 ABC 电视台的 2 700 名雇员正在为一份新的劳资协议展开谈判。公司提出的每份提议都像是在破坏工作保障，

这样的工作无法养家。NABET 和 CWA 的工人已经为此奋斗了数年。

ABC 想要用新技术来消除工会化的工作。它想把工作交给非工会化雇员，因为仅需支付工会化雇员工资的一半。它想增加不需支付医疗或养老福利的临时工的数量。

简单地说，ABC 和迪斯尼似乎一心想要打击我们的工会，使 ABC 工人不能支持他们的家庭。

**为什么要打击工会**

这不是因为 ABC 或迪斯尼缺钱。迪斯尼去年的利润高达 15 亿美元，ABC 的运营收入在 1997 年的前三个月增长了 38%，ABC 拥有和运营的 5 个频道中有 4 个在他们的市场中名列前茅。迪斯尼的前任总裁 Mike Ovitz 只任职了 14 个月，就得到了 1.4 亿美元的离职费。而 CEO Michael Eisner 得到一份价值近 5 亿的 10 年期合同。

世界上对家庭最友善的企业实际上更关注万能的美元，而不是劳动者的家庭。这是当你在迪斯尼商店购物时应该思考的问题。

## 要让 ABC 和迪斯尼知道……

## 美国的家庭认为，打击工会是令人厌恶的！

以上信息由 NABET 和 CWA 的劳动者家庭提供。

# 8.7 战略在谈判和罢工中的作用

为了进一步理解谈判和罢工的整个过程，必须考虑管理层和工会方面采取的战略所扮演的角色和作用。这说明，我们所运用的分析方法贯穿全书，产业关系系统某个层级的活动与其他层级的活动是相互关联、相互作用的。

## 8.7.1 管理层战略的作用

管理层的战略对谈判过程和罢工的发生有着很大的影响。管理层关于投资和生产的决策影响着它的谈判力量和谈判战略。举例来说，如果管理层选择的是一个低成本、大批量生产的经营战略，而没有采用高质量、高创新的战略，这就决定了雇主对降低工资成本的关注程度。另外，一个公司整体的人力资源战略也会影响谈判，特别是会对雇员的态度发生影响。航空业的谈判历史很好地说明了这些影响的存在。

1）航空业的谈判

2001 年发生"9·11"的悲剧性事件后，航空业损失惨重：四家最大的航空公司破产，几万人被裁减，缩减的工资总额约为 100 亿美元，航空公司的损失总计高达 300 亿美元。另外，2005 年的油价上涨使美国赢利最好的全国航空公司也陷入债务困境中，致使很多原本没有经历经济困难的地区航空公司和经营某些航线的公司也出现了财务损失。

虽然美国所有的航空公司都承受了严峻的经济压力，但不同的航空公司的工会所采取的战略并不相同，在某些航空公司，工会的战略也随着时间的流逝发生了改变。专栏 8.8 介绍了西北航空公司是如何结束用罢工替代者代替罢工的机械师和警卫人员的。当西北航空公司的乘务人员和飞行员决定不尊重罢工纠察线时，代表罢工雇员的工会的谈判力量遭到了重创。与此不同的是，美联航的机械师在法庭上发出破产令，支持美联航大幅缩减工资和福利开支的计划之后，同意作出重大的妥协（见专栏 8.9）。

与此同时，美国航空公司与代表其雇员的工会在 2004 年 5 月谈判达成了协议，为了避免破产，工会同意作出一系列妥协。公司的高管尝试通过缩减非劳动成本来重组公司，但最终不得不削减了近 20 亿的劳动成本——占总的劳动支出的 20% 以上。代表美国航空公司乘务人员的工会因为作出了这样一些妥协而被控没有公正地代表雇员的利益行事（见专栏 8.10）。2005 年美国航空公司再次面临财务危机，并可能破产。公司因此出台了一项新的经营计划。这一次美国航空公司的管理层没有以工会和工人的妥协为基础缩减成本。相反，美国航空公司的 CEO Gerard Arpey 宣布，他希望资方、雇员和工会之间能架起沟通的桥梁。他希望能听到雇员的声音，希望他们能支持这项计划。他要求经理们做到"决策前让员工参与，执行前让员工讨论，宣布前让员工分享信息"。

专栏 8.8

---

### 西北航空公司永久性地替代了罢工的机械师

2005 年 8 月 20 日，代表西北航空公司 4 400 名机械师、警卫人员以及其他雇员的航空机械师协会（AMFA）在劳资双方拒绝了对方提出的协议提案后，发起了罢工。AMFA

---

的最后提案是，通过削减工作岗位，每年为公司节约 1 亿美元，但没有达到西北航空公司希望削减 1.76 亿美元的目标。西北航空公司在此前 4 年间已经通过外包其大部分业务而削减了 5 000 个工作岗位。它希望能采取其他方法与那些低成本的航空公司进行竞争，避免了破产状况的发生。自 2001 年以后，燃油价格的飞涨以及其他航空公司竞争的加剧使西北航空公司面临更大的压力。

尽管 AMFA 号召其他工会支持它罢工，但是西北航空公司的另外两个最主要的工会，飞机乘务员协会（PFAA）和航空飞行员协会（ALPA），投票反对举行同情性罢工。ALPA 的工会领袖宣称，他们根本不赞成这次罢工，因为罢工"不符合西北航空公司飞行员的利益"。然而，PFAA 的工会干部鼓励其会员在不当班的期间支持 AMFA 的罢工。

最初，西部航空公司录用了 1 900 名临时性的罢工替代者替代罢工的机械师和警卫人员。这些罢工替代者很多都来自其他航空公司裁减或临时解雇的人员，并且公司继续把一些业务外包给其他航空公司。尽管 AMFA 宣称，如果没有那些有经验的工人进行工作，西北航空公司的航线就将严重受阻，但公司的航班继续运营，并没有太多的延误和取消。

2005 年 9 月 13 日，与 AMFA 再次谈判失败后两天，西北航空公司开始雇用工人永久性地替代罢工的机械师。尽管资方采取了这一行动，但是 AMFA 的工会干部仍然向他们的会员保证，若用没有什么经验的替代者，航线就将无法合理运营，因此罢工的工人不应该跨越罢工纠察线。

就在一天后，西北航空公司根据破产法第 11 章申请破产。公司声称，燃油价上涨使其损失提高，而公司又不能适当削减劳动成本和其他开支。公司方面声称，它将继续运营航班，在其重组期间维持航空业竞争的状态。另外，公司将继续努力与 AMFA 达成一份协议。

资料来源：Chris Isidore-" Northwest flies through strike." Article on *CNN Money*：http：// money. conn. com/2005/08/22/news/fortune500/northwest_ strike/index. htm? cnn = yes；" Mechanics, Custodians Strike Northwest；Airline Uses Replacements to Keep Flying." *Daily Labor Report* 162，August 23，2005：AA-1；" Northwest Starts Hiring Permanent Workers to Replace Striking Aircraft Mechanics." *Daily Labor Report* 177，September 14，2005：A-8.

西南航空公司与其雇员的关系长期以来保持着"和谐"这一特点，使西南航空公司获得了经营上的成功。西南航空公司是 2005 年报告利润大于零的两家大航空公司之一。西南航空公司的历史、发展和成功，说明了竞争战略、人力资源政策和谈判之间的关系。从西南航空公司还是一家得克萨斯州的小型航空公司开始，公司就十分强调在工作中建立"家庭氛围"，没有经过劳资间的斗争而接受了雇员的工会化，通过谈判实行灵活的工作实践，使劳资关系可以支持公司的经营模式和经营战略。它的经营模式要求航班的变更迅速（航班变更是指从飞机着陆到搭载新一批乘客起飞所需的时间）。这也要求飞行员、乘务人员和所有地勤人员在高度合作和灵活安排工作的氛围中共同工作。

专栏8.9

### 美联航的破产让工会陷入困境

大约在世贸中心于2001年9月11日发生悲剧之后的一年，美联航根据破产法第11章的规定申请破产。公司这样做是希望削减近10亿美元的劳动成本——在总计为25亿美元的成本削减中，这项成本最大——然后重新获得盈利并退出破产程序。

2005年1月28日，航空机械师协会（AMFA）在2003年取代机械师国际协会代表美联航的机械师，拒绝了公司提出的在未来5年大幅削减工资和福利的提议。3天之后，破产法庭作出了支持美联航的裁决，执行一项类似的安排，暂时降低工资和福利，直至2005年5月。结果，人们担心AMFA会号召罢工。2005年2月1日，AMFA宣布没必要发起罢工，因为局势很微妙，而且工资的裁减是暂时性，所以还要充足的时间继续谈判。

然而，等到2005年5月16日，AMFA被威胁可能要通过法庭来解决纠纷。AMFA没有冒险让破产法庭做出一份非常偏向于大公司的强制性协议，而是签署了一份协议，同意美联航削减雇员近4%的基本工资，把带薪休假的天数从10天降低为8天，允许工司外包某些业务等。

有了这份协议，美联航于2006年2月1日成功地走出了破产程序。然而，这一切却部分来源于工会以及工人的巨大牺牲。他们不仅损失了工资和福利，还因为所拥有的股份贬值而损失了几十亿美元。即便如此，工会的领袖仍然相信，他们现在可以向前迈出一大步，让雇员重新得到损失的利益，因为美联航不能躲在破产法的保护伞下了。航空飞行员协会的主席Mark Bathurst说："公司再也不能跑到芝加哥的城里寻求办法不走正常的程序了。"

资料来源："Independent Union Replaces IAM as Representative of United Mechanics," 07/15/03. *Daily Labor Report*, July 15, 2003：A-8；"Bankruptcy Judge Imposes Temporary Wage Cuts on United Airlines' Mechanics," 02/02/05. *Daily Labor Report*, February 2, 2005：A-1；"United Reaches Tentative Pact with AMFA While Negotiations Intensify with Machinists," 05/18/05. *Daily Labor Report*, May 18, 2005：AA-1；"United Airlines Emerges from Bankruptcy Amid Challenging Climate for Carriers," 02/02/06. *Daily Labor Report*, February 2, 2006：A-14.

西南航空公司创建并保持了20多年的优良的工作氛围被带入到劳资谈判中。通常，航空公司和工会要花费17个月才达成一份新的合同，但是西南航空公司平均只需花费6个月的时间。专家们通常认为，公司优良的财务状况、较高的乘客满意度和质量评价，来源于企业、劳动力和劳动关系战略的共同作用。

专栏8.10

### TWA的前飞机乘务员控告美国航空公司和工会

2001年4月，美国航空公司收购了环球航空公司（Trans World Airlines，简称为TWA）的资产。美国航空公司决定，全部解雇因收购TWA而带来的飞机乘务人员，把他们放在资历排序中的最底层（即不考虑服务年限），并且取消了解雇费。同时，美国航空公司也没有透露它给公司内部的高管人员提供了大笔福利。

职业飞机乘务员协会（APFA）首先反对这样做。然而，几天后，工会决定签署协议，允许美国航空公司采取这些措施，因为工会认为，如果不这样，就会导致公司破产。

随后，受到这些措施伤害的飞机乘务员申请法庭颁发禁令禁止解雇他们。他们认为，工会没能公正地代表他们行事，而美国航空公司支持并协助了这样的行动，并且公司没有披露相关信息从而欺骗了他们，例如公司没有披露高管将得到一揽子福利。

如果法庭要根据被解雇雇员的请求颁发禁令，就必须有证据表明，解雇给这些飞机乘务员造成了永久性伤害。然而，法庭仍然认为，不允许解雇可能导致美国航空公司破产，而破产所带来的工作岗位的损失比已经发生的要多得多，不只包括100架飞机的乘务人员。结果，联邦法庭的法官于2003年6月30日否决了颁发禁令禁止解雇的要求。

资料来源： "Former TWA Flight Attendants Lose Bid to Halt Furloughs at American," 07/02/03. *Daily Labor Report*, July 2, 2003: AA-1.

管理层的战略性行为同样会改变谈判过程。为了让劳动者相信他们必须作出让步，管理者通常会引入新的沟通机制，这些新举措有的会避开工会过去扮演的管理者和工人的中间人角色。举例来说，在美国航空公司，资方会直接向雇员发送邮件说明资方的谈判立场，这样的行为在近年来的劳资谈判中一直发挥着重要作用。汽车公司通常也会利用新闻板报或者用视频播放评论的方式，让劳动者在工厂获得关于行业发展的信息。

2）西海岸港口的谈判

正如专栏8.11中所描述的那样，2002年，一场发生在船运公司、港口经营者和码头工人工会之间的劳资纠纷达到了白热化的程度。在他们的集体谈判关系中，西海岸运输公司和港口经营者由太平洋海运协会（PMA）代表，码头工人则由国际港口与仓库工人工会（ILWU）代表。双方针对续订劳动合同已经展开了长达数月的谈判，但在由引入新技术而设立的新工作岗位的归属方面，双方无法达成协议。

专栏8.11

### 法官命令西海岸港口开港

美国地区法庭的法官 William Alsup 接受了布什总统的请求，于2002年10月2日，命令结束由资方发起的从西雅图到圣地亚哥的29个港口的封港行动。

代表运输公司和港口运营者的太平洋海运协会（PMA）在9月27日对码头工人进行封港。码头工人由国际港口与仓库工人工会（ILWU）代表。他们签署的前一份劳动合同于2002年1月1日到期，并且已经延期到9月1日。在采取封港行动时，PMA指责ILWU参与了怠工行动，从而使生产率大降。

新协议的谈判在引进新技术，例如把货物扫描进电脑的问题上陷入了僵局。ILWU 希望获得由新技术产生的所有新的工作岗位，但是 PMA 不愿意提供这样的保证。作为替代方式，PMA 愿意增加码头工人的工资（从平均 106 833 美元增加到 114 000 美元），提供其他诸如医疗保险和养老金的福利，并且保证现在的工人不会因为新技术的引进而丢掉工作。ILWU 担心，除非工会获得这些新的工作岗位，否则未来劳动力和工会的规模，以及工会未来的谈判能力将会严重下降。20 世纪 60 年代早期，ILWU 和港口运营者针对引进集装箱的问题签署了一份机械化前奏的劳资协议。当时西海岸港口有 10 万名码头工人。2001 年，西海岸港口只有 10 500 名码头工人装卸半数以上的集装箱运往美国港口。

Alsup 法官按照《Taft-Hartley 法案》（又名《劳资关系法案》）规定的步骤（详见第 3 章）采取了行动。根据该法案规定的让美国进入紧急状态的劳资纠纷的解决程序，联邦法院有权在面临威胁国家安全和人民的健康的劳资纠纷时，设置 80 天的冷却期。法院强制令要求双方在原来到期的合同的约定下工作，同时在联邦调解员的监督下展开进一步的谈判。60 天之后，如果仍不能达成协议，联邦实况调查员就将发布有关该纠纷的报告。之后，国家劳工关系委员会有 15 天时间在雇员间进行投票，看大部分的人是否接受资方最后提出的条件，另外还有 5 天时间计算工会的投票情况。如果工会成员拒绝这些条件，工会就有权罢工。美国国会可以强制通过协议，但是它很少使用这种权力。

在《Taft-Hartley 法案》的规定下，有 35 场劳资纠纷使美国进入了紧急状态，11 次是由码头工人罢工引起的。上一次运用《Taft-Hartley 法案》规定程序是 1978 年煤矿工人罢工引发的劳资纠纷，当时法院在调查之后认为，劳资纠纷实际上并不会使美国进入紧急状况，因而拒绝了 Carter 总统发布禁令的要求。2002 年西海岸港口的劳资纠纷是《Taft-Hartley 法案》第一次针对闭厂（封港）的情况发布禁令。

这场纠纷在 2002 年 11 月下旬得到了解决，港口运营者和码头工人达成一份双赢的、为期 6 年的集体谈判协议。新合同提供了 11% 的工资增长率和较大幅度的养老金的增加。

在这份协议中，管理者获得引进新技术的灵活性，工会获得海运职员的工作岗位。工会担心这些工作会由非工会化雇员担任。在协议的规定下，现有雇员获得保证可以在其职业生涯中从事全日制工作，但是当这些雇员退休之后，工作岗位将减少，估计有 400 个雇员的职位会受到新技术的影响或逐渐消失。

联邦仲裁与调解局的负责人 Peter Hurtgen 为劳资双方提供了调解，有助于他们达成协议。

资料来源： "ILWU Hails Proposed Pact with PMA Despite Member Concerns over Job Loss," *Daily Labor Report* 241, December 16, 2002：A6; "With Few Port Jobs at Issue, Economic Stakes Are Vast," *New York Times*, October 2, 2002：A20; and "Both Sides See Gains in Deal to End Port Labor Dispute," *New York Times*, November 25, 2002：A14.

从历史上看，码头工人有强大的谈判力量，因为管理者很难在罢工时找到替代工人，并且由于技术限制和工人们的团结，管理者很难在不花费巨额资金的情况下，把工作（船只的装卸）转移到其他生产场所。由于合同的谈判没有取得进展，并且他们认为工人正在参与怠工行动，所以资方于 2002 年 9 月为了加强他们的谈判力量采取了封港行动。

Bush 总统认为，西海岸港口关闭会带来越来越大的经济损失，于是要求联邦法庭根据《Taft-Hartley 法案》的规定颁发禁令，从而结束封港行动。货主和港口管理者之所以采取封港行动，是因为他们希望通过颁发禁令能让他们达成一个更合意的最终协议。在这个案例中，资方希望通过政府干预获得谈判力量优势，而不是通过一些更传统的方法，比如罢工和劳动力需求弹性。这一案例可以很好地说明资方可以根据具体情况制定自己的战略。

这场纠纷于 2002 年 11 月成功得到解决，港口运营者和码头工人达成一份双赢的、为期 6 年的集体谈判协议。

## 8.7.2　工会战略的作用

钢铁行业的谈判特点从来都是一边是"大钢铁厂"另外一边是"大工会"。公司方面多为某个具有一定市场力量的大公司，而劳方则是代表众多工人的钢铁工人工会联盟（USWA）。在这个领域，集体谈判的敌对性非常强。劳资双方为了瓜分到更多的蛋糕而激烈斗争。随着贸易进一步全球化、美国国外进口壁垒的减少，以及美国国外竞争者对美国钢铁公司非法倾销的控告，美国的钢铁业运营艰难，而工会化的大钢铁公司面临着更大的挑战（近年来非工会化的小公司日子好过一些）。美国的钢铁公司发现，他们在价格上处于竞争劣势，部分原因是"过去的包袱"太重，要支付大量的退休金和医疗保险福利（后者在其他钢铁生产国并不普遍）。

面临新的挑战就要有新的战略。资方是这样，工会一方也是这样。2003 年 37 家钢铁公司申请破产，包括第二和第三大钢铁生产商 LTV 钢铁公司和 Bethlehem 钢铁公司。除了某些企业被允许停业清理外，还有些企业根据破产法第 11 章的规定申请破产保护，从而可以让资方甩掉过去的养老金和其他太高成本的包袱。

虽然劳方和资方对破产的合法性及其结果总是存在争论，但他们偶尔也会走到一起共同游说立法机关帮助他们渡过难关。特别是，USWA 与几家公司合作，成功地劝说了 Bush 当局对钢铁进口课以重税。另外，近年来他们也在推动将公司的养老金债务转入政府的养老金担保公司。Bush 当政时的司法部高举反垄断法，为钢铁行业的大集团公司提供便利，从而在这个过程中提高美国钢铁公司的利润。

在某些钢铁公司劳资开始出现和谐的关系，以便共同游说政府。在某些情况下，钢铁企业中的劳资双方也会在工作场所这个层面共同努力来提高生产率。这些提高生产率的举措通常是某种工资激励或者收入分享项目。

**历史关系的延续**

2001 年"9 · 11"事件发生之后，航空业在客运和收入方面的显著下降导致航空业劳工关系进入了一个新时期。所有航空公司都采取了快速而较大的举措来保持偿付能力，包括大规模裁员，重新考虑他们现有的商业模式、价格、网络结构以及与雇员的关系。然而，在恐怖袭击后的第一年，我们还可以看到劳资之间的关系在一定程度上保持着既有的模式，这一点令人惊讶。

举例来说，西南航空公司继续强调与雇员保持良好关系的重要性，并且避免立刻裁员。它之所以这么做，是因为过去在财务上比较成功，财务管理政策比较保守（它比其他大航空公司的负债更少）。另一方面，大陆航空公司虽然在这几年已经建立起一个积极的劳资关系，但为了解决庞大的债务问题，仍然选择了裁员超过 10% 的政策。大陆航空公司裁员时与雇员和工人领导保持着良好的关系。

经营战略、工会战略和集体谈判之间的这种相互关系也能在其他行业中找到。医疗保险成本的增加、养老金和其他延迟支付费用形成了"历史包袱"，在汽车销售锐减的情况下，美国三大汽车公司——GM、Ford 和 Chrysler——在与汽车工人联合会（UAW）的集体谈判中被迫采取措施减少劳动力。集体谈判在汽车业更多地成为降低成本和公司可能申请破产的一个过程，而不是工会和雇员争取利益的阵地。

Ford 汽车公司从 20 世纪 80 年代开始一直在实行"确保雇佣人数的项目"（GEN），如果雇员因为工厂关闭而被解雇，他们就在合同有效期间获得近 100% 的工资。Ford 在宣布关闭数家工厂、裁减高达 3 万个工作岗位以结束大笔亏损之后，寻求其他方法替代GEN 条款（见专栏 10.3）。Ford 和 UAW 签订的 2003 至 2007 年的集体谈判协议规定，在公司服务一年以上的工人可以选择自愿离职，他可以得到一笔总额为 10 万美元的钱，或者是半年的薪水。为了帮助离职雇员改变职业道路，他们在进一步深造时可以获得最高为一年 1.5 万美元的学费补贴。GM 和 Chrysler 与 UAW 达成了类似的条款。

与退休金和养老金有关的历史包袱也成为集体谈判的一个主要问题。例如，UAW 允许 Ford 关闭 14 家生产厂（2008 年生产能力下降了 26%），削减 3 万份工作岗位，外加其他节约成本的措施。当 Ford 的利润进一步下降时，即便这些条款尚未到期，在 2005 年年底 Ford 和 UAW 又提高了药品开支的分担比例，以降低医疗成本。医疗成本以每年 8% 的比例递增，因此 UAW 和汽车公司宣告要游说国会通过一个全国性的（统一的）医疗保险制度。

过去 10 年中最吸引人们目光的罢工之一，是联合包裹速递服务公司（UPS 公司）的 185 000 名卡车司机工会的雇员在 1997 年 8 月发动的长达 15 天的罢工（见第 10 章）。罢工引起了全国的关注，部分原因是因为它的规模（20 世纪 80 年代初期之后参加人数最多的罢工），另一部分原因是公众对纠纷的一个关键问题感兴趣：工会要求 UPS 公司为许多非全日制雇员提供更多全职工作。在这次谈判中，超过 60% 的谈判单位是由非全日制雇员组成的。

公众强烈支持卡车司机工会的要求。CNN 和其他机构发起的民意调查显示，美国公众支持罢工工人和公司的比例接近 2:1（55%:27%）。罢工逐渐升级，最后劳工部长、联邦仲裁调解局的负责人参加了为期 4 天的全天候调解活动。最终达成的协议满足了工会大部分的要求——UPS 公司同意将 1 万名非全日制雇员转为全职雇员，并且为非全日制雇员和全职雇员都提供了较大的工资增长。这次罢工说明，公众的态度对谈判过程和谈判结果都很重要。

1997 年的谈判影响到了 2002 年 UPS 公司与卡车司机工会的集体谈判协议的谈判过程。这次，双方让他们的谈判过程远离公众视线。工会建立罢工基金证明其在必要情况下愿意罢工，但是公司特别急于避免另一次罢工的发生。最后签订的协议包括了增加工资，以及另一份在合同到期前把非全日制工作转变成全职工作的协议。

## 8.7.3 罢工行动的国际比较

美国不是唯一经历罢工行动呈下降趋势的国家。这一情况也发生在有较长集体谈判历史的大部分工业国家中。曾经和美国竞争罢工率最高的澳大利亚和爱尔兰等国，在罢工数量和罢工损失的工时方面也显著下降。

罢工在不同国家扮演着不同角色。在美国，罢工是种战术武器，促使雇主改变他们的谈判立场，但是在一些欧洲、南美和亚洲国家，罢工却经常有政治动机。

罢工在各国发生的形式也因工会在法律系统中拥有不同的自由度而不同。在一些国家中工会或罢工是非法的，因此这些国家的罢工率低就不值得惊讶。在其他一些国家，工会是由政府领导的，通过工会领导的政党在政府中起重要作用。这些因素也影响到罢工出现的次数。

## 本章小结

这一章从集体谈判的四个子流程开始进行了分析。分配式谈判关注的是那些一方赢而另一方输的问题，在这种谈判中，双方共同赢是不可能的。

相反，整合式谈判关注的是那些能够在问题解决方案中实现双赢的问题。例如，成功地引进新技术，既可以增加资方的利润，也可以提高员工的收入。当然，受许多因素的影响，整合式问题的解决也是非常困难的。过度使用分配式谈判战术就有可能阻碍信息交流，并且阻碍谈判双方对整合式解决方案的潜在认同。在一些案例中，之所以谈判双方并不能很好地处理整合式问题，就是因为他们在如何分配整合式谈判的利益问题上无法达成一致。

组织内部的谈判是因为工会内部或企业内部存在着意见分歧。在工会内部，可能存在着工会领导与普通会员之间的意见分歧，或者老会员对合同条款与年轻会员存在着意见分歧；在资方，工厂与总公司的管理人员之间的分歧也经常是组织内部谈判的一个重要来源。

端正谈判态度关注的是工会与管理方之间的互信问题，信任往往会推动整合式问题的解决。谈判的这四个子流程之间通常存在着相互关系。

传统谈判过程一般包含了一个复杂的周期。管理方在形成工资和其他谈判目标时，要进行充分的准备。在做出这些目标时，研究人员经常会使用劳动力市场数据和其他经济数据进行分析。相似的准备也出现在工会一方，许多工会会采取会员投票表决的方式来确定他们的谈判要求。

最近，人们在研究如何更好地进行谈判，这使越来越多的人运用以利益考量为出发点或双赢的谈判方式，力求解决问题，或者进行整合式谈判。很多劳方和资方的谈判代表都了解以利益考量为出发点的谈判技术，并且许多人正在尝试这些技术。在不久的将来，这些技术可能会被更广泛地运用到集体谈判中去。当然，为了更好地发挥这些技术在解决问题时的作用，也要求在使用这些技术时要进行相应的调整与反复实践，以避免来自委托人对谈判代表施加的压力。

本章对有些谈判为什么会陷入僵局并导致罢工进行了许多解释。Hicks 模型强调了误判可能在罢工中扮演了催化剂的角色，行为因素和工人的好战性也都可能促使罢工的发生。

历史经验表明，在美国罢工事件并不经常发生，特别是在最近的 20 年中，罢工出现的频率非常低。最近的一些事件也充分证实，管理方和工会的战略在规范谈判和阻止罢工中扮演了非常重要的角色。

在另一些极端的案例中，更多的谈判正逐渐在使用以利益考量为出发点的谈判方法，强调解决问题。所以，谈判过程正在朝着两个相反的方向发展：一是朝着更强烈的冲突方向发展；二是朝着更多的解决问题的方式发展。

罢工是集体谈判的一种可能的结果。下一章将解释用于解决罢工问题的各种技术与程序。集体谈判的另一种可能的结果就是签订合同，在讨论对集体谈判陷入僵局的解决方案之后，我们将转向对劳动合同中的一般性条款的分析。

## 讨论题

1. 简述 Wlton 和 McKersie 提出的四个谈判子流程。
2. 在一般的集体谈判周期中，哪些是三个阶段中最核心的问题？
3. 描述 Hicks 罢工模型。
4. 举一些管理方战略如何影响 20 世纪 80 年代、90 年代谈判与罢工过程的例子。
5. 传统的谈判方式和以利益考量为出发点的谈判方式存在怎样的区别？
6. 以利益考量为出发点的谈判在什么时候开展最合适？在什么状况下你会建议反对使用这种谈判方式？
7. 简述从 20 世纪 90 年代到现在，钢铁、航空与汽车行业的工会战略。
8. 从 20 世纪 80 年代早期到现在，美国发生罢工的频率如何？并解释这种发展趋向。

# 第9章 劳资纠纷的解决程序

如果劳资双方不能就劳动合同通过谈判达成一致，他们就可能会通过其他程序来解决僵局。这一章仍然是图表 1.1 所描述的中间一个层面的分析，要介绍各种解决劳资纠纷的技术，并说明这些技术如何影响谈判进程，以及这些技术在解决僵局中的作用。

本章首先要介绍调解，它是一种由第三方通过加强劳资间的沟通，提一些建议而努力使劳资通过谈判达成一致的一个过程。然后我们将讨论实况调查（fact-finding）这种更有约束力的程序，在这个程序中第三方要在正式的报告中提出他们的建议。接下来的一种解决劳资纠纷的程序是利益仲裁，各方要受第三方即仲裁者的裁决的约束。

从集体谈判的其他方面看，解决纠纷的领域出现了多种新技术，并且都有一定的作用。一些调解者正在使用以利益考量为出发点的技术，以促进劳资谈判。这些技术与第 8 章所介绍的以利益考量为出发点的谈判原则是一致的。我们将向读者介绍这些方法，并将它们和传统的谈判调解作对比。本章最后将讨论劳资双方如何利用第三方的作用以应对环境的压力，并改善劳资关系。

## 9.1 调解

调解是使用最广泛，也是最不正式的一种让第三方干预集体谈判的程序。在调解中，一个中立方要协助工会和管理方的谈判者达成集体协议。调解者并没有权力给有关各方强加一种解决办法，而是指导和帮助谈判各方进行谈判。

调解者要让谈判各方说话，他们在谈判方之间传递信息，并且提出相关的建议。调解者必须利用他们的劝说和沟通的技巧，促使各方自愿达成协议。调解者的权力是有限的，他如同一个受到劳方和资方邀请的客人，他们也可以请他离开。

### 9.1.1 联邦仲裁与调解局 (The Federal Mediation and Conciliation Service)

《国家劳工关系法案》规定，如果有一方提出要改变合同（通常是工会），它就必须在罢工开始前至少 30 天通知联邦仲裁与调解局（FMCS）。如果劳资谈判已经形成僵局，那么法律并不要求谈判方进行调解，但是如果他们要求进行调解，FMCS 就总是有一位有经验的调解者会随时准备协助谈判各方。大多数州都有调解机构，也把调解者提供给谈判各方。联邦和各州的调解通常是免费的。

FMCS 的年度报告估计，在提前 30 天发出罢工通知的所有案例中，大约有 15% ~ 20% 有一些非正式的（通过电话进行的）调解，有 8% ~ 10% 有正式的调解活动。在重大的劳资纠纷中，或者出现《Taft-Hartley 法案》第二条所规定的国家紧急情况时，FMCS、美国劳工部、总统内阁的其他成员或总统本人，有时也会介入调解过程。调解也经常出现在医院的集体谈判中，NLRA 在 1974 年进行修订，将覆盖范围扩展到私营的、非营利性的医院。特别要指出的是，这些医院必须先进行调解才能合法地进行罢工。

## 9.1.2 根据《铁路劳动法案》进行的调解

《铁路劳动法案》规定，要解决劳资谈判僵局，在采取其他步骤前就要有一个调解阶段。《铁路劳动法案》的行政管理机构是国家调解委员会（the National Mediation Board），它的调解员为《铁路劳动法案》所覆盖的单位提供调解。

## 9.1.3 公营部门的调解

调解在公营部门比在私营部门更经常地使用。几乎所有覆盖国家和地方政府雇员集体谈判的法律都将调解作为解决僵局第一阶段的程序。例如在纽约州，平均而言，所有公营部门的谈判中大约有 30% 会形成僵局，需要调解。其他州所报告的依赖于调解的比率低一些，但所有州都报告说，调解的比率均超过 FMCS 所报告的私营部门的平均水平。

在各州有关公营部门雇员集体谈判的法律下成立了各个行政管理机构。在公营部门进行调解就是由受聘于这些机构的调解员来进行。在某些国家，也会依据个案使用非专职的调解者。这些兼职调解者的全职工作一般为大学教授、律师，或神职人员，或是从事某些与劳工关系有关的职业的人。

## 9.1.4 可以通过调解解决的纠纷类型

最容易通过调解解决的纠纷是由于缺乏沟通和误解造成的纠纷，例如，谈判的一方或双方太过坚持自己的谈判立场，或是谈判者缺乏经验。另一方面，最不容易通过调解解决的是由经济条件所造成的纠纷，例如雇主没有支付能力或是双方的期望差距太大。

如果劳资双方的要求差距太大，调解的作用就很有限，因为这时需要一定的外部压力才能促使双方改变其底线立场。因此，调解只适合于帮助劳资双方轻微地改变其最初的立场。当双方的分歧巨大时，只有在外部压力同时发挥作用的情况下，才可以通过调解使得各方调整他们的底线，使他们达成协议。

组织与组织之间产生的纠纷也很难通过调解得到解决。再看看专栏 8.1 所描述的教师纠纷案，学校董事会的管理层内部存在重大的分歧。在这个案例中，在内部分歧没有得到解决之前也进行了调解，但没有取得什么进展。调解结束后，调解员获悉，教育局长要将董事会的谈判代表解职。在接下来的两个月内，他们都在进行内部权力斗争。调解人通过电话与各方（包括感到气馁的谈判代表和教育局长）继续保持联络，但没有采取正式的调解活动，直到教育局长作为内部斗争的胜利者出现，而董事会的谈判代表被撤换。显然，在此案件中的调解人要先说服管理方解决其内部矛盾，才能使谈判继续进行。

调解者在某一方组织的内部纠纷中的介入度越低，一方组织内纠纷调停的可能性就越大，调解者就会有越大的可能性为双方所接受，并且谈判双方也就会对调解者更开放。调解者的困难是，如果无法解决某一方的内部纠纷，就不可能解决劳资之间的纠纷。

## 9.1.5　调解者做些什么

调解人的最终目的是帮助谈判各方达成协议，但要走到最后一步达成协议调解还要做很多事。调解是一个调解者不断缩小纠纷中的各种问题的一个过程。其实根本没必要完全解决任何问题才能向达成协议迈进。换言之，如果谈判各方已经在公开的问题上成功地缩小了分歧，就已经取得了进展。

调解也是要帮助有关各方"不带偏见地看清楚问题"，也就是说，让他们看清楚或者忘却如果他们放弃谈判的底线立场会出现什么情况。调解者这样做主要是要防止有关各方误判形势。因此，调解的一个主要功能就是让谈判方有默契地进行谈判，无论他们是直接进行谈判还是间接地通过与调解者分享机密的谈判信息从而达成默契。

调解者也要尽力防止谈判方原本愿意作出让步以避免罢工却没有这样做。对于调解者来说，要确定各方会坚持什么这并不是一件容易的事，因为在大多数情况下，谈判者极其不愿向调解者公布这方面的信息。相反，调解者必须从谈判方的话语中猜测他们的立场，然后尽力让谈判方提出最好的方案。

调解者能做什么事，这取决于谈判方是使用传统的谈判策略还是以利益考量为出发点的策略。如果谈判使用的是以利益考量为出发点的策略，他们就会期望调解者能够熟练地帮助他们这样做。调解者必须很擅长通过头脑风暴提出可选择的方案，知道何时可以建议成立一个小组委员会或以其他方法收集更多的信息，而且他也必须能够提供一些建议，而不是简单地要求谈判方在现有的立场上进行妥协——他或她必须帮助谈判方建立新的、能满足双方利益的谈判立场。最重要的是，调解者要警惕某方可能发出一些声明或者采取一些行动使谈判回到传统的、坚持各自立场的谈判。他要引导谈判各方避免这种倾向。最后，调解者还必须是个好老师，他能传授新的谈判方法，敏感地知道何时建议谈判方采取以利益考量为出发点的策略。这些必须在谈判开始前就做好，正如我们在第8章中所讲的那样，因为大部分的谈判者在实际谈判中成功地利用这些技术之前都需要进行相应的培训。

## 9.1.6　成功的调解者的特质

一个良好的调解者的特质是什么呢？也许最关键的要求是，调解者可以被有关各方接受。这种形式的干预本质上是自愿的，因此没有一个调解者可以在没有各方信任的情况下很好地发挥作用。

各方能接受调解者这一点很重要，因为调解者必须取得有关各方谈判的机密信息。这些信息如果使用不当，就可能破坏某一方的谈判策略。虽然谈判方接受调解者是因为调解者的信誉，但是仅仅因为调解者拥有良好的信誉，也仍然会让最有经验的谈判人员犹豫不决是否该泄露机密的谈判信息。因此，早期阶段的调解活动（调解者与谈判方无私人关系时）常常是调解者为建立他自己的可信度而展开的。

在调解过程中，调解者也可能丧失谈判者对他的信任。发生这种情况时，调解者可自愿退出这一案件，或者各方可能寻求其他手段解决纠纷。

要描述调解者的特质犹如诵读一串童子军的誓言：一个良好的调解者是值得信赖的、助人为乐的、友善的、聪明的、幽默的，并且了解纠纷中存在什么实质性问题等。有证据表明，没有什么东西可以替代经验，经验可以帮助一个调解者获得劳资双方的信任并且以某种方式促进调解的成功。调解是一门艺术，人们必须通过在岗培训从实践中、从错误中学会调解。

经理们和工会的领袖对 FMCS 所提供的调解者的质量看法如何？FMCS 调查了全国的"客户"，要求他们给在最近的案件中所使用的调解者打分。调查结果显示在图表 9.1 中。整体而言，FMCS 的客户对这些调解者的给分相当高。其中有 70% ~ 85% 的人用"非常好"和"很好"来评价这些联邦调解者的知识和专长、他们的可接受性、处理谈判的技能、对问题的理解和值得信赖等。但是请注意，工会代表对调解者的评价一直比管理方的代表给出的要好一些。这项调查的其他数据在这一点上也得到了相同的结论。这说明，管理方的谈判代表更希望调解者能强化自己对在集体谈判和劳资关系中新出现的问题的知识，他们比工会代表更热切地希望看到调解者更多地利用以利益考量为出发点的谈判技术。因此，调解者，就像劳方和资方的从业人员一样，在其职业生涯中也面临着变革的压力，也要学习新的方法，然后反过来再协助谈判各方改进集体谈判过程。在这样做时，他们需要了解到，劳方和资方的代表对他们在谈判桌上的期望并不相同。

新的调解者在进入这个职业时很难打开局面。所幸的是，并非每一个集体谈判纠纷都构成了国家紧急情况，所以新的调解者可以在一些不太复杂的纠纷中进行在岗培训，然后再面对重大案件的挑战。

图表 9.1

对调解者评价为"非常好"和"很好"的比率

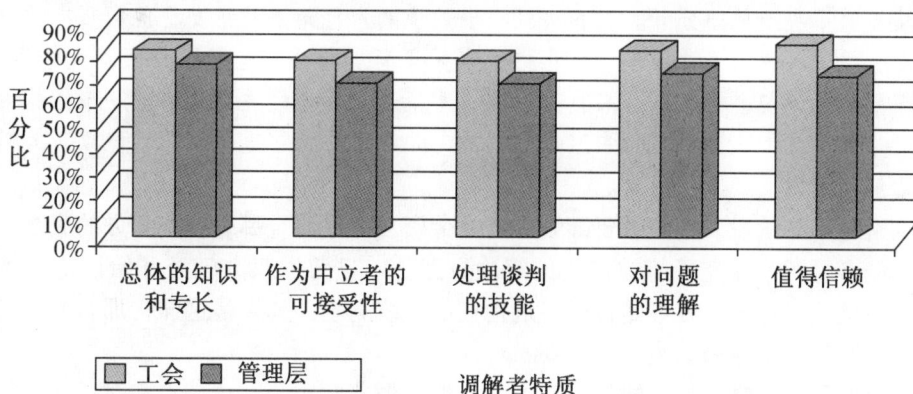

调解者特质

## 9.1.7 传统的谈判中的调解机制

在传统的谈判过程中，调解以及调解者的战略往往会经过一个有着不同阶段的周期。

1）初期阶段：获得认可

在调解的最初阶段，调解者主要关注的是让劳资双方接受和认可他，了解纠纷中的问题、各方的态度，以及每个谈判队伍中权力的分配情况。调解者在调解的初期阶段要扮演一个不怎么积极地问问题和聆听的角色。通常，调解者会穿梭在两个谈判队伍之间以探讨问题的所在。让谈判方单独会见调解者也能释放他们被压抑了的情绪和挫败感。

在这个阶段，谈判的双方往往会抨击对方，夸大他们的分歧，试图说服调解者他们的提议是合理的而对方是不可理喻的。正是在这些早期的会见中调解者和谈判方之间建立了信任。

简而言之，在调解的初期阶段，各方是在测试调解人。在谈判的早期所出现的一些哗众取宠的事件，会因为有新人加入到谈判过程中而在调解的这个阶段再次出现。

调解者在此阶段最大的挑战是，要准确诊断纠纷的性质和妨碍达成解决方案的问题所在，并开始做一些使得纠纷最终解决的工作。调解者经常会听到某一方说："我们刚做了让步，所以该让他们来走下一步了。"调解者如果走到另一边，则也会听到同样的话。调解者不能让任何一方犹豫着不肯前行，除非有人给他们一个借口。任何一方都不太可能希望发生这种情况，否则一开始就不会请调解者了。

2）中期阶段：探索可能的妥协

一旦调解者克服了这种僵局，下一步就要开始交换双方的提议，测试在哪些领域可能作出妥协。在此阶段对调解者来说最重要的是准确判断产生纠纷的根源。调解者现在开始比较积极地干预谈判过程，尽力建立一个框架以促使谈判方达成协议。如果调解者误判了谈判的困难之处，并试图推动有关各方达成一个不成熟的方案，或者并不去克服一些重大的谈判障碍，他或她就可能失去信誉。例如，某位退休的调解者曾讲过以下这样一个故事。他调解的是西海岸的码头工人国际工会（the International Longshoremen's and Warehousemen's Union）针对太平洋海事协会（the Pacific Maritime Association）采取的罢工。

我开始以通常的方式进行调解，而劳资双方的回应是以一种非常严肃的方式讨论彼此间的分歧。随后我把他们分开。当我去找工会的谈判人员谈话时我发现他们正在玩牌。让我感到沮丧的是，我无法说服他们停止打牌来做正事。相反，他们让我回到我的房间去，当他们需要我时他们会叫我。后来我了解到，本案达成协议的主要障碍是一个结构性问题——西海岸的码头工人正在等待东海岸的码头工人缔结合约，这样他们就能以此为模版得到自己的解决方案。

在调解的第二阶段，调解者要继续弄清楚劳资双方最看重哪一点，两方的底线立场是什么。调解者要积极探究可能被接受的解决方案。一旦劳资双方已经开始讨论具体的方案，调解者就要确定这个方案是否很接近他们的底线立场。如果是这样，那么调解者就要提出修改方案从而使他们达成协议。

在这个阶段，调解者是否能估计双方的底线立场非常重要，这一点和时机的判断一样重要。如果调解者断定谈判方的底线立场比较接近于达成协议，他就会表现得比较武断。调解者会建议谈判方作出妥协，推动谈判方作出他们较早前就表示过不愿意作出的妥协，尽力缩小双方的分歧。过早地采取这样积极的策略（也就是说，调节者和谈判方的看法相差太远），会损害调解者的信誉和谈判方对他的认可。

如果条件还不成熟，无法达成协议，调解者就必须往后撤，不再采取过于激烈的手段。然而，如果时机已经成熟，那么调节者就必须采取行动，否则就有失去达成协议机会的风险。从这一点可以看出调解是一种艺术。

3）最后阶段：推动妥协

如果形成了一股让谈判者达成协议的压力，调解者就会感觉到，是时候最后推一把（谈判者）以解决纠纷了，这时调解者会前所未有地积极。他不再被动地听取谈判方的争论和理由，而是尽力让他们面对现实，调整期望值。调解人可以推动谈判方得到折中的解决方案，同时，也要避免锁定某个具体的解决办法。

如果调解者过分相信某个方案能解决问题，而谈判双方却拒绝这个方案，就会限制调解者的作用。所以说，调解者无论提出什么建议都只是建议而已。

此时，每个谈判队伍的意见也往往会发生改变。一般而言，谈判成员在某些实质性问题上的看法并不相同。调解者通常会求助于每个谈判队伍中的专业人士来对付比较好斗的成员。有时情况正好相反：谈判者会寻求调解者的帮助，以平息谈判队伍中好斗者的怒火。

谈判的最后时刻往往需要某个人——调解者、专业的谈判代表，或者两者都需要，来说服强硬派，我们已经得到了最好的解决方案，要达成协议就要作最后必要的妥协。这时，谈判各方对调解者的信任再次成为最后调解成功的关键。

有时在最后阶段，人们请调解者提出所谓的调解建议。此时调解者的建议比其他时候在调解者干预这个谈判过程时所提出的任何建议风险都更高、更正式。调解者只有在下列两种情况下才会提出调解建议：双方非常接近于达成协议；或者调解者相信，他提出的建议能让谈判方达成协议。

在某些情况下，调解人可能提出一项各方已经默认的建议，但基于政治或其他理由，他们自己不愿提出来。一些调解者认为，除非调解者确定他的建议能被双方所接受，否则永远不要提出建议。

前文对调解机制的分析说明，当有关各方的气氛、时机和压力正好的时候，调解者必须积极地推动有关各方达成协议。当事人往往喜欢积极的调解者，积极的调解者已被证明与有效的调解过程密切相关。

## 9.1.8 以利益考量为出发点的谈判中的调解

我们已经指出，与传统的谈判过程相比，在以利益考量为出发点的谈判过程中，调解者更多的是一个积极的协助者、老师和教练。在谈判过程中双方可能不会把合同或者罢工的最后期限作为决定性的时刻。由于需要培训，调解过程中可能会在谈判过程开始之前就已经开始了。FMCS 为各方提供以利益考量为出发点的谈判培训，这在一定程度上是一种"预防性调解"。

专栏 9.1 中的文字介绍了 George Buckingham，FMCS 的一个最有经验也是最成功的以利益考量为出发点的调解者，是如何以及何时使用以利益考量为出发点的技术来促进谈判进程的。

什么时候采取这种方法可能最成功？FMCS 的专员 George Buckingham 建议在以下两种情况下使用以利益考量为出发点的技术：①如果劳资双方在其他方面已经建立了合作关

系，希望在谈判过程中继续这种关系以解决实际问题；或者②如果劳资双方不能解决他们所面临的问题，就会引发严重的后果。在这两种情况的任何一种情况下，往前走都很艰难，关键是有一些强有力的激励因素，使整个过程得以继续。

专栏9.1

---

### 以利益考量为出发点的调解是如何进行的

在安排谈判时间之前，我先召开了一个为时一个半小时的情况通报会，让劳资双方谈谈谁有兴趣或者我们相信谁是最好的采取以利益考量为出发点的技术的人选。我们讨论了是否使用这种做法的决定因素。在讨论的过程中，我特别留意，看看是否有任何因素会导致我建议不使用这种方法，例如，是否有证据显示，他们不想缔结协议，或者从历史上看，（劳资双方中的）这一方或者那一方不想缔结协议。

如果劳资双方都同意采取下一个步骤，我们就会为工会和雇主谈判委员会的所有成员进行一次为期两天的培训。在培训结束时，我们三方（工会、雇主和调解者）决定是否继续采取以利益考量为出发点的谈判。

接下来的一个步骤是举行一次谈判前的会议，确定两套基本规则。第一套是实质性的基本规则，列出要做什么事。如果在某个阶段以利益考量为出发点的谈判进程破裂，那么各方需要回归到比较传统的谈判进程中。这些规则是引导谈判方回到传统谈判进程的"路线图"，也为劳资双方提供了一个安全阀。第二套规则是程序性的基本规则。这些规则涉及我们如何界定已经达到共识的决策，我们如何处理新闻发布，以及如何和何时与委托人进行信息沟通等。

在此之后，我们才准备就绪，按照以利益考量为出发点的方法交换意见。这种意见的交换可以采取传统的方法，交换彼此的提议，或是列出一系列谈判要求。每一个问题的提出都不能简单地回答是或否。举例来说，可以这样提出一个问题："员工希望有更多的事假来处理丧事或者是员工自己的私事，我们如何有效地满足这一需求？"我们在这个阶段就问题的顺序，以及讨论这些问题所需要的信息达成了一致意见。在适当考虑了收集必要的数据所需要的时间后，我们确定了谈判的日期。

对于实际的谈判，我们承诺参加前两次谈判会议，或是（一直参加谈判会议）直到解决第一个问题。当他们讨论经济问题时我们会回来参加谈判会议，在谈判即将结束要提交协议时我们也会出席谈判会议。

在这些会议中我做什么？我的基本作用是帮助他们进行谈判，让他们在谈判中聚焦于解决问题，确保他们列出了所有的问题而不是泛泛而谈，不让他们陷入传统的坚持各自立场的谈判中。在极少数的情况下，如果我觉得有必要我会提出一个实质性的建议。我需要说明的是，这样做我跨出了调解者的本职范围。

谈判者最艰难的任务就是评价各种方案的标准以达成一致意见。我建议采用以下三个简单的标准，但是也鼓励他们提出自己的标准。我用的三个标准是：①我们能这样做吗？②这样做是否有好处（从他们的利益出发）？③委托人是否可以接受？

---

谈判方要先处理非经济性问题。然后，也许在谈判进行了约 35% ~ 40% 的时候，我觉得我们会使用更传统的方法来解决更深入的经济性问题。但即使在这个时候，如果以利益考量为出发点的方法已经在先前的问题上取得了成功，我们通常就会看到一般很少能在传统的谈判的最后一个阶段能看到的情况。谈判者更多地聚焦于解决问题，并愿意听取对方的意见。谈判方的头脑已经比较适应以利益考量为出发点进行谈判了。

根据我的经验，采取以利益考量为出发点的谈判能实现两大改变，这就是缔结合同的最后期限和罢工的威胁不再成为主要的影响因素。在我以这种方法所调解的 60 个案例中只有 3 例发出了罢工通知，并且进行了罢工。但这样的罢工是为了满足工人们的需要，而不是作为谈判的一个严重威胁。绝大多数的案件在合同到期之前都得到了解决，有些案件是在合同过期之后才得到解决，却没有造成严重后果。只有一次我是在晚上 8 点之后才举行调解会议的。

我喜欢用两个标准来判断以利益考量为出发点的方法是否取得了成功。第一是劳资双方是否会在下次谈判中再次使用这种方法。大约 80% 的人这样做。第二是谈判中的"劳资关系问题"和非经济问题的数量是否会在下轮谈判中减少。如果以利益考量为出发点的谈判真正能够解决问题，那么劳资关系问题或非经济性问题的数量就应该减少。

资料来源：对 FMCS 专员 George Buckingham 的访谈，1997 年 7 月。

## 9.1.9 调解对达成协议的作用

私营部门的调解情况是怎么样的？1997 年 FMCS 进行的客户满意度调查在这个问题上提供了一些基本的证据。在 FMCS 调解者涉足的谈判中，46% 的案件通过调解达成了协议。35% 的案件中的劳方或资方的受访者表示，调解拉近了双方的分歧。因此，调解在 80% 的案件中对达成协议发挥了积极作用。在工人人数少于 250 人的谈判单位，比在人数更多的谈判单位，通过调解在某种程度上更容易达成协议；如果谈判者是女性而不是男性，则通过调解在某种程度上更容易达成协议。另外一个指标是调解的可接受性及满意度，90% 以上的 FMCS 的客户表示，在未来再次需要调解时，会再次使用他们的调解服务。

## 9.1.10 调解者的道德与促成解决方案之间潜在的紧张关系

理论上说，调解者不用关注谈判成果。相反，传统的看法认为，调解之所以能够发挥作用，是因为调解者只不过是促使双方达成协议。但当某些时候，调解者可能不会接受这项原则。例如，看一下专栏 9.2 中的调解者，在这个案例中，调解者不能把他个人对资方的谈判方式带到调解过程中。

专栏 9.2

### 一个沮丧的调解者的报告

经过一整夜漫长的调解这次纠纷最终得到了解决。劳资双方的谈判已超过了一年。已经出笼了一个实况调查报告，在经济问题上也已经取得了相当的进展。剩余的尚未解决的主要问题是，是否要在合同中说明这些雇员（某个校区的门警、校车司机和咖啡厅的工人）要接受有约束力的不满申诉仲裁……很明显，（学校的）委员会坚决反对具有约束力的仲裁……（调解）过程令人沮丧，因为该教育区的行政长官对谈判单位的人员态度傲慢。不幸的是，我的角色，只不过就是在这最后的程序中让工会的谈判者面对现实：他们不可能得到一个有约束力仲裁的协议……

如果在调解过程中我能对资方的谈判队伍说出自己的感受，不仅无法完成调解，而且还会使劳资双方更难把这个长期的令人沮丧的案例解决。因此，我压抑着愤怒和挫折感离开了这类纠纷。

所有调解者一定会一次又一次地对这样的道德问题产生思想斗争，即为了促成一个协议，他们在个人价值观或公平感上要妥协到何种程度？对这个问题传统的答案是，调解者的首要责任就是帮助各方达成协议，在这个过程中不要掺杂他的价值观和偏好，或是整个社会的价值观和偏好。根据这一观点，调解者没必要一定要达成一个最符合"公众利益"的解决方案。而传统观点认为，调解者是代表着公众的利益防止产生僵局或了结一个僵局。

如果某一方希望达成的解决方案中涉及个人权利的问题，那么调解者的道德困境将是更加难以解决。调解者将继续与道德困境斗争，并最终决定自己把达成协议这个目标放在什么位置上。

有些调解者，特别是那些主张使用以利益考量为出发点的技术的调解者，他们拒绝传统的观点。相反，他们争辩说，一个有效的调解者将帮助有关各方阐明其基本利益，然后引导整个谈判过程更好地为他们的利益服务。因此，在这种观点看来，解决方案中实质性的条款和调解成功本身一样重要。随着劳方和资方进一步熟悉以利益考量为出发点的谈判过程，他们对调解者的期望会提高，他们对谈判和调解成功的指标也有可能同样会提高。

## 9.2　实况调查

所谓实况调查是指邀请第三方（实况调查者）研究使工会和资方谈判者产生纠纷从而使谈判陷入僵局的问题。实况调查者收集到材料之后会提交一份报告或发表一份声明，这些可能会对公众公开。实况调查者的报告往往包括一些建议，即他认为应该采取哪些适当的方法解决僵局。进行实况调查是希望这些建议和一份中立的报告能给劳资双方带来足够的压力，促使他们接受实况调查者的建议，或者以这些建议为基础，通过谈判解决问题。

在私营部门很少使用实况调查（类似的情况是，NLRA 也不要求进行调解），但在公营部门却普遍使用。在《铁路劳动法案》所覆盖的谈判中经常使用实况调查（铁路调解委员会可以要求进行实况调查）。《国家劳工关系法案》所规定的国家紧急状态的纠纷程序也授权使用实况调查作为程序的一部分，美国总统在紧急情况下可以要求解决僵局的委员会采取此类行动。

### 9.2.1　实况调查的表现

实况调查的记录好坏参半。在大多数情况下，实况调查的建议并没有产生达成解决方案所需的压力。

虽然实况调查的总体纪录并不很好，但这一程序的确有助于解决某些类型的纠纷。如果谈判的某一方面临内部分歧，则需要有一个中立的专家提出建议以克服内部的（或者组织与组织之间的）反对意见以达成解决方案，在这种情况下利用实况调查作为调解的补充最能发挥作用。不知道读者是否还记得，如果存在内部分歧，调解这类纠纷就特别困难。

如果谈判者经验不足，那么实况调查也能很好地发挥作用。这也许可以解释为什么在公营部门实况调查的有效性随着时间的流逝似乎有所下降。随着劳资双方更加熟悉实况调查，更善于谈判，他们就不会那么看重作为一个局外人的专家的意见。

如果劳资双方中一方的期望与另外一方的底线立场相差巨大，实况调查对于解决这样重大的纠纷就不是那么有效。如果谈判方拥有丰富的经验，那么实况调查很难改变他们的期望。另一方面，正如刚才所谈到的，实况调查可以成为一种非常有效的方法，让某个谈判者说服其他人，或者说服其委托人面对现实，并降低他们的期望。

## 9.2.2  实况调查的一个实例

下面将引用一个实例来说明使用实况调查解决了教师工会和校区之间的纠纷。

某个中立的（人士）开始时试图调解此次纠纷，但受到了双方专业的谈判者的打击。他们解释说，他们知道双方存在什么分歧，并且声称，如果这要是由他们单独决定的话，他们就可以在没有中立者的帮助下解决纠纷。问题是，教育委员会不愿意接受在合同上规定某些问题，而工会也不愿妥协。调解者因此同意进行直接的实况调查。在听证会上，双方的谈判者介绍了情况，使实况调查者明白他们会默认什么条件，因此，实况调查者也清楚他们想要的建议是什么。实况调查者提出的建议很接近（劳资双方的谈判者）所默认的解决方案。双方的谈判者利用了"中立人士的建议"，把他们所默认的协议推销给了他们的委托人。

## 9.3  利益仲裁

利益仲裁是指在一个合同纠纷中第三方（仲裁员）有权强加一种解决方案。在利益仲裁中，仲裁员确定合同的条款。因此，利益仲裁不同于不满申诉程序中的仲裁（权利仲裁），权利仲裁是要解决在现有合同的有效期内产生的纠纷或是执行现有的合同时产生的纠纷（见第11章）。

在美国的私营部门中的利益仲裁并不常见。在私营部门中只有少数例外，例如职业棒球大联盟的纠纷案（见专栏9.3），根据《Taft-Hartley法案》或《铁路劳动法案》的规定所出现的国家紧急状态下的纠纷，或者是谈判方自愿将他们的纠纷提交仲裁。在公营部门的谈判中已经更频繁地利用利益仲裁来解决僵局。

《国家劳工关系法案》赋予劳方和资方通过罢工来解决僵局的权利，从而避免了使用利益仲裁。赞成在私营部门进行集体谈判的人士长期以来一直认为，罢工的权利（因此，也意味着没有利益仲裁）对维护集体谈判的自由必不可少。

35年前，一位学者这样说过：

"我们反对强制仲裁是因为它具有明显的危害性，不可避免地会造成一系列灾难，小到会出现错误的裁决，大到会破坏构成经济基础的自由企业制度。在这一点上，自由党与保守党没有意见分歧，劳方和资方也没有意见分歧。所有的行政当局都会同意这一点。"

在这种观点看来，利益仲裁只能用于出现国家紧急状态的时候，或是纠纷中的各方从他们的利益出发决定将其纠纷提交利益仲裁，以替代另外一个程序：罢工。

## 9.3.1 利益仲裁在公营部门中的使用情况

然而，随着公营部门谈判需求的提高，决策者必须作出一个困难的选择：工会要求履行集体谈判的权利，而选举出来的官员却不愿给予公营部门的雇员罢工的权利。因为一般不赞成进行利益仲裁，所以大多数州开始时都把实况调查作为罢工权利和强制利益仲裁这"两恶"之间的一种妥协。后来，约有半数以上赋予公营部门雇员集体谈判权利的州，对于市政单位的雇员、警察和消防员转向采取某种形式的仲裁来解决纠纷。

专栏9.3

---

### 职业棒球大联盟的工资仲裁程序

**资格：**任何一个球员或者俱乐部在另一方同意的情况下都可就工资问题提请仲裁。不过，在美国职业棒球大联盟服务 3~6 年的球员可未经另一方同意就工资问题提请仲裁。

**选择仲裁者：**球员协会和球员关系委员会每年都会选择仲裁者。

**程序：**就工资问题提请仲裁 3 天之内，球员协会和球员关系委员会可以交流工资的数额。收到俱乐部的工资数额的 7 天内，球员可以选择撤消仲裁。如果在仲裁者作出裁决前俱乐部与球员就工资问题达成了协议，就应撤消仲裁。

**仲裁时间和裁决：**在听证会上球员和俱乐部应向仲裁者提交工资表。他们提交工资表后要尽快召开听证会，时间应该安排在 2 月 1 日和 2 月 20 日之间。仲裁员可以在听证会的当天作出裁决，或者在听证会结束之后的 24 小时之内尽其所能作出裁决。最后，仲裁者只限于裁定球员方或俱乐部所提交的工资数额。

**举行听证会：**每一方的首次发言限制在一小时之内，抗辩和提交（工资数额）用一个半小时。没有继续审理或休庭。

**标准：**评价球员价值的标准，包括球员在过去一个赛季对俱乐部的贡献（包括他的整体表现、一定的领导作用和公众关注度）、他从事这个职业的时间和他整个职业生涯的贡献、球员过去的工资记录、与其他棒球球员工资的比较、球员身体上或精神上是否存在缺陷，以及最近在俱乐部的表现等。此外，任何与标准有关的证据也可以作为证据提交。

资料来源：Basic Agreement between the American and National League of Professional Baseball Clubs and the Major League Baseball Players Association, January 1, 1986.

---

由于利益仲裁主要用于公营部门，所以公营部门的记录可以反映出利益仲裁的作用。下面我们将讨论利益仲裁在公营部门的使用情况，偶尔会提到在私营部门的使用情况。

## 9.3.2 利益仲裁的类型

图表9.2 列出了各种形式的利益仲裁之间的差别。图表9.2 首先区分了自愿仲裁和强

制仲裁。自愿仲裁是各方同意将他们的分歧提交仲裁的一种解决纠纷的制度。强制仲裁是按照法律的要求，如果各方自己不能通过谈判解决纠纷，他们就必须将尚未解决的分歧提交仲裁的一种制度。

利益仲裁的另外一种重要分类是传统的仲裁和最后出价仲裁。传统的仲裁（既可以是自愿仲裁也可以是强制仲裁）是这样一种解决纠纷的过程，即仲裁员可以自由地给出任何裁决，只要他或她认为是适当的。虽然传统的仲裁裁决可能会是在雇主和工会的提案之间作出妥协，但是仲裁者仍然拥有自由决定权是接受任何一方的提议，还是出于任何考虑，裁定低于雇主的出价或者是高于工会的要求（虽然这很少发生）。

而在最后出价仲裁中，仲裁者必须选择支持雇主的提案或者是工会的提案。仲裁员不能按照流行的方式作出妥协。仲裁还可以进一步分类。最后出价仲裁可以是在一揽子方案基础上进行仲裁，也就是说，仲裁者必须在所有问题上选择雇主或工会完整的方案。或者，最后出价仲裁也可以在一个个问题的基础上进行。举例来说，在工资问题上仲裁者可能会选择雇主提出的工资方案，而在医疗保险上选择工会的方案，在休假问题上选择雇主的提议。

还有另外一种划分方式。仲裁者可以是一个人或是一组人。仲裁小组又可以全部由中立人士组成或由三方组成。三方小组包括一个或多个雇主代表、一个或多个工会代表，以及一个或多个中立人士。

图表9.2                                利益仲裁的分类

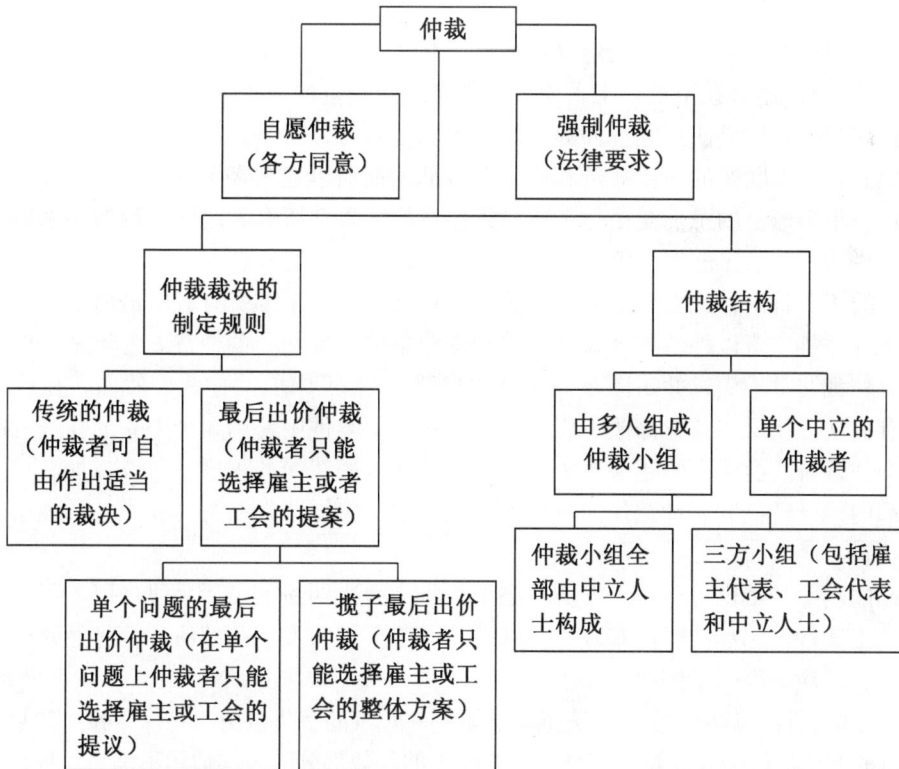

215

### 9.3.3　有关利益仲裁的效果和影响的争论

劳资双方可以进行谈判，利益仲裁的作用是什么？仲裁者会作出什么样的裁决？仲裁者的裁决与劳资双方自己达成的解决方案相比是怎样的？利益仲裁是否能真正防止罢工的发生？这些问题都是围绕着利益仲裁发生的争论中的一部分问题。我们在这里只提出有关这些问题的部分证据，因为我们还要在第13章中详细分析公营部门实行利益仲裁的情况。

在公营部门，利益仲裁在防止罢工方面比实况调查这个手段好。虽然，很明显，没有任何一种解决纠纷的程序（包括利益仲裁）可以防止所有罢工的发生，但利益仲裁比实况调查更可能减小罢工发生的可能性。

到目前为止，没有证据表明，当人们可以利用利益仲裁时，利益仲裁被滥用。绝大多数的纠纷都没有通过利益仲裁就得到了解决。即使利益仲裁制度已经用了30多年，但诉诸利益仲裁的案件比率也很少超过25%。

有证据显示，仲裁对合同中条款的影响是，仲裁者作出的裁决，与不能利用仲裁程序解决僵局的劳资双方经过谈判达成的解决方式，没有太大的差别。跨州使用利益仲裁（在解决公营部门的争议中）会缩小解决方案的范围，不会出现过高或过低的解决方案。利益仲裁对诸如工资这样的合同条款的影响总体来说比较温和。如果要测量仲裁的效果，仲裁裁决的工资水平就比不能使用仲裁而得到的工资水平高5%～10%。

### 9.3.4　私营部门自愿的利益仲裁

私营部门在电气建设和大型建设项目中（例如，Cape Canaveral航天中心和阿拉斯加输油管道工程），还有在报社，也采用了一些自愿的利益仲裁计划。

私营部门唯一注重使用利益仲裁的是美国职业棒球大联盟。正如前面所指出的，多年来美国职业棒球大联盟的主要球员和棒球俱乐部的所有者已经签订了一份集体谈判协议。合同规定，单个球员的工资是由每个球员和各自的俱乐部所有者之间进行谈判来确定。

如专栏9.3所示，这份协议规定，如果球员和俱乐部的所有者在工资谈判中出现了僵局，球员的工资就由仲裁者确定。仲裁者只能在球员和俱乐部所有者的最后出价之间作出选择。棒球球员工资以外的其他就业待遇和就业条件不提交利益仲裁。近年来，俱乐部的所有者对仲裁非常不满，并试图在1994年的谈判和罢工中取消仲裁。然而，在这一点上他们没有成功。相反，各方修改了程序，同意在每个案件中使用3个中立的仲裁者而不是只用一个仲裁者。由于人们越来越关注仲裁和其他解决纠纷的程序，所以在加利福尼亚州的农业部门，已经把利益仲裁作为一种强制性的解决集体谈判纠纷的程序。具体情况见专栏9.4。

自愿的利益仲裁也可以在个案的基础上，作为解决纠纷的最后手段加以使用。一次又一次的罢工案件，例如美国的邮政局和邮政工人工会之间发生的纠纷，都已经通过仲裁达成了协议，成功地得到了解决。

在自愿的利益仲裁中，劳资双方通常会限制仲裁者的裁决自由。在棒球界，仲裁者只能针对球员的工资进行仲裁（虽然棒球界的合同中的其他部分的内容适用不满申诉仲裁）。

自愿利益仲裁计划的谈判关键是，如果放弃罢工的权利，双方就能获取一定的利益。

一般只有在罢工成本很高的情况下劳资双方才会主动接受自愿利益仲裁。

## 9.3.5 利益仲裁的结构和过程

设计利益仲裁制度的结构有各式各样的选择。这些结构选择会影响到利益仲裁决策过程。事实上，各方对结构的选择反映出他们对利益仲裁制度的适当功能的基本看法。本节将分析利益仲裁的两种不同类型的决策，并讨论仲裁制度的结构设计是如何影响决策的。

## 9.3.6 仲裁夹杂调解的观点

这两种决策方式是：①仲裁中夹杂着调解；②仲裁就是对案件的审判。认为仲裁中夹杂着调解的人把利益仲裁视为集体谈判过程的延续，中立的仲裁者力求作出一个各方都能接受的裁决。仲裁中夹杂着调解使利益仲裁程序具有额外的功能，它能成为劳资双方继续进行谈判或调解的论坛，尽管仲裁者拥有最终的权力决定合同的内容。

专栏 9.4

---

### 美国加州农业部门的利益仲裁

农业是加利福尼亚州一个最基础的产业，它面临巨大的压力，要找到一个解决其糟糕的集体谈判制度的方法。正因为如此，在 2002 年，加利福尼亚州的立法机关通过了一项法案，如果农业部门的雇主和工会在第一个集体谈判协议的谈判中无法达成共识，就要采取强制性的利益仲裁。该法案很快就受到了法律挑战，虽然它面临的挑战最终被否决。

具体来说，在 Napa 山谷的一个农业雇主，Hess Collection 酿酒厂，曾提出上诉，声称立法机关没有权力出台这样一部法案。事实上，原告还声称，只在农业部门实行强制性利益仲裁严重违反了宪法中的平等保护原则。因此，此法案到了加州上诉法庭审理。

2006 年 7 月 5 日，因为绝对有必要在农业部门有效地达成集体谈判协议，也因为该法案只适用于第一次谈判，所以上诉法院维持了先前的判决，认为强制性利益仲裁是合法的。法庭认为，这部法案准确地遵守了宪法的规定。上诉法庭的法官 Richard Sims 指出，这部法案"立法目标合理而且可信"，没有违背宪法，因此应该允许这部法案存在。Sims 继续说："农业雇员与他们的雇主相比处在一种特别不平等的谈判地位上，他们的健康、安全和福利都需要特别保护。"因此，必须给予他们额外的保障，而这部法律将有助于"通过促进农业稳定和农业的就业而保护农业"。

资料来源："California Court Upholds Constitutionality of State's Mandatory Interest Arbitration Law," 07/07/06. *Daily Labor Report*, July 7, 2006：AA-1.

---

那些主张仲裁夹杂着调解的人声称，利益仲裁制度，只有当它产生的结果能被各方接受，它才能维持下去。他们还认为，有关各方应当最大限度地保持对仲裁者决策权的控制，应该尽可能地参与仲裁的决策过程，这样才能使仲裁者拥有最多、最准确的信息，作出最后的裁决。

### 9.3.7　审判的观点

利益仲裁的另外一种观点认为，仲裁员应该着重关注案件的"事实情况"。在这种观点看来，仲裁者要严格按照既定的标准，不受谈判力量或各方的偏好的影响作出裁决。

### 9.3.8　仲裁结构的影响

利益仲裁制度的结构能影响决策过程的类型。仲裁所具有的以下的结构特点会使仲裁夹杂调解的成分：

（1）由劳资双方选择仲裁者；

（2）使用三方组成仲裁小组的结构；

（3）每个案件用一个特定的仲裁者，或者只要劳资双方接受某些仲裁者，就一直用这些人；

（4）使用的决策准则或标准并不固定，只要对某一案件来说合适就行；

（5）对仲裁裁决的司法审查只限于审查程序方面的问题，而不审查仲裁者裁决中的实质性内容。

另一方面，仲裁所采取的以下的结构特点会使仲裁具有案件审判的成分：①由某个人而不是纠纷中的各方来决定某个仲裁者的任期或决定是否在未来的案件中仍然任用此人；②要求仲裁者应用事先确定的标准进行仲裁；③仲裁者的裁决可以由法庭进行审核，判定在某一特定案件中他是否应用了适当的标准。

许多州的法律偏向于支持仲裁夹杂着调解成分，大多数公营部门的利益仲裁制度的结构性特征也偏向于支持仲裁夹杂着调解成分。但仲裁夹杂着调解实际上是否会产生赞成者所预计的结果——裁决的可接受程度更大，从而仲裁制度能更长久地存在下去，这仍然是未来有待研究的一个问题。

## 9.4　非传统的解决纠纷的方法

并非只有在正式的谈判过程中才需要有技术高超的第三方来化解纠纷和解决问题。事实上，近年来各种新的解决纠纷的方法层出不穷，在这些地方，劳方和资方正在试图从根本上改变他们的谈判关系。

举例来说，有越来越多的中立人士被请去主持或协助某个劳资联合委员会的工作，或在工作生活质量项目中充当劳方或资方的咨询人员，或协助开发劳资联合行动计划，或参与规划或设计一个新的工厂或工作制度，或者致力于其他一些实验性的项目，旨在解决谈判关系中长期存在的问题。所有这些工作都需要他们发挥调解者的技能。然而，除此之外，在几个重要的方面，这些工作与传统的调解或仲裁工作具有明显的不同之处。

第一，他们要在工作中发现问题。通常这要求劳方或资方先建立一个团队，改变他们的态度，增强彼此的信任程度。

第二，这些第三方必须具备专门的知识以应对有关各方面临的实质性问题。他们希望第三方能成为一个咨询人员，既能让技术专家去应对问题，又能敏感地了解劳方和资方的需要。

第三，整个过程的时间往往会很长。而传统的调解者主要关注的是解决眼前的僵局，第三方所参与的这些新工作关注的是任何决策对劳资之间长期关系的质量所造成的影响。

劳资双方在这些新工作中的行为也与传统的劳资行为大不相同。举例来说，要成功地解决长远的问题，就需要劳资双方比在传统的集体谈判中更加情愿地分享信息。

为了响应这一日益增长的需求，FMCS 增加了它所谓的"预防性调解"的活动，也就是说，设计一些项目以劳资关系的处理是门艺术为题对劳资各方进行培训，或者采取直接的行动改善某个行业或公司的劳资关系。事实上，FMCS 所进行的客户调查表明，商界和劳工界的代表都希望看到 FMCS 拿出更多的资源，除了关注正式的谈判进程，还要付出努力改善劳资关系。

然而，与此同时，劳资各方仍需要传统的调解和仲裁程序。简单地说，有效地解决劳资纠纷和解决劳资之间的长远问题，都是目前集体谈判成功的关键。

## 9.5 参与僵局解决的一些主要的组织和机构

参与僵局解决的一些主要的组织和机构概括如下：

美国仲裁协会（American Arbitration Association，简称 AAA）：这是一个私营的非营利组织，提供仲裁便利服务。AAA 有一份仲裁人名单，也可以利用 AAA 的设施召开仲裁听证会。AAA 举办许多研讨会培训年轻的仲裁人，并随时让有经验的仲裁人了解仲裁事务的发展。AAA 的仲裁人所承接的大部分仲裁事务都是不满申诉仲裁，但 AAA 的仲裁人的确也参与利益仲裁。

联邦仲裁和调解局（Federal Mediation and Conciliation Service，简称 FMCS）：这是根据《国家劳工关系法案》的规定而建立的联邦政府的一个机构。《国家劳工关系法案》要求，在罢工前至少 30 天要通知 FMCS。FMCS 有 250 名调解人，当劳方和资方的谈判陷入僵局时，他们可以提供服务。

国家仲裁者学会（National Academy of Arbitrators，简称 NAA）：这是由经验丰富的仲裁者组成的专业协会。由 AAA 的仲裁者所审理的案件大多数是不满申诉仲裁案件，虽然 NAA 的会员也参与利益仲裁。

国家调解委员会（National Mediation Board，简称 NMB）：这是一个在《铁路劳动法案》的规定下成立的行政管理机构。该委员会的一个职能是，调解《铁路劳动法案》所覆盖的运输行业的劳方和资方之间产生的纠纷。

州的调停和调解机构：在各州也存在各种帮助解决劳动僵局的机构。在那些赋予了公共部门雇员集体谈判权利的各州，一般会有一个单独的机构处理公营部门的谈判僵局。例如，在纽约州，公共就业关系委员会（the Public Employment Relations Board，简称为 PERB）的许多职能中就有提供调解援助的功能。

# 本章小结

这一章描述了三种主要的解决僵局的程序：调解、实况调查和利益仲裁。这些程序的使用差别很大。无论是在私营部门还是在公营部门，调解的使用都很普遍。相比之下，实况调查和利益仲裁主要被用于公营部门，只有少数例外。

这些程序在对劳方和资方行动上的约束程度有所不同。一个极端是调解，劳资双方可以罢免调解者或忽略他所提出的建议，有时他们的确这样做。另一个极端是有约束力的利益仲裁，各方必须遵循仲裁员的裁决。

任何一个解决僵局的程序的目的都是帮助有关各方达成一个劳资双方都能接受的协议，找到一种有助于成功地维持劳资关系的解决方案。一个好的调解者、好的实况调查者和仲裁者都能找到劳方和资方的分歧所在，都有能力提供创造性的方案解决这些问题。

# 讨论题

1. 描述调解的目标。
2. 通常在一次调解中要经历哪三个阶段？
3. 讨论人们对利益仲裁作出的一些批评性意见。
4. 比较仲裁中夹杂着调解和仲裁就是对案件的审判这两种观点。

# 第10章  合同条款和雇佣条件

对于那些参与集体谈判、关注集体谈判结果的人员来说，最重要的就是集体谈判协议对雇佣条件所产生的影响。本章将继续分析集体谈判的中间层面（功能性）的环节，研究集体谈判对员工的工资、福利、就业保障等方面所产生的影响。通过比较工会化雇员和非工会化雇员的工资水平、工作条件和其他与就业相关的指标，我们可以评估集体谈判的平均影响。继而，通过仔细分析工会化部门的情况，我们要揭示工会影响的明显差别，以此反映劳资关系的不同质量。

还有另一种方法来分析工会和集体谈判的影响，即跟踪调查员工和管理层在不同时期是如何应对上几章中提到的环境压力。近十多年来工会化程度不断下降，使这些应对措施成为最好的信息来源，用以反映集体谈判的影响，说明工会化程度的下降对美国工人、公司和整个社会的意义。

我们不想详尽地分析集体谈判对就业条件的所有方面的影响，而是注重探讨其中最普遍和最具争论性的影响。

## 10.1  回顾工会对工资上升的影响

就业的总体情况和工会化程度之间的相关性是很复杂的。举例来说，工资水平的变化会引发雇佣条件再次产生变化。在所引发的再次变化中，一些变化方向是和工资变化相一致的，而有些变化方向却截然相反。例如，从一方面来说，工资增长会自动引起相应的福利增长，比如病假工资、带薪休假、养老金以及失业补助等；从另一方面来说，工资或福利的增长也会增加公司减少运营成本的压力，为此，公司通常会制定更严格的工作制度以及采取其他相应的措施。

工会最初的直接影响就是会像这一样引发一系列的连锁反应。工会最开始的影响会引发管理层作出调整，从而影响到雇佣条件。一旦管理层作出调整，雇佣条件就会得到改变，然后工会通常会对此作出回应并试图影响管理层作出的调整。这样就会激发工会对于雇佣条件的再次影响。

图表 10.1 显示了工会提高工资所激发的连锁反应（改变其他雇佣条件也可发现相似

的反应）。连锁反应一共可分为三个阶段。

图表 10.1　　　　　　　　　　　**工会影响工资的结果**

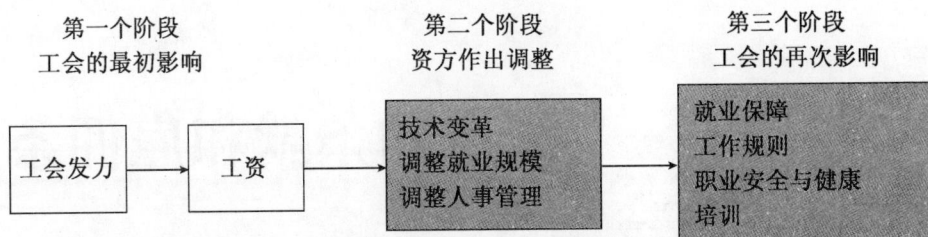

第一个阶段　　　　　　　　　　第二个阶段　　　　　　　　　第三个阶段
工会的最初影响　　　　　　　　资方作出调整　　　　　　　　工会的再次影响

| 工会发力 | → | 工资 | → | 技术变革<br>调整就业规模<br>调整人事管理 | → | 就业保障<br>工作规则<br>职业安全与健康<br>培训 |

## 10.1.1　第一阶段：工会的最初影响

工会最初的影响是提高工会会员的工资。如果工会不能提高工资，那么将很难吸引和留住工会会员。所以，工会对于工资的最初影响是积极的，要分析的关键问题是工资的上涨幅度以及其他影响。

## 10.1.2　第二阶段：管理层的调整

为了应对工会涨工资所带来的影响，管理层会采取一系列相应的措施。对资方来说，核心问题是要通过生产率的增长或是其他方式，来应对工会通过集体谈判提高工资所带来的成本上升问题。

劳动力成本的增加会引起厂商采取以下一些应对措施：①减少产量和雇佣量；②提高产品价格；或者③用资本替代劳动力。所有这些措施都是为了提高劳动力的边际生产率。管理层要么提高产品价格，要么减少就业机会，两者都会对社会造成沉重的负担。同时，我们必须认识到，整个社会也可能重视工会的最初影响，因为受集体合同所覆盖的那些雇员所拿到的工资水平更高。

另外，也有可能管理层在找到方法覆盖因为工会合同而带来的成本后却发现，生产率比工会施加影响前更高。Sumner Slichter 在 20 世纪 40 年代曾提出，管理层采取措施应对早期工会使得这种令人震惊的结果普遍发生。举例来说，工资增长会减少员工辞职跳槽的频率，从而降低了企业雇佣和培训的成本。同时，较高的工资也会吸引那些资质更佳的人员到谈判单位工作。此外，更高的工资还能给予员工更高的工作动力，使他们工作得更加努力。

## 10.1.3　第三阶段：工会的再次影响

如果资方运用了前文所提到的某些措施来应对工会的最初影响，那么就会改变员工的福祉。工会必须采取反击措施，这就导致了工会的再次影响。

举例来说，如果管理层对工资上涨的应对措施是减少谈判单位中的岗位数量并提高工作的速度，工会就可能作出反应，要求改变工作条件。工会也可能在以后的合同谈判中要求在合同中加入更详细的就业保障的话语和更加严格的资历规则。这代表着工会对雇佣条件所产生了再次影响。

## 10.1.4 其他应对措施：工厂的外迁和接管

以上这些只是在劳资关系范围内所有的应对措施。然而，近些年来还可以观察到另外两种应对措施。其中一种是由 Walton、Cutcher-Gershenfeld 和 McKersie 所描述的逃跑行为。也就是说，当资方可以选择在其他非工会化的地方完成原先要与工会签订正式合同所完成的工作时，为了应对工会引发的成本上升，资方或者威胁要外迁，或者真的外迁。另一种近年来可以看到的方法是，让一个外部公司来接管或是收购那些工会化的企业，接着要求工会就降低工资进行妥协，否则威胁要将工厂外迁到低成本地区。通过这种方法，新企业就能把原本属于工会会员的工资收益部分转移到股东手中。一项研究表明，这样的接管行动可以把大约工资总额的 8%，或是工会企业高出非工会企业的工资的一半，转移到公司股东的手中。

本章我们重点讨论的是在集体谈判框架下工会的影响和管理层的应对，但是我们也必须牢记"外迁"和"接管"这两种途径，因为这些也是管理层可以利用的方法，他们要决定是在集体谈判的背景下继续运作还是选择逃跑（将工厂外迁）。

## 10.2 工会对雇佣条件的影响

工会对工资和雇佣条件的最初和再次影响取决于工会的谈判力量。以下的章节将分析来自实际情况的数据以说明工会对于雇佣条件的影响。

工资对雇主和雇员双方来说都是至关重要的。那么如何比较现实中工会会员的工资水平和不存在任何工会时他们可能获得的工资水平呢？这种比较就是工会对工资的绝对影响。但是，由于很难估计没有工会时雇佣条件可能是什么情况，所以大多数的研究把注意力放在评估工会对工资的相对影响上。工会对工资的相对影响就是要比较工会化雇员和非工会化雇员的工资水平。

### 10.2.1 工会对工资相对影响的实证分析结果

研究表明，工会对工资的相对影响是工资平均提高了 15% ~ 20%。也就是说，工会化雇员的工资比非工会化雇员大约高 5% ~ 20%。各种研究也表明，工会对工资的影响因以下因素的作用而有所不同：①时间；②所处的经济周期阶段；③职业；④行业；⑤雇员的性别、种族、受教育程度和年龄。

下面列举一些工会对工资影响的主要差别：

（1）相对于白人来说，黑人，尤其是男性黑人，在工资方面受到工会的正面影响更大。也有数据表明，要得到一个有工会的公司的职位并且成功地保留这个职位，黑人付出的比白人青年更多。

（2）工会减少了员工年龄和受教育程度对收入的影响。也就是说，工会通过提高起始工资提高了年轻工人的工资，使他们获得的收入高于一个具有可比性的非工会化职位的工资水平。工会在合同中列出了资历条款，使那些老员工免于在生产率过了巅峰期后工资被削减。

（3）某些职业工会对工资具有更大的影响。某项研究估算了以下职业工会化雇员和非工会化雇员的工资差别：底层的劳工，42%；交通运输设备的操作员，38%；工匠，19%；操作员，18%；服务人员，15%；经理人员，2%；办事员，2%；销售员，4%。

（4）工会对工资的影响随着行业不同而变化。对于从事蓝领工作的男性白人来说，工会对他们的工资影响较高的行业比例分配是：建筑行业，43%；交通运输业、通讯业和公共事业，16%；非耐用品生产业，12%；耐用品生产业，9%。

（5）在那些蓝领工人组织了工会的企业，工会降低了白领工人和蓝领工人的工资差异。工会提高了薪酬的标准化水平，从而减少了行业内部的工资差别。行业内的工资差别因为工会的存在而减少，抵消了不同产业工资差别的扩大趋势，所以说，工会的净影响是减少了雇员之间工资不平等的程度。

（6）工会在集中程度较低的行业（垄断性更少的行业）对工资的影响更大。这是因为即使没有工会，集中程度高的行业也会支付相对较高的工资。

## 10.2.2　研究方法

下面要介绍的是研究人员用以得到上述结论的方法。这部分内容对于那些受过统计学训练的读者来说，可能比较感兴趣。在分析工会对工资以外的雇佣条件的影响时，所运用的也是与下文所提到的相似的统计方法和问题。

常常用来衡量工会的相对工资影响的统计方法就是回归分析，即把工会化雇员和非工会化雇员的工资作为因变量，而把是否加入工会的工人个体和群体作为自变量，同时控制决定工资水平的其他因素。在回归方程中要控制的变量类型通常包括：①人力资本或劳动力供给特征，比如，工人的年龄、受教育程度、工作经验，以及培训；②所处的地区；③工人的种族和性别（衡量歧视的影响）；④行业及职业；⑤企业的规模。

由于存在一些技术上的困难，所以我们很难知晓这些对工会相对影响的估算是不是可以解释工会对雇佣条件的绝对影响。最主要的问题是很难归纳出工会的净影响，因为工会确定的工资有可能外溢至非工会化部门，使非工会化企业提高工资，用以阻止雇员加入工会；在一些极端的案例中，企业工资的提高幅度甚至赶上了由工会经过谈判得到的工资增长水平。因此，由于存在工会化的威胁，所以非工会化雇员的工资水平会高于原本的水平。所以，这样估算出来的工会对工资的相对影响可能低估工会对工资的绝对影响力，因为没有考虑到工会确定的工资会溢出到非工会化部门。

另一方面，工会提高工资的举动也可能导致工会化企业减少雇佣量。被解雇的工人只能在尚未工会化的企业和行业中寻找工作。这种供给效应会导致非工会化工人的工资水平降低；因此，由于存在供给效应，所以在估算工会对工资的相对影响时，会高估工会化雇员的工资与在工会不存在情况下原本可能出现的工资水平之间的差异。目前研究人员尚无法判断工会的威胁效应更大还是供给效应更大。

另一个技术性问题则是：工会会员的数量是否受到工资水平的影响。工会倾向于组织工资较高的行业或工人，结果是，关于工会的一元回归分析包括了工会对工资的影响（这是我们最感兴趣的问题）和工资对工会化程度的影响（也就是说，工资较高的岗位的工会化程度更高）。除非把这种两个相互的因素考虑在内，否则关于工会对工资影响的评估就有可能被夸大或者缩小。

## 10.2.3 工会的影响随时间的变化而变化

工会对工资及其他雇佣条件的影响实质上会随着时间的变化而变化。因为随着工会的发展，既有周期性因素，又有结构性因素。

有数据显示，工会在经济衰退期对工资的相对影响最大。因为在经济衰退期，工会可以抵制企业削减工资，而非工会化雇员却无法避免工资的降低。结果，在经济衰退期，工会化雇员比非工会化雇员的日子过得更好。然而，在经济回暖期，工会对工资的这种相对影响就会减弱。

近些年来工会数下降，同时实际工资总体上也在降低，工资的不平等程度加深，并且受健康保险和养老保险覆盖的劳动力在减少。这些现象把一个重要的政策问题推到了前台：这些趋势的产生在多大程度上是由于工会力量的削减和影响范围的缩小造成的？尽管目前只有研究人员掌握着用于全面研究这些问题的时间序列数据，但是初步的资料已经表明，工会的衰减和工资决定结构的变化对上述趋势的形成起了重要作用，大致 20% 的工资不平等现象的增长可以运用上述原因得到解释。毫无疑问在接下去的几年中，人们将更精确地估算出工会的衰减对福利减少的影响。

## 10.2.4 工资谈判随时间的变化而变化

工会的谈判力量随着时间的变化而变化，部分是源于经济结构的转变。从 20 世纪 80 年代中叶开始，来自国际和美国国内市场的价格竞争不断加剧，使工会很难"把工资从竞争中分离出来"，这实质上削弱了工会的谈判力量。正如图表 10.2 所示，从 20 世纪 80 年代中叶开始，非工会化部门工资的上涨程度超过了工会化部门。这种现象的发生不仅仅因为工会化部门的工资要求更温和，还有另外一个影响因素是那些受教育程度高的雇员的工资大幅上升，而他们中很大一部分在非工会化部门工作。

图表 10.2 　　　　　　　　**美国雇佣成本和价格的变化（1985—2005 年）**

| 　 | 1985 | 1986 | 1987 | 1988 | 1989 | 1990 | 1991 | 1992 | 1993 | 1994 | 1995 | 1996 | 1997 | 1998 | 1999 | 2000 | 2001 | 2002 | 2003 | 2004 | 2005 |
|---|---|---|---|---|---|---|---|---|---|---|---|---|---|---|---|---|---|---|---|---|---|
| **雇佣成本** | | | | | | | | | | | | | | | | | | | | | |
| 工会化 | 3.3 | 2.5 | 2.0 | 2.7 | 2.6 | 3.5 | 3.6 | 3.4 | 2.9 | 2.9 | 2.6 | 2.6 | 2.6 | 3.1 | 2.8 | 3.0 | 3.9 | 4.1 | 2.8 | 2.8 | 2.2 |
| 非工会化 | 4.9 | 4.0 | 3.4 | 3.6 | 3.7 | 4.7 | 3.8 | 3.5 | 3.1 | 2.8 | 2.9 | 3.5 | 3.7 | 4.2 | 3.5 | 4.3 | 3.7 | 3.2 | 2.9 | 2.5 | 2.4 |
| CPI 年度变化 | 3.6 | 1.9 | 3.6 | 4.1 | 4.8 | 5.4 | 4.2 | 3.0 | 3.0 | 2.6 | 2.8 | 3.0 | 2.8 | 1.6 | 2.2 | 3.4 | 2.8 | 1.6 | 2.3 | 2.7 | 3.4 |

资料来源：For employment costs（of private sector workers），www. bls. gov/ncs/ect/home. htm#overview "Employment Cost Index" for annual percentage change in the consumer price inex, www. bls. gov/cpi/home. htm #tables "Annual Percentage Changes from 1913 to Present. "

在 20 世纪 90 年代末市场紧张程度加深，特别是在高科技产业，那些教育程度较高的雇员个人获得了实质上的谈判力量。从 20 世纪 90 年代中期到 2003 年，劳动力市场一直呈现紧张状态，致使工会化部门和非工会化部门的工资都在持续增长，并且很明显都超越了生活成本的增加。比较图表 10.2 第一行和第二行工资增长的数据，并且参考第三行消费价格指数的年增长（1997—2003 年），我们可以证实前文所述。而在 2004 年和 2005 年，这种情况就不复存在了。

## 10.3 工会对薪酬管理的影响

工会对薪酬管理的主要影响是，工会一般把工人的工资和具体的岗位联系在一起，而不是和工人的个人特征联系在一起。因此，尽管资历对于工人的晋升和其他权利的实现是一项重要的指导原则，但是在美国，资历一般不会直接影响工人的工资。岗位特征因素是决定工人工资的主要因素，这也正是为什么美国劳工运动被称作"控制岗位"的工会主义的原因。

近些年来，工会通过集体谈判除了提高工资外，还引入了许多革命性的薪酬管理制度。其中最主要的有：工资随生活成本而调整，延后提高工资（有时被称为年终分红），红色警戒工资率（那些由于技术改进而岗位减少的员工的工资率），以及工资再议政策（劳动合同可以有效执行多年，但工资却可以在某些特殊的时间重新谈判确定）。

在有些行业，比如钢铁业，工会和资方联合开发出了一种复杂的工作岗位评价系统，并建立了一个更合理的工资结构。在很多情况下，目前的趋势是巩固由岗位定工资的机制，但减少工资级别，这样能增加灵活性，鼓励培训，对一些技术工人不再根据岗位来支付工资而是根据在某一时间段给他们分配的岗位来支付工资。这些改革措施不仅需要在集体谈判协议中作出调整，更需要劳资双方付出巨大的努力在协议的有效期内去执行和调整这些新计划。

在另一些行业，比如服装业，多年来工会和资方一直在谈判和管理复杂的工资激励制度。在历史上，服装业工会一直在向资方提供如何构造职位和建立激励工资率的技术性建议。近年来，为了应对国际低价服装的竞争，满足零售商快速周转的需求，使得服装业工会和资方从激励工人个人的体制转向各种以团队为基础的工作制度（在服装业被称为模块生产）。举例来说，在 LeviStrauss 公司，建立了一个劳资联合行动项目，用以协助从单个厂商的生产模式向这种新的工作制度和薪酬制度转化。

## 10.4 工会对福利的影响

总体而言，由于多种原因，工会化雇员与非工会化雇员相比，享受的福利品种更多，水平更高。工会对福利的重视由来已久。

在第二次世界大战期间，美国战时劳工委员会首次准许劳资就福利进行谈判，并在后来大力推行这一制度，以此控制基本工资的增长。从那时起工会就致力于扩大福利的范围，包括把福利列入法定的谈判条款中。在 1948 年 Inland Steel 一案中，NLRB 裁定，有关养老金及其他退休的事务属于法定的谈判条款。到了 20 世纪 50 年代末，NLRB 把诸如医疗保险、病假、补充性失业保险、年假及节假日等条款增加到法定谈判条款中，这也成了几乎所有集体谈判协议的标准谈判条款。

## 10.4.1 工会对福利的需求来源

工会组织要求提高福利出自多方面因素的考虑。工会通常会有较大比例的老员工，以及那些资历比较深的员工，这些人更可能享受到养老和人寿保险这样的福利。另外，这些老员工（对福利的）偏好会对整个工会的决策产生很大的影响，因为老会员在工会的内部事务上拥有更大的发言权。

工会对福利比较关注也是因为工会会员的人员流动率较低（比如较低的离职率）。工会会员在他们的职位上比非工会会员停留更长的时间，他们能获得更多的福利，比如养老金计划、与资历有关的带薪假、提早退休以及病退安排等。

雇员们一般要求福利随着收入的提高而提高。因此，当工会提高工资时，工会会员会要求提高福利。福利具有税收上的优势，也使这一要求得到强化。雇员不用为那些延迟性福利缴纳税收，直到他们确实得到这些钱的那天（例如，养老金变成了收入的一部分），有一些福利项目永远不用缴税（比如医疗保险）。因此，雇员们就会认为，增加福利比增加工资更有价值。这种偏好还会随着工资水平的上升而增加。

## 10.4.2 福利条款的发展趋势

由于以上提到的所有因素，工会会员展现出了对福利很强的偏好。研究表明，工会会员一般可以收到更广范围的福利，并且福利在劳动报酬中的比例比非工会会员更高。

绝大多数工会会员会得到一套复杂的福利项目。举例来说，医疗保险成了几乎所有集体谈判合同的必备条款。现在几乎所有的集体合同都有医疗保险，包括到医院看病（99%）、让医生出诊（96%）和处方药（96%）。另外，在一些集体协议中也会把员工的配偶列入医疗保险的范围之中，尽管这一比例在2005年只有39%，但是这一趋势在过去的几年中正在飞速增长。

近期的研究还表明，美国新的岗位较之现有的岗位，更难提供医疗保险和养老保险，尤其是对那些受教育程度不高和收入较低的人来说更是如此。尽管从现有的数据中我们还无法确定，到底多大程度上是因为工会对新职位的覆盖率低而导致了福利的减少，但毫无疑问这是原因的一部分。

工会化部门存在巨大的压力要求控制医疗保险的成本。多项调查都证实，这会成为将来几年内资方的主要谈判目标。结果是，许多公司和工会已经谈判达成了协议，改变医疗保险计划，鼓励或者是要求员工到医疗救助机构看病而不是用私人医生，或者要求员工更多地分担医疗保险成本，例如增加免赔范围，或者要求员工支付部分的医疗费用。另外，一些工会和公司已经建立了劳资联合委员会，共同探索在不降低员工收益的前提下怎样减少医疗保险的成本。

即使工会化雇员所得到的收益在减少，但平均而言他们仍然比非工会化雇员得到更多的福利。例如，在2005年，在私营部门中有85%的工会化雇员得到了退休金，而只有46%的非工会化雇员享受到这项福利。

如图表10.3所示，自20世纪50年代起，退休金就是雇主们开支最大的一项福利项目。但是，雇主在医疗保险福利上的支出份额仍然在1970年以后飞速增长（见图表

10.3），这也促使雇主们对控制医疗这项福利支出作出进一步的努力。

图表 10.3　　　　　　雇主的福利开支的构成比例（1950—2004 年）

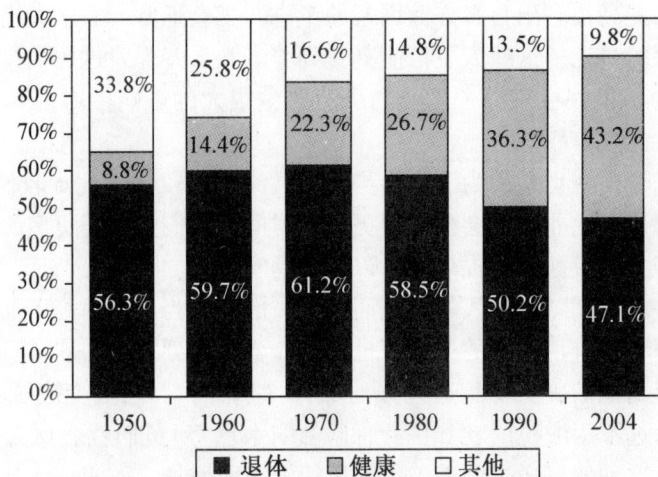

资料来源：www. ebri. org/pdf/EBRI_ notes_12-20053. pdf

在 2006 年，大多数企业的医疗开支增长了 6% ~ 8%。由于此前其他福利支出在工会化企业也十分巨大，致使工会化的雇主要求控制医疗保险的成本。结果，近些年来，遏制医疗保险福利支出成为资方的一个最重要的谈判目标，并且这一点在将来仍然会在谈判中扮演重要的角色。

许多公司和工会已经达成谈判协议，要改变医疗保险福利，鼓励或者是要求员工到医疗救助机构看病而不是用私人医生，或者不改变现有的医疗保险计划，但要求员工更多地分担医疗保险成本，例如增加免赔范围，或者要求员工支付部分的医疗费用。而且，也有些企业遵循航空公司和钢铁公司的先例，如果劳方坚持不肯削减医疗保险福利的支出，企业就利用破产程序来回避集体谈判协议的规定。作为通用汽车公司零部件的主要供货商，Delphi 公司在和 UAW 谈判但未能就削减工资和福利的开支达成协议时，公司就威胁要破产。

## 10.5　工会对离职率的影响

Freeman 和 Medoff 以及其他学者的研究表明，工会化机构的离职率要远远低于非工会化机构的离职率，因为在工会化机构工人可以发出自己的声音，可以通过谈判得到更高的工资，可以不用辞职就解决有关问题。工会能减少员工离职的可能性应该有两方面的基本原因。第一，工会为工人提供了发言的机会，雇员可以得到相较于非工会化企业更高的工资；第二，工会也为工人提供了机会使他们在决定其他工作条件和工作待遇的问题上有发言权，从而使企业实行一些政策，包括减少工资收入不平等的政策，提供劳资纠纷的不满申诉程序和仲裁程序以抗衡资方的相关决定，处分和开除员工要有"正当的理由"，以及工人想要的有关资历的规定。因此，即使企业控制了工会对工资的影响，工会化企业的员工离职率仍然相对较低。在电信行业，1998 年工会化企业（所有企业都有不满申诉程序）

的离职率为 3.3% ，而非工会化企业没有正式的不满申诉程序，它们的离职率达到了 14.9% 。

最近有一项相关的研究发现，从雇员个人来说，如果雇员个人（在雇佣条件的决定上）有发言权，那么与雇员的辞职意愿和随后的人员流动具有正相关性而不是负相关性。这项研究认为，虽然在员工拥有较大发言权的机构离职率都比较低，但在那些拥有相似安排的企业，雇员越利用这样的发言权，就越可能有更高的离职率。

## 10.6　工会对工作规则的影响

雇员在关注他们完成工作能得到多少报酬时，也会关注他们的工作性质和工作难度。因此，工会能影响的不仅仅是工资。工会也能影响到各种工作规则，例如工作的进度和难度通常很受员工的关注，结果也就受到了工会的关注。下面我们将讨论工会对一些主要工作规则的影响。

### 10.6.1　保护雇员免受不公正的对待

在工会发挥的影响中，也许最重要的影响就是保护工会会员免受不公正处分、无端解雇或是权益受到侵害。工会开创了要用"正当理由"才能解雇或处分员工的程序规则。工会发展了以仲裁为终结的不满申诉程序，如果（资方）破坏了"正当理由"的规则，或是违反了劳动合同中的其他条款，员工就可以采取行动提请诉讼。人们通常认为，产业关系的这种司法制度是美国集体谈判制度最显著的成就之一。

那么，与非工会化部门相比，工会化部门的司法制度是怎样的呢？尽管近年来非工会化部门已经开始建立不满申诉程序，但是大部分程序仍然没有提供由第三方作出的有约束力的仲裁。

非工会化员工仍然可以受到成文法规的保护，虽然在大多数的州（如果没有联邦的法律，那么也可能有州一级的法律）这些保护很有限。员工能得到的法律保护，主要是禁止工人基于种族、性别、年龄、宗教、残疾或是支持工会的活动而受到的歧视，这样的歧视可能导致工人被解雇、权益被侵犯或是无法得到晋升。

### 10.6.2　资历

资历在集体谈判协议中起着至关重要的作用，资历是工会影响雇佣条件的重要方面。资历之所以对雇员很重要，是因为要以资历为基础分配福利和工作机会。资历对雇主也很重要，这是因为资历会制约雇主自由行使人事权。而对于公共管理机构来说，资历也很重要，因为它要执行平等的就业机会政策。

资历通常被定义为，雇员为某个雇主服务的年限。在某些情况下，因为某些原因，资历也会被定义为雇员在某机构的某个特定的部门、职位或是其他分支机构服务的年限。在集体谈判协议中，通常会缔结的资历条款有两种类型，分别是"有权获得某些利益"的条款和"优先权"条款。"有权获得某些利益"的条款把雇员的资历和各种经济利益联系在一起，比如假期、养老金、补充性失业救济金、遣散费以及保障年薪计划等。"优先权"条款则使资历成为了决定雇员个人前途的一个影响因素，比如晋升、工作分配、裁员或是转岗。

资历在不满申诉与仲裁程序中也发挥着重要影响。大多数仲裁者在裁定某些对雇员的处分行动是否不公时，会把申诉者，特别是对于那些以前拥有良好个人记录的员工的资历考虑在内。

随着工会在美国的发展，资历成为大多数工会的一项重要的谈判目标，因为工会会员通常把资历看作是制约资方对员工采取不公正对待或限制资方在人事决策中对工人随意处置的一种手段。同时，工会也开始支持这样一种理念：随着雇员资历的增长，他们在工作中应该获得一定的优先权。相应的，工会认为那些资历最长的雇员应该：①有权做安全性最高的工作；②当有新职位开放的时候，他们可以优先申请；③在假期和其他福利方面给予一些特殊优惠。

1）资历语言的使用频率及通常采用的形式

美国国家事务出版公司（Bureau of National Affairs, BNA）收集的合同数据显示，1995年在73%的生产性协议和57%的非生产性协议中，资历条款都作为一个和雇员晋升相关的因素被提及。在建筑行业的非生产性协议中提及资历的很少，这主要是因为该行业没有资历的相关条款。BNA的研究发现提及资历条款的合同中，只有5%指明在谈判单位中资历是晋升的唯一标准。这些合同中，有49%的合同规定，资历是判断一个员工是否优秀的决定性因素；有40%的合同规定，当其他因素相同时，资历成为了评估员工的第二因素；只有在不到1%的合同中资历等同于其他因素的作用。

Katharine Abraham 和 James Medoff 根据大约400家公司对调查的回应，得出了以下结论：超过3/4的以小时计酬的工会化雇员认为，在他们的工作场所中，资历是决定晋升的重要因素。有趣的是，笔者也发现，"资历"这个词也在非工会化部门频繁使用，尽管与工会化部门相比其使用频率仍然偏低。无论是以小时计酬的员工还是以薪水计酬的员工，都有一半以上的人认为，在他们的工作场所中，资历是决定晋升的重要因素。

2）资历条款的优缺点

资历条款降低了老雇员被裁掉的风险，促使人们在裁员时使用"后进先出"的原则（裁员时解雇新雇员），从而保护了资历长的员工的工作和收入的稳定性。资历条款在员工的职业发展前景方面也发挥着重要作用。

资历的影响范围以及资历在员工晋升方面所占的权重影响着晋升途径的灵活性以及员工得到晋升的可能性，同时也决定了员工在某个特定组织中得到晋升所要求的理想工作时间。

资历条款越厉害，那些工作能力和干劲在平均线及以下的员工得到晋升的机会越大。资历条款对那些工作能力和干劲在平均线及以上的年轻员工来说，可能妨碍他们的职业发展。因此，资历未必能使所有员工平等受益。

资历条款对雇主极有好处也有坏处。随着员工在某一职位的逗留期增长，他们的经济和就业保障也相应增长，资历条款应该能帮助公司稳定劳动力并且减少有能力的员工的流失率，同时也应该减轻老员工的心理压力，提高他们的工作满意度。另外，如果经验能够提高工作业绩，那么资历条款应该能帮助公司把那些生产率最高的员工留住。

资历条款减少了雇主和雇员对不断发展的劳动力构成的不确定性。因此雇主可以设计一些职位或培训项目，来确保随着工作时间的增加，工作业绩也能提高，从而简化了雇员个人的影响。资历条款可以使雇主让工人随着时间的流逝在组织的不同工作岗位上竞争流动。

对于那些使用常规的、不变的生产技术，单个员工之间的差别对工作业绩不会产生太大影响的公司来说，从资历条款中获益最大。技术和能力要求越趋于多样性，资历的成本也就越大。在这样的情况下，雇主就会努力限制资历的使用范围和资历对晋升决定的影响。

如果严格按资历办事，那么对于一些技术要求高、要一定的专业知识和艺术技能的职位来说，会相应地提高成本。例如，很难想象会出现这样一个场景，资历在决定一支职业棒球队的首发阵容或是一部电影的演员阵容的过程中起着决定性影响。

3）资历的重要性

以上简单地说明了资历条款的作用。它生动地说明为什么有些人把资历条款作为集体谈判中的核心内容。很明显，资历条款是最复杂的谈判项目，一定要随着条件的变化而进行修改。因为集体谈判能力的不同，在劳动合同中资历条款的规定各式各样。

## 10.6.3 就业保障和收入保障

就业保障对所有员工来说都很重要，除此之外，就业保障对于工会成员来说还具有特殊的意义，因为管理层会对工会的初次影响作出调整。当工会提高工资及其他福利时，雇主有借口调整雇佣条件，从而可能削弱员工的就业保障。举例来说，劳动成本的上升，会使企业趋向于用技术来代替劳动力，或者减少生产量。工会对这些调整普遍的应对措施是，试图和企业就就业保障和收入保障条款进行谈判，为工人提供一些保护以使他们免受调整的影响，或者，至少要制定一些如何进行调整的规则（例如，签署资历条款，规定如果要裁员应该先裁掉谁，限制管理层把工作外包的权力等）。

一些保障条款使雇主用非工会劳动力来代替工会会员变得更艰难或是更昂贵，也使雇主对合同覆盖的工会工作的资本投入变得更难或是花费更高。工会可能还会就额外的带薪休假时间提出谈判，以减少员工的流失或是减低额外工人的雇佣量。

雇主通常会反对签署就业保障和收入保障条款。这是因为：①增加了劳动成本；②降低了公司随着商业条件的变化调整劳动成本的能力；③限制了管理权和资方的决策自由。

工会化雇员是否能获得就业保障和收入保障取决于工会的谈判力量。在这些事务上的谈判代表着劳资两大阶级利益上的冲突：员工想要就业保障而雇主想要决策自主权和灵活性。

1）保留岗位

一些就业保障条款明确要求保留某些岗位。工会保留某些岗位的一种方法是通过谈判实行工作分享计划，在经济萧条期间缩短工作周的长度，而不是裁减雇员。在工会签署的合同中有17%的合同有这样的条款。在几乎所有的服装行业的合同中都发现了类似的条款。

实行工作分享计划最大的一个障碍是，在大多数的州，失业救济金并没有覆盖到那些工作周被缩短的员工。在多数的州，雇员完全被裁掉时才有资格领取失业救济金，只有少数的几个州作为试点为那些工作时间缩短的雇员提供失业金补助。大多数合同上规定的工作共享计划都限制了用"缩短工作时间"替代裁员的时间期限，并且也限制了在裁员前可供减少的工作小时数。

其他类型的和保留岗位有关的工作规则还包括以下一系列的限制条款：限制监督管理人员从事谈判单位的工作；限制雇员轮换岗位和填充职位空缺；限制学徒工的比例；限制管理层调整工作节奏；限制外包工作的范围等。工会签署这些条款在多数情况下是为了提高就业保障，或者是由于其他原因而要保留某些岗位。值得注意的是，管理层有时会抱怨这些程序会迫使他们留下比实际工作需要更多的雇员，也就是通常所说的超员雇佣。

2）暂时解雇时的收入保障

当销售量下滑时，企业通常很快会降低雇佣水平。这样就会出现临时解雇现象，当经济复苏时，被裁减的员工会被企业召回。临时解雇在一些生产耐用品行业很常见，例如汽车行业或是家电业。

战后美国曾经历了一段裁员频发的时期，于是美国的工会制定了一系列合同条款来规范"短期解雇"行为。这些条款大都提供收入保障而非就业保障。

针对短期的工作需求量的波动，有两种主要形式的收入保护，分别是：补充性失业救济金（SUB）计划和保障年薪计划。第一份重大的 SUB 计划诞生在 1955 年的汽车行业。美国汽车工人联合会首先提出要保证工人每年得到一定的收入，而福特汽车公司作为那一轮谈判的主要目标公司，就这个在汽车行业中逐步实行的 SUB 计划进行了谈判，这种模式在汽车行业迅速传播开来。

3）针对永久性削减岗位的措施

并不是所有的员工都能在被解雇后再被召回。于是，出现了另外一系列重要的集体谈判条款来应对由于技术变革或是公司倒闭而导致的永久性削减岗位的情况。有些条款提出既要保留岗位，又要保护收入。这些条款包括在企业内部转换岗位的权利，或是在工厂内部和同一组织内部转换到其他岗位的权利，要求提前通知雇员有关技术变革或者（和）公司倒闭的信息，对重新安置的雇员要发放津贴等。举例来说，在 UAW 和 GM、Ford、Chrysler 汽车公司签署的 1999—2003 年的集体谈判协议中规定，在合同的有效期内，每家公司都不能关闭、整体或部分出售、让子公司独立出来、兼并以及采取其他商业行为处置公司资产。

在 20 世纪 80 年代，无论是工会化部门还是非工会化部门都出现了大规模裁员。面对这种局面，国会通过了《调整员工与再培训预先通知法案》（*The Worker Adjustment and Retraining Notification Act*），并于 1989 年 2 月生效。法律规定，雇主必须提前通知那些受到公司倒闭影响的员工：雇员人数在 100 名及以上的雇主，如果工厂关闭会影响同一个就业单位至少 50 名员工，就必须提前 60 天发出通知。另外，这部法案还包含了相当多的裁员条款，要求企业在临时解雇员工超过 6 个月以上的、影响到 50 名或 50 名以上员工的，或者影响到同一就业单位 33% 或以上劳动力的，或是在任意时间段裁员超过 500 人的，都要提前发出通知。

4）就业保障的新措施

就业压力使国会通过了要求企业关闭工厂时提前发出通知的法案，在同样的压力下，近年来也有许多集体谈判协议通过各种各样的机制强化了雇员的就业保障。其中有种做法是让在某个特殊的日子列在工资单上的员工享有终身的就业保障。汽车和其他行业的集体谈判协定在员工失去他们本来职位时，向员工提供一种"工作银行"，即当员工不能从事正常的工作被临时解雇时，为他们创造就业和再培训的机会。"工作银行"与众不同的特色是，身处"工作银行"的工人即使在企业无法安排他们工作的情况下仍然能够得到全额工资。

汽车和其他行业的集体谈判协议也鼓励老员工退休或辞职。在这种情况下，公司希望通过人员的自然建设来避免裁员，从而就能避免根据劳动合同中的相关条款给公司裁员所带来的高额成本。如专栏 10.1 所示，工会要面对企业缩减规模和重组时，也有压力避免不了向被解雇的员工提供收入及其他方面的保障。

工会甚至不得不缩减规模并且要承担相应的结果。专栏 10.1 说明了劳联—产联是如何与代表其员工和专业人员的工会就合同的新条款进行谈判的。如专栏 10.1 中的文字所述，劳联—产联获得了解雇员工的权利，但也同意与雇员和工会代表谈判以避免解雇的发生，并且同意提供额外的培训，以及禁止利用外部的人员来从事谈判单位的工作。

近十年来，另一个引发了激烈讨论的就业保障问题是将工会会员从事的工作承包出去，即现在通常所称的"外包"。外包的流行有以下三个原因：①可以轻易找到一些非工会化企业来完成原本由工会化员工完成的工作任务，特别是在制造业企业更是如此；②业务流程再设计的流行主导了许多管理者的思想和行为，以及③总体上出现了企业规模缩减的趋势，许多公司只把注意力放在具有竞争优势的核心业务上。在某个因素的作用下，或者说在所有这些因素的作用下，谈判活动四起，有时候劳资矛盾突出（参见专栏 10.2）。

**专栏 10.1**

---

### 劳联—产联在其雇员的集体谈判协议中去除了"不裁员"的条款

2002 年 5 月，劳联—产联和 Guild 的 35 号地方工会，一家代表许多专业人士的工会，谈判签订了一份新合同。35 号地方工会和另外一个工会，国际办公与专业人员工会（OPEIU）的 2 号地方工会，代表着劳联—产联 500 名专业人员中一半以上的人。和 2002 年 2 月与 OPEIU 签订的合同相似，劳联—产联在与 Guild 签订的新协议中谈判达成了一个条款，允许劳联—产联解雇其雇员。这个新条款受到了工会会员的广泛关注，条款中详细规定了保留雇员岗位的程序，并且规定只有在没有其他办法的情况下才能解雇员工。

2002 年 2 月，劳联—产联制定了 2003 年度财政预算，比前一年少了 500 万美元。新的预算要削减开支，包括调整人员。为了使人员调整顺利进行，允许解雇员工，劳联—产联被迫修改与 Guild 和 OPEIU 签署的合同。与 Guild 签署的合同中包含了"不裁员"条款，有效期将到 2003 年 4 月 1 日，之后将适用新的条款，使劳联—产联可以减少雇佣水平。劳联—产联每年都必须和 Guild 开会讨论劳联—产联的预算和可能的就

---

业职位的减少；所有"失去资金来源"的职工都有权接受培训以使自己有资格填补职位空缺。如果他们拒绝接受培训，他们就有可能被解雇。当然，在裁减人员时，劳联——产联禁止从外面雇用人员来从事谈判单位的工作。所有的空缺职位都要提供给那些接受培训拥有足够资格的"失去资金来源"的雇员。合同中的另一些条款则要求劳联——产联和工会谈判商讨制定一个激励计划，鼓励员工自愿分流。

劳联——产联的人力资源经理 Karla Garland 说，她希望劳联——产联永远不要动用这个新条款。然而，因为它的某些成员工会存在财政困难，所以劳联——产联感到它再也不能保证其雇员获得终身雇佣了。

资料来源："Federation Pact with Guild Addresses Staff Realignment in Wake of Budget Cuts." *Daily Labor Report* 105, May 31, 2002：A-6.

5）为什么要强调就业保障

鉴于近几年来出现了大规模裁员，就业保障成为员工和工会追求的最主要目标就并不令人惊讶了。第二次世界大战后的大部分时期内，没有就业保障的主要形式是临时解雇，大多数的被解雇工人最终都被召回了。而工会的反应是，通过谈判来维持失业工人的收入水平，以补充州失业保险项目提供的失业救济金的不足。

从 20 世纪 70 年代末开始，美国经济开始出现大规模的产业结构重组，即使是拥有相当资历的员工如被解雇，也无法保证他们能被召回。例如，在 1990 年以前的四次经济危机中，44% 的员工认为在经济情况好转后他们能够重回工作岗位。在 1991 至 1992 年的那场经济衰退中，只有 14% 的人重回工作岗位，而另外 86% 的人则成为了永久性失业者。大批工厂关闭，全世界都发生了产业结构调整，再加上制造业的技术更新，使得"被召回工厂"的可能性非常低。并且，这些被解雇的工人，无论他们重新找到的是什么岗位，他们的工资都会平均减少 20%。由于工会化雇员，平均来说，能够得到更高的工资和更多的福利，所以当他们被解雇时他们失去的相对会更多。因此，工人们和他们的工会调整了他们的谈判议程，要求提供更大的保护来避免由公司缩减规模、重组、流程重建或是业务外包造成的永久性岗位的减少。

专栏10.2

**外包决策中的联合行动**

公司应该对谈判单位的工作任务进行成本分析……如果通过分析发现，谈判单位所提供的质量令人满意的工作任务在成本上不具竞争力，公司就应该：

（1）通知相应的工会并与之分享这个分析结果……

（2）与工会一起建立适当的员工参与研究团队。

一个适当的员工参与研究团队时应该：

（1）审核有关的成本比较分析；

（2）调查研究是否有其他的生产方法、流程、设备、材料，以及其他任何会影响到成本的因素；

（3）告知公司和工会，研究团队无法形成任何提议使公司的生产成本可以和外部资源进行竞争；

（4）为公司和工会推荐他们所研究得出的，能在成本上与外部资源进行竞争的生产方法和流程，以及就业待遇、就业条件和资本投资应该作出的调整。

如果公司和工会同意研究团队所推荐的方法能够使所研究的工作任务在成本上与外部资源进行竞争，公司和工会就将进行谈判，在一段合理的期限内达成协议，执行研究团队所推荐的方案。

资料来源：Xerox Corporation and the Union of Needletrades, Industrial, and Textile Employees 1994-2001 Collective Bargaining Agreement, p. 4.

工作结构的变化在劳动力的配置上要求更大的灵活性，这也促使工会关注就业保障的发展。工厂传统上是按照职业种类组织起来的，有一个外部劳动力市场，从而被解雇工人没有什么困难就能重新找到另外一份工作。但随着企业减少工作类别，提供更多的特殊培训，员工们也会要求确保能继续工作，如果没有这样的保证，员工会害怕他们所受的特殊培训会使他们在其他地方失去就业竞争力。

就业保障项目如此受欢迎的原因还在于，在许多工作场所同时引入了团队工作方式，如果员工受到良好的培训并且献身于自己的工作，那么工作效率会非常高。而加强对员工的就业保障，会使员工的培训效果和工作效率得到提高。

例如，在 Saturn 与 UAW 签署的协议中，80% 的劳动力都得到了就业保障。这样做不但促使 GM 汽车公司在公司城的员工迁到田纳西州去接受一份 Saturn 的新工作，而且更重要的是，Saturn 执行了全新的人力资源管理战略和新的工作机制。当我们在后面的章节中分析在美国的产业中不同的合同条款产生了不同的工作组织制度和不同的产业关系时，我们还会回过头来讨论这个问题。面对油价的上涨和利润的减少，美国汽车公司通过"买断工龄"的方式来鼓励员工提早退休并采取其他措施来削减员工数量。详见专栏 10.3。

尽管如此，在美国像汽车行业那样在集体谈判协议中包括这样综合性的就业保障项目的还只是一小部分。一个有趣的问题是，以强化就业保障来换取工作组织方式的灵活性这样的新发展会在将来扩展开来吗？

另外还有待观察的问题有，究竟这些新的就业保障项目是如何执行的？这些项目又会有什么影响？一些项目只是向小部分的劳动力提供了就业保障，而另外一些项目则要雇用更多的临时工和非全日制工人。因此，这些计划会在工会内部引起政治分歧——那些有就业保障和没有就业保障的工人之间会出现分歧。另外，这些计划还可能导致工会提出新一轮要求，工会或者会要求减少非全日制工人的数量，或是会要求提高他们的工资和雇佣条件。在美国卡车司机工会（Teamsters）和世界上主要的快递公司 UPS 的谈判中，这一点成为双方谈判的主要问题（详见专栏 10.4）。还有待观察的是，让一部分工人得到就业保障、暴露外包业务的风险，以及更多地使用非全日制工人和派遣工人，这样做的结果到底会让工人们接受工作安排上的灵活性，使工人更献身于企业，还是会导致两个阶层的工人在工作场所进一步分裂。

专栏 10.3

### 美国汽车公司通过"买断工龄"的方式鼓励雇员提前退休

随着油价的飙升，美国汽车工业出现了财政困难，未来的不确定性在增加，即使 SUV 总体上的成功似乎使这种颓势打了折扣。近几年来美国三大汽车公司发现有必要关闭一些工厂来减少劳动成本。然而，由于有工会合同，这样做很难。自从 1987 年以来，Ford 汽车公司就一直在实行"确保雇佣人数的项目"（缩写为 GEN）。该计划要保护工人免受工厂关闭的影响，如果工人因为工厂关闭而丢失工作，那么他也能得到长期的工资和福利。但是考虑到 Ford 公司现在所面临的困境和关闭工厂以节约成本的现实需要，Ford 公司试图和美国汽车工人联合会达成协议，不再实行 GEN 项目。

2004 年年初，当 Ford 公司开始关闭在新泽西州 Edison 的工厂时，公司试图说服员工用其他 5 个项目来替代 GEN 项目，以解决 GEN 的问题。这 5 个替代项目中有 4 个已经实行了数年。那个新的替代项目是"教育机会项目"，可以为被解雇的员工提供在四年制学校、两年制学校或是一个技术学校学习的机会，让他们在学校获得学位或是毕业证书。Ford 公司每年会向那些教育机构直接支付 15 000 美元，最多会连续支付 4 年。另外，在整个学习期间，员工可以拿到一半的工资和全部的福利，直到学习结束。学习结束后，工人不能继续享受企业的福利，也不再算是 Ford 公司的员工。

尽管以上方法看上去对那些想提高自己的职业或是转换工作的人来说是可行的，但还没有确切的事实证明这些方法是成功的。为了更快地减少员工数量，Ford 公司开始鼓励员工参与另外 4 个项目，比如，那些已经有 28 ~ 30 年工龄的工人有权享受 85% 的年薪直到他们开始领退休金，并且，那些至少拥有 30 年工龄的人如果选择自愿提早退休，他们在有权享受全部的退休福利的同时还可以领到另外的 30 000 美元。另外，如果"教育机会项目"不是对每个员工都有吸引力，那么 Ford 公司希望提供给那些工龄为一年以上的员工总额为 100 000 美元的遣散费，如果他们同意在离开公司时不再要求别的福利。相似的，在 GM 汽车公司，如果员工自愿离开并且放弃养老和医疗保险，那么最高可以拿到 140 000 美元（大致相当于 2.5 年的收入）。

资料来源："Laid-Off Ford Workers Offered Education Alternative to Jobs Program in Edison, Lorain," 01/23/06. *Daily Labor Report*, January 23, 2006: A-4; "Ford Could Extend Severance Incentives To UAW Workers at 14 Plants Slated to Close," 02/09/06. *Daily Labor Report*, February 9, 2006: A-2; Chris Isidore, "GM offers workers up to \$ 140K to leave." March 22, 2006, CNNMoney. com.

专栏 10.4

### UPS 非全日制工作问题

1997 年 8 月 4 日，美国卡车司机工会针对 UPS 举行罢工。在这场为期 15 天的劳资纠纷中，主要有两大问题：一个是工资问题，另外一个是非全日制雇员增加的问题。在卡车司机工会所代表的 185 000 名 UPS 的员工中，大约 57% 被划归为非全日制雇员，即那些每周平均工作时间只有 35 小时或更少的雇员。在纠纷的调停协议中，UPS 同意在接下去的 4 年中要新创造 10 000 个新的全日制岗位来代替非全日制岗位，双方同意要让非全日制雇员的工资增幅比全日制雇员更大。卡车司机工会关注非全日制雇员的利益使他们获得了公众更多的支持，并推动了一场全国性对于非全日制工的讨论。

2002 年 7 月 15 日，就在前一份为期 5 年的合同终止前的两周，UPS 和卡车司机工会达成了一份新的为期 6 年的协议。在协议的有效期内，所有员工的小时工资增加 5 美元，而非全日制雇员的小时工资还能额外增加 1 美元，以便让他们的工资水平"赶上"全日制雇员。非全日制雇员在受雇 90 天后，初始工资率每小时增加了 50 美分。与原来的合同相似，新的协议也要求创造 10 000 个新的全日制岗位，以降低非全日制雇员与全日制雇员的比率。具体来说，在协议的后 4 年中，每年要增加 2 500 个全日制岗位。

2002 年 UPS 的劳动力中非全日制雇员占了 58%，但收入远远少于全日制雇员。全日制雇员的平均小时工资是 22.10 美元，而非全日制雇员只有 10.72 美元。卡车司机工会的目标是将非全日制雇员的比例控制在 50% 以下。尽管 2002—2008 年的合同提供了 10 000 个新的全日制工作岗位并且可以提高全日制雇员的比例，但是到新的合同终止时，全日制雇员的比率仍然低于 50%。

资料来源： "Use of Part-Time Workers at UPS Underscores Thorny Workplace Issue," *Daily Labor Report*, August 8, 1997; "Use of Part-Time Workers Draws New Attention after UPS Strike," *Daily Labor Report*, September 11, 1997; and "UPS, Teamsters Agree on Six-Year Pact to Cover 230 000 Employees Nationwide," *Daily Labor Report* 137, July 17, 2002：AA-1.

## 10.7　管理层对工作规则的反应

传统的集体谈判协议、不满申诉程序、资历规定、就业保障等所确定的工作规则，都限制了管理层在工作场所的自由决策权。而作为回应，一般来说，管理层会采取一些措施，扩大自己在工作规则方面的决策权。

### 10.7.1　管理权条款

管理层通常的做法是通过谈判签署管理权条款来减少限制性的工作规则的影响。有些管理权条款的表述很简单，例如"监管、管理，以及控制公司业务、经营和工厂是公司的专有事务"。然而，大部分的条款还会列举管理层要保留的某些权利。例如：

雇用、晋升、因故解雇和处分雇员的权力，维持员工的纪律和效率，这些都是企业独有的责任。工会会员在这些方面不会受到歧视。另外，要生产什么产品，工厂的位置，生产计划以及生产的方法、技术、程序等都是企业独有的责任。

设置管理权条款的目的很明显，就是要限制工会的影响范围，让管理层保持自主经营公司的自由。在传统的劳工关系文献中管理权具有两种涵义。仲裁者和法庭通常会引用这些概念来解决劳资双方在合同解释上的争端。剩余权学说认为，合同条款没有具体界定的所有权利都是管理层所独有的。相反，默认义务学说则认为，既然承认了工会，就要求管理层就雇佣待遇和雇佣条件的变动进行谈判，即使在合同中没有任何条款对相关问题作出了规定。

1）剩余权学说

剩余权利条款一直以来都是最受管理人士欢迎的。支持的人认为在理论上剩余权利条款和财产权利是一脉相承的，比如股东（或是政府机构的公众）把权利托付给管理层。他们还认为，无论工会会员还是工会代表都不必直接向股东负责。这种观点认为工会不应该侵害管理层代表股东执行的职能，除非管理层已经通过特殊的合同规定认可工会分享自己的权威。

2）默认义务学说

剩余权利条款近来受到一些劳动关系学者和仲裁者的质疑。他们支持默认义务学说。这种立场值得分析，因为有些法庭以此学说为依据来限制公司的雇佣和解雇的自由。

例如，Neil Chamberlain 和 James Kuhn 提出，管理层为了满足组织运营的需要虽然有权分配资源，但人力资源管理也要得到被管理者的同意才能采取行动。他们认为，员工没有法定的义务一定要和管理层合作。Charles Killingsworth 也得出了一个相似的结论，他认为，在任何事情上行使管理权都应该在实践中限制管理层把自己的意志强加于员工。他还认为，剩余权学说作为一条法律准则价值甚微，因为它忽视了劳资关系力量的不平等。

## 10.7.2　生产率谈判

多年来劳资双方采取了很多措施来消除一些工作规则，这些规定或是限制了生产率的提高，或是随着技术革新和工作组织理念的升级而显得过时。例如，在 20 世纪 60 年代，"生产率谈判"这个概念非常流行。生产率谈判主要有两种形式：过时的一次性买断的做法，或是长期实行劳资联合行动项目来调整适应技术的变革。

一个广为人知的关于生产率谈判的例子发生在 1960 年，代表西海岸海运产业的"太平洋海运协会（Pacific Maritime Association）"和"国际码头与货栈工人联合会（International Longshoreman and Warehousemen's Union）"签订了一份"机械化和现代化协议"。这份协议建立了一个 500 万美元的生产率基金，提供工资和就业保障，鼓励资深工人提前退休，以换取劳方同意废止一些工作规则。虽然码头已经是集装箱作业了，但原有的规则还要求对货物进行多次处理，要求资方雇用比实际需要更多的人员。

1974 年，国际排版工人联合会（International Typographical Union）和纽约市报业集团达成了一份为期 11 年的协议。协议要求资方提供终身的雇佣保障，鼓励排字工人提前退休，以换取劳方同意资方引进计算机技术。铁路行业也会定期采取生产率买断措施，用一定的补偿来换取员工规模的缩小。

从 20 世纪 80 年代初开始，人们开始关注管理层的需要，在人力资源管理中增强了灵活性。在管理中发生了一些显著的变化，例如职业分类的扩大，资方拥有更大的加班决定权、更自由的分包权，限制调换岗位或职位等。

对各行业的工人来说，管理层强化灵活性减少了职业分类的数量，弱化了资历在工作安排和调动中所发挥的作用。图表 10.4 列出了美国钢铁公司（National Steel Company）

是如何在一家工厂中减少工人的职业分类的。这是 1986 年签署的让步合同中的内容。这种对职业的重新分类说明，职业分类的减少已经成为当前集体谈判的重大问题。

在后面的章节中我们会看到，管理层追求灵活性是要改变传统的职业控制式的工作制度，通过渐进的步骤或是全方位的改革，强调团队工作和机动性，让员工参与到问题的解决过程中，以及持续地改进产品质量等（新的工作制度）。

## 10.7.3　新的工作制度：从工作规则到团队工作

从 20 世纪 80 年代开始，企业不再对某些规则进行一次性买断，而是采取综合措施重构工作方式，强调灵活性、团队工作以及持续性地改进产品质量等。这些措施不再是要单独改变某个工作规则，而是反映了管理思想的巨变，即工作制度和人力资源管理领域的巨变。我们将在第 12 章中详细讨论这些新的工作制度和其中的员工参与方式，在这里，我们要指出，基于团队的工作制度完全不同于传统的、通过工会和管理层相互作用来控制职业的工作规则，第 12 章还研究了这两种选择的利害关系。

图表 10.4　　　　　　　　　　**钢铁行业：职业与工种的统一分类**

| 新的工种分类 | 现有的工种分类 |
|---|---|
| 电工 | 电机检验员、电线工人、电力设备维修工、电线工人组长、动力设备维修工、焊接工 |
| 电工技师 | 仪器维修工、电力设备维修工 |
| 电机绕线工 | 绕线工 |
| 机修工 | 维修工、维修保养工、管道安装工、轧制车间机器维修工、维修保养调度员、轧板机械工、装配工组长、系统控制员、轧制车间调度员、焊接车间机器维修工、轧制车间普通机械师、码头调度员 |
| 起重机维修工 | 起重机装配工、起重机检修员 |
| 冷藏设备维修工 | 冷藏设备维修工 |
| 机械师 | 机械师、支座维修工 |
| 移动设备维修工 | 移动设备维修工、拖拉机维修工 |
| 铁匠 | 铁匠、锻工 |
| 工业木匠 | 木匠、油漆匠、装潢油漆匠、泥水匠、油漆匠（负责指挥） |
| 砖匠 | 砖匠 |
| 涡轮机和锅炉修理工 | 涡轮机维修工、锅炉维修工 |
| 轧制工 | 轧制工 |
| 电工助理 | 电机检验助理、电工助理、器械维修助理、电力设备维修助理、绕线维修助理、设备维修助理、电气维修助理、起重机维修助理、动力设备助理维修工 |
| 助理机械师 | 装配助理、助理焊接工、助理设备检修工、助理管道安装工、助理机械师、助理铁匠 |
| 服务工作助理 | 木匠助理、油漆匠助理、砖匠助理、轧制车间助理工人、涡轮机维修助理 |

资料来源：Takahara Yamagami, "The Survival Strategy for the U. S. Steel Industry," master's thesis (Cambridge: Sloan School of Management, Massachusetts Institute of Technology, 1987).

详细的工作制度包括职业分类、员工个人的工资（和激励工资）、晋升标准、转岗权利、解雇程序等。这些部分相互作用、相互影响。这样的职业控制式的产业关系制度，是随着大规模生产的兴起和新政集体谈判制度的制度化在美国建立的。总体来言，这些条款和规则使员工的就业待遇走向统一和公正，权利和义务明晰，并且具有一定的稳定性，这些是劳资双方都需要的，解决了工人在工会化之前所遭受的专横、不平等对待的问题。工人通过集体谈判和签署集体协议，获得这些权利，作为回报，管理层也保住了经营管理权，即上文提到的管理权条款提供的保护。从 20 世纪 40 年代到 70 年代，劳资双方每次都要考虑环境的变化和新技术的引进等因素，在每一次的重新谈判中逐步修改协议条款。因此，随着时间的流逝，合同变得越来越长，越来越复杂，各种项目如新的工资、福利以及工作规则等条款不断加入到合同中。

在本章的引言部分我们已经提到，经理们已经适应了这种规定详细的合同，产生了为 Sumner Slichter 和他的同事们所称的"震动效应"，这就是在图表 10.1 所示的三阶段模型中的第二阶段。组织的人事部门和劳动关系职能部门更加职业化，管理层也利用了更高的工资和福利所产生的优势以及资历较深人员所带来的好处，降低了职工流动率，提高了生产率。在 20 世纪 40 年代到 70 年代的大部分时期，平均而言，劳资双方在这种劳动关系制度下做得都很好。在第二次世界大战后的 20 年中，美国经济的生产率以平均每年 3.2% 的速度提高，并且工人的实际工资也按这个增长率不断上涨。对 20 世纪 70 年代以来的数据进行的计量研究表明，工会化组织的生产率要高于非工会化组织。简而言之，美国的管理者已经适应了新政式的劳动关系制度。通过劳资双方专业人员的努力，这个制度能更好地服务于双方所代表的工人和股东。

但是从 20 世纪 70 年代中期开始直到现在，这一制度的稳定性受到了挑战，并且逐渐被打破。变化之一是非工会化人力资源管理制度的兴起，正如我们在第 5 章中讨论的那样，新的制度没有执行劳动合同中详尽的工作规则。另外，在一些新工厂，开始实行以团队为基础的工作制度。另外一个变化则是国际竞争的加剧，特别是来自在日本经营的日本公司和不断增加的在美国经营的日本公司的竞争，比如 Honda、Toyota、Nippon Denso 等。日本式的管理和生产制度同样也强调团队工作、员工参与、培训以及就业保障，但是不会在合同中写下详细的工作规则。

在整个 20 世纪 80 年代，通过案例研究和公司之间的对比研究发现，这些新的工作制度在某些关键指标上比传统的控制岗位的制度表现得更好，比如质量、生产率以及灵活性或从生产一种产品转为生产另外一种产品的容易程度等。汽车行业的证据最明显，也最广为人知，具体数据如图表 10.5 所示。图表 10.5 中的数据揭示了传统的 GM-UAW 工厂和 GM-Toyota 合资公司的工厂，即新联合汽车制造公司（简称为 NUMMI）在生产率和产品质量上的差别。

图表10.5　　　　　　　　**几大汽车公司的产品质量及生产率对比**

| | 生产率<br>（小时/单位产品） | 质量<br>（次品率‰） | 自动化水平 |
|---|---|---|---|
| Honda，俄亥俄州 | 19.2 | 72.0 | 77.0 |
| Nissan，田纳西州 | 24.5 | 70.0 | 89.2 |
| NUMMI，加利福尼亚州 | 19.0 | 69.0 | 62.8 |
| Toyota，日本 | 15.6 | 63.0 | 79.6 |
| GM，密歇根州 | 33.7 | 137.4 | 100.0 |
| GM，密西西比州 | 34.2 | 116.5 | 7.3 |

资料来源：ICL Technical Journal，November 1988，p.395.

说明：生产率是指焊接、油漆及组装一辆车所需的标准工时；质量是指公司发布的头6个月内流水线上的次品率；自动化水平是指机械设备使用时间/生产率，每组以100为最高水平。

NUMMI 使用了 Toyota 公司的生产制度和灵活的团队工作制度，广泛地进行培训，并构造了一个相互协作的劳资关系，与采取传统的工作制度、劳方和资方保持一定距离的公司相比，在低科技含量和高科技工厂两方面都表现得很出色。公司的工会化部门也有良好表现，而在一些领域，比起没有工会化的 Honda 和 Nissan 在美国开设的分公司，他们的表现甚至更加优异，几乎逼近了 Toyota 日本总部的业绩。

以上数据可能是被最广泛引用的一组统计数据，用来表现 20 世纪 80 年代的相对业绩。经理、工会领导们和学者们都运用这组数据来讨论和研究他们的正确性、对其他工厂和行业的总体评估以及对未来劳资关系的启示。

这些数据还揭示了新的工作制度在汽车行业及其他如服装行业、钢铁行业、通讯行业等的实验效果，同时也促进了大量新旧工作制度的经济效益的对比研究。20 世纪 90 年代中期，实践效果是令人信服的：无论是在工会化还是非工会化部门，拥有更多灵活性的团队工作制度的表现要比传统的工作制度更加出色，他们的生产率更高，产品质量更有保证。这些差异已经足够明显地来解释那些能够完全执行新工作制度的公司为什么能把新制度的执行转化为高额利润。举例来说，有一项研究评估了表现"最好"和"最差"的公司，利润差别达到了每名雇员 15 000 美元之多。

这项研究的另一项发现令劳资双方对这些变化感到为难的原因是，仅仅改变一两项工作实践对工作业绩的提升并不明显。相反，只有在整体上采取灵活的工作制度、团队工作、培训以及相关的配套措施，工作业绩才会有大幅提升。在一个已经建立很长时间传统工作制度的公司，很难实现这样的变革。劳资双方要保留某些既定的制度都有一定的风险。我们观察到当代的工作场所存在两个特点。在已有的工厂和工作地点，劳方和资方不断谈判和实验一些新方法或者所有的新方法，但结果并不相同。而在另外一方面，当一家新工厂开办时，经常是由资方（如果有机会的话）或是劳资双方在最开始就执行灵活的团队工作制度。GM Saturn 分部就是这样做的。Boeing 公司、Raytheon 公司、Miller 酿酒公司及其他现有员工工会化程度很高的公司，也采取了这种方法，即与公司的工会合作，用最先进的理念和最新式的做法，共同在新工厂设计新的工作制度。因此，在接下来的几年中，我们将看到既有的工厂还在犹豫是否要采用新的工作制度，而新工厂却纷纷采取新的工作制度，从而促使越来越多的工厂采取新的工作制度。

## 10.7.4 职业安全与健康

另一个深受集体谈判影响的雇佣条件就是工人的职业安全与健康。过去工会通常使用以下三种策略来提高工作场所的安全与健康：①支持政府制定法律法规强制实行和鼓励雇主实行安全的操作；②在集体谈判中把职业安全条款加入到集体谈判协议中；③鼓励劳资双方在工厂建立劳资联合职业安全与健康委员会，比如，正是在工人运动的推动下才通过了 1970 年的《职业安全与健康法案》（OSHA）。从那时起，谈判协议中和职业安全相关的协议开始大量增加，同样，公司中的职业安全与健康委员会的数量也在不断增加。

工会能从两方面影响工作场所的安全与健康。第一，工会可以要求雇主为那些从事高危工作的工人提供更高的工资。尽管证据还不充分，但已经有一些现象表明，工会成功地为那些高危工作岗位争取到了更高的工资。这样的工资差别既能发挥直接的影响，又能发挥间接的作用。其直接作用显然是补偿了那些从事高危工作的工人，间接作用则是促使雇主们去主动降低工作的风险以避免支付这一份补偿性的工资差别；第二，工会可以和资方谈判保护工人免受职业风险的伤害，加大对工人和监督管理人员的培训力度，以及通过改善工作条件来降低工作风险。而这些措施是否有成效很大程度上取决于当事人是否对工伤和职业病的诱发原因具有足够的了解。

图表 10.6 列出了劳资协议中通常所包含的各种职业安全与健康条款。把图表 10.6 中的数据与较早一段时间的可比数据进行对比可以发现，这些条款在过去的 35 年中变得相当普遍。比如，在 1970 年，在国家事务局（BNA）的合同样本中有 31% 设有职业安全与健康委员会，现今这个数字则达到了 64%。

工会也经常通过谈判缔结一般性的合同条款，声称雇主有责任确保工作环境的安全性并且遵从适当的安全法规（即使工会没有在合同中提出要求，雇主也必须这样做）。如果合同中有这样一些话，工会就可以利用合同所规定的申诉程序来处理有关职业安全的投诉。工会也可以采取另外一种方法，即依靠劳资联合委员会或是向职业安全与健康局（负责管理和执行 OSHA 的机构）投诉。

总的来说，职业安全条款在生产性行业比非生产性行业更为多见，特别是在高危行业中，比如采矿业。因此，安全条款是否能够写进合同部分取决于对行业危险性鉴定的高低程度。

图表 10.6　1997 年 8 月至 2007 年 7 月私营部门谈判协议中的职业安全条款

| 条款 | 合同数 | 合同所占百分比（%） |
| --- | --- | --- |
| 包含安全与健康条款的所有合同 | 433 | 100 |
| 合同中的条款是：工会要参与员工 | | |
| 安全与健康问题的案件的处理 | 79 | 18 |
| OSHA 的报告要给工会 | 147 | 34 |

续表

| 条款 | 合同数 | 合同所占百分比（%） |
|---|---|---|
| 成立劳资联合安全与健康委员会 | | |
| 部门委员会 | 2 | 1 |
| 地方委员会 | 219 | 50 |
| 全国委员会 | 56 | 13 |
| 有关于安全与健康的申诉程序 | 101 | 23 |
| 工会就安全与健康事务与资方展开合作 | 279 | 64 |
| 授权工会代表停止不安全的工作 | 18 | 4 |
| 工会代表员工处理安全与健康事务 | 22 | 5 |

资料来源：Bureau of Labor Statistics, *Monthly Labor Review—Collective Bargaining Agreements*: *Safety and Health Provisions*, May 1998, Table 6, p. 22.

## 本章小结

　　工会的存在对经济性雇佣条件和人们的行为引发了一系列的连锁反应，影响到劳资双方的目标。本章提出了一个分析这些影响的分析框架，总结了已有的证据。评估集体谈判的"平均"影响效果必须非常谨慎，因为无论是在工会化部门还是非工会化部门都存在很大的差别。

　　通过研究评估得出的工会的平均影响效果如下：

　　（1）与非工会化雇员相比，工会可以提高工会会员的工资水平。这种影响的大小会随着时间和职位的变化而变化。工会平均对工资水平的影响在15%～20%之间，某种程度上来说，非白人比白人受到的影响更大，年轻和年老的工人比正值壮年的工人受到的影响更大，蓝领工人比白领受到的影响更大。

　　（2）近几年来在集体谈判确定工资时发生了一个基本变化，即工资的确定受市场力量的左右更强。在这种情况下，工会的谈判力量很大程度上被削弱了。这种趋势的积累效应使得实际工资水平降低，工资的不平等程度扩大，同时也降低了通货膨胀的风险，降低了失业率。

　　（3）工会增加了工人可以获得的福利种类和水平。福利增加的部分原因是福利与工资之间存在一定的关系，工资增加则福利也会相应增加，但同时也是因为工会对福利有直接影响。公司要减少福利支出的压力使某些成本转移到了工人身上，从而大幅节约了公司的缴费支出，其中某些部分是通过劳资双方的共同努力做到的。

　　（4）工会通过谈判获得了各种就业保障条款。工会对就业保障最显著的影响主要是，保护工人免受歧视和不公正的解雇和处分，在大部分的私营部门的劳资协议中都能找到向工会会员提供的不满申诉程序这样的条款。工会也会通过合同中的资历条款来保障那些拥有长时间服务经历的老员工。少数的工会还成功地把收入保障条款写进合同，在短期裁员时可补充各州的失业保险津贴。

极少的工会还设立了特殊的条款，用来保护那些由于技术革新、业务外包或是企业重组而永久失业的工人的收入和工作稳定性。同样，这些保护措施和福利也只受工人资历的影响。最近的一些劳资协议也强化了就业保障，但与工资妥协和工作重组有关联。

（5）工会减少了职工流动率，主要原因是工会提高了工会会员所占有的岗位的价值，高于他们能在外部劳动力市场能获得的工作岗位的价值。这种影响因为员工资历的关系得到了加强。

（6）在过去，在资方为工资支出增加而作出调整后，工会施加的平均影响会提高工厂的生产率。然而在最近几年中，灵活的团队工作制度的发展给产业关系模型中传统的岗位控制制度的变化带来很大压力。在完全灵活的团队工作制度得到很好执行的工厂，质量、生产率和利润都得到了大幅提高。可以预期，工会领导们和经理们为了更好地适应全球化和日趋激烈的竞争，将继续会在美国的各行业进行工作制度方面的变革。

## 讨论题

1. 工资增长引发了一系列的连锁反应。描述这种连锁反应。

2. 工资对工会和工会会员都非常重要。讨论工会相对工资影响中的主要因素。

3. 资历是集体谈判中的一个非常重要的影响因素。工会认为资历能保护员工免受歧视和雇主的不公平待遇，但是，随着一些积极行动的开展，这种观点开始受到冲击。有人认为资历反而会提高（至少是保持）公司种族歧视案例的数量。对赞成和反对资历条款的理由进行讨论。

4. 自20世纪80年代以来，资方是如何应对工作规则变化的？这对将来工作场所的产业关系有何影响？

5. 医疗保险是如何受工会衰减的影响的？

6. 解释业务外包是如何威胁到就业保障的，并举例说明劳资协议会减少这种威胁。

7. 团队工作制度和相关的合同条款与传统的控制岗位的工作规则有什么区别？

# 第 4 部分

**Part Four**

# 工作场所的产业关系

# 第11章

# 雇佣关系的管理

我们从第 11 章开始分析工作场所的产业关系，即图表 1.1 所示的第三个层面的活动。本章的重点是日常的雇佣关系。在工会化的情况下，这涉及在正式的合同谈判层面之下的集体合同的管理问题。

在美国，集体谈判协议是份内容详尽的文件。这种内容详尽的劳资协议在必要时可以作为一种维持秩序的手段，解决在解释合同条款时的纠纷。

在美国有一种根深蒂固的看法认为，集体谈判的原则就是"资方采取行动，工会作出反应"，或者，换句话说是，"资方的角色是管理，工会的角色是提出意见"。这种观念导致在工会化的情况下，主要是通过申诉和仲裁机制来解决工作场所产生的劳资纠纷。本章所要讨论的就是申诉和仲裁程序是如何运行的。

近些年来，在工会化的情况下，竞争的环境条件和劳动力日益复杂的需要，使人们在正式的合同管理程序之外作出额外的努力，采取更加灵活的手段处理问题和纠纷。很多大公司已经为非工会雇员建立了沟通平台和非正式的不满的申诉处理程序，同时为工会会员提供的程序越来越制度化。而且，近些年，越来越多的劳资各方签订了更长期的合同，集体谈判协议的合同期限从常规的 3 年变为 4 年、5 年、6 年，或者更长的时间。这使得人们越来越多地需要引进后续谈判的机制或者其他方法来解决问题，以适应在谈判中预料不到的环境变化。所以，本章也会讨论一些新式的、不太正式的，用来解决问题、调节工作场所各方关系的机制。

## 11.1 申诉程序

如果资方没有履行集体谈判协议的条款，就要通过申诉程序来明确所要采取的一系列步骤，来解决工人的申诉。专栏 11.1 列出了一个典型的申诉程序所包括的步骤。申诉程序每往下走一步，所参与的劳资组织的层面就要提高一个水平。这个程序的最后一个步骤，也是大多数申诉程序的最后一步，就是要进行劳资纠纷的庭审，由某个仲裁者（充当第三方的角色）给出一个最终的、有约束力的裁决。

专栏 11.1

**典型的申诉程序**

A. 雇员提出的申诉

  步骤 1

雇员向其主管口头陈述申诉和问题。

工会代表和雇员也可以同主管口头讨论这些问题。

在问题得到解决或者没有得到解决的情况下，工会代表和雇员要判定这一问题是否违反了合同规定。

  步骤 2

以书面形式提供申诉，并提交给负责生产的管理人员或其他既定的负责人。

工会代表和资方代表开会讨论申诉。

资方给出书面的答复，在这个阶段可能要咨询一些产业关系专家。

  步骤 3

申诉提交管理高层和产业关系职工代表，另外，地方工会或全国性工会的工会干部也可能参与到讨论中。作出的决定采取书面形式。

  步骤 4

工会要按照法律或者内部规定的程序，决定是否将此案例作为未解决的申诉提请仲裁。

将申诉提请裁决来产生有效力的决定。

B. 解雇方面的申诉

程序可以从步骤 2 或步骤 3 开始。

可以缩短各个步骤之间的时间限制。

C. 工会或工人群体提出的申诉

工会代表可以在步骤 1 或步骤 2 中，代表有关的工人和工会代表的利益提出申诉。

通常，当雇员对于主管采取的行动产生不满时，会采用申诉程序。下面我们列出了雇员如何通过典型的申诉程序来进行申诉。

步骤 1：专栏 11.1 列出了步骤 1 的主要内容，这一步骤使雇员和其主管有机会通过对话来解决雇员的申诉问题。主管也许并没有意识到这是一个问题，通过口头的讨论也许就可以很快解决这一问题。在这一点上，劳方的工会代表可以协助雇员，使其主管注意到这些问题。

步骤 2：如果申诉问题在这些讨论中没能得到解决，雇员就可以选择放弃申诉或者采取步骤 2 进行书面申诉。在步骤 2 中，工会代表和资方代表要开会商议，资方最后要给出一份书面的答复。雇员申诉的书面化以及资方给出书面的答复，可以让劳资各方使这一案例正式化。这样做通常有助于澄清发生纠纷的问题。很多申诉可以在这一步骤和上一步骤中得到解决，或者申诉一方撤诉。

步骤 3：在申诉程序的步骤 3 中，参与其中的有管理高层、产业关系专员、地方工会的工会干部，甚至还有全国性工会的工会干部。更高层面的工会和管理层人员的卷入意味着要花费很多的时间和精力，也正是因为这一点，通常不会轻易作出向第三方提请申诉的决定。

步骤4：如果申诉的问题在前几步没能得到解决，那么在步骤4中可以上诉到仲裁，寻求一个有约束力的裁决。值得注意的是，决定是否仲裁的是工会，而不是雇员。法庭裁决赋予了工会这种权利，认为是工会创造并"拥有"申诉的程序。

## 提请申诉的原因

当雇员认为管理层没有公正地执行集体谈判协议的规定时，他们通常会提请申诉。申诉程序为工人提供了这样一种机制，使他们能够公开表示对管理层行为的不满，改变管理层的行为，或者因为管理层的行为得到某种方式的补偿。

申诉最常见的缘由是不同意对工人的处分。集体谈判协议通常让管理层（资方）保留处分雇员的权力。合同中通常列出某些可能导致处分的行为，例如多次旷工或者不遵守主管下达的命令。雇员因为要反对管理层采取的某项处分而提请申诉，其原因或者是不认同管理层对雇员错误的认定，或者是雇员认为，无论所犯的错误是什么，管理层给出的处分都过于严厉了。

当劳方和资方就集体合同进行谈判时，他们会尽力覆盖主要的问题，并使合同内容对未来的行为有指导作用。然而合同不可能囊括所有情况下发生的一切事情。对于谈判双方来说，清楚地在合同中界定每一种情况是不可能的，其代价太过昂贵，只能界定常见的情况。因此，双方转而依靠申诉程序来解决劳资协议中没有明确覆盖的问题。

例如，很多集体谈判协议规定，管理人员不能把本该由谈判单位中某个人从事的工作交由谈判单位以外的人完成。工会之所以喜欢这一条款是为了保护工会成员的工作，防止资方回避合同中的条款，把工作转移出谈判单位。当工厂引入新技术时，通常会改变现有工人的工作职责，增加新的工作类型。那么新的工作仍然在谈判单位吗？还是可以由管理人员处理？在这种情况下，对于劳方和资方来说，要在集体协议中详细说明将会发生的所有情况是不可能的。相反，双方会用申诉程序来解决在这个问题上引发的纠纷。

另外，在所有的工作场所中通常都会发生双方在就集体谈判协议进行谈判时预料不到的情况。例如，如果在中午时分出现电力不足使工厂停产从而雇员不得已回家，那么雇员应该得到多少工资？在这种情况下雇员应该得到一天的工资吗？工资数量应该随着雇员被送回家之前的工作时间的长短而有所不同吗？如果劳资协议没有覆盖这种情况，雇员又对管理层提供的工资不满，那么雇员就可能依靠申诉程序来解决这个问题。

申诉还有其他作用，例如，雇员可以通过提请申诉来证明自己非常关注那些不包含在集体谈判协议条款中的问题。例如，那些经常与视频显示器打交道的工人会关注长期的健康问题，通过申诉来表示他们的关注。在这种情况下，申诉程序可以提醒资方那些可能会被忽视的问题。

雇员和他们的工会可能将申诉程序作为一种战略上的施压手段，例如对某一问题提请申诉可以引起雇员对此问题的关注，并在下一轮重签谈判协议时把这个问题带到谈判桌上。在这种情况下，工会知道提请申诉并不会直接导致雇主行为的改变，但是会给管理层施加一定的压力并提高工人在谈判中的力量。

## 11.2 劳动仲裁的历史演变

如果申诉的问题不能在前面几步中得到解决，就可以使用仲裁这种劳资协议中规定的最常见的方法（专栏11.1中的第4步）。仲裁是一种准司法程序，第三方通过提出一份有约束力的判决来解决纠纷。利用仲裁来解决在集体谈判条款上发生的申诉，叫不满（权利）仲裁。

在美国产业关系制度中仲裁的发展很早。例如，在1902年产业委员会的报告中就提到了几次在合同条款解释上发生纠纷时利用仲裁的先例。二战前，在服装制造业和无烟煤开采业中，很多申诉程序都以约束性仲裁作为最后一个步骤。

### 11.2.1 仲裁的发展

二战期间，在战时劳工委员会的强力推荐下，不满仲裁变成工会化行业普遍使用的手段。在委员会处理的上千例劳资纠纷中，委员会都鼓励劳资双方在谈判协议中加进仲裁条款，有时委员会甚至会提出这样的要求。

几年后，《Taft Hartley 法案》把不满仲裁列入国家劳工政策中。法案的第203条b款规定："对于应用和解释现有的集体谈判协议所产生的纠纷，仲裁是双方一致同意采取的最后手段，因而也是一种非常可行的方法。"

### 11.2.2 法庭对仲裁的鼓励

最高法院发布了一系列裁决，在被称为"钢铁工人工会三案"中，鼓励使用仲裁，以司法意见的方式指出了仲裁的很多好处。这些案例给予了不满仲裁得到合法保护的地位和崇高形象。

这些1960年以来的裁决内容概括在专栏11.2中。最高法院的裁决规定：①法庭应该只对那些纠纷可以提请仲裁的问题作出裁决。针对这些问题，法庭应该作出有利于仲裁的裁决，来解答关于这些问题的任何疑问。在判定某个纠纷能否可以进行仲裁时不应该考虑申诉的法律依据。②双方应该将仲裁看成是放弃罢工权利的另一种替代方式。除了那些在合同中已经明确规定、不进入仲裁的情况之外，在合同执行中引发的所有纠纷都应该通过仲裁来解决。③法庭不应该审核仲裁裁决的实质性的法律依据，而应该指出是否遵循了程序，或者仲裁者是否超越了自己的权力。

### 11.2.3 仲裁的司法意见

"钢铁工人工会三案"建立了这样一条准则：法庭不应该审核那些可以仲裁的纠纷。后来的一些法庭裁决也延续了这条准则并进行了一些修订，如专栏11.2所示。1971年通过对Collyer案的裁决，法庭赋予仲裁者权利，判定当雇主改变工资率和工作职责时，雇主是否违背了真诚谈判的义务。这赋予仲裁者一定的权利，使得他们能够界定不当劳动行为。在1984年的Olin案的裁决中，法庭继续这样做，扩大了能够提起仲裁的不当劳动行为的范围（也可参见1984年对 United Technologies 案的裁决）。专栏11.2列出了其他一些体现司法对仲裁意见的关键性案件。

专栏 11.2

| 时间（年） | 案件 | 裁决 |
|---|---|---|
| | 影响不满仲裁的一些关键性的法庭裁决和行政性决定 | |
| 1957 | 纺织工人工会诉 Lincoln Mills 案 | 法庭执行仲裁裁决 |
| 1960 | "钢铁工人工会三案"<br>①钢铁工人工会诉 Amercian Manufacturing Co. 案，363 US 564（1960）<br>②钢铁工人工会诉 Warrior Gulf and Navigation Co. 案，363 US 574（1960）<br>③钢铁工人工会诉 Enterprise Wheel and Car Corp. 案，363 US 593（1960） | 法庭只应该裁决案件是否可以仲裁，例如，合同中是否覆盖这一问题，而不能裁决案件的法律依据。是否可以仲裁这一问题的裁决要偏向仲裁<br>除了那些在合同中已经明确规定、不进入仲裁的情况之外，应该将仲裁看成是放弃罢工权利的另一种替代方式<br>只要仲裁者的裁决是以合同为依据，法庭就不应该审核仲裁裁决的实质性的法律依据 |
| 1970 | Boys Markets 有限公司诉零售业职员工会 770 号地方工会案，389 US 235（1970） | 法庭可以颁布禁令，使工会不能违反不罢工条款，或者对合同中仲裁条款所覆盖的问题颁布禁令 |
| 1971 | Collyer Insulated Wire 和 1098 地方工会案 192 NLRB 837（1971） | NLRB 应该尊重仲裁，只要这个问题可以通过仲裁（因为覆盖在谈判协议中），或者可以交由 NLRB 监管（因为违反了不当劳动行为的规定） |
| 1974 | 亚历山大诉 Cardner-Denver 案 415 US 36（1974） | 仲裁裁决如涉及《民权法案》第 7 条覆盖的歧视问题，则不排除司法审核该裁决，也不禁止雇员通过联邦机构或者联邦法庭提请上诉。法庭将就此案件进行庭审，并根据法律依据进行裁决，还将就仲裁裁决是否合适作出回答 |
| 1976 | Hines 诉 Anchor Motor Freight 有限责任公司案，424 US 554（1976），与其他案件一起提交，如：钢铁工人工会诉 Louisville & Nashville R. R.，323 US 192（1944），以及 Vaca 诉 Sipes 案，386 US 171（1967） | 如果工会不能公平地履行职责代表申诉方，法庭就不应该维持仲裁裁决。联邦法院将依据《Taft Hartley 法案》301 条款介入诉讼 |

续表

| 时间<br>（年） | 案件 | 裁决 |
|---|---|---|
| 1983 | Bowen 诉美国邮政局案，103 US（1983） | 如果工会不能公平地履行代表职责，则仍然可以支持裁决中针对雇员的部分 |
| 1984 | Olin 公司案，268 NLRB 86（1984） | NLRB 秉承 Collyer 案的裁决原则，认为可以对不当劳动行为案进行仲裁。除非仲裁者的裁决"明显违背"法律，否则 NLRB 将支持仲裁者的裁决。但 NLRB 保留裁决仲裁者是否适当考虑了构成不当劳动行为的事实的权利 |
| 1984 | United Technologies 案，268 NLRB 83（1984） | NLRB 进一步扩展了 Collyer 案的裁决原则，如果案件既涉及工人的合法权益，又在合同的覆盖范围内，则案件在仲裁之前到达 NLRB，NLRB 也支持仲裁 |
| 1986 | AT&T 公司诉通信工人工会，Docket no. 84－1913，1986 年 4 月 7 日 | 应该由法庭而不由仲裁者审核引发纠纷的劳资协议中的用语以解决是否可以仲裁的问题 |
| 1991 | Gilmer 诉 Interstate/Johnson Lane 公司案，500 US 20（1991） | 无需诉诸司法程序便可以就合法的要求进行仲裁。然而这样的仲裁并不剥夺法律所赋予的权利 |
| 1998 | Wright 诉 Universal Maritime Service 公司案，525 US 70（1998） | 员工个人如果放弃歧视诉讼的权利，那么集体谈判协议中应该明确无误地作出相关规定，才能执行 |
| 2001 | Circuit City Stores 诉 Adams 案，532 US 105（2001） | 根据《联邦仲裁法案》，如果劳资协议明确规定，劳动纠纷只能通过最终的约束性仲裁来解决（跨州运输工人除外），那么在这种情况下，法庭和政府必须给予其自主权 |
| 2002 | 平等就业机会委员会诉 Waffle House 公司案，534 US 279（2002） | 对 Circuit City 一案的裁决规定作出限制。EEOC 仍然有权为就业歧视的受害者提请诉讼，在某些情况下，即便个人与雇主签订了协议，也可以通过约束性仲裁来解决所有纠纷 |

对于很多工会和资方而言，不满仲裁程序从问诊式方法演变成法定的程序。所谓问诊式方法是 WLB 开发出来的方法，并在二战后的初期被广泛应用。问诊式方法强调对劳资纠纷进行调解，采取非正式的程序，仲裁者主要是帮助劳资双方发展工作关系，在解释和管理劳资协议上保持一致的政策。

在 20 世纪 50 年代，集体谈判环境更加成熟，出现了一系列先例，仲裁者的裁决范围缩小了。随着谈判双方的专业化，他们要求仲裁按照法定的程序进行。法定的仲裁程序更加正式，符合法律的要求。仲裁的问诊式方法为不健全的环境填补了一个空缺，但是随着双方内部政策的正式化，他们只有在合同作了清晰规定的情况下才会提请仲裁解决纠纷，这样就出现了先例。

因此，虽然现代的不满仲裁仍然没有法庭程序正式，但是已经更多地使用正式的证据制度，要检查证人，要提交书面的诉讼书、庭审后的总结以及书面的审理记录。正是因为不满仲裁程序太过正式，才使得一些劳资方开始寻求一种替代性的纠纷解决方案，关于这一问题我们会在这一章和下一章进行详细介绍。

## 11.3 申诉程序和仲裁的功能

申诉和仲裁程序服务于三个独立的参与方的需要：劳方、资方和社会。

### 11.3.1 雇员的利益：正当的程序和公正

申诉和仲裁程序通过传递产业关系的一种公正感为工人的利益服务，保护那些通过程序来行使权力的工人。如果工人在这些程序中失去信心，他们就会选择代价更昂贵的、更具破坏性的机制来行使自己的权利。所以，考虑到其他方法的成本，资方通常会同意建立申诉程序和仲裁以提供适当的程序。

### 11.3.2 雇主的利益：劳动界的和平

雇主们也倾向于使用申诉和仲裁程序，因为这些程序使得发生在履行劳资协议的过程中的纠纷导致罢工的可能性降低。接受第三方的仲裁，作为交换条件，管理层通常会赢得工会对非罢工条款的认可，这些条款取消了工会就申诉和仲裁覆盖问题发起罢工的权利。例如，GM 和汽车工人联合会（UAW）之间的劳资协议，包含以下内容：

在这份协议的有效期内，工会不会组织，也不会允许工会成员组织或者参加任何形式的静坐、停工或怠工活动，在公司的任何一个工厂或者分支机构都不能限制、干扰公司的正常生产。工会不会组织，也不会允许工会成员参加针对公司任何工厂的任何罢工活动、停工或者纠察活动，直到条款中列出的所有谈判程序结束。并且在任何情况下仲裁者都可以……

最高法院在"钢铁工人工会三案"中对仲裁的强劲支持，很大程度上是因为，在集体协议中，仲裁的作用是"有付出就有回报"，即在合同中缔结非罢工条款。

一些劳资协议会将一些问题排除在可以进行仲裁的范围之外，允许工会就那些没能得到解决的问题举行罢工。生产标准（控制工作节奏的规定）和职业健康与安全问题有时是不能通过仲裁来解决的。因为，要求雇员在职业健康和安全问题上遵循管理方的命令，然后就这些命令是否合适和公正的纠纷等待仲裁裁决，这样做非常不切实际。所以有些合同允许工人就职业健康和安全问题举行罢工。

## 11.3.3 劳资共同的利益：合同的连续性和一致性

申诉和仲裁程序的另外一个作用是关注劳方和资方的共同利益。就像 Neil Chamberlain 和 James Kuhn 所指出的那样，劳方和资方都要维持集体谈判协议执行过程的连续性和一致性，这是他们的共同利益。这些程序的存在使他们获得了灵活性，弥补了不可预见的情况（产生的漏洞），满足了不同群体和个人的特殊需求，从而使双方获益。

在统一和灵活性之间寻求一种平衡，是雇佣关系管理过程中的一个主要挑战，也是申诉程序和仲裁面临的特殊挑战。

## 11.3.4 社会的利益：产业和平和工作场所的民主

申诉和仲裁程序所带来的利益是，在合同的有效期间维持产业和平，使产业纠纷远离法庭和监管机构，确保劳资双方遵循监管雇佣关系的公共政策。以后我们会看到，这一公共职能正变得越来越复杂，越来越难以执行。

在最高法院对钢铁工人工会的三案中可以看出，支持劳动仲裁带来的另外一种公共利益源于这样一种理想：劳资间的集体谈判创造了工作场所的一种民主形式。从这种创造工作场所民主的观点看，由独立的劳动仲裁者对申诉的问题进行仲裁，其功能相当于政治上比较民主的法庭对法律纠纷进行独立的裁决。就像 Douglas 律师所说的那样，"……集体谈判协议之下的申诉机制以产业自治为核心。仲裁制度是应付不可预见情况的一种手段，运用这样的一种私法制度针对可能发生的各种问题，以一种与双方需求和意愿相一致的方式力求解决问题"。

## 11.4 仲裁的运行

仲裁程序的核心是庭审，劳方和资方代表就产生纠纷的问题向仲裁者表明自己的立场。开庭审理后仲裁者将就这一问题宣布裁决，这个裁决对双方都有约束力。有时在庭审之前，双方可以向仲裁者提交诉讼书。下面将介绍仲裁的三个组成部分——庭审前的诉讼书、庭审和仲裁者的裁决。

## 11.4.1 仲裁的组成部分

### 1）庭审前的诉讼书

在案件审理之前，资方和工会代表可以向仲裁者提交诉讼书。在诉讼书中，双方可以陈述各自的观点，表明自己的立场，列举可以支持各自立场的证据。诉讼书可长可短，有时很长，就像法律案件中的法律诉讼书。

有时双方会在庭审前共同向仲裁者提交一份案件提要，提要一般比诉讼书短，更多的是描述双方对争议问题的陈述和案件中非常关键的事实。诉讼书和提要可以使双方更容易在仲裁案件的审理中，很快地把关注点放到证据和纠纷中的问题上。

2）仲裁庭审

在仲裁庭审时，劳资双方要表明自己的立场，并提供支持其意见的证据。庭审的开始通常是工会和资方代表的开场陈述。在处分案件中，通常要资方先陈述。

然后，工会和资方代表要摆出证据来支持自己的意见。这些证据可能包括某些观察到某个事件的目击证人。如果一个雇员被指控采取了违反公司政策的某项活动，例如打了主管，那么资方就会召唤见证到工人和主管发生纠纷的目击证人。

在许多仲裁庭审中关键的是证据，这些证据可以说明雇员或者公司过去的行为。下面我们会谈到，工厂的习惯和旧例在仲裁者的裁决过程中是一个重要的评判标准。

庭审最后要由各方进行总结陈述，陈述事件的关键点，以及支持其立场的证据。在案件庭审过程中证人给出的证词或者其他方面的证据有时会使工会和资方代表在庭审过程中改变立场。因此，双方最后的总结陈述常常在问题和证据上的强调点会跟开场陈述有很大区别，这并不罕见。

庭审并不意味着以后就不能提供证据和观点。双方可以在庭审之后的诉讼书中发表自己的观点，当产生纠纷的问题复杂而技术含量又高时，他们常常这样做。

3）仲裁者的裁决

仲裁者有时会在庭审后宣布仲裁裁决。有的劳资协议规定了给出裁决的时间限制。仲裁裁决可以是书面的，也可以是口头表述的，取决于劳资协议中的用语和仲裁者的偏好。虽然仲裁者倾向于遵循相似的程序、参考相似类型的证据，但是每个仲裁者的偏好对裁决的形成经常起重要的作用。

在裁决中，仲裁者通常要陈述案件的问题和事实。仲裁者还要概括双方在庭审和诉讼书中陈述的内容和要求。仲裁者可能要评论每一方提供的证据和要求，当然，在裁决中最重要的部分是陈述仲裁者对纠纷的裁决。仲裁者可以支持或者驳回这项申诉，并有很大的自主权对这项纠纷给出处理意见。

例如，在企业开除雇员的申诉案件中，仲裁者可以驳回申诉，使得解雇成立，或者仲裁者可以支持申诉，命令雇主重新聘用被解雇的员工。如果要求雇员复职，那么仲裁者可以命令雇主赔偿雇员因为被解雇而损失的全部工资。在这种情况下，仲裁者也可以采用折中的做法，例如命令恢复原职但是不补回工资。或者，命令采用其他一些补救措施。申诉与仲裁程序赋予了仲裁者很大的处理权，仲裁者可以按照他所认为的适当的方式提出补救方案。

仲裁者通常会认为他们的职责就是解决申诉的问题。他们通常不会在裁决中加进很多苛刻的处罚。因此，在上述解雇案件中，雇员得到的最好的裁决就是重新回到工作上，外加一点补回的工资和其他权利（例如补回在被解雇期间丧失的资历）。仲裁者不会向雇主判处大笔苛刻的处罚金。

## 11.4.2 仲裁者的裁决依据

当仲裁者进行裁决时会考虑到哪些因素呢？下面我们将列举一些仲裁者在处分和解雇案件中通常会用到的一些准则。人们通常以处分和解雇为例，是因为这类案件在申诉中最常见、最重要。

1）因正当的理由而被处分

很多的劳资协议都包含这样一个条款：资方有权利因正当的理由而处分雇员。处分行动常引发申诉，是因为劳资协议条款中很少会精确地定义这些行动正当的理由。

在处分案件中，仲裁者必须首先判定雇员是否进行了资方所谓的"违反了劳资协议"的活动。如果事实证明并没有发生违纪的活动，那么就会支持雇员的申诉。例如，如果资方指控雇员殴打主管人员，仲裁者就会依靠有用的证据（也许是目击人的证词）来判定雇员是否是蓄意殴打主管人员。如果仲裁者最后得出的结论是这一事件确实发生过（例如，雇员确实殴打了主管），那么仲裁者就要裁决这件事情是否违反了劳资协议。

2）渐进式的处分

如果仲裁者判定资方指控的事情确实发生过，而且确实违反了劳资协议，那么另外一个重要的问题是判定公司给出的处分是否合理。仲裁者通常要求资方实行渐进式的处分，也就是说，如果雇员多次违反规定，处分就能一步步加大。例如，如果一个雇员在公司勤勤恳恳地工作了几年之后只旷工了一次，仲裁者就不会支持解雇处分。仲裁者会允许对持续旷工的工人施以重罚，希望处分的力度随着旷工次数的增加而增加。潜在的准则就是，处分不仅是一种处罚，还要纠正员工的行为。仲裁者通常要求资方采取步骤和措施帮助劳动者矫正其行为和表现。在渐进式处分中，通常是先进行口头警告，然后停职一段时间，最后才是解雇。毫无疑问，如果雇员犯下的过错非常严重，例如严重破坏公司财产，那么仲裁者就可能支持立即解雇该雇员。

3）先例的重要性

仲裁者通常依靠习惯和管理政策的先例为指导原则来裁决案件。如果在过去某个企业的雇员会因无正当理由的第三次旷工而被停职一周，那么仲裁者再遇到这种情况时就不会给予另一个雇员不同的处分，除非出现了情有可原的情况。所以，在很多仲裁案件的听证过程中工会和资方的代表会陈述与本案相关的、过去的做法。如果在这个企业没有发生过类似的事情，那么双方（或者仲裁者）就会在其他企业或者行业内寻找先例来为自己的行动辩护。

4）仲裁的公共政策的影响

仲裁者的任务是基于集体谈判协议解释和裁决申诉案件。仲裁者的权力来自劳资协议，在某种程度上说，如果他们的裁决基于协议条款以外的因素，裁决就缺乏权力来源。同时，过去20年发生的事情使人们更加关注申诉和仲裁是否是对管理雇员权利的公共政策作出了反应。最值得关注的是，在《民权法案》第7条的保护下，是否可以利用仲裁来处理歧视案件。但同样引起关注的还包括违反安全健康、工资工时、退休养老、残疾人权益、工人的劳动报酬、失业津贴和其他方面的法规的案件，这些规定可能与集体谈判协议重叠甚至发生矛盾。

仲裁界认识的分歧在于，仲裁者是按照外部法律要求进行裁决还是遵循谈判协议界定的权利进行裁决。那些赞成仲裁者要遵循谈判协议的人，担心如果要考虑外部的法律，就可能会增加仲裁的司法监察力度，同时担心仲裁者可能会对法律作出错误的解释。他们认为，仲裁不仅已经被劳资双方广泛接受，而且法庭通过"钢铁工人工会三案"已经明确保护了仲裁的法定地位，主要是因为仲裁者仅裁决他们拥有专长的问题。因此，较少地参考外部法律带来的好处是，仲裁的审判范围缩小，保护了劳动争议仲裁自 1960 年以来得到的地位和自主权。

那些认为仲裁者应该在公共法律方面扮演更加积极的角色的人认为，仲裁者不仅要为劳资双方的利益服务，还要服务于公共政策，这是他们的职责。持这种观点的人认为，与负担沉重的司法体制相比，仲裁更经济、便捷和有效率。他们认为，仲裁对于解决集体谈判中产生的纠纷仍然是一个非常有效的步骤。

## 11.4.3　谁是仲裁者

能够担当仲裁者的人通常在产业关系领域有一定的专长，对发生纠纷的行业非常了解。一些劳资协议常指定某个固定的仲裁者来解决在劳资协议有效期间产生的所有纠纷。美国仲裁协会（AAA）使仲裁过程更加便利。协会有一份现有仲裁者的名单，可以为案件的审理提供便利。劳资协议一般规定，劳资双方可以要求仲裁协会提供 5 位仲裁者，每一方从名单中划掉一个人，这样就产生了审理某个案件的仲裁者。

有些仲裁者全职从事仲裁工作，也有很多兼职的仲裁者，他们也是产业关系或者法学院的教授。专栏 11.3 回答了谁是仲裁者以及如何成为仲裁者的问题，由极有名望的仲裁者 Arnold Zack 提供。

专栏 11.3

---

**谁是仲裁者以及如何成为仲裁者**

几乎每个集体谈判协议都包含仲裁程序来解决工作场所的纠纷。工会同意在案件仲裁过程中继续工作，资方同意遵照仲裁的裁决办，即使仲裁的裁决是要纠正资方的行为。这些协议还包含挑选仲裁者的程序，他们会达成共识，在协议的有效期间用某个仲裁者或者某个解决问题的小组；如果双方不能就某个案件的仲裁者达成一致意见，就可以利用美国仲裁协会或联邦调解委员会（FMCS）进行仲裁。

虽然有几千人提供仲裁服务，但是大多数的仲裁是由国家仲裁学会（NAA）的 600 名会员完成的，它们必须在 5 年内仲裁审理至少 50 起纠纷，才能得到批准加入学会。劳资双方对仲裁的裁决都很关注，也担心是否可以和劳资协议保持一致；纠纷方宁可等上好几个月来请资深的仲裁者，也不愿意尝试新的、经验不足的仲裁者。这可能对新进入的仲裁者形成很大的挑战，结果导致了国家仲裁学会的仲裁者平均年龄不断上升，现在基本上是 20 世纪 60 年代中期出生的人。

据说 90% 的案件是由 10% 的仲裁者审理的，而且总是有新人进入到仲裁领域。劳资双方希望仲裁者对劳资关系有成熟的判断和经验，而这些经验如果不跟工会和资方相处的话是很难获得的。但是偏向劳方或资方的人要获得双方的认可是很困难的，除非他们在某个中立的机构，例如学校或者中立的政府机构，工作了一段时间，表明自己放弃了已有的偏见。还有一些新进入的仲裁者是通过跟随有名望的仲裁者实习，或者来自于政府的劳资机构，还有的是法学、劳资关系、经济学、心理学的教授。仲裁

---

很难作为一个人职业生涯的最初选择。如果一个人在劳资关系领域无论扮演什么角色都很公正，那么成为一个仲裁者就是对他后半生的奖赏。因此，不要放弃你现在的工作。

说明：本文由 Arnold Zack，国家仲裁者学会的仲裁者和前任主席提供。

## 11.4.4 工会对于是否提请仲裁的决定

需要记住是，决定是否将申诉案件提请仲裁的是工会，而不是雇员个人。对于工会来说，要决定是否将申诉案件提请仲裁，这并不是一件简单的事。仲裁是有成本的，如果工会认为不会胜诉的话，就可能选择放弃申诉。或者，如果工会认为这个纠纷的问题很小而且不怎么重要（根本不值得费劲），那么即使工会认为会胜诉，也可能放弃申诉。如果工会认为这个问题很重要，会进入下一轮合同谈判，工会就不会将此案件提请仲裁。在这种情况下，工会可能担心如果此案在仲裁中获胜，就会分散工人对后来谈判的关注度，从而使工会放过这个问题。

或者，即使工会认为不会胜诉，也可能会提请仲裁，因为工会干部感到有责任提交申诉（可能是因为有委屈的雇员多年来忠诚地支持着工会），他们无法劝说雇员放过这个问题。工会可能会因为害怕雇员因为工会不提请仲裁而控告工会，从而在这种压力下提请仲裁。虽然是否将申诉案件提请仲裁是工会要作出的决定，但是对单个雇员工会也有法定义务公正地代表其作出决策。

## 11.4.5 公正代表的义务

在1944年，最高法院指出，工会一旦拥有排他性的代表权，就有义务"没有歧视地、公平地、公正地、诚信地"代表谈判单位的所有会员。所以，工会公正代表的义务就变成了很重要的一个问题。

以下4个相关方面的发展使公正代表义务成为核心问题：

（1）法庭用来判定工会是否公正地代表了某个雇员的标准很严格。

（2）如果工会不能公正地代表雇员，那么雇员是否愿意对工会提请诉讼。

（3）处理这类问题的法庭案件数目的上涨。

（4）导致工会最后因为担心自己被控没有公正地代表雇员而不愿意放弃仲裁价值值得质疑的案件。

美国最高法院界定了公正代表的定义，禁止工会"专断独行，忽略值得（仲裁）的申诉案件，或者敷衍行事"；在处理申诉案件的过程中采取欺骗手段或者使用虚假信息，缺乏诚信；或者出于敌视某个人而拒绝处理申诉。

在 Hines 诉 Anchor Motor Freight 有限责任公司的案件（见专栏11.2）中，法庭的判决是，资方和劳方都要对（工会）没有公正地代表雇员的事件负有责任。在此案件中，仲裁维持了对雇员的解雇处分。在已经作出仲裁裁决之后，发现新的证据，证明雇员没有犯被指控的错误。资方和工会都被控没有在最初的程序步骤中完全调查清楚事实情况。所以，在这个案件中，工会和资方都会被控犯有疏忽罪。

在 Bowen 诉美国邮政局案中，工会拒绝将案件提请仲裁，但法庭判决该雇员复职。法庭判决前进了一步，判断工会和资方要适当地补偿雇员工资。最后结果是，即使是雇主的错误决定导致雇员失去工作，工会也要赔偿雇员的部分工资损失。

不幸的是，在这些公正代表案件中司法所澄清和明确的标准并没有产生一个用以判断工会表现的明确标准。我们在专栏 11.4 中总结了公正代表义务的原则。虽然雇员个人可能有时会觉得工会没有适当地处理他们的申诉，但是担心被控没有履行公正代表的义务，可能会迫使工会将较弱的案件提请仲裁而不是放过这个案件。将不占优势的案件送去仲裁，就会给工会带来额外的开支，而工会用来支付仲裁审理费用的财政来源是各个工会会员交纳的会费，这笔费用最终要落在会员身上。

专栏 11.4

---

### 公正代表义务下工会的责任

首先，雇员个人有权要求遵守和履行为了保护其利益而缔结的集体协议中表述清楚的、无异议的条款，直到该协议得到合理的修订。

其次，雇员个人没有权利要求对集体协议中含糊不清的条款作出任何特定的解释，因为工会必须可以自由地按照合理的解释解决申诉问题。然而，个人有权利确保这种模糊不清的协议条款的应用是一致的，该条款用到他身上和用到其他雇员身上是一样的。以不同方式处理相似的问题是一种歧视性的做法，而且违反了工会公正地代表所有雇员的职责。

第三，工会没有义务将每个申诉案件提请仲裁：工会可以筛选掉无关紧要的或者没有优势的申诉案件。但是个人享有平等对待的权利，包括平等地利用申诉和仲裁程序，对相似的申诉采取同等的标准。

第四，出于不恰当的动机处理申诉案件，例如如果对某个人抱有敌意或政见不同或有种族偏见，那么不管用什么标准判断申诉案件，都缺乏诚信。

第五，单个雇员有权按照案件自身的情况进行申诉。如果工会利用某个申诉案件交换另外一个人或者群体的利益，工会就违反了公正代表义务。

第六，在判定申诉案件是否可以仲裁时，工会要有诚信，但工会必须在调查申诉案件中小心谨慎地代表雇员行事，代表雇员的利益作出判断，进行申诉和提请申诉。

资料来源：Clyde W. Summers, "The Individual Employee's Rights under the Collective Bargaining Agreement：What Constitutes Fair Representation?" in *The Duty of Fair Representation*, ed. Jean T. McKelvey (Ithaca：New York State School of Industrial and Labor Relations, Cornell University, 1977), pp. 82-83.

---

## 11.5 申诉程序和劳资关系其他方面的联系

申诉程序的运行通过各种方式与劳资关系的其他方面紧紧相连。下面将分析这些联系。

## 11.5.1　劳资协议的谈判与劳资协议的管理

集体谈判协议的管理过程与谈判过程中发生的事件是分不开的。劳资双方在谈判过程中采取的行为和态度通常会带入到协议的管理过程中，反之亦然。这并不奇怪，因为在劳资协议的谈判中发生影响的因素在劳资协议的管理过程中同样会发生作用。这些因素的存在使劳资纠纷增加，使双方无力在谈判中解决问题和避免僵局的出现，也会使他们在协议的管理过程中采取敌对的行为。

双方的态度（例如，劳资双方相互信任的程度）通常会从协议的管理过程直接带到协议的谈判过程中。如果在劳资协议的有效期内积累了大量的申诉案件没有得到解决，劳资双方气氛紧张，谈判过程就会变成发泄这些敌对情绪的场所。同样，如果申诉程序或者仲裁裁决不能解决问题，一方或者另外一方就会寄希望于在谈判桌上提出要求，改变这一局面。另一方面，在相互不信任的环境下，在谈判中使用模糊的或者不一致的语言，就会在协议管理过程中使双方陷于纷争。

工作场所产业关系系统具有以下三个基本功能：解决纠纷，以申诉程序为安全网；对单个工人的监管、激励，单个工人的参与；对工作的组织。图表11.1描述了工作场所产业关系系统的这三个基本功能之间的相互关系，以及对公司绩效和雇员目标的影响。

图表11.1　　　　工作场所产业关系系统的作用：相互关系与产出

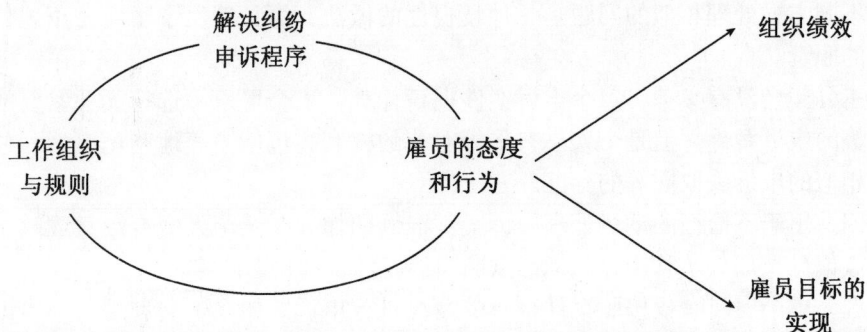

研究发现，工会干部和资方管理人员之间如果能保持合作的态度，申诉案件在前几个步骤得以解决的可能性就会大大增加。汽车行业的数据表明，申诉案件的数量和地方劳资协议谈判中两个说明劳资冲突的指标之间存在正相关关系。这两个指标是指谈判的问题数量和达成协议所花费的时间。

有一项研究进一步验证了这一点。这项研究比较了两个汽车工厂解决申诉的方式。在一个工厂，劳资间呈现的是非常敌对的关系，在整个谈判过程中不断出现要用申诉程序的最后几个步骤解决申诉案件。也就是说，这个工厂的工会会把申诉案件留下来，正好在劳资协议谈判开始之前将申诉案件提请仲裁，以此作为谈判的砝码，支持工会的谈判要求。相比之下，在一个相当规模的工厂里，有良好的劳资关系的合作历史，就不会有这种申诉程序的政治化。

James Kuhn 发现，大量的谈判通常发生在正式的申诉程序之外。Kuhn 发现，工作小组可以参与局部谈判——一种与主管人员进行的非正式的谈判，目的是修正或者忽略那些不适合小组特殊需求的协议条款。

## 11.5.2 中期谈判或者后续谈判

在美国，集体谈判协议的平均期限似乎有所增加。联邦调解委员会（FMCS）的数据显示，几乎 40% 的新协议的期限多于 3 年。例如，John Deere 公司在 1997 年与 UAW 达成了一项为期 6 年的协议，在 2003 年又再次谈判和修订了另一个为期 6 年的协议。然而，要落实这项工作，就要求有一些手段，去解决在协议的有效期间出现的、在谈判过程中没有预先考虑到的问题。除了申诉程序，还出现了一些其他的办法。

最突出的一种做法是，劳方和资方的谈判者定期地开会讨论问题，达成非正式的协议，此协议可能被编撰成文以补充谈判协议。这些条文有约束力，可以通过申诉程序得以执行，但是不如正式的协议来得长久。或者在某些情况下，双方会特别说明某一协议条款将如何解释或者应用于某个特殊的群体。另外一种被称为"后续谈判"的做法，也越来越常见。专栏 11.5 描述的就是 BellSouth 公司与 CWA 通过后续谈判达成的一项新条款。这种方法的优点是，对于处理在漫长的协议有效期间发生的问题有明确的指导原则，所处理的问题的范围可大可小，自主性强。并且，当人们发现某一协议条款对生产和服务产生约束时，这种方法能提供保护，使他们可以避免违背协议行事。他们不用规避协议，而是可以将这些问题带到中期谈判或者后续谈判的桌面上。

**专栏 11.5**

> ### BellSouth 与 CWA 的集体谈判协议的后续谈判过程
>
> 通过后续谈判，在 BellSouth 公司与 CWA 2001 年 4 月的集体谈判协议中，加入了一个新的条款，以应对电信行业的快速发展。这一新条款允许拥有相同数量的工会和资方代表的特定团队讨论遇到的各种谈判问题，而不是等待下一轮再开始谈判。
>
> 这一新方法同样允许公司和工会在地方一级层面上讨论有关商业运作、客户服务和工作环境的问题。这一方法要求某些重要的雇员和 CWA 参与到商业计划、程序改进和问题的解决中。Jimmy Smith 是 CWA 第三分区的工会副主席，他负责谈判。他说，后续谈判制度使得工会能够"将我们同 BellSouth 的伙伴关系上升到一个更高的水平，使我们有能力为客户提供更高质量的服务，保持 BellSouth 和 CWA 的持续增长"。
>
> 资料来源："BellSouth, CWA Research Tentative Agreement on Contracts for 56 000 Employees in South," *Daily Labor Report* 151, August 7, 2001: AA-1.

现在，很多劳方和资方的领袖在谈判中都以共同的利益为原则来处理集体谈判协议有效期间出现的问题。他们通常会创建某种委员会或专门小组来研究问题，找到解决办法。就这样，在劳资协议的管理过程中越来越多地使用这样的方法，以及其他一些解决问题的程序。我们将在第 12 章中详细介绍不同类型的员工参与和劳资参与程序。

## 11.5.3 仲裁的局限：有关技术变革的纠纷

虽然仲裁可以有效地解决工作场所的许多冲突，但是技术变革却会导致一些传统的仲裁机制很难解决的问题。技术的变革改变了工作方式，使原有的决策方式出现障碍，从而产生了这样的问题：新创造的岗位是否应该被排除在现有的谈判单位以外。计算机辅助设计（CAD）就是这种技术变革的一个例子。CAD 改变了画图、模型制造和其他一些工作，这些传统上属于蓝领工人生产和维修的工作，变成了生产设计和制造工程师的工作范围，而他们通常不是工会成员，或者不在某个单独的工程师工会或谈判单位中。例如，在航天工业就出现了纠纷，企业维修计算机的工作不知道是应该由机械师工会的会员来承担，还是应该由职业工程师工会的会员来承担。

专栏 11.6 描述的是另一种与技术变革相关的纠纷，最终被某个仲裁者解决了。在这个案件中，机器承担了很多本来由蓝领工人完成的工作，问题是应该由什么人来承担使机器开始并完成某项任务的工作。

这个实例说明了美国谈判结构的一个很重要的特征。因为美国非常强调划分谈判单位的界限，多年来划出了很多合法的谈判单位。劳方和资方经常按照 NLRB 的决定或者仲裁裁决来修订谈判单位的界限，以适应技术和组织的变化。

专栏 11.6

---

### 技术变革的仲裁

**1）问题**

如果公司把某件在设备运行方面的机械和安装调试的工作任务交给非谈判单位的人员去完成，那么公司是否违背了集体谈判协议？如果是，那么应该采取什么补救措施？

**2）事实回顾**

申诉人和谈判单位的其他人从事 1 号设备这样的生产性技术设备的安装调试工作。他们有一段时间对 2 号和 3 号设备从事了相似的工作，但是 1984 年公司停止给他们分配这样的任务。在 1983 年 10 月，公司组成了新的"高级自动化和高级技术部"，安装调试工作被列为"开发性工作"而分到新部门，交由非谈判单位的人员来完成。

**3）仲裁者的评论**

公司成立"高级自动化和高级技术部"，作出一项重大的调整，影响到了原本由职能部门人员完成的工作……在一个技术和生产方法快速变革的时代，组织内人员的某些工作和职责会发生变化。本案问题的出现是由于从以前的技术（这种技术相当标准，可以直接由谈判单位的人员来从事）变化到了新的技术，新技术需要工程和技术人员进行实验。

因此，我们面临的是这样一种情况：组织变化改变了准备性生产技术的功能，但是尚不清楚的是，新技术有关的任务和职责是属于谈判单位的人员还是属于组织内的其他人员。考虑到纠纷中涉及的是灰色区域，双方最好能创立一些原则来指导工作的分配。

**4）仲裁者的裁决**

工会并没有排他性地把机器设备的安装调试工作列为只属于谈判单位人员从事的工作。考虑到这一事实，公司把某项机器设备的安装调试工作分配给非谈判单位的人员来完成，这并不算违反了集体谈判协议。

　　然而，成立"高级自动化和高级技术部"是一项重大的决定，对谈判单位产生了重大影响。考虑到这一事实，劳资双方应该有诚信地针对技术变革进行谈判。

　　资料来源：Arbitration decision of Robert B. McKersie in the case of Northrup Corporation and United Auto Workers Local 1596, 1 July 1986. Adapted and used with permission of the arbitrator.

　　随着新技术和新的组织工作方式的采用，这些问题会变得更加常见。劳资双方需要找到更好的解决方法，而不是仅仅通过仲裁和 NLRB 的判决先例来解决。就像专栏 11.6 中仲裁者所观察到的那样，劳资双方最好在处理出现的问题时发展出他们自己的原则，而不是依靠一个仲裁者在事件发生之后制定一个可行的解决方案。

　　日本的产业关系系统和一些欧洲的系统可能比美国更能适应科技的快速发展，因为这些国家的蓝领工人和白领工人包括在同一工会、同一选举或谈判单位中。例如在日本，在同一公司，工会代表的是所有蓝领和白领工人。在德国，很多行业工会包括受雇于同一家公司和行业的蓝领工人和白领工人。另一方面，英国的传统却是不仅要将蓝领工人和白领工人分开，还更多地依靠职业工会，使得这个问题比在美国更加棘手。这些问题非常重要，因为（美国这样）将选举和谈判单位分开来的产业关系系统，比其他类型的系统更难适应现在遍布各个行业的新技术的变革。

## 11.6　评价申诉机制的运行效果

　　在评价谈判程序的有效性时，一个很重要的问题是劳资双方是否能够避免罢工。同样，评价申诉和仲裁机制的一个很重要的准则就是，劳资双方是否能够避免出现过多的案件。以非正式的方式解决纠纷或者在问题产生的地方解决纠纷，好处多多。

　　事实上，虽然美国的传统是，在非工会的地方也有一个非常正式的申诉机制，但在工作场所中已经出现了许多非正式的解决申诉案件的做法。雇员的大多数抱怨在上升到正式的申诉案件之前就以非正式的方式得以解决。例如，Lewin 和 Peterson 通过研究发现，在他们研究的非工会化组织中，有 16% ~40% 的雇员报告说同主管讨论过（并且已经解决了）关于协议上的权利问题。

　　然而，较低的申诉率也可能是因为工会并没有积极地执行协议的条款，因此，评估申诉程序的有效性就应该考虑到较少使用申诉程序的原因这一因素。

### 11.6.1　处理申诉的时间和成本

　　评价申诉程序有两个非常重要的标准，一是处理申诉所需要的时间，二是将申诉交付仲裁的成本。建立申诉制度的初衷是要找到一个可以替代法庭程序的迅速的、成本较低的程序。虽然仲裁仍然比诉讼的时间短，但是通过仲裁来解决的申诉所需要的时间已经大大增加。在 2005 年，FMCS 的仲裁数据显示，从申请仲裁者到获得仲裁裁决的平均时间是 401 天，还要加上从提出申诉到申请仲裁的平均 163 天时间。虽然劳动诉讼案件的平均时间更长，大概是两到三年，但是仲裁作为一种简单而快速地解决纠纷的方式，却需要一年的时间才能对申诉案件作出裁决，这真是有违初衷了。

同样，虽然仲裁通常会比诉讼所需费用少，但是其费用还是很高。在 2005 年，从 FMCS 仲裁者名录中雇用一个仲裁者的平均总花费是 3 732.46 美元，平均每天的花费是 835.62 美元，审理一个案子的平均时间是 4 天。然而，雇用一个仲裁者的费用通常只是解决整个申诉—仲裁案子开销的一部分。按照国家劳资关系协会的估计，如果工会要将一个解雇案例提请仲裁，在这个过程中走完所有的步骤，那么它必须负担申诉过程的所有费用，还有工会干部所耗费的时间、文字工作的费用、旅馆住宿费用、研究案件的费用，以及支付给仲裁者的报酬。人们越来越多地在仲裁中雇用律师作为诉方代表，特别是资方常常这样做，这无疑会进一步增加仲裁的费用。这表明现代的申诉制度可能不能按照预先设想的那样提供价格低廉的服务。与此同时，工会要节省开支，想通过法庭诉讼来解决与雇佣相关的纠纷是相当昂贵的，也是很不切合实际的。一个案件的诉讼费用会超过 10 000 美元（有时花费巨大）。

## 11.6.2　仲裁裁决的作用

评估申诉和仲裁制度的另一个重要方面是，在仲裁者恢复被解雇员工的职位时，会发生什么事情。如果申诉程序能有效地维护产业公正，那么不当解雇的工人就应该回到工作岗位，既能在工作中表现良好，又能在组织中获得令人满意的进步。

然而，单靠申诉程序可能由于以下几个方面的原因无法得到这样的结果。首先，通过仲裁来处理案件的时间较长，可能会导致被解雇的申诉人寻求新的工作；一些裁决复职的雇员因此没有回到以前的岗位上去。第二，让复职的雇员回到工作岗位通常违背了雇主的意愿，经常令他们的主管感到沮丧，有时也令同事不满。一些复职的工人在回到工作岗位时将面临雇主的敌意。即使经理、主管和同事作出努力公正地对待这些复职的员工，这些雇员也可能不相信他们的好意，或者是缺乏好好表现的信心。很多研究表明，复职的员工并不能很快地适应工作环境。

例如，一项研究发现，在 4 个公司中，申诉人与那些没有利用过申诉程序的员工相比，工作绩效排名靠后，晋升的可能性较低，更可能经历自愿或非自愿的人员流动。而且，那些案件进行到申诉程序后几步的申诉人与那些在前面几个步骤就解决纠纷的人相比，更容易出现负面的表现，晋升的可能性更小。那些在申诉中获胜的雇员，也就是那些被资方或仲裁者肯定了申诉案件的人，比那些被他们否定申诉的员工，绩效排名更靠后。涉入申诉案件的主管人员同样会有这样的后果。与对照组相比，涉入申诉案件的主管人员获得更低的绩效排名，他们更不容易获得晋升，更容易经历非自愿的人员流动。这个研究表明，涉入申诉案件的雇员及其主管人员使用这套程序面临很大的被报复的风险。

所有这些事例表明，资方和工会代表需要密切关注申诉问题得到解决后发生的事情。

即便要面对报复，申诉程序也起到了一个很重要的作用，那就是作为工作场所的普通法来发挥效力。资方和工会代表经常能从解决申诉的方案和仲裁的裁决中学到如何正确地诠释劳资协议的条款，然后相应地调整他们的行为。

总之，申诉和仲裁过程可以带来积极的学习效应或者是消极的报复效应。这取决于资方和劳工代表能否致力于实现仲裁制度的初衷。

## 11.7 工会化部门替代申诉程序的方法

申诉和仲裁程序庞大的花费和漫长的时间拖延促使劳资双方采用其他一些创新方法来减少这些成本。有些替代方法对现有制度进行了微小的改进，例如把口头的申诉方式列入程序中，尽可能地采取非正式的方式解决纠纷，缩短程序中每一个步骤的时间限度，一致同意不把口头解决纠纷或在程序的中间步骤解决纠纷算作先例。专栏11.7描述了一个著名而成功的口头解决纠纷的程序。

### 11.7.1 快速仲裁

快速仲裁是一种劳资双方同意快速解决纠纷的仲裁形式。快速仲裁省略了一些正常的申诉程序所采取的步骤，每一步的时间期限更短。快速仲裁的特点因每份劳资协议的规定而有所不同，但通常包括以下的共同点：

"在案件审理前：①在协议的有效期内指定一个仲裁小组处理纠纷，而不是每次都从一份新的仲裁者名录中安排某个仲裁者；②在某一段特定的时期指定一个固定的仲裁者（例如，合同执行期的某一年）；③利用庭审前的案件提要为仲裁者提供案情，说服仲裁者。庭审可以快速进行，用录音替代书面记录。庭审后的快速处理包括：①设定仲裁裁决交付劳资双方的最后期限；②减少仲裁者传唤证人的次数，或者取消仲裁者的这种做法；③规定仲裁裁决最长只限于一页的内容，或者事先规定支付仲裁的最大金额。

劳方、资方和仲裁者都报告说，快速仲裁程序取得了积极的效果。经过对钢铁工人工会快速仲裁程序进行的为期6年的回顾，我们发现：

（1）口头解决纠纷可降低申诉仲裁的平均费用，大约每一方只需55美元。

（2）半数以上的申诉案件在提请仲裁之前得到了解决。

（3）裁决几乎全部在规定的时间限制内作出（如图表11.2所示）。

（4）快速仲裁程序扩展到了钢铁工人工会的其他劳资协议中，例如铝制造业、罐头行业、铜制造业和其他金属制造业。

快速仲裁是一个能够减少案件中的花费和时间拖延的非常可行的策略。

专栏11.7

---

**Harvester 国际公司与 UAW 达成的口头解决申诉的制度**

双方都同意避免采取书面的申诉方式，通过口头申诉来解决纠纷有赖于劳方和资方代表相互的理解和持续的合作。

在这种情况下，双方鼓励在纠纷出现之初迅速解决纠纷，召集具有特殊才智和技术的人才来探讨有关的问题，在劳资协议的框架下共同调查和解决劳资之间的分歧。

公司和工会设立了如下目标：

（1）避免申诉案件的出现和劳资之间的误解。

（2）在劳资协议的框架下以口头方式解决申诉案件。

---

（3）迅速展开调查，快速解决申诉案件或问题。

（4）在口头解决申诉的问题上，劳资双方进一步达成一致，由于在劳资协议中规定，案件的处理关系到以书面的方式提交申诉的日期，这样的条款具有追溯效力，所以必须采取其他手段。虽然我们相信新的方案应该能够减少因处理案件的有效日期而产生的问题，但是人们普遍认为依靠回忆和备忘录应该可以避免很多对日期的误解。

（5）处理尚未在第 2 个步骤得以解决的申诉程序。

注明：虽然我们引述的是 1971 年的协议，但是这一做法已经存在很多年了。关于这个项目的背景和执行情况，请参考 Robert B. McKersie 和 William W. Skrapshire, Jr. 的文章，《避免书面申诉：一个成功的方案》，《美国商业杂志》第 35 期（1962 年 4 月），135～152 页。

资料来源：*Agreement between International Harvester and the International Union*, *United Automobile*, *Aerospace and Agricultural Implement Workers of America*（1971），pp. 19-22.

## 11.7.2　调解

另外一个越来越普遍使用的花费较低且快捷的替代仲裁的方法是调解。在这个程序中，需要有一个中立的第三方来调解纠纷。这个过程是非常不正式的，没有书面纪要、案情介绍、律师或者书面意见。而且，调解人只是与工会和资方的人员见面，与每一方分别开会讨论，探究申诉产生的潜在原因和妥协的可能点。他们希望调解人能够调停多数纠纷，以便降低仲裁的发生率。虽然调解人的决定对双方没有约束力，但是研究发现，80%的调解都解决了纠纷而没有进行仲裁。

人们开始在仲裁之前利用调解来解决申诉，这一开创性的做法被 William Ury、Jeanne Brett 和 Stephen Goldberg 应用于煤炭工业。据这些作者估计，在 1985 年，煤炭工业每个仲裁案件的平均费用是 1 300 美元，然而调解的平均费用仅有 309 美元，每个案件节省了大概 1 000 美元。另外，在这 5 年期间，从申请调解到案件解决的平均时间是 19 天，这段时间比提交仲裁的 52 天的时间要短很多，因为仲裁时需要庭审和给出书面的裁决。但是调解的价值还体现在参与调解的资方、工会代表和矿工对此程序的高度满意上。

虽然研究认为调解的有效性体现在申诉能够快速得以解决，所花费用较低，但是统计表明只有 3%的劳资协议在申诉程序中包含调解这一步骤。从发展的眼光看，Peter Feuille 认为，调解不能广泛应用的原因是，传统的申诉和仲裁程序使用的时间相对较长，地位比较稳固。的确，即使其他地区近年来发生了许多变化，工会化环境下的申诉和仲裁制度仍然具有相对的稳定性和持续性，这是美国产业关系的一个非常显著的特征。

## 11.7.3　非工会化环境下劳资纠纷的解决方法

在工作场所没有工会的存在并不是说就不需要一套解决纠纷的制度。非工会化企业也常常发现自己需要完成这个一般性的产业关系功能。在过去的几十年中，很多雇主为他们那些非工会会员的雇员建立申诉程序或者其他一些进行沟通和解决冲突的方法。当非工会会员的雇员感到自己受到了不公正的待遇时，他们通常能直接利用的只有这些程序和制度。然而与工会化环境的申诉程序相比，非工会化环境通常缺乏确保雇员得到公正待遇、给雇员说话机会的机制。

## 11.7.4 采用非工会化申诉程序的原因

如前所述，事实上，在工会化环境下建立申诉制度是为了执行劳资共同谈判达成的集体谈判协议，这一点得到了劳动法和法庭判决的支持。相比之下，在非工会化环境下，是否建立正式的纠纷解决制度完全取决于资方的考虑。然而实际上，很多雇主的确选择了建立正式的申诉程序来处理非工会化员工的抱怨。在非工会化环境下雇主选择建立申诉程序主要有以下三个方面的原因。

第一，雇主在非工会化环境下采用申诉程序是为了提高工人的工作绩效，是一种管理策略。在工作场所没有工会的存在并不是说就不需要一套解决纠纷的制度。根据 Albert Hirschman 的理论，如果雇员缺乏有效的方式来表达对不公正待遇的不满，那么他们就会离开这个组织。这种离职对于雇主来说成本高昂，尤其是对那些采取了一些战略措施的雇主来说成本就更高。例如第 5 章讨论的人力资源管理模式，雇主在使用这种模式时对员工技能和其他能力方面都进行了高水平的投资和培训。在某种程度上来说，解决纠纷的制度能够降低这种成本高昂的人员流动，激励着雇主采用这种制度。

第二，雇主在非工会化环境下采用申诉程序是一种战略，是为了避免工会的出现。工会化环境下的申诉程序的引入使得工会能够执行集体谈判协议的条款，为雇员提供合法的解决纠纷的程序，这是工会在非工会化组织里进行组织活动时能提供给雇员的最大好处。研究表明，在组织活动中，讨论公平和公正问题是非常有效的。在某种程度上来说，雇主在非工会化情况下能够提供给雇员有效的申诉程序，这可能会在工会的组织活动中降低人们对工会代表的需求，减少公正理念的冲击力。

第三，雇主在非工会化环境下采用申诉程序是为了减少雇员寻求法律诉讼的风险。我们在第 3 章中已经谈到，随着近几十年来劳动法的扩展，雇员提交的法律诉讼案件的数量逐步上升，要求从雇主处得到的损失赔偿也逐渐增加。在非工会化情况下有了纠纷的解决制度就可以在法律诉讼之前解决工作场所发生的纠纷，有助于降低雇主面临的诉讼风险。有效的申诉制度也可以帮助雇主快速识别行为欠妥或者对雇员采取非法行动的经理人员，并采取适当的纠正措施，从而降低诉讼的风险。最后一点，我们在下面的章节中将要讨论，雇主在非工会化环境下采用申诉程序，可以避免法律诉讼而代之以仲裁上的论战从而设法解决劳资纠纷。

## 11.7.5 非工会化申诉程序的类型

在工会化环境下，申诉程序在结构上非常标准，几乎都含有多个步骤，最后是有约束效力的仲裁。相比之下，在非工会化的情况下，解决纠纷的程序差别巨大，各种程序的使用率和结构都不太一样。至少有一半或者更多的非工会化企业有正式的申诉程序，但相反也有许多企业根本没有任何解决雇员抱怨和申诉的制度。在那些建立了非工会化申诉程序的公司中，程序的结构也有很大的不同。

最基本的程序是门户开放政策。在这种政策下，雇员可以把他们的不满或者担心向某位经理人员诉说，让他来设法解决问题。比较正式的非工会化申诉程序在对待雇员的申诉时，会指定某个人（通常是某个主管人员或低级管理人员），让雇员可以向他提出抱怨；如果雇员对这个人最初的决定不满的话，就可以向另外一个人（通常是高级管理人员）提出申诉。还有更加复杂的制度，会成立某个委员会或者由高管召开专门会议，他们将审核雇员的申诉，让雇员有机会在一个更加正式的听证会上提出自己的申诉。然而，这些类型的程序有一个共同的特征，即在非工会化申诉程序中拥有最终决定权的是某个经理人员或者某群经理人员，而在工会化申诉程序中是中立的第三方。

也有一些非工会化企业开始采用的非工会化申诉制度不用管理人员作为最终决定者。其中有一类程序是由同事组成评审委员会，将雇员的同事作为决定者，并且也在非工会化情况下启用仲裁程序，利用中立的第三方仲裁者。这两类程序我们将在下面的章节中谈到。

电信行业的数据显示，在1998年，非工会化组织中各类解决纠纷的程序出现的频率是：非正式的程序占49.5%；基本的非工会化程序占20.3%；管理人员组成的申诉委员会占10.8%；同事评审会或者有约束力的仲裁占19.3%。

除了这些正式的申诉程序外，很多雇主还采用了很多其他类型的解决工作场所劳资纠纷的办法，包括劳资关系特派员、企业内部或企业外部的调解、"大声说"项目、员工咨询服务和态度测试，以及相关的沟通项目。

劳资关系特派员制度是一个非常有趣的用于替代申诉程序的方法。特派员是个受雇于组织的人，帮助解决员工、主管人员和经理人员之间或者他们内部产生的问题、抱怨或者纠纷。在一个典型的组织架构图中，特派员或者直接向首席执行官报告，或者向人力资源部门的总监报告，这样就把他从一般的管理链条中单列出来了。因为特派员的工作比申诉程序要自由开放，所以特派员在解决冲突的过程中扮演的角色多变，也经常处理一些比典型的申诉程序要广泛的问题。专栏11.8列出的是一个典型的特派员所起到的一系列作用。事实上，特派员角色的灵活性和非正式性是特派员最显著的特征之一。

专栏11.8

---

### 劳资关系特派员的作用

在劳资纠纷中进行个人的、机密的案件审理，化解员工的愤怒情绪，在灾难中以一个关心这些人的面目出现。

· 在一对一基础上提供（有时是接受）信息。

· 提供（秘密的）咨询服务，帮助人们找到新的选择，解决一些问题，或者进行角色模拟，让人们自救。

· 调和纠纷（也就是说，站到劳资双方之间，不让他们直接面对彼此）。

· 调解纠纷，让双方面对面地坐下来谈。

· 进行正式或非正式的调查，给出或不给出推荐意见。

· 进行仲裁或裁决，虽然这是一个很少见的功能。

· 通过以下方法为整个制度的运行提供便利，或者改变程序：推荐"一般的"解决方案，向上进行信息反馈，提交备忘录，提供"管理咨询"、公共报告、立法建议，支持教育和培训等。

---

> 描述劳资关系特派员最经典话语是"他们可能不能制定、改变或者废除任何一条法律、政策，或者资方的决定，但他们拥有询问和劝说的力量"。
>
> 资料来源：Mary P. Rowe，"Notes on the Ombudsman in the United States，1986，" photocopy（Cambridge：Massachusetts Institute of Technology，1986）.

## 11.7.6 一体化的纠纷管理系统

最近这些年出现了一种趋势，就是引进"一体化的纠纷管理系统"。一体化的纠纷管理系统是一整套方法，针对纠纷产生的原因，来预防、管理和解决纠纷。专栏 11.9 描述了一个一体化的纠纷管理系统的关键特征。

很多因素导致了复杂的纠纷解决程序的发展。雇员对主管人员的抱怨、同事间的纠纷、组织中的某部分人员对服务不周的抱怨，或者工作群体之间或团队之间的意见不一致等，这些因素的存在导致组织需要有一个系统的方法解决纠纷。另外，现在工作场所的纠纷包括很多复杂的问题，例如知识产权、性骚扰和利益冲突等。

专栏 11.9

**一体化的纠纷管理系统**

一个一体化的纠纷管理系统包括以下内容：

- 鼓励雇员和经理人员及早说出自己关注的问题，提出具有建设性的意见；
- 把合作解决问题的工作方式融入到组织文化之中，鼓励纠纷直接涉及的各方直接进行谈判；
- 就所有的问题为工作场所的所有人提供（解决问题的）选择方案；
- 协调各种选择方案之间的关系，使得不同地区和不同部门都可以解决问题；
- 在纠纷的管理过程中实现人与人之间，不同部门之间，不同工厂之间，不同组织价值观之间的密切合作，使组织内部的文化发生改变；
- 让所有的人都能理解；
- 具有一定的灵活性并且好用。

资料来源："Designing Integrated Conflict Management Systems：Guidelines for Practitioners and Decision Makers in Organizations，" Report Prepared by The Society of Professionals in Dispute Resolution ADR in the Workplace Initiative，Institute for Conflict Resolution，ILR，Cornell University，2002.

## 11.7.7 为什么非工会化雇员需要申诉程序

在非工会化企业中，雇员需要申诉程序的部分原因是，他们需要一种能与解雇抗衡的机制。请记住，在没有集体谈判协议的情况下，美国法庭应用的是雇佣自愿的信条。这个雇佣自愿的信条意味着，雇主和雇员可以自由地，随时以任何理由，无须负责地、随意地终止雇佣关系，只要不违反任何法律法规的规定。

我们在第 3 章中已经谈到，最近几年来很多的州法庭放松了雇佣自愿的信条。然而，即使随着非工会化申诉程序的增加和法庭对雇佣自愿信条的放松，对于非工会化雇员是否拥有适当的正当程序，还存在很多争论。申诉程序作为公共政策的重要性不断地随着工会所代表的雇员数量的减少而增加。

## 11.7.8 工会化申诉程序和非工会化申诉程序的区别

虽然工会化申诉程序和非工会化申诉程序都对解决工作场所的劳资冲突提供了一种机制，但是工会化申诉程序和非工会化申诉程序之间还是存在很多很重要的差别。第一，工会化申诉程序是在劳资双方集体谈判达成的集体谈判协议下产生和运行的。非工会化申诉程序是由资方设计和采纳的，工作规则由雇主单方面决定。第二，在工会化申诉程序中，由工会代表雇员行事；而在非工会化申诉程序中，雇员必须代表他自己行事。虽然在某些情况下，某个已加入工会的雇员会就工会如何处理申诉案件产生异议，但代表自己的利益行事的非工会化雇员在处理申诉问题时也会缺乏处理问题的专业知识，缺少由工会出面所产生的力量。第三，在大多数非工会化申诉程序中，是资方在作决定，而在工会化申诉程序中却是仲裁者作为中立的第三方作出最终的决定。虽然近年来有些非工会化申诉程序也不是由资方作决定，而是由仲裁者或者同事作决定，但这种类型的制度只在极少数的非工会化的工作场所存在。总体来说，这些区别的存在说明，与工会化申诉程序相比，非工会化申诉程序只能给雇员提供有限的正当的程序保护。

## 11.7.9 非工会化申诉程序的影响

由于非工会化申诉程序只能给雇员提供有限的正当的程序保护，所以人们普遍认为，相比于工会化的工作场所，在非工会化的工作场所，雇员使用申诉程序的可能性更低。然而，雇员也可能因为非工会化申诉程序的确能提供合法的保护而更愿意使用这个程序。一项研究电信行业雇员使用申诉程序的研究表明，申诉程序使用率随申诉程序的类型不同而有所不同。申诉率通常是用每百个工人每年提交的申诉案件的数量来计量的。仅就处分决定的申诉而言，在工会化的工作场所，每百个工人平均的申诉率是5.3，而在非工会的工作场所，每百个工人的平均申诉率是2.0。在非工会的工作场所，如果申诉程序最后的决策制定者不是资方人员，申诉率就要高一些：用同事来评审的每百个工人的申诉率是2.9，用仲裁的每百个工人的申诉率是3.2，而只让资方管理人员担当决策者的每百个工人的申诉率只有1.3。

那些对非工会化申诉程序持批评态度的人认为，雇员较少使用非工会化申诉程序的一个很重要的原因是他们害怕报复。David Lewin分析了3个非工会化高科技企业申诉程序的情况，他的研究支持了这一观点。Lewin发现，与那些没有提交申诉的雇员相比，那些申诉的提交者（和他们的主管人员）在提交申诉后的一年有较低的绩效分值、较低的晋升率和较高的离职率。Lewin从两个公司得到的调查反馈显示，在没有提交申诉的人中，大约有1/3的人选择不这样做，是因为他们或者害怕报复或者认为他们申诉成功的可能性很小。因此，这些非工会化企业的申诉人似乎是冒着相当大的风险在行使他们的权利。如果这种现象也代表了其他公司的情况，就可以支持批评者的论断。

## 11.7.10　同事评审程序和避免工会存在的战略

在非工会化环境下，纠纷的解决制度对雇员和雇主都起着很重要的作用。这些程序不仅是现代产业关系系统最具建设性的补充，还可以作为一种管理控制和避免工会存在的手段。

有数据表明，这些年来很多企业采用同事评审这种类型的申诉处理程序，是因为它具有一个附加价值，即有效地替代工会的存在。在同事评审的这个程序中，会成立评审小组或者评审委员会来审理和裁决雇员的申诉。

同事评审程序的关键特征是大多数的评审委员会成员是申诉人的同事。结果，"将同事评审小组作为工会的替代机制有两个非常重要的好处。第一，在同事评审中，大多数作出最终裁决的不再是资方管理人员，评审小组可以确保决策过程更加中立。第二，因为雇员参与到程序中，所以它能部分替代工会在工作场所中的代表功能——也只是部分替代，因为评审小组事实上并不能代表雇员的利益提出申诉"。

在某种程度上来说，同事评审和其他一些申诉程序的明确目的就是要避免工会的存在；申诉程序的历史进行了一个讽刺性的转变：它的初衷是要成为一种革命性保护雇员的正当的程序，但现在已经变成了一种管理战略，以减小雇员追求工会代表权、获得真正独立的申诉程序的机会。因此，就像很多其他的人力资源管理的创新措施（这些措施至少部分是受避免工会存在这一动机的驱使）一样，非工会化纠纷解决制度是一把双刃剑。

## 11.7.11　非工会化仲裁和劳动法

将仲裁作为程序中的最后一个步骤是工会化申诉程序的一个非常重要的特征。相比之下，在不久之前，在非工会化申诉程序中使用仲裁的仍为少数。这种情况在 20 世纪 90 年代发生了变化，雇主开始采用仲裁程序来替代法律诉讼。根据劳动法的规定，雇员可以提出法律诉讼解决申诉问题。

随着 20 世纪 60、70 和 80 年代各种法律保护条款的通过，劳动诉讼案件的成本急速上升。很多州法院开始转而承认某些普通法对雇员的保护，保护他们免受错误解雇。另外，在歧视和其他案件中偶尔会对起诉人判处高额的赔偿金。这使得公司有一种很强烈的愿望来尽可能地降低诉讼成本，避免法律行为。

将仲裁作为避免法律诉讼风险和诉讼成本的做法来自于法庭上一种认识的转变，那就是鼓励将仲裁作为满足基于劳动法的合法要求的一种替代制度。在 Gilmer 诉 Interstate／Johnson Lane 公司一案（500 US 20，1991）中，美国最高法院作出裁决，基于法定劳动权利的案件可以经由仲裁处理。法庭后来扩展了 Gilmer 案的裁决意见，只要在非工会化单位的劳动合同中有仲裁条款，那么很多基于法定劳动权利的案件，例如因种族、性别、年龄和残疾歧视而导致的解雇案件，都可以经由仲裁处理。最近，最高法院又在 Circuit City 诉 Adams 一案中作出裁决，重申了对仲裁的支持（见专栏 11.10）。

专栏 11. 10

## Circuit City 案和对有约束力的仲裁的使用

在 Circuit City 诉 Adams 一案中，最高法院作出裁决，如果劳动合同中有经由仲裁解决劳动纠纷的明确规定，则所有的劳动纠纷必须通过仲裁解决。在 1995 年，Saint Clair Adams 同 Circuit City 签订了一份雇佣申请协议书，协议书规定，所有"与雇佣申请或候选、与雇佣和/或终止雇佣有关的"纠纷，将"只能通过中立的仲裁者作出最终的有约束力的仲裁"。随后 Adams 被这个公司雇用。两年后，他根据《加利福尼亚州公平雇佣法案》在州法院提交了诉讼，声称他受到了三个同事的性骚扰并且因为提出抱怨而面临报复。Circuit City 向联邦法庭提交了申请，要求执行由 Adams 签署的雇佣协议，通过有约束力的仲裁来解决这一纠纷。地区法庭批准了公司的请求。第 9 巡回法庭在 1999 年判决这一协议是不可执行的协议。然而，最高法院在 2001 年修订了这一判决，认为《联邦仲裁法案》（FAA）的初衷就是要把属于法庭和其他政府部门的权力让给劳动事务方面的专家，即仲裁者，去处理。最高法院认为，在《联邦仲裁法案》下只有极少数的运输工人被排除在有约束的仲裁之外，虽然这些雇员也可以根据各州的法律允许通过强制仲裁来解决纠纷。

然而在 2002 年，当这一案件被发回到第 9 巡回法庭进行重审时，法庭指出，根据 FAA 第 2 条的规定，仲裁协议"是有效的、不可撤销的、可以执行的，除非法律规定可以废除该协议，或者可以证明其是在显失公平的情况下订立的协议"。法庭认为，平常的致使协议失效的理由例如欺骗、强迫、显失公平，都会使仲裁协议无效。法庭认为，程序上的显失公平要分析的是谈判力量的对等性，以及是否有隐瞒的信息，而实质上的显失公平是要判断协议的条款是否过分。基于这些准则，法庭发现 Circuit City 的雇佣协议在程序上和实质内容上都是"显失公平"。法庭认为，公司比雇员和职位申请人拥有更大的谈判力量，并且它自己起草了雇佣协议，要求所有的雇员签字。而且，因为雇佣协议是雇佣开始的先决条件，所以工作申请人没有权利修改协议中的任何条款。Circuit City 再次上诉到最高法院，声称第 9 巡回法庭运用的是"抽象、一般化的谈判能力不平等的概念"。最高法院在 2002 年 6 月决定不再重审这一案件，这也就支持了第 9 巡回法庭的判决，允许 Adams 进行最初的诉讼。

资料来源：*Circuit City Stores*, *Inc.* v. *Adams*, 532 US 105；and "Supreme Court Denies Circuit City's Bid for Review on Second Trip to High Court." *Daily Labor Report*, June 4, 2002：AA-2.

那些采用仲裁程序来解决潜在的合法劳动权益纠纷的雇主，一般来说都需要雇员签订一份协议，作为雇佣的一个强制性条件，同意采取仲裁方式解决潜在的法律纠纷。申请职位的雇员（潜在的雇员）可以选择不签这份仲裁协议，但是雇主将不再为他提供工作。由于这个原因，这些程序经常被视为强制仲裁。虽然强制仲裁是雇主要求雇员答应的雇佣条件，但是法庭仍然判决这些协议可以执行，就像很多地方执行的刚性（要么接受要么滚蛋）协议（例如，有点像租赁汽车或房屋的标准合同）。

在最近的案例中，平等就业机会委员会（EEOC）诉 Waffle House 公司案（2002），最高法院限制 Circuit City 案裁决的适用性。最高法院裁定，EEOC 仍然有权为遭到雇佣歧视的受害者寻求司法上的保护，即使受害者已经同雇主签订了约束性仲裁协议。EEOC 还可以代表雇员就偿还工资、复职和雇佣歧视等案件提请申诉。即使面对这种限制，Gilmer 案和 Circuit City 案的裁决仍然对雇员是否能够就不公正的工作制度和待遇提请诉讼影响巨大。除非 EEOC 代表雇员考察与歧视相关的案件（然而只有小部分案件可以通过这种方式解决），否则雇员就必须通过仲裁来处理有关劳动权利的申诉。

有了 Gilmer 和 Circuit City 案的裁决，强制仲裁得到了快速的发展。在 20 世纪 90 年代之前强制仲裁还非常少见，据估计，21 世纪中叶大约会有 15% 以上的工作场所开始推行强制仲裁。执行"强制仲裁"条款的实践意义是用雇主设计的仲裁程序来处理有关合法的劳动权利的纠纷，包括歧视案件。结果，人们开始广泛讨论强制仲裁程序和其他方法是否可以强化保护雇员的正当程序。

## 11.7.12　关于强制仲裁的讨论

赞成强制仲裁的人认为，它提供了一种快速的、更加有效的解决合法的劳动权益纠纷的机制。他们认为，通过法庭来解决劳动诉讼案件拖延的时间长、费用又很高，而仲裁为雇主和雇员提供了一种更好的、更易利用的解决纠纷的机制。对比研究发现，就业歧视案件在联邦法律系统下一般需要 709 天才能得以解决，而同样的案例通过仲裁解决只需要 383 天。对于强制仲裁的拥护者而言，简化的仲裁程序更适合于解决日常的劳动纠纷，同时又保留了足够多正当的程序来保护雇员的合法权益。

批评强制仲裁的人认为，仲裁程序受雇主的控制过多，仲裁者也有偏见，将公共的劳动法的司法审判从公共的法庭审判变成了私人的仲裁审理。因为强制仲裁是由雇主设计的，潜在的雇员要么接受要么滚蛋，所以批评者担心仲裁这种体制的特征使其必然偏向雇主，例如规定什么样的人可以担当仲裁者，限制了人们获得解决申诉所必要的信息，约束了雇员提交申诉的方式。Katherine Stone 用颜色作了对比，将强制仲裁视为现代版的"黄狗契约"，即过去许多雇主要求工人签订的承诺不加入工会的一种协议，该协议被 1932 年的《Norris-LaGuardia 法案》宣告无效。批评者们关注的另外一个问题是，雇主在仲裁中具有制度上的优势，为了将来能够被雇主挑到，仲裁者会偏向雇主。Lisa Bingham 发现，有证据显示，在这个"玩家重复"的游戏中，仲裁裁决将偏向雇主。雇主比雇员更容易涉足多个案件，从而有仲裁者为了再次接到生意而可能偏向雇主。

## 11.7.13　设计正当的程序

尽管关于强制仲裁的争论和讨论还在继续，但是人们已经作出很大努力在用于解决雇员合法劳动权益的仲裁程序中加入合法的保护雇员的程序。在 1994 年，美国劳动部"劳资关系的未来委员会"设计了非工会化仲裁的 7 条标准：

（1）中立的仲裁者要通晓法律，理解劳资双方的关注点；

（2）仲裁方法要公平而简单，要确保雇员可以获得提交申诉的必要信息；

（3）要实现劳资公平地分担成本的方法，确保双方能够负担得起仲裁；

（4）如果雇员想要的话，他就有权得到独立陈述的机会；

（5）仲裁的补救办法应该和法律诉讼一样；

（6）仲裁者要提交的书面意见解释了其裁决的合理性；

（7）可以从司法上重审案件，以确保仲裁结果与法律保持一致。

1995 年美国律师协会劳动法方面的会员，包括来自劳方和资方群体的代表，为解决合法劳动权益的仲裁程序制定了一套相似但是更为详尽的"正当的程序草案"。后来，美国仲裁委员会宣布，委员会所管理的任何劳动仲裁都会按照正当的程序草案所推荐的程序从事。这是非常重要的，因为很多雇主决定不开发完全属于自己的仲裁程序，而是同美国仲裁协会签订协议，从协会中找仲裁员，按照协会的规定进行仲裁。美国仲裁协会估计，到 2003 年协会提供仲裁服务的公司所雇用的工人约有 700 万人。

虽然法庭继续执行强制仲裁协议，但有证据表明法庭正在开始期待在仲裁程序中有高标准、正当的程序出现。例如，法庭已经不太批准执行那些要求雇员缴纳大笔仲裁费用的强制仲裁程序，雇主希望借此阻止雇员利用仲裁程序，也不太批准要求雇员去仲裁而让雇主保留法律诉讼权利的程序（例如，雇员签订的竞业禁止契约）。

## 本章小结

申诉程序从历史上看，是集体谈判协议日常管理的中心任务。申诉程序为人们提供了一种解决由集体合同协议条款引发的纠纷的机制。在典型的申诉程序中都是更高层级的工会干部和资方管理人员参与到后来的步骤中。工会有权决定是否将未得到解决的申诉案件进行到更高一级的步骤。

申诉程序曾经作为美国产业关系系统中最具创新性的一个特征而受到大家的好评。它可以让人们理解"管理是资方的工作，申诉是工会的工作"这句话。

美国的集体谈判协议是份复杂的文件，经常包含详尽的工作说明。这种复杂的劳资协议的存在很有必要，只有这样才能解决关于劳资协议用语解释上的纠纷。

由第三方主持的有约束力的仲裁经常是申诉程序的最后一个步骤。仲裁者通常会考虑工作场所过去的惯例、合同谈判期间双方的意图和公正性而作出裁决。在处分案件中，仲裁者通常要求处分应该是渐进式的，以纠正雇员的行为。

正式的申诉和仲裁程序现在正受到许多新方法的挑战。企业需要更大的适应能力，面临更大的竞争压力，从而导致工会和资方简化纠纷的处理方式。

另外，公共法律规范着各种劳动问题，例如平等就业机会的问题，对私人的仲裁制度提出了挑战。法庭授予雇员就这些问题在法庭上和在申诉程序中进行申诉的权利。

工人参与经营和战略决策的发展也使得劳方和资方较少依靠申诉程序来解决问题。在工会化企业，一个有效的产业关系系统不只包括申诉程序。为了与时俱进，产业关系系统必须将功能齐全的申诉程序同其他非正式的解决问题的机制和沟通机制联系起来。

下一章我们会讨论作为正式的申诉程序而补充的工人和工会的参与项目，这些项目在某些地方给工作场所的产业关系带来了重大变化。

## 讨论题

1. 描述申诉案件的典型步骤。

2. 申诉程序满足了各方面人群的需要。列举某个群体并说明申诉程序是如何满足他们的需要的。

3. 申诉仲裁程序通常费时费钱。在工会化环境下有没有其他的替代方法？

4. 虽然非工会化企业并不总是存在带有约束性仲裁的正式的申诉程序，但是这些企业在工作场所也必须处理劳资纠纷。非工会化企业可以运用哪些措施解决纠纷？

5. 非工会化企业不需要有正式的申诉程序，但是很多企业却有正式的程序。为什么非工会化企业会选择采用申诉程序？

6. 支持和反对强制仲裁的论断是什么？

# 第12章 员工参与

美国工会化环境下的产业关系系统现在面临着强大的环境压力，压力来自美国和其他的发展中国家非工会化工作场所的低成本。此外，美国跟其他的发达国家一样，正处于从工业经济向知识经济的转变过程中。知识经济依赖于人力资本、工人技能，以及科学技术、金融资产和其他组织财富的增加价值。这些情况对集体谈判产生了巨大的压力，以更好地适应和满足当前雇主与工人的需求和利益。

集体谈判在适应变化方面做得怎么样呢？在这一问题上2000FMCS全国客户调查提供了挑战性的数据。被调查者被问及他们的谈判关系是否发生了改变，以及变化得有多快。劳方和资方的领导们回答如下：60%的人认为他们的关系稳定、没有什么改变，6%的人认为劳资关系变得更加糟糕，大概有1/3的人认为劳资关系有所改进。大多数认为劳资关系得到改善的人认为改善的速度慢或者非常慢。总的来说，少于10%的被调查者认为他们的劳资关系改变的速度较快或者非常快。进一步的分析表明：那些关系得到改善或者正在向合作关系改变的组织，是在工作场所进行了创新的组织，它们在一定程度上实现了信息共享，或者是在组织战略层面上实现了劳资协商，并在协商中使用了一些基于利益的谈判手段。然而，仍然只有很小的比例（不到总数的10%）符合这些情况。

在本章中，我们将探讨劳方和资方代表对共同改变和提高他们的谈判关系所付出的努力。他们所采取的大部分措施均属于员工参与制度——让员工个人和工会代表参与到决策之中。在许多情况下，这些参与制度是非正式的员工参与机制，是申诉和仲裁程序的补充或者替代。

员工参与经常与工作组织的改变相联系，即简化工作制度和提高劳动力管理的弹性。在制造业，和员工参与一起引入的通常还有供应链和新的生产方法，例如零库存制度（just-in-time inventory systems）或者是单元制造（cell manufacturing）。另外，很多员工参与制度现在已经演变成提高工人和工会在战略性经营决策中的参与程度。

扩大员工参与和工会参与的努力已经取得了不同程度的成效。一些实验开始活跃起来，而其他的则在失败之后返回到了传统的做法，劳资关系陷入痛苦之中。成功和失败的例子本章都会谈到。

员工参与项目在劳工运动中引起了很多讨论。员工参与项目的支持者认为，员工参与项目能够实现产业民主，而这是工会长期以来追求的但在美国却难以实现的目标。同时，员工参与的批评者则认为，工人是由资方选出来的，这会削弱甚至完全消除工会代表的作用。

因此，我们有很多理由说明需要理解员工参与制度，但我们首先要回顾一下历史。

## 12.1　员工参与和工会参与的发展

早期人们作出努力让工人和工会参与到决策之中，这样的新机制被称为工作生活质量（或者叫员工参与）。工作生活质量（QWL）旨在提高组织绩效和雇员的工作生活水平。这些项目在产业关系的较低层面开展起来，也就是说，让工人群体在基层参与到决策中。

### 12.1.1　早期的 QWL——取得了有限的成功

在 20 世纪 70 年代早期，工作生活质量项目开始出现。早期这些 QWL 项目的建立都有这样一个大的假设前提：现代化的工厂与工人之间出现了异化，工厂提供的是一种重复性的工作，员工们很难左右影响他们工作生活的事物，他们从工作中只能获得很少的回报。1972 年的《工作在美国》这份报告广为人知，该报告提出了 QWL 的问题，号召对工作场所进行改革，减少工人的异化感（有时也被称为"蓝领忧郁症"）。

早期的 QWL 项目多数没有成功。例如，美国联邦政府的国家生产率和工作生活质量委员会曾极力推广 QWL 项目，但是最终只在少数几个制造业企业和一个煤矿业企业实行了试点。最后，委员会接到联邦政府审计总署的负面评估报告，从而失去了政治上的支持，之后解散了。

早期的项目也曾由于各种原因而遭到劳方和资方的反对。第一，这些项目大体上从组织外发起，劳方和资方并没有清楚地看到有必要作出改变；第二，很多劳工领袖和负责产业关系的管理人员拒绝改变，因为他们认为，改变会质疑传统的工会主义和集体谈判进程这样的基本假设前提。双方谈判桌上的专家怀疑 QWL 的论点，认为增加其他的问题解决方法和员工参与方法会替代这些年来经过仔细谈判的合同条款。第三，劳方和资方代表也害怕非正式的解决问题的方法会威胁到他们的角色和地位。很多劳工领袖认为，QWL 只是资方另外一种削弱集体谈判从而进一步削弱工会的策略。第四，没有多少直线式的管理人员或者高管人员把 QWL 看成是基层的项目，相反，他们想把 QWL 看作是行为科学提出的提高工作满意度并且也能提高员工干劲的方法。我们将看到，这种观点在 20 世纪 80 年代发生了改变，直线式的管理人员还有越来越多的高管人员开始把员工参与和工作场所的变革措施看作是提高生产率和产品质量的关键。

### 12.1.2　20 世纪 80 年代 QWL 的重新崛起

随着经济压力的加剧，QWL 在 20 世纪 80 年代重新崛起。经济压力的加大迫使劳工领袖和管理人员寻找新方法提高生产率和质量，并解决劳动成本的问题。迄今为止大多数 QWL 项目在开始时都是范围较窄的项目，信誓旦旦地保证它与集体谈判问题和程序无关。这些狭义的 QWL 项目的初衷是为了提高个人和群体解决与工作有关的问题的能力。

1）质量圈

质量圈就是一个例子，是一种狭义的 QWL 项目。在一个典型的质量圈项目中，某个工厂的工人每周有 1 到 2 个小时与他们的主管人员开会。一般来说，高层管理人员分派给质量圈的任务是寻找提高生产和服务质量的方法。质量圈的会议通常在正常的工作时间内召开（把生产线停了或者在午餐时间开会），工人参加这类活动获得的是正常的报酬（与日本不同，日本的小时工在工作时间之外参加质量圈的会议，通常得不到报酬）。主管人员或者其他经理人员在质量圈的会议上常常扮演重要的角色。例如，主管人员也许会引导大家讨论统计上的质量控制技术，或者列举质量控制先进人物，或者引导大家讨论向上级推荐的质量控制方法。

许多公司最初报告说，质量圈的活动开支庞大。有些公司在质量圈活动开始后废品率大降，有些则通过改变基层的生产流程迅速找到了节约成本的方法。

2）质量圈收获有限

随着质量圈活动在一个又一个公司开展起来，其收获慢慢消失了。慢慢地工人开始不那么积极地参加质量圈会议了，有时甚至不再开会，因为管理层拒绝或者忽视了他们的意见和建议。有时他们还继续开会却提不出建议，因为新的建议需要改变工作规则或者劳资协议的条款，而这不在质量圈的讨论范围中。出现这个问题是因为资方和工会通常把质量圈的活动定为正常的集体谈判协议的补充。结果，质量圈会议一般无权改进工作规则，无权讨论谈判问题、技术问题以及基本的生产方法问题。其他的 QWL 项目也面临着相似的问题。

## 12.1.3　质量圈和 QWL 项目界面扩大

最成功的质量圈和 QWL 项目最终都把界面扩展到了工作规则、集体谈判问题和生产方法上（基本上所有这些问题最初都不在员工参与决策的范围内）。如果参与的界面不扩展，QWL 项目就不能触及那些影响到企业的经济情况和长期就业保障的问题。

1）施乐的 QWL 项目的扩展

并非所有狭义的 QWL 项目都实现了成功的转型。实际上，在 20 世纪 80 年代中期，管理学杂志上出现了很多批评许多企业把质量圈当作很快会过时的风潮的文章。施乐公司和美国成衣和纺织工人工会（ACTWU）在纽约州的罗切斯特（Rochester）实行的一个 QWL 项目却成功地扩展了参与问题。专栏 12.1 展示了施乐公司 QWL 项目界面扩展的情况。在每一个阶段，劳资双方都不得不扩展这个解决问题的程序，与此同时解决发生在谈判和日常的合同管理中的纠纷。在此案例中，起到关键作用的是劳资双方能够解决问题解决机制与劳资纠纷之间的紧张冲突，其他的案件也是这样。

例如，当施乐的 QWL 项目实行不到 2 年时，资方改变了经营管理战略，更强调成本控制，使大多数工人非常生气。但劳资双方没有选择放弃 QWL 项目，而是开始利用该项目来探求压缩成本以保留工作岗位的方法。负责电缆电线部门的研究团队首先作出了努力。他们建议改变工作的组织方式，而这需要更改合同，从而使施乐的 QWL 项目需要和集体谈判过程综合起来考虑。劳资双方在 1983 年的谈判中达成一致，同意把电缆电线部门研究团队的经验作为以后处理类似问题的模式。由于有了这样的革新外加其他的改变工作规则和工资支付方式的革新措施，所以资方在 1983 年同意不进行裁员。

如专栏 12.1 所示，在 20 世纪 80 和 90 年代，施乐和 ACTWU（现在是 UNITE-HERE）共同努力，允许某些区域的自治工作群体为某个新工厂设计新的工作制度，创建分散化的"经营工作团队"（管理自身事务、协调员工参与和问题解决程序的团队）。施乐因为组织的杰出表现荣获了美国商业部著名的 Baldridge 国家质量奖，其中施乐的员工参与活动最受好评。研究也表明，施乐的工作场合非常活跃，有各种合作活动，生产率较高而废品率较低。

2）施乐的战略参与项目

施乐公司在战略层面上劳资关系的某些特征有助于施乐的成功。施乐公司并不拒绝工会在新工厂的组织活动。另外，施乐的高管人员和 ACTWU 的工会领袖会定期见面，他们分享信息，讨论影响公司经营的各种问题。经过讨论，他们同意把 300 份工作岗位带回美国，放到某个员工全部都是工会会员的服装厂（这样的企业也被称为封闭性企业），专栏 12.1 列出的 1993 年的活动就包括这一事件。因此，在这一案例中，工作场所层面的 QWL 活动是在这样一种环境下展开的，这样战略层面的互动关系就强化了基层的员工参与和工会参与。

**专栏 12.1**

---

### 施乐公司 QWL 项目和活动的演变

| | |
|---|---|
| 1980 年 | 将 QWL 这几个字写进集体谈判协议中；<br>成立了 4 个厂务联合咨询委员会和部门监督委员会，以便建立和支持雇员解决问题的团队。 |
| 1981 年 | 建立了 90 多个解决问题的团队。根据研究与行动团队的分析，将 180 个电缆电线工作岗位外包。 |
| 1982 年 | 研究与行动团队节约了 320 多万美元，工作并没有外包出去；<br>7 个工厂中有 150 多个问题解决团队；<br>大量解雇非工会成员和法律上不属于"雇员"的人员；<br>首次成立了半自治工作群体，这个行动是由这些人自己发起的。 |
| 1983 年 | 在劳资协议中缔结不裁员条款，规定在潜在外包的各种情况下，一定要成立研究与行动团队，同时实行一年的工资冻结，员工和企业共同支付医疗保险，控制旷工等；<br>成立战略规划团队，让工会参与复印机经营的规划；<br>强制员工参加 QWL 培训；<br>在另外两个地区成立研究与行动小组，从而保住了工作岗位没有外流。 |
| 1984 年 | 由于医疗保险的变化，工程师工会撤出 QWL 项目；<br>QWL 活动在新厂中减少；在这些地方出现了非正式的交班前会议；<br>在三个地区成立研究与行动团队，其中有两个地区的工作岗位没有外包；<br>零部件生产厂（CMO）的员工态度调查促使施乐高层重新审视 QWL 项目。 |

---

1985 年　在 CMO 成立经营工作团队；

根据劳资双方的共同分析和设计，在纽约州的 Webster 成立新厂。

1986 年　工会支持对新产品开发中雇用的小时工灵活地分派工作；

劳资协议中添加了不裁员的保证；修改了限制性的旷工计划；对小时工群体的领班进行分类；对收益分享计划进行了开创性研究——这些都既有谈判又要解决问题；在已经退休的主管人员的推动下成立了越来越多的自治工作团队。

1992 年　再次签署了一份为期 3 年的合同，将工作保障扩展到前一个 3 年期合同期间雇用的 650 个工人身上。在新合同中包括一次性年假补偿金、基本工资和随物价上涨工资的 COLA 条款等。新合同的谈判中结合了解决问题的机制。在谈判新合同之前，劳方和资方同意分散纽约州 Webster 工厂的复杂结构，使得各种生产活动可以在同一个地方进行。

1993 年　（5 月）施乐和 ACTWU 达成一致，同意让 300 个工作岗位（从墨西哥和亚洲）回到美国纽约州 Utica 的一个封闭性服装厂。工厂只完成简单的拼装工作，这些工作岗位的年收入在 15 000 美元到 18 000 美元之间，这远远低于施乐在 Webster 的平均收入。公司答应不反对 ACTWU 在 Utica 组织工会的活动。

1993 年　（12 月）施乐董事长 Paul Allaire 宣布，通过仲裁、临时解雇和自愿退休这些方式计划裁掉 10 000 个职位（相当于施乐 10% 的劳动力），以减少开支，提高生产率。此举震撼了 ACTWU。1993 年施乐的收入下降，但是仍然可观。

1994 年　经过多次会谈，施乐和 ACTWU 谈判达成了一份为期 7 年的合同，为工人提供了工作保障，包括 COLA 条款，但是没有基本工资增长条款；允许公司增加雇用临时工（最高比例可达 15%）；给予公司在人员调配和晋升方面更大的灵活性。

2000—2002 年　施乐失去了市场份额，进行工作再造，被指控财务上违规，并将大部分生产外包出去。

资料来源：Joel Cutcher-Gershenfeld, "New Path toward Organizational Effectiveness and Institutional Security: The Case of Xerox Corporation and the Amalgamated Clothing and Textile Workers Union," report to the Bureau of Labor Management Relations and Cooperative Programs, U. S. Department of Labor, 1987; and various issues of the *Daily Labor Report*.

3）员工参与的有限性

21 世纪初施乐公司发生的事说明了员工参与程序的有限性。员工参与程序不能忽视市场条件基本的变化，或者是由战略错误导致的公司核心经营业绩的下滑。到 2000 年，施乐已经将一部分市场份额输给了其他办公设备公司和信息系统公司，经历了一次失败的销售和服务运营的工作再造，被指控财务上违规，并进一步减少了收入和储备金。

这些情况使公司面临生存风险。施乐公司作出的反应是，将大部分低价机器的生产外包给泰科源科技公司（Techtronics），这是一家主要在中国运营的专业化制造公司。公司使纽约罗切斯特工厂的生产维持现状，但是雇佣人数近年来下降了 50%。劳方和资方继续鼓励员工参与企业管理，定期开会讨论企业的经营状况。然而随着公司财富的减少，这种长期的合作伙伴关系的范围在缩少，也越来越少见，但他们还在为共同工作作出努力，并继续谈判如何作出调整。

## 12.1.4 沟通的新途径

员工参与界面的扩展经常伴随着工人和主管人员之间新的沟通方式的出现。通常情况下，这种沟通方式只是一种补充，工会干部和资方高层管理者之间的沟通扩展了。专栏 12.2 例举了 Ford 汽车公司的共同成长论坛，以说明这种情况是如何产生的。

**专栏 12.2**

---

### UAW 和 Ford 汽车公司的共同成长论坛

劳资双方都认识到他们需要不断革新……他们必须探寻理性地解决实际差异的新方法……为了找到这样的方法，为了使变革继续前进，使双方从一个新的起点出发，Ford 和 UAW 达成一致，同意在地方和中央建立共同成长论坛，以实现上述宗旨。共同成长论坛附属于集体谈判过程。

"论坛并不会取代集体谈判，也不会以任何方式干预申诉程序。相反，它是一个新的框架，通过更好地沟通，系统地挖掘事实情况，深入地讨论对工会、雇员和公司都很重要的经营问题，从而改善劳资关系。"

资料来源：UAW 对 Ford 汽车公司和 UAW 之间达成的集体谈判协议的说明（1982 年 2 月 13 日）。

---

## 12.1.5 组织的工作再造——与 QWL 的联系

施乐这个案例说明，组织的工作再造是许多员工参与项目的中心内容。这是在要求增加灵活性、提高质量、降低成本的压力下产生的。组织的工作再造要求改变在传统的集体谈判制度下形成的各种做法。这些变化不可能会轻易发生，并且肯定会在企业内部引发工会和公司之间的争论，这并不令人感到吃惊。

虽然在许多情况下，变革是在既有的工作组织中慢慢开展起来的，但最重要的组织的工作再造案例都发生在新建立的机构或者是在由于新技术或者新产品的引进而变得完全不同的机构中。我们可以在汽车、钢铁和其他制造业企业中找到这样的案例。这些企业面对本行业新兴的非工会化企业和美国国外产品的竞争而不得不搞产品升级。例如，钢铁工人联合会和其他 8 大钢铁公司中的 7 个推行了一系列行业性的劳资联合培训项目，旨在传播知识，为经营中的团队制度提供支持。

制造业的工作再造也许更常见，然而，现在在许多技术和服务领域也常常会利用团队和其他新的工作制度。专栏 12.3 描述了凯撒医疗机构（Kaiser Permanente）中的劳资合作伙伴关系是怎样共同设计和兴建一家新医院的。在凯撒医疗机构的劳资双方的共同努力下，重建和扩大了加利福尼亚北部的眼科实验室、俄勒冈州 Portland 的另外一个实验室，以及其他地方的许多门诊诊所。电信产业是另一个引入了员工参与项目和团队机制的以服务为基础的产业，例如，它在客户服务和网络技术工作中就引入了这样的项目。

以团队为基础的管理方式也引入到小学和中等教育中。虽然新的工作制度在这些地方的发展并不均衡，但是来自技术和其他方面的压力导致了团队制度在白领工作岗位中的应用。

**专栏12.3**

### 凯撒医疗机构 Baldwin Park 市医疗中心的开设

在 1998 年年初，凯撒医疗机构（Kaiser Permanente，简称为 KP）决定要在加利福尼亚的 Baldwin Park 市开一家医院。通常情况下，需要花费大约 2 年的时间计划、开设一家这样规模（大约有 240 个床位）的新医院。KP 的高管决定在下一个冬季流感开始之前，也就是秋季末，医院就要准备就绪。

因为凯撒医疗机构的劳方与资方形成了合作伙伴关系，所以他们决定将这个问题交给劳资联合的工作团队来处理，这个团队的人员来自各个方面，由医生、管理人员、护士、技师和其他一些开设新医院方面的专家组成。他们被赋予极大的自由，在劳资合作伙伴关系的框架下本着劳资协商一致的原则，设计一所各方都满意的医院。在 1998 年 4 月，这个由劳资双方组成的团队，共 150 多名雇员，接受了这个任务。他们引进了其他一些医疗中心的雇员和管理人员，都是各个领域的领头人。各方参与培训，学习如何解决问题，以利益为基础进行决策，访问 GM 的土星分部和其他一些创新组织，评价员工参与和共同管理的不同模式，开展了名为"速战速决之周"的为期 5 天的深入讨论，探讨如何设计医护流程。

在劳资双方设计的医院，护理要以病人为中心，所以很多设备设在床边，而不是分散在各个需要病人移动或协调的特定区域。例如，通常只设在重症护理区域的遥感装置，在每个房间都安装了，这样就使医院比很多其他医院的容量更大、更灵活。最终他们非常成功地利用 8 个月的时间设计并开设了一家创新型的、人员齐备的、设计良好的医院。医院在 10 月开始营业，他们最终战胜了冬季流感的袭击。凯撒医疗机构南加州地区医务主任 Oliver Goldsmith 医生这样评价说："再过 10 年这可能还是凯撒医疗机构最大的冒险之举，是未来无法超越的成就。"

资料来源：Thomas A. Kochan, Susan Eaton, and Robert B. McKersie, "The Kaiser Permanente Labor Management Partnership: The First Five Years," unpublished manuscript, MIT Sloan School of Management, 2002.

## 12.2 团队工作、员工参与和工作再造之间的关系

团队工作需要重新组织工作场所的人际关系，因为工作岗位范围更广，取代了过去那种多层次的狭窄的工作分类，工人拥有了判断决策的自主权，需要对工人的培训进行投资。一般来说，工作团队自己会检查自己的工作，因为他们必须对质量之类的情况负责。有时团队也要自己确定工作时间的安排，进行任务的分配，认定工人的技能水平，处理有

关材料、后勤和日常修理的工作。团队和其他员工参与的会议可以让大家分享财务和经营信息。

在一些汽车厂实行了为知识付费的计划，工人在工作领域必须熟练地掌握 2 份不同的工作。如果工人在自己的工作领域能够从事 5 份不同的工作，他们每小时就能多得 30 美分；如果他们能在工作领域从事 8 份不同的工作，那么每小时还能再多得 30 美分；如果他们熟练掌握了所有工作，每小时就能再多得 30 美分。在为知识付费的计划下，每天无论他们是否分到了需要他们使用各种技能的工作，工人都会按照技能的多少得到报酬。

## 12.2.1 监督管理人员的新角色

传统的监督管理人员通常被团队的领导所替代，他们有时是谈判单位的工会会员（但并不总是这样），而不是管理层的一线人员。在某些情况下，例如在土星公司，工会和非工会团队的领导者通常配对，共同负责团队的管理和支持工作。在这种情况下，监督管理人员的数量就会成比例地下降（或者下降得更多）。有证据表明，当合作伙伴对共同的目标和责任达成一致看法，并且在人员和生产职责上平等分担管理职责时，这种以团队为基础进行监督的工作关系就会达到最佳状态。

## 12.2.2 共同管理的扩展

一些企业在团队之上设有顶级的"监管"团队，由工厂的经理和地方工会谈判委员会的主席组成，使工会可以获得大量的财务信息和有关公司战略的信息，让工会参与组织的经营管理并在其中发挥重要作用。使这类安排获得成功的关键是，地方工会要参与工厂最初新的有关组织架构的设计。

## 12.2.3 处理好员工参与、工作再造和集体谈判之间的关系

随着员工参与面的扩大及其对工作再造的影响，代表工人利益的工会面临这样一个挑战，就是如何管理和协调这两者之间的关系。另一方面，工会还要力求清楚地把员工参与活动和集体谈判程序区分开来。做出这样一个区分对工会领袖有益处，尤其是在参与项目开始之初，一些工人或者工会干部仍然怀疑其目的和意义。劳资双方可以采取各种方式进行区分，例如，发布规则宣称，工作团队不能讨论那些通常通过申诉程序或集体谈判协议所处理的问题。

虽然区分员工参与和集体谈判在初始阶段可能有意义，但是随着时间的推移，员工参与活动不断成熟起来，集体谈判和员工参与之间的界限会变得很模糊。例如，在施乐公司这个案例中，如专栏 12.1 所述，在员工们努力降低生产成本时，电缆电线部门的研究团队开始提议要改变工作岗位的设置。

然而，在凯撒医疗机构的劳资双方形成合作伙伴关系之初，也遵循着同样的原则，即把两者区分开，但双方很快意识到需要将集体谈判纳入到共同努力的范畴之中。引发这一行为的事情是在俄勒冈州 Portland 发生的一次罢工。劳方和资方的领导人都意识到，如果每次地方工会和资方都以传统的方式就劳动协议进行谈判，那么就总存在着罢工的潜在危险，他们之间就无法维持合作伙伴关系。施乐和凯撒医疗机构的案例说明一点：如果双方

要维持一段时间的合作关系，就要想办法将合同的谈判与员工参与、工作再造综合起来考虑。

## 12.2.4  员工参与过程中出现的合同程序的变化

随着工会和工人越来越直接地参与到企业的决策中，劳方和资方通常会发现，集体协议中注明的正式程序变得越来越不重要。在一些公司中，随着团队会议开始处理一些重大的问题，工人开始通过这个途径发表自己的不满与抱怨。然后双方作出调整，去解决原本可能会通过申诉程序解决的问题。

专栏12.4列出了对申诉程序进行修改的一个实例，即Dayton电力公司和公共事业工人工会（简称UWUA）改变申诉问题的解决方案。专栏12.4中引述的话语说明了Dayton电力公司的资方和工会以及工人是如何转变相互之间的关系的。在1986年，Dayton电力公司的劳方和资方用一个只有13页的"合同"替代了以前114页的协议。专栏12.4中描述的就是解决问题的简单程序，这一程序替代了公司通常使用的传统的四步申诉程序。

**专栏12.4**

---

**解决冲突的新途径：Dayton电力公司与UWUA协议中的问题解决方案**

以下话语出现在1989—1993年Dayton电力公司和美国公共事业工人工会所签订的集体谈判协议中。在协议中有一章名为"问题的解决"。它代替了双方在以前的劳资协议中列出的传统的四步申诉程序。

在此协议下，劳资双方相互关系的成功取决于我们以一种公平、负责的方式提出问题的努力。这是一个信任的问题。我们所选择的这种方法避免了协议的刚性和不必要的细节，为资方带来了自由，为雇员带来了机会。劳资双方都本着解决问题的方式行事，因此我们建立了下列程序以解决我们之间出现的问题。

（1）所处理的问题没有限制：员工、工会或者公司可以运用这个程序处理的问题种类是没有限制的。既可以用此程序来提出一些正面的想法，也可以用它来反思可能的错误。唯一的前提条件是，有关人员要保证这个问题是双方都有责任关注的问题，因此要着手解决这个问题。员工会按照预定的工资率根据解决问题所需的工作时间得到报酬。工会代表可以选择在任何一个阶段加入这个问题的解决过程。

（2）程序：问题的处理主要由与此问题有关的人员和拥有处理此问题的资源和权力的人员来进行。提出问题的人和回答问题的人有责任采取建设性的方式提出问题，说明解决问题所必需的人员和资源，以及对解决这个问题劳资双方必须要进一步采取的行动。

如果在20天内问题没有得到解决，就要以书面的方式由劳资双方来定义这个问题，在进行调解之前，由适当的管理人员和工会方面的人员来审核这一问题。

（3）调解：调解委员会由1名工会代表、1名公司代表和1名中立的裁决人员组成。只有在中立的裁决人和其他任何一个委员会成员认为他们不能令人满意地处理这个问题时，才可以将问题提交仲裁。

---

（4）仲裁：一旦调解失败，中立的裁决人就会作为一个仲裁者重新召集原本是调解委员会的人员，并按照必要的程序审理这个问题，此时的裁决人以一个仲裁者的身份行事。仲裁者没有权利增加、删掉或者修改劳资协议的条款。仲裁委员会应该以书面的方式尽快地宣告最后的裁决或问题的解决方案，此裁决对劳资双方都有约束力。劳资双方各自承担调解和仲裁的费用。中立的裁决人的费用由工会和公司共同平分。

（5）解雇案件：雇员被解雇的案件应该直接交由公司适当的人员来处理，也可以在双方都同意的情况下进行调解，但调解的裁决人不再充当解雇案件的仲裁者。处理解雇案件的仲裁者会由联邦仲裁与调解服务部挑选。

资料来源：*The Compact*, Local 175, UWUA, AFL-CIO and the Dayton Power and Light Company, November 1, 1989, pp. 5 – 6.

Dayton 电力公司在 1986 年缔结的为期 3 年的协议（在 1989 年得到更新）中还引入了一个不裁员的条款和新的工资激励制度，即如果工人的工作绩效超出一定的目标，就会得到奖金。1993—1998 年的劳资协议将不裁员的条款又延长了 6 年。这份协议没有提高基本工资，而是采取了一次性的工资上涨方式（lump-sum wage increase），并且针对新雇员单独实行了较低的工资。协议上的所有改革都伴随着公司管理上的变化，公司将权力分散到各服务地区。Dayton 电力公司的案例表明，提高员工和工会的参与程度与劳资协议和管理实践的改变紧密相关。

## 12.2.5　工会的问题：在简化正式的规则和程序方面我们还能走多远

有上述情况的工会希望改进员工参与过程，并产生出某种形式的创新，这种创新能够提高成本上的竞争力和工作保障。然而工会却不想放弃在申诉程序和正式的谈判中所扮演的重要角色。

那么，工会如何恰当地平衡工人直接参与企业的决策过程和工会的代表责任这二者之间的关系呢？答案看上去存在于工会和工会干部角色的转变之中。工会必须允许员工参与企业的决策，但也必须不断地协调并监督这一过程，协调员工参与和集体谈判之间的关系。例如，这需要工会人员与其管辖范围内的团队会议所发出的声音保持同一个音调。工会还应该在工会的工作会议上讨论员工参与项目，在工会通讯上或者通过其他工会干部的沟通渠道报告工会在员工参与活动中所扮演的角色。

很多案例表明，如果工会忽略员工参与过程或者与之保持一定的距离，到一定时间就会演变成劳资双方的对抗，或者是员工参与过程的消亡。这也许就是工会反对员工参与制度的结果，如果没有工会的支持，那么员工参与只能往负面的方向发展。

1）工会的新角色

工会可以通过劳资联合指导委员会或规划委员会的协助来监督和协调员工参与过程。另外，在劳资联合行动中充当协助者角色的个人在调解可能出现的紧张气氛中起着很重要的作用。最好的一些协助者是以前的工会干部，因为这些人通常会受到工人的尊重并且会采取妥协的策略。最好是创建一些复杂的委员会和一些新岗位（例如协调员），协调员工参与、工作再造和集体谈判。与此同时很多劳资联合活动得以扩张，导致工会代表的工作职责要重新构造。在工会化的情况下，工会干部现在要花同样多的时间（甚至更多的时间）

用于参加劳资联合活动，不再像传统的那样与员工参与项目保持距离，反对这些活动。

这个变化导致了工作岗位名称和基金的变化。随着劳资联合活动的扩张，出现了很多工会的工作岗位，在这些岗位工作的人员其职责就是充当协调员。很多这样的职位都是由劳资联合管理的基金来提供资金来源的。

同时，工会的领袖也要冒相当大的政治风险。如果他们过多参与企业的经营管理过程，就可能在处理申诉和日常事务中忽视代表工会成员利益的职责，也会使劳资联合活动陷入危险的境地。工会领袖要担当平衡不同责任的新角色。专栏 12.5 概括的是 Saul Rubinstein 在对地方工会领导者角色转变研究中提到的平衡问题。当员工参与过程发展触及战略性的经营问题时，工会的协调角色和平衡行动就变得越来越重要。

专栏 12.5

---

### 地方工会平衡合作伙伴和充当员工代表之间的关系

"如果土星公司案按照这里所建议的方式进行概括，就是处于合作伙伴关系中的地方工会需要寻找新的方式来平衡压力和需求。无论着重强调哪个方面都会带来问题……例如，如果把当地的资源过分放在参与管理和决策的过程中，就会像土星公司案一样，遭到工会成员的反对，他们会要求工会更为有效地代表会员个人。然而与此同时，工会成员所需要的不仅仅是让原来的地方工会代表他们个人的利益行事。

地方工会也必须协调其他方面的紧张气氛。如果对工会内部的民主关注过少，就可能会失去普通会员的支持，从而出现挑战工会在职领导者的对手或与其意见不一致的人。工会内部的政治纠纷过多也可能会打击资方合作伙伴的积极性，使工会领导者不能或者不愿意在劳资联合行动中承担责任和义务。因此，平衡这几方面之间的关系可能会变得非常必要。"

资料来源：Saul A. Rubinstein, "A Different Kind of Union: Balancing Co-Management and Representation," *Industrial Relations*, vol. 40, no. 2, April 2001, p. 198.

---

2）扩展劳资联合行动

在工会化的组织中，随着员工参与项目扩展到关注工作组织的问题，员工参与项目越来越多地变成了劳资联合行动的一部分。在工会化组织中其他类型的劳资联合行动通常包括员工援助计划（酒精和毒品方面的咨询和帮助）、健康和安全委员会、缺席投票、培训和教育活动以及社区服务计划等。这些计划都是劳资联合行动项目，每一项都由工会和资方代表共同进行管理（通常也由双方资助）。

在服务行业，例如旅馆业和医院，存在多雇主谈判结构，所有的雇主不可能都采取这些劳资联合行动。最具创新性的两个例子是，旧金山旅馆协会和旅馆与饭店员工工会，以及服务业雇员国际联合会 1199 地方工会和纽约城非公立医院联盟（the New York City League of Voluntary Hospitals）。他们的劳资联合活动并没有通过集体谈判来募集资金支持。他们在谈判单位中为相关的工人和家庭提供范围广泛的服务，包括移民问题协助、幼儿照料以及与工作相关的教育和培训等。

很多这样的劳资联合项目早在员工参与项目扩展之前就已经存在。尽管如此，导致员工参与扩展的经济和社会压力也促使其他类型的劳资联合活动进一步扩展。例如，缺席投票也由于成本控制的压力而不断发展。

劳资联合活动在工作场所发展得有多广泛？我们可以用 1999 年 FMCS 全国消费者调查数据作个估计。劳方和资方的代表报告说，大约有 26% 的劳资关系中都有员工参与项目、质量提高项目，或者正在启动的以团队为基础的工作体系。

## 12.2.6 员工和工会参与战略决策

在一些工厂，工人或工会可以通过一些正式的委员会，例如前面提及的管理性团队，参与到企业战略性问题的决策中。在其他情况下，工人和工会干部也可以通过非正式的方式逐渐参与到战略性决策之中。工人和工会这种革命性的角色扩张的例证是，在很多汽车厂工人和工会代表出席工厂的计划委员会召开的会议。这些委员会的职责是修改工作制度和其他一些生产方法，以便使工厂能够保留工作岗位（避免外包），或者帮助工厂赢得投标从而拥有新的工作岗位。

为了保持或者赢得新业务，这些委员会经常采用一些方法来降低成本，提高产品质量和客户服务质量。像 Kaiser Permanente 中的劳资联合设计团队一样，这些委员会参与到战略性问题的决策中，参与者可以获得有关财务和经营的信息。在以前，只有工厂的管理层在开发降低成本的策略时才能获取这些信息。

## 12.2.7 收缩规模和外包带来的影响：对就业保障的高度关注

企业收缩规模，或者公司威胁要将更多的工作外包到美国国外或者国内生产成本较低的（通常是非工会化的）地方时，许多工会都提高了在企业经营问题上的参与程度。而且，关注这些问题也使工会在集体谈判中要求在集体协议中缔结明确的就业保障条款，要有员工参与项目以及有关报酬和工作制度方面的妥协。由于工会关注工会会员人数的下降问题，所以一些劳资协议在提高劳资合作伙伴关系的同时，也让资方在工会的组织活动中保持中立的态度，有时甚至采取"卡片检查"的方式来承认工会的程序，以避免工会代表权的选举。在第 6 章中我们谈到的 SBC 和 Ford 公司达成的协议就是一个劳资合作伙伴关系协议的例子，在协议中资方作出让步，承认了工会组织的代表权。然而，我们也会在下面的章节中提到，这些劳资双方作出的努力经常不能承载国际竞争的压力。

1）失败的根源

劳资联合行动很少能够保持下去。很多处于早期阶段的劳资联合活动之所以失败，是因为资方或者工会方面的领导人物不能在组织上、角色上作出必要的调整，使这些活动综合到集体谈判与现行的劳资关系中，参与原本是由监督管理人员和中层管理人员做出的决策。有些劳资联合活动成功地实行了几年，但当创建这些项目的资方或者劳方的领导人和这些项目的支持者退休或者离开组织以后，这些活动就会失去支持。有些劳资联合行动，例如施乐公司和 Levi-Strauss 公司的活动，最终由于市场和经营战略发生了根本性的变化而失败，这些变化超越了劳资联合活动的影响范围。员工参与是要参与传统上由企业高管所控制的经营管理决策，做到并不容易；正因为认识到这一点，一些劳工领袖并不一定要求在战略性的管理决策中获得发言权。

从历史上看，工人和工会参与到战略性决策中在美国是很少见的，因为它违背了"资方进行管理而工会提意见"的这个核心原则。这个原则是传统的美国集体谈判制度的核心，只是在最近这些年这个原则才受到了挑战。一些劳工领袖开始意识到，要有效地代表工会会员的长期利益，就要在资方制定决策之前影响他们的决策。

现在员工参与战略性决策的情况如何？FMCS 的调查数据给出了很好的估计。大约有35% 的工会和资方的被调查者指出，他们有某种形式的"伙伴关系，劳资共同面对战略性经营问题，例如新技术或新产品的引进这些原本是由管理层单独处理的问题"。然而这只是一个一般性的对参与组织战略的定义，有数据表明，很多劳方和资方代表都在探索各种方法使对方能够参与到战略层面上来。

2）参与战略性决策的方法

劳资双方战略上的互动最温和的方式是信息分享以及劳资间的事先协商，就像我们在前面介绍过的 Ford 公司管理层和工会领袖之间定期召开会议。我们在前面还提到了一种更重要的形式，就是将工会领袖当作工厂管理队伍中的一员，让他们出席管理人员的会议。

另一种参与形式是在引进新设备和实行其他较大的组织变革时让劳资共同参与战略的计划。GM 的子公司 Saturn 公司的管理架构显示了很多这方面的特点（见专栏 12.6）。值得注意的是，工会（UAW）在一定程度上参与了 Saturn 公司的经营决策和战略性决策。UAW 的工会干部参与了 Saturn 公司的很多活动，包括选择零件供应商（在选择供应商时，不仅要考虑到成本和产品质量，还要看这些供应商中有多少是工会化的）。Saturn 公司的雇员和工会干部也要参与有关公司所采取的技术的计划，参与有关配置汽车组装过程的决策。

专栏 12.6

---

### GM 与 UAW 达成的 Saturn 协议

**Saturn 的组织架构：**

战略咨询委员会

制定长远规划，由 Saturn 总裁及其职员以及 UAW 的高级顾问组成。

生产咨询委员会

监督 Saturn 集团的运行，由公司代表和选举产生的工会代表，以及工程、营销等
方面的专家组成。

经营单位

协调工厂一级的经营，由公司代表、选举产生的工会顾问和专家组成。

工作单位群

3~6 个工作单位，由公司的"工作单位顾问"领导。

工作单位

6~15 个工人组成的团队，由 UAW 选举产生的"顾问"领导。

**产业关系的关键原则：**

·工作的组织采取团队的形式，岗位分类较少。

·所有雇员除了以薪水的方式获得正常收入外还要发放业绩奖。

·80% 的劳动力都受到保护以免受裁员之苦，发生"灾难性"事件除外。

·工人和工会参与决策的制定。

资料来源：Saturn 公司和 UAW 的协议备忘录（通用汽车公司，1985 年 7 月）。

---

## 12.3 21 世纪工人和工会的参与情况

21 世纪最初的几年，像安然（Enron）、泰科（Tyco）、宝丽莱（Polaroid）、Adelphi Communications 之类的公司，在会计和高管薪酬方面都出现了丑闻，导致社会对此类公司的信心产生危机，对雇员和工会代表在公司治理上应该扮演什么样的角色提出质疑。很多雇员因为这些丑闻失去工作和退休保障，从而蒙受了很大损失。但是接下来的改革是否会提高雇员对高层管理实践的监管能力，使雇员能够对公司治理直接发表意见，还有待观察。随着知识、技能的重要性的增加，人力资本已经作为现代公司竞争优势的来源；对于 21 世纪的公司雇员扮演什么样的角色，这个问题可能会备受争议。

## 12.4 关于员工参与项目的讨论

对员工参与项目的性质和结果，普通的工人、工会活动家以及学者展开了热烈的讨论。批评者认为，这些项目不会提高工人和工会在决策中的参与程度。相反，批评者认为，管理层可以利用这些项目来提高工作节奏和难度。例如，这些批评者指出，管理层利用团队给工人施加来自同事的压力，使他们丧失了作为工会代表的独立的声音。对他们而言，团队和其他员工参与项目是强权管理的一部分。批评者还认为，员工参与项目就是要把由工会来代表工人变为非工会化经营。

员工参与项目的支持者持有不同观点。他们承认，日益加剧的国际竞争的压力和非工会化企业的压力使得工作节奏加快，迫使工会在工资上作出让步。但是支持者声称，在决策中提高工人和工会的参与程度，既可以降低成本，提高就业保障水平，又会使工作变得更加有趣。对于员工参与项目的支持者而言，如果工会可以全面参与到决策过程中（也许通过上面讨论的劳资联合决策委员会），工会就可以更深入地参与到那些对工人非常重要的事务的决策之中。支持者认为，工会要实现代表工人利益行事这个历史使命，最好的方法就是参与到工作再造以及决定着工人生活的战略性经营决定中。

在工会场所，关于员工参与的讨论经常不是这样的抽象问题，而是一些非常实际的问题。例如，在 Saturn 集团，赞成员工参与的工人们与那些喜欢回归到更加传统工作方式的员工们讨论的是不满申诉程序和资历安排所起的作用。这些争论会向上扩展到 UAW 和 GM，当 Saturn 发扬创新精神，并要将这种创新融合到 GM 的组织架构和管理系统中时，工会干部和公司的高管之间就会产生争论。在 20 世纪末 21 世纪初，Saturn 已经演变成一个综合性的组织，既保留了很多原有的设计原则，又是在较小的汽车部门和母公司的架构下经营。

虽然劳联—产联在这些讨论中对于工作再造一贯保持中立态度，但到 1994 年劳联—产联最终倒向支持扩大劳资合作关系。劳联—产联的主要观点如专栏 12.7 所示。

专栏 12.7

---

### 美国的新型劳动场所：劳方的观点

在美国 20 世纪占据着统治地位的工作组织方式，并不尊重普通工人的权利，没有认识到工人的潜能，其结果就是无法满足工人们的基本需要。工人已经组成工会，通过集体的力量来改变这一制度……

然而，在过去的 10 来年，越来越多的雇主认为这种工作组织的制度并不能满足他们的需要，他们开始让工会代表工人参与到决策中，创建劳资合作伙伴关系，实现工作制度的转型。这种合作伙伴关系成功地创造了新的工作制度，改变了工作组织、商业管理和处理劳资关系的最基本的方式……

因此工会有责任采取行动，在完全平等的劳资合作伙伴关系的基础上，创建和维持一套新的工作组织方式，并使之制度化。当然，这样一种制度存在的前提条件是，劳资双方要在一种相互认可、相互尊重的氛围下，平等地对待对方。对于工会而言，以这种方式认可和尊重资方从来都不是一件困难的事；雇主做起来却有点难。但现在劳资双方应该结束过去的敌对状态，形成合作伙伴关系，创建一种生产率更高、更民主、更人性化的工作制度。

资料来源："The New American Workplace：A Labor Perspective," a Report by the AFL-CIO Committee on the Evolution of Work，February，1994. AFL-CIO，Washington，DC.

---

人们一直在广泛讨论是否应该修订《国家劳工关系法案》以提高员工参与程度。有些讨论围绕着专栏 12.8 中描述的 TEAM 法案展开。这种空洞的讨论是不太可能解决员工参与问题的。随着员工参与程序和工作再造的演变，真正的考验才会来临。最后，工人和工会可以从他们自己的亲身经历来评判到底是批评者说的对还是支持者说的正确。

专栏 12.8

---

### 在 Elecromation 案裁决中提出的 TEAM 法案

1992 年 12 月 16 日，国家劳工关系委员会（NLRB）裁定，Elecromation 公司成立的员工行动委员会是由雇主控制的劳工组织。NLRB 认为，这家地处印第安纳州的电子公司"组建、统治并支持了该委员会"，从而采取了偏向公司的集体谈判方式。

Elecromation 公司的管理层因为雇员关注出勤奖金计划和工资问题而成立了 5 个委员会。监督管理人员和经理们也在委员会中讨论雇佣条件。在行动委员会成立几个月后，卡车司机国际联合会（IBT）在公司进行了代表权选举，当时公司声称不知道工会在进行组织活动，在选举后解散了行动委员，而工会在选举中失败。NLRB 认为，这些委员会是劳工组织，因为其目标是同雇主一起处理有关雇佣条件的问题。NLRB 很清楚地把这样的委员会分为两类：一类是合法委员会，主要处理生产率和效率问题；另一类涉足不满申诉、劳动纠纷、工资、报酬、工时或者工作条件问题。根据《国家劳工关系法案》，后一类委员会是违法的。

---

虽然 NLRB 说明，对 Elecromation 公司的裁决并没有将所有员工参与项目视为非法，但是很多人表示关注这类计划的未来。这个裁决发布不久后，在一些商业团体和共和党的支持下，国会议员 Steve Gunderson（R-WI），提出了《员工和管理者团队法案》（《TEAM 法案》）。该法案提议修订《国家劳工关系法案》第 8（a）（2）款，给予雇主更多的成立员工参与项目的权利。支持者感到，非工会化的雇主需要更多的空间，在扁平化的组织架构下，让雇员参与到经营决策中，打开沟通渠道。劳联—产联强烈反对《TEAM 法案》，认为修订《国家劳工关系法案》为"虚假"的工会开启了大门，并对工会组织的未来提出了威胁。

该法案于 1997 年 3 月在参议院的劳动与人力资源委员会上获得通过，但是之后并没有采取进一步的行动。Clinton 总统在 1996 年否决了一个类似的法案。

人们已经起草了对《国家劳工关系法案》的修订。例如，增加一个条款，禁止利用员工参与项目来打击工会的组织活动。然而，劳联—产联还是表示不满意，并且仍然担心谁将有权利挑选那些参与委员会的工人。劳联还指出，虽然修订草案规定，在有 30% 的雇员签字申请进行工会选举的情况下，禁止成立这样的团队，但只要工会的组织活动不是成立团队的诱发因素，还是可以成立团队的。劳工组织认为这是不能接受的。

《TEAM 法案》仍然是共和党和很多商业团体首要考虑的问题。

资料来源：Various articles taken from *Daily Labor Report*，1992 – 1997.

## 评估员工参与项目的作用

管理层似乎相信，员工参与项目和工作组织方式的改革能够明显地提高生产效率、产品质量和服务质量，许多工会方面的人员也得出了相似的结论。

研究发现，狭义的质量圈（QC）和工作生活质量（QWL）项目对提高产品质量的作用有限，对于生产率的提高也作用甚微。非常明显的是，贯穿员工参与项目演变过程通常会出现复杂的政治斗争和冲突，并且这些有时会导致工会对计划不再支持。

研究还表明，那些具有最高的生产率和产品质量的汽车工厂并没有拥有最先进的技术，而是将人力资源管理战略综合到了生产过程之中。公司要解决生产率问题如果仅靠改进技术，那么结果往往欠佳，GM 在 20 世纪 80 年代就是这样做的。相比之下，很多表现好的公司往往是能够把人性管理的"软件"和科技的"硬件"成分紧紧地结合在一起。

研究还表明，员工参与项目经常伴随着工作规则的变化。与上述讨论得到的论据一致的是，研究表明，如果同时提高工人在决策中的参与程度，那么改变工作规则的开支最高。对航空公司和医院的调查表明，工作场所参与制度与灵活的工作规则相结合，再加上谈判中劳资关系积极互动，会使生产率和客户服务方面有所改善。

Eileen Appelbaum 带领了一个研究团队，详细地分析了高绩效工作实践（例如团队、员工参与和扩大任务范围等）对服装、钢铁和医疗设备产业的经济绩效和工人产出的影响。这项研究显示，公司平均绩效由于工作再造而得以提高，工作再造使雇员有机会获取信息、参与决策的制定过程和改进工作实践。研究人员还发现，高绩效的工作制度能够提高工人对组织的认同感和工作满意度。Paul Osterman 对一份全国性机构样本的数据进行了分析，他发现，当高绩效工作实践在 20 世纪 90 年代发展迅速时，并没有给工人带来乐观的结果。Osterman 还发现，20 世纪 90 年代引进的高绩效工作制度并没有导致解雇水平的降低，也没有给工人带来收入的增加。

然而我们必须非常小心，不要用这么少的几份研究来概括这个领域的情况。另外，研究者也必须谨慎从事，将员工参与的结果同其他经常同时发生的变化区分开来，比如引进新技术。很明显的是，需要进行更加深入的研究，才能对员工参与和工会参与的结果有一个明确的定论。

## 12.5　董事会中的工会代表和员工持股

### 12.5.1　公司董事会中的工会代表

在公司的董事会中拥有正式的代表是工会参与战略性经营管理决策的另外一种形式。最早是在 1980 年，UAW 的代表进入了 Chrysler 公司的董事会，以此作为联邦政府贷款担保的一部分，从此，许多公司都在其董事会中加入了工会代表，以换取工会在合同上的让步。在所有的案例中，进入董事会的工会都要代表公司相当数量的雇员。

雇员参与进入到 Rath Packing 公司的董事会并没有获得成功，Rath 公司最终停止了这一做法。这也意味着工人代表进入董事会的实验到此结束。尽管如此，Rath 公司却是一个非常有意思的案例，因为它说明工会代表进入董事会后情况的复杂性，以及工人代表进入董事会后给工会领导带来的困难。在 Rath 公司一案中，一位曾经担任过工会干部的人有一段时间成了公司的首席执行官。当他担任首席执行官时，却很难说服 Rath 的员工必须在以后的工资和其他方面作出让步。有一段时间，东方航空公司也在董事会中加入了工会代表，最终也是终止了这一做法，这与 Rath 公司的案例有相似之处。

仅仅从 Rath 公司和东方航空公司两个案例中就得出结论，认为工人代表进入董事会注定会失败是不正确的。但是我们知道，工会代表要在公司的董事会发挥影响，最终需要一些新的沟通技巧和管理技能，以及一些技术知识。

有证据表明，工会人员或者雇员进入董事会本身并不会给员工或者雇主带来实质性的收益。要使这种做法持续下去，产生正面的结果，就要同时改变集体谈判，以及我们在本章其他部分谈到的在工作场所中的一些变化。

### 12.5.2　员工持股

工作场所员工参与的一个更激进的形式，是让雇员从雇主那里购买企业。在某些案例中，雇员收购企业的行为发生在公司即将关闭工厂时。工会已经不再像过去那样对员工持股持怀疑态度，近年来有很多案例表明，工会为了提高员工的就业保障而推崇员工持股。通过员工持股计划（Employee Stock Ownership Plan），美联航的雇员收购了该航空公司，使其成为美国最大的雇员所有制公司。如专栏 12.9 所示，员工持股美联航是否对提高员工士气或者公司绩效取得了积极的效果，这是不确定的。

1）劳方对员工持股的看法

从事劳工运动的人士对员工持股的看法与他们对劳资共同决策的看法一样，传统上并不热衷于把员工持股看作转变公司倒闭命运的一种方式。他们之所以反对这样做既有经济上的考量，也有组织上的考量。工会领袖在组织上的考量主要是担心，在雇员所有制的公司里，员工将不再需要工会，因为雇员不会和自己进行集体谈判。然而，正如上面所提及的美联航的案例一样，最近工会已经将员工持股视为一种可以利用的好方式。

工会改变对雇员持股看法的一个原因是，经验数据表明，在几乎所有案例中雇员所有制公司的员工都非常支持工会。有一些研究表明，雇员所有制会影响到工人对于自己的工会和作为谈判组织的工会的态度。

从这些案例研究中得出的主要结论有以下几点：①大部分的雇员仍然相信他们需要由工会代表他们行事；②工会的角色发生了变化，在战略性决策中成了资方的准合作伙伴，而在以前工会是不会参与企业的战略性决策的；③在组织中集体谈判仍然是很重要的决策机制；④大部分蓝领工人仍然愿意通过集体谈判来处理传统的工资和福利等问题；⑤除集体谈判外，还有一些新的决策方式存在。

工会领导反对雇员接管企业的经济原因，主要担心是为了保留工作岗位而会被迫减少工资和福利。工会领导还担心，某个工厂如果在工资上作出了让步，就会影响到本行业中其他的工会化企业的工资水平。

专栏 12.9

---

### 员工收购与美联航的破产

1994 年 7 月 12 日，美联航成为美国最大的雇员所有制公司。其员工持股计划（ESOP）是由公司高管、经理和工会领袖制订的。根据协议条款的规定，美联航的某些员工要在 6 年的时间内出让 4.9 亿美元的工资，在工作规则方面作出改变，才能获得公司 55% 的股权。

这个员工持股计划是在该公司面临财政危机时形成的。美联航意识到，公司要么大规模地缩减规模，裁减大量的工作岗位，要么和公司的工人形成一种新的、节约成本的关系。

在美联航，雇员所有制对雇员士气和公司绩效所具有的积极影响并不明显。2001 年 9 月 11 日恐怖袭击的后果是，航空公司要艰难地应对乘客量的大幅缩减和额外的安全保险费用。在经受了 2001 年春天到 2002 年秋天的 40 亿美元的损失后，在 2002 年 9 月上旬，美联航提交了破产申请。这份申请是在航空运输稳定委员会（由美国国会在 9·11 之后成立的机构，目的是帮助美国的航空公司）拒绝了联合航空的 18 亿美元贷款申请之后提交的。在准备提交给稳定委员会的申请时，该公司收到了来自于它的 5 个工会和公司内部一个代表工资与人事管理的群体所提供的 52 亿美元的支持。美联航在提交破产申请之后继续运行，发誓要在这个过程中恢复重建。

美联航的工会声称，他们对于提交破产计划非常失望，但是并不吃惊。代表美国 9 000 名的飞行员的航空飞行员联合会的领袖，发誓支持公司进入有序的破产程序，准

---

备和公司以及法院进行谈判。分析专家推测，如果航空公司破产的话，那么美联航的雇员从这项投资中得不到什么。

资料来源："United Airlines Finally Files for Bankruptcy; Imposes Immediate Management Pay Cuts," *Daily Labor Report* 237, December 10, 2002: B1.

工会领袖还担心，员工持股会鼓励工人投资于私营部门中最老旧的、最没有利润的，也是最不可能成功的公司。工会领袖们认为，如果公司有利可图，那么现在的雇主就不会想离开，或者其他的私人资本就会被吸引来接管公司，从而保留工作岗位。尽管如此，很多工会都相信，通过适当的防护措施和智慧，他们能够防止这些不利的事情出现在雇员所有制的企业中。工会的基本看法仍然是，工会支持持股是为了保留工作岗位。

至于雇员所有制的公司是否会促进产业民主，尚无定论。虽然很多雇员所有制企业都发展了一些更民主的决策方式，但这些企业仍然保留着传统的劳工与管理者的区分态势。工人还是认为，这样做很合适，是企业成功所必要的。然而，同时有证据表明，大多数的蓝领和白领工人希望，在雇员所有制企业，他们应该对影响到他们工作的决策发挥更大的影响力。

2）员工持股对经济绩效的影响

最后，还有一个非常有趣而重要的问题，这就是雇员所有制企业的绩效是否超过了其他企业。从其他地方得到的证据显示，在那些雇员所有制企业，如果雇员参与决策的范围广，企业的绩效就会提高。

员工持股似乎在小企业运行得很好。这些企业的劳动力相对稳定，人们对社区和组织的投入水平高，工人拥有足够的技能，员工持股能提高对工人的激励，使个人和团队的业绩提高，从而提高公司的生产率和经济绩效。

## 12.5.3　员工参与：行业劳资委员会

在一些竞争非常激烈的产业，雇主数量众多，却只有一个工会或者少数几个工会。这样的产业会遵循历史，利用行业劳资委员会来讨论劳资共同关心的问题。工会试图通过这些委员会在正式的集体谈判过程以外参与到更广泛问题的决策上。

**纺织行业的案例**

在男士服装行业，从1980年开始一直在执行服装裁剪技术组合（TC2）计划。这个项目代表了工会（服装和纺织业工人联合会，简称 ACTWU）参与的一个特例。工会介入了生产中最早的研发阶段以阻止商品的进口。相比之下，美国的大多数工会并不涉足新技术的引进领域，而是关注技术引入的结果，也就是说，他们只有在管理层已经做出了战略决策引入新技术以后才会触及技术问题。

在整个成衣制造和纺织行业的历史上，ACTWU 和国际女服工人工会（这两个工会现在都是 UNITE-HERE 的一部分）一直在参与企业的战略性决策过程。这些产业的特点是，小雇主众多，市场很容易进入（也很容易发生非自愿地退出市场的行为）。在这些产业的组织框架中，工会在历史上一直是一个稳定的力量。例如，在20世纪早期，工会就为很多小作坊提供了技术支持，让它们成为现代化运作的企业。他们这样做就能将那些也许会变成血汗工厂的作坊变成企业，这些企业能够提供可供人们生活的工资和人们可接受的工作条件。

男装和童装（套装和运动服）行业同样也有劳资委员会在发挥作用。该委员会在1987 年的谈判之后成立，那时就是否允许工会化企业除了在美国生产，还能从美国国外进口服装这一问题，劳资谈判陷入僵局。他们成立了一个劳资联合委员会，在外部协调员的帮助下，在征得联邦调解仲裁局的同意的情况下，就这一问题工作了两年时间。

最终劳资双方达成协议，在那些得到允许进口一部分商品的企业，尝试一个项目，作为回报要提供就业保障和允诺对美国生产设备进行再投资。该委员会正在开发新的招聘、培训、报酬和工作再造等方法。就这样，工会和资方得以保留这一行业悠久的合作传统，尽管（或者是因为）双方面临着非常激烈的国际竞争。

行业劳资委员会通常不会注意到单个雇主、地方工会的干部，以及普通工人的态度和行为。结果，他们如果要引进一些新的员工参与或工会参与的项目，就必须在工作场所采取行动。然而，这样的委员会可以有效地把员工参与和正式的集体谈判联系起来。

# 本章小结

虽然通过员工参与改变和提高劳资关系不再是传统的集体谈判制度，但实践证明，员工参与和集体谈判制度密不可分。只有在产业关系的三个层面上同时作出改变，才能很好地进行集体谈判制度的改革。也就是说，工作场所的变革必须要对集体谈判和战略层面同时进行变革才能得到巩固，同理，产业关系其他两个层面的变革也是一样。

员工参与制度和其他工作场所的改革能否最终获得成功，取决于劳资是否能巩固和维持高水平的相互信任。这种信任，反过来在很大程度上又取决于产业关系较高层级上展现出来的战略与行动，而这些与工作场所的互信密不可分。

如要得到实际的成效，扩大员工参与的范围和引进新的工作组织的方式，就要与集体谈判中协议条款的改变同时进行。工人和工会更多地参与到战略性决策中，这也促进了基层员工参与的扩展。战略性决策的参与非常重要，因为这样做既可以使工会相信，员工参与并不会导致工会丧失工人的代表权，又可以让工人和工会相信，以后会增强员工的就业保障。

但是这种战略性决策的参与并不会轻易或者自动出现。传统上战略决策权属于管理层（资方），管理层一般会紧紧地抓住这一权力。因此，出现战略性决策参与的基本条件是要有强大的工会，并获得工会的积极支持。非工会化企业和工会力量薄弱的企业都不大可能发展或者维持全方位的员工参与。

在个别的案例中也会出现雇员和工会参与战略性决策的情况，而且这样的项目很可能会逐渐消亡。工会和管理层内部对承担这样的新角色存在不同意见。劳工运动方面持反对意见的人担心，工会将被迫支持由资方控制的、不受工人欢迎的决策。这些批评者还认为，工会的独立性会遭到质疑，普通会员的不满情绪也会上涨。而管理人员也不太情愿工人和工会参与到战略性决策之中，担心他们会妨碍战略性决策的制定。

只有在危机时刻，或者工会有能力并愿意更多地参与经营决策时，员工参与才能超越单一问题的参与，才能在较长时期存在下来。而且，工会参与到战略性决策中也只在该工会代表企业的大部分工人的情况下出现。

员工和工会更多地参与到了经营决策中，它的未来会怎样是很难预测的。在一些案例中，当劳方和资方面临非常棘手的经济和政治问题时，之前闪亮登场的参与项目黯淡收场，劳资双方重新爆发激烈的冲突。同时在很多地方，雇员和工会广泛参与经营决策，这样的情况持续存在了 20 年；即使面对严重的经济压力，劳资双方也都经受了考验。

零星的参与项目通常好景不长。然而，员工参与如能改变工人和管理层的角色，并使这些新角色制度化，那么实践证明是能获得成功的。有越来越多的员工深层次参与经营决策的案例出现，例如 Saturn、凯撒医疗机构、旧金山宾馆和纽约医院等。这些案例说明，美国有很多企业的劳方和资方正在从根本上改变集体谈判的性质。

## 讨论题

1. 简要回顾一下从 20 世纪 70 年代以来，员工参与在工会化部门的发展历程。

2. 参与项目给工会和工会领袖提出了挑战。讨论工会如何才能扮演好在员工参与、工作再造和集体谈判中的角色。

3. 员工参与项目已经成为讨论的热点。简要描述这场讨论。

4. 劳工领袖和工会怎样看待雇员所有制？

# 第 5 部分

## Part Five
## 特殊话题

# 第13章 公营部门的集体谈判

从 20 世纪 60 年代初开始，集体谈判在公营部门得到了迅速发展。到今天为止，有 36.2% 的联邦、州、地方政府的雇员是工会成员。仅此一点就值得在本书开辟一个独立的章节来讨论公营部门的集体谈判，特别是在这样一个年代，每年私营部门的雇员由工会代表他们行事的比例都在减少，因此就更值得单独讨论公营部门的集体谈判问题。

本章将运用此前章节中形成的总的分析框架来分析公营部门的产业关系。然而，我们在开始分析时，一定要认识到，公营部门的集体谈判和雇佣实践都很特殊。政府不仅仅是一个雇主，还要提供服务，它所提供的是公共服务。正因为如此，公营部门的集体谈判制度对公众的需要特别敏感。

关于公营部门集体谈判的法律规制，目前存在很多争论。一些分析者认为，政府本质上是个特殊的雇主，传统上在私营部门发挥作用的集体谈判制度，对于公营部门来说，并不合适。另一些观察者则认可了传统的集体谈判，但是也认为需要在形式上有所改进以适应公营部门的特殊环境。

本章的第一部分将回顾公营部门集体谈判所经历的各个历史阶段，接下来的部分将回顾公营部门集体谈判的实践和结果，并对比讨论公营部门与私营部门的集体谈判。再接下来要进行规范分析，讨论公营部门对工会的法律规制是否需要与私营部门有所不同。

## 13.1 公营部门集体谈判的发展历程

在所有联邦、州、地方政府的雇员中，工会成员所占的百分比在 20 世纪 60 年代和 70 年代初大幅增加，从 1960 年的 12.8% 增加到 1974 年的 20.6%。其他公营部门的雇员们则加入了如国家教育协会（National Education Association）这样的雇员联合会。很多雇员联合会在 20 世纪 70 年代也加入到公营部门的集体谈判的队伍中来。到 1974 年，37.7% 的公营部门的雇员是某个谈判组织的成员（无论这个组织是工会，还是一个进行集体谈判的协会）。图表 13.1 估算了公营部门工会的会员人数。这些工会的成员主要是在公营部门就业的人员。

图表 13.1　　　　**公营部门的工会会员人数（单位：人，2005 年）**

**教师**

| | |
|---|---|
| 国家教育协会（独立的工会） | 2 679 396 |
| 美国教师联合会（劳联—产联的成员工会） | 816 300 |
| 美国大学教师联合会（独立的工会） | 43 183 |

**州和地方政府的雇员**

| | |
|---|---|
| 美国各州、县、市政府雇员联合会（劳联—产联的成员工会） | 1 350 000 |
| 警务人员协会（独立的工会）　（1998 年的数据） | 261 551 |

**邮电服务业**

| | |
|---|---|
| 美国邮电工人工会（劳联—产联的成员工会） | 239 147 |
| 全国通讯工人工会（劳联—产联的成员工会） | 290 109 |

**联邦政府雇员**

| | |
|---|---|
| 美国政府雇员联合会（劳联—产联的成员工会） | 204 282 |
| 全国财务工作者工会（独立的工会） | 77 806 |

资料来源：Courtney D. Gifford, Directory of U. S. Labor Organizations, 2005 Edition (Washington, DC: Bureau of National Affairs, 2005), Part Ⅲ.

## 13.1.1　20 世纪 60 年代和 70 年代早期：发展时期

在 20 世纪 60 年代和 70 年代，促使公营部门工会得到发展的因素包括：20 世纪 60 年代和 70 年代初政府预算的增加，20 世纪 60 年代由民权运动和其他一些团体所建立的不畏强权的榜样作用，以及支持公营部门集体谈判的法律的通过。

## 13.1.2　20 世纪 70 年代中后期：纳税人的抵制

20 世纪 70 年代中期，由于经济衰退，美国的保守党上台，并且质疑政府开支过大等，公营部门集体谈判所处的经济环境突然收紧。许多州政府和地方政府开始要面对重大的财政问题。此外，纳税人开始抵制政府的某些开支，不满公营部门雇员的行为，这削弱了公营部门雇员组织的政治影响力。

纽约是 20 世纪 70 年代受财政危机影响的主要城市之一，在破产的边缘徘徊了几年。最终，纽约市成立了一个由州政府、私营部门、工会、联邦政府代表组成的财政控制委员会。在 1974 年和 1979 年间，因为裁员和人员的自然减少，在纽约市工资单上的雇员人数减少了。

其他城市也面临相似的财政危机。在 1975 年秋，旧金山的投票者改变了市政程序，从多方面损害了市政雇员的利益。他们修改了工资的确定程序和退休计划，市政工人的工资平均削减了 2 000 美元。有的工人年工资最高被削减 4 500 美元。这些市政工人后来举行了罢工，但罢工失败，一个月以后又返回了工作岗位，接受了资方提出的工资条款。

纽约和旧金山的财政危机引起了美国全国人民的关注，使燃料纳税人开始抵制政府预算的进一步增加。结果，有 9 个州采纳了新的税收和政府开支限制。最广为人知的案例是，加州在 1979 年由投票者投票通过了第 13 号议案。这一宪法修正案规定，房地产税限制为实际市场价值的 1%，每年的税收增长不超过 2%。

尽管在 20 世纪 70 年代中后期，公营部门的雇主对工会的要求更多地采取了抵制的态度，但他们还没有激进到试图取消工会的地步。在这种情况下，与私营部门相比，公营部门的集体谈判制度显得稳定得多。

## 13. 1. 3  20 世纪 80 年代初：PATCO 罢工

公营部门的工会相对稳定，但有一个工会例外，这就是航空交通管理员工会（简称为 PATCO）。在 1981 年 8 月，PATCO 带领其成员进行罢工。罢工的组织者希望他们的雇主，联邦政府，提高他们的工资和福利。Reagan 总统认为他们违反了雇佣合同中禁止罢工的条款而解雇了那些罢工者。政府从军队找来了一些航空交通管理员，加上管理人员和一些穿越了罢工纠察线的航空交通管理员，来保持空中交通系统的正常运行（虽然限制了某些航班的飞行）。

联邦劳工关系局最终取消了这个工会（1987 年，新的航空交通管理员投票产生了新的工会）。一些分析家认为，解雇那些罢工的航空交通管理员产生的影响非常大，为其他公营部门和私营部门的雇主开辟了一条强硬的谈判路线。在 Clinton 执政期间，那些罢工者可以重新回去工作，他们当中的一部分人也确实重新回到了工作岗位。

## 13. 1. 4  20 世纪 80 年代中后期：制度的稳定和一些收获

解雇 PATCO 罢工者可能推动了 20 世纪 80 年代在私营部门兴起的让步谈判的潮流。尽管如此，值得一提的是，公营部门的集体谈判在 20 世纪 80 年代经历了一个相对稳定的阶段。在某种程度上，这种稳定得益于不存在极度的经济压力。公营部门的工会不需要面对国际竞争，公营部门也不像私营部门那样，要面对越来越多的非工会化的供应商。

另外，公营部门的管理层也没有像私营部门那样，在战略上采取行动，或者在集体谈判的过程中威胁要作出重大调整。例如，公营部门并没有像私营部门那样广泛利用团队工作方式，也没有广泛利用新的直接沟通的模式。

到 20 世纪 80 年代中期，政治潮流开始朝着对公营部门有利的方向回转。一些政治家和观察家开始认为，政府的开支削减得过多。

与此同时，公众的注意力正在转向美国小学和中学教育存在的问题上来。许多报纸的社论认为，美国的学校不好，特别是和日本的学校相比，这是美国的贸易和竞争力问题产生的原因之一。其中，卡内基委员会（The Carnegie Commission）刊登了一篇报道，指责了美国公共教育的不足，并指出解决这一问题的方法之一，就是要提高公立学校教师的工资和社会地位。支持这一论调的证据是，由于计算机行业的竞争，学校事实上很难招收到科学课和数学课的教师。

所有上述因素要求公营部门的工会加强力度，特别是教师工会。这些压力的存在也使人们开始在公营部门采取一些实验性的产业关系措施。这些措施我们将在本章后面的章节中加以详细阐述。20 世纪 80 年代后期，公立学校开始扩大员工和工会对经营决策的参与面。

### 13.1.5 从20世纪90年代到现在：重构政府

从20世纪90年代起，公营部门受到了很强的压力，要求其缩减自身规模的同时提高业绩。要求政府改革的声音来源于一些正式的评估机构和一些委员会。他们要求重构公共就业体制以解决公营部门的官僚作风和低效率。有趣的是，有相当多的业绩评估机构提出，改革项目应该使公营部门与工会结成合作伙伴关系从而加强公营部门的劳动力授权。用美国劳工部特别行动小组（Task Force）的话来说："从学校到消防站，越来越多的州政府和地方政府正在工作场所结成劳资合作伙伴关系，以便将公共机构变成灵活的、对顾客负责的、更好地为市民服务的组织。"特别行动小组发现，公营部门的工作重组活动与正在私营部门进行的活动程度相当。

在大家提出要重构政府的同时，也有声音要求缩减政府的规模，让公共服务的提供私有化（就像私营部门日益增长的外包活动一样，这不过是个公营部门的版本）。与此同时，也要求联邦政府将责任下放到州和地方政府。公营部门的工会一方面支持加大对公营部门员工的授权，强化劳资合作伙伴关系，同时也在竭力抗争，反对政府采取各种各样的方法减少开支，以保护工会成员的利益。

总之，20世纪60年代见证了公营部门工会成员的快速增加和工会的战斗性。但是到了20世纪70年代中期，纳税人出现了抵抗行为，减少了公共部门工会的收获。然而，在20世纪80年代中期，教师和其他公营部门的雇员群体从公众对于公共服务欠缺的关注中受益，他们的谈判力量出现了反弹。从20世纪90年代以来，要求重构政府的呼声导致政府采取了一系列丰富多样的策略。这些策略既包括缩减规模、私有化，又包括对公营部门的雇员授权，注重公共服务的质量等。

公营部门的雇员和工会，如同私营部门的雇员和工会一样，已经对环境的变化所产生的压力作出了回应。但是，公营部门的环境压力和集体谈判的变化，在某些方面，与私营部门有所不同。与私营部门相比，在过去的35年中，公营部门的集体谈判进程保持着相当的持续性和稳定性。

## 13.2 规范公营部门工会的法规

联邦、州和地方政府雇员都不在美国《国家劳工关系法案》（NLRA）的覆盖范围之内。美国有单独的法律规范公营部门的集体谈判。图表13.2列出了联邦、州和地方政府的雇员加入工会的百分比。在公营部门，集体谈判所覆盖的范围会超过工会充当雇员代表行事的领地。如果雇员不是工会会员，那么他也可能在某个集体谈判协议的覆盖范围之中，这种情况在私营部门很少见。值得注意的是，图表13.2显示，与私营部门相比，公营部门的工会化程度要高得多。

图表 13.2　　　美国工会化雇员在公营和私营部门所占的百分比（2006 年）

| 部门 | 百分比（%） |
|---|---|
| 私营部门 | 7.4 |
| 公营部门 | 36.2 |
| 联邦政府雇员 | 28.4 |
| 州政府雇员 | 30.2 |
| 地方政府雇员 | 41.4 |

资料来源："Union Membership Rates Dropped in 2006 to 12 Percent; Manufacturing Leads the Way," Daily Labor Report 17, January 26, 2007: D-1.

## 13.2.1　联邦政府雇员

根据 Kennedy 总统在 1962 年签署的 10988 号总统令，美国联邦政府的雇员有权成立工会并就雇佣条件进行谈判，但对工资和福利的问题不能进行谈判。后来 Nixon 总统签署了 11491 号总统令，对这些权利有所扩大。

在 1970 年，作为改革邮政服务体系的一部分措施，国会给予了邮政部门雇员在工资、工作时间和雇佣条件等问题上进行集体谈判的权利。

1978 年，国会首次用综合性的联邦法案代替了 Kennedy 和 Nixon 总统签署的行政命令，给予了联邦政府雇员集体谈判的权利。这部法案是针对公民服务程序和政策进行广泛改革的一部分。该法案的第 7 章（Title Ⅶ，Public Law 95-454）保护雇员组织起来就雇佣条件进行集体谈判的权利。法律规定，工资和福利仍然排除在集体谈判的内容范围之外。

目前，联邦政府部门的集体谈判受联邦劳工关系局（the Federal Labor Relations Authority）的管辖。联邦服务僵局解决小组（the Federal Services Impasse Panel）担负起解决谈判僵局的责任。该小组可以运用调解、事实调查、仲裁等手段解决劳资纠纷。联邦政府雇员的罢工是被禁止的。

## 13.2.2　州政府和地方政府雇员

截止到 2006 年，美国除 9 个州外，其他州都颁布了法律，至少给予部分州政府或地方政府的雇员组织工会和进行集体谈判的权利。图表 13.3 根据法律覆盖范围的不同，列出了这些州的情况。在所列出的 41 个州当中，24 个州通过了覆盖许多职业的工人群体的综合性法规。没有制定公营部门集体谈判法律的州主要集中在南部。

在 20 世纪 60 年代末和 70 年代初期，若干州首次通过了有关州和地方政府雇员集体谈判的综合性法律。另一方面，20 世纪 80 年代，只有伊利诺伊和俄亥俄两个州通过了这样的综合性法律。但是在 20 世纪 90 年代，只有新墨西哥州通过了类似法律。相反，在最近的几年，我们目睹了早些年通过的法律经过了修订。这些修改将集体谈判的范围扩大，覆盖了新的雇员队伍，加强了负责法律行政职能的机构的力量，修改了劳资纠纷的解决程序。

图表 13.3　　　　　　　　各州公营部门雇员集体谈判法律规定的差别

| 覆盖范围 | 州名 |
|---|---|
| **法规覆盖所有雇员** | 佛罗里达州、夏威夷、马塞诸塞州（麻省）、明尼苏达州、蒙大拿州、新罕布什尔州、新泽西州、纽约州、新墨西哥州、俄勒冈州、南达科他州 |
| **覆盖所有雇员，有独立的法规** | 阿拉斯加州、加利福尼亚州、康涅狄格州、特拉华州、伊利诺伊州、堪萨斯州、缅因州、内布拉斯加州、宾夕法尼亚州、罗得岛、佛蒙特州、威斯康星州 |
| **法规覆盖部分雇员** | |
| 教师 | 印第安纳州、马里兰州、田纳西州、北达科他州和犹他州 |
| 警察和消防队员 | 肯塔基州、得克萨斯州 |
| 消防队员 | 怀俄明州、亚拉巴马州 |
| 警察，消防队员和公立学校的雇员 | 俄克拉何马州、内华达州<br>密歇根（密执安）州、华盛顿州 |
| 只有州市政服务人员除外 | 佐治亚州、爱达荷州 |
| 消防队员和教师 | 密苏里州 |
| 只有教师和警察除外 | 俄亥俄州 |
| 司法人员除外 | |
| **没有法律** | 亚利桑那州、阿肯色州、科罗拉多州、路易斯安那州、密西西比州、北卡罗来纳州、南卡罗来纳州、弗吉尼亚州、西弗吉尼亚州 |

数据说明：明尼苏达州数据不包括慈善医院的雇员；新墨西哥州数据包括了哥伦比亚特区；肯塔基州只有一些城市符合要求；得克萨斯州要经过全市投票决定；密苏里州是通过行政命令颁布的规定。

资料来源：*Government Employee Relations Report*（Washington DC：Bureau of National Affairs，various years）；*Public Sector Bargaining*（Washington DC：Bureau of National Affairs，1988），Chap. 6；and *Public Sector Employment in a Time of Transition*（Industrial Relations Research Association Series，1996），Chap. 1.

1）州一级谈判法律的扩展

在 1960 年—1970 年之间，最早通过公营部门集体谈判法律的州，是那些拥有自由政治历史、每人享受的政府服务支出水平很高，以及个人收入增长的水平高于平均水平的一些州。公营部门集体谈判的法律在这些州最具综合性。通过了公营部门集体谈判法律的州也是那些私营部门工会化雇员所占比例较高的州。

这些法律在公营部门的执行正如人们所言，公共政策反映了既定政治力量的平衡，反映了社会准则。法律是无法弥补力量的不平衡的。也就是说，赋予劳动者集体谈判权利的法律往往是在那些政府预算已经相对很高、劳动者很有影响力的州通过。而类似的法律却没有在工资较低、工会力量很弱的州通过。

不同职业团体的政治影响力的差异性同样也影响着支配每个州不同团体的法律的性质。举例来说，对警察和消防队员的法律规定最具综合性，解决谈判僵局程序的最后一步是仲裁，而不是调解和事实调查。在大多数州，教师的境遇要比其他地方政府的雇员们好。规范州政府的雇员的综合性法规最简单，只规定了有关雇员集体谈判的权利以及僵局解决的程序。

公营部门的工会即使无权进行集体谈判，也能发挥影响力。例如，在一些没有集体谈判法律的州，公营部门工会作为某个职业的协会代表雇员利益一样在有效运行（如北卡罗来纳州的国家教育工作者联合会）。他们常常和其他一些大的职业协会形成联盟，一起工作，例如国家社会工作者协会、美国语言协会等。其他例子如密西西比州 CWA 的地方工会和佐治亚州代表州政府机构中的狱警人员和蓝领工人的服务人员国际工会（SEIU）。它们的行事方式和典型的工会一样（在公务员法律的规范下代表工人的利益行事），虽然这些州并没有颁布有关集体谈判的法律，但这些地方工会也获得了少数员工的授权。

有关公营部门工会发展的研究表明，各州颁布集体谈判的法律加速了工会化的进程。集体谈判的法律在各州颁布以后，工会化的程度在此后几年有所提高。并且，法律对工会越有利，工会的增长速度就越快。然而，与此同时，有利于公营部门工会和集体谈判的法律之所以能在一些州通过，是因为在法律颁布前工会已经发展壮大起来了。因此，工会的发展与公营部门集体谈判法律的颁布之间存在着复杂的相互作用的关系。近些年，公营部门的工会成功地运用政治行动扩大了工会在州和地方上的覆盖面。例如，SEIU 和 AFSCME 两大工会组织了阵营，成功地将加利福尼亚和宾夕法尼亚两个州公营部门的法律扩展到家庭健康护理人员身上，使他们获得了谈判权利。在 20 世纪 90 年代初，加利福尼亚州的工会首次通过法律授权县级政府建立了监管家庭护理工人的行政机构，通过这样一个步骤从根本上把家庭护理人员由个人承包商转化为地方政府的雇员（从经济关系转变为劳动关系，从而使工人获得了集体谈判权利——译者）。在过去的 10 年间，工会已经说服了几个人口众多的县市建立了这样的新机构，并且赢得了代表权选举，使其可以代表此州 180 000 名家庭护理工人中的大多数人的利益行事。

2）有关罢工权的法律规定

没有一个州赋予公营部门雇员与私营部门工人相同的罢工权。私营部门工人是在 NLRA 的规定下获得的罢工权。不过，一些州的确给予了公营部门雇员有限的罢工权。例如，在科罗拉多州，允许所有类型的公营部门雇员举行罢工，而在宾夕法尼亚州，罢工的权力则更加有限——它只允许不穿制服的雇员在不危及公共健康、安全、公民福利的情况下罢工。

同时，一些州不允许任何公营部门举行罢工，并且一些州对这类罢工有着严厉的处罚。举例来说，在纽约州，《Talor 法案》规定，对罢工者要实行"二比一"的罚款，即罢工的雇员每罢工一天不仅得不到当天的工资，还要被罚处以相当于一天工资量的罚金。根据《Talor 法案》的规定，罢工工人的雇主负责收集罢工的罚款，并且还可以保留这些钱。专栏 13.1 中的文字描述了根据《Talor 法案》处罚在 2005 年举行罢工的纽约市的交通工人。

专栏 13.1

---

**纽约市的交通工人罢工导致地铁和公交系统关闭**

2005 年 12 月 19 号，两条为纽约市提供服务的私人公交线路举行罢工。第二天，隶属纽约大都会交通局（MTA）的公交公司、纽约市地铁和公交运营商的雇员跟随着

---

罢工。此次罢工是在 TWU 第 100 号地方工会的工会主席 Roger Toussaint 的号召下举行的。此前，工会和 MTA 进行了两个月的集体谈判，但谈判失败。

由于 35 000 名纽约市交通工人受《Talor 法案》的规制，所以，在罢工期间罢工者每罢工一天要被罚两天的工资。然而，他们仍然坚持了 3 天才回到工作岗位。工人们罢工是因为 MTA 拒绝提高小时工资、改进健康计划，改变处分程序和加强退休保险。MTA 当时拥有 100 万美元的预算盈余，但它声称，预期未来会出现财政赤字，无法满足工会的要求。相反，MTA 答应一次性提供一笔奖金，来和雇员分享盈余，作为交换，要求将小时工资增长从 10.5% 降到 8%。

罢工关闭了纽约市的地铁和公交系统。作为国家最大的公交地铁系统，它每天服务于 700 万人。另外，罢工对纽约市的经济产生了不利影响，因为公交系统的关闭不仅使个人无法上班，也影响到了纽约市居民和游客在圣诞节期间购物高峰期的生活。从 1980 年以来，纽约市再也没有经历过像这样的罢工。

罢工开始前举行了一个紧急听证会，布鲁克林最高法院的法官 Theodore Jones 已经在罢工开始前一个礼拜，即 2005 年 12 月 13 日，发布了预备性的罢工禁令。罢工禁令禁止工人罢工、停工、怠工或采取其他试图打断城市正常交通服务的举措。在 12 月 20 号，Jones 法官发现罢工的交通工人藐视他先前发布的禁令，于是，他裁决对罢工处以每天 100 万美元的罚款。

纽约州公共部门雇佣关系委员会（PERB）派出了一组调解人员协助解决此次事件。根据调解员的提议，交通工人在罢工 3 天后返回了工作岗位。2005 年 12 月 27 号，TWU 的工会会员投票否决了协议草案。2006 年 1 月 25 号，他们申请利益仲裁。MTA 和 TWU 随后指定了利益仲裁组的成员。2006 年 4 月 18 号，71% 的成员投票批准了他们以前拒绝的协议，但是 MTA 方面说，一旦举行罢工，他们就不承认这些协议条款。仲裁组随后给出了一份和早先达成的协议草案很接近的裁决书。

资料来源："New York City Transit Union Ends Subway, Bus Strike After Three Days." *Daily Labor Report*, December 27, 2005, http：//www. pubs. bna. com; "Strike by TWU Local Shuts Down New York City Subway, Bus System," *Daily Labor Report*, December 21, 2005, http：//pubs. bna. com; "Tentative Agreement Reached on Pact for New York City Subway, Bus Workers," *Daily Labor Report*, December 29, 2005, http：//pubs. bna. com; and "Transit Union Approves Contract That It Rejected Before," *New York Times*, April 19, 2006, http：//www. nytimes. com.

3）罢工的频率

尽管州法律规定罢工非法，但公营部门的罢工仍然不时发生，纽约并不是唯一的一个这样的州。事实上，罢工频率最高的数据出现在允许公营部门工人罢工的州，但是，较高的罢工频率同样也出现在像密歇根州、俄克拉何马州、华盛顿州和弗吉尼亚州这样禁止罢工的州。同时，执行罢工罚款，看上去的确会影响罢工的频率。在 1980 年之后，公营部门的罢工总数大幅下降，然而，有迹象表明，劳动争议正在向其他渠道转移，例如不满申诉程序。

雇员的类别也影响了罢工的倾向。举例来说，来自大地区的教师比来自小地方的教师更有可能罢工。罢工的倾向在公营部门的其他职业也有很大的区别。

4）监督管理人员的谈判权

监督管理人员的谈判权在公营部门和私营部门具有实质性的差别。大多数州的法律没有将公营部门的监督管理人员排除在集体谈判之外。而在私营部门，《Taft-Hartley 法案》严厉反对监督管理人员的工会介入谈判。然而，也的确有一些州要求监督管理人员成立与普通雇员不一样的谈判单位。

为什么公营部门的监督管理人员会被区别对待？在私营部门，监督管理人员被认为有权在关键的人事职责上作出独立的判断。与私营部门不同的是，在公营部门，大部分这些职责为一个公务员管理委员会所掌控。而且，在公营部门，监督管理人员的层级较多，许多人虽有监督管理人员的头衔但实际上并没有真正作为一个监督管理人员提供服务。一些人也认为，在公营部门，监督管理人员和他们的下级间存在共同利益。尽管不是每个人都认为公营部门的监督管理人员应该被区别对待，但到目前为止，法律的确在公营部门有所区别。

5）要求出台适用于州和地方政府雇员的联邦法案

有些州并没有为公营部门雇员提供集体谈判的权利，促使人们要求联邦立法将谈判权扩大到所有公营部门的雇员身上。但这一运动存在两个障碍。最大的一个障碍是制度问题。也就是说，联邦政府是否有权力出台覆盖州和地方政府雇员集体谈判的法规。第二个障碍是，各种工会无法就应该出台什么样的法规达成一致的意见。关于公营部门集体谈判的联邦法规，他们提出了以下三种方案：

（1）只需要简单地把《国家劳工关系法案》的覆盖范围和国家劳工关系委员会的管辖范围扩展到州政府和地方政府雇员的身上就可以了。

（2）考虑到公营部门雇员的独特之处，特制定专门的、只适用于公营部门雇员的综合性法规。

（3）只就州政府和地方政府雇员的集体谈判权利制定最低标准的联邦法律，而把具体的规定交由各州自行处理。

和私营部门情况相似的是，公营部门的集体谈判不仅要受到集体谈判法规的影响，还要受到其他州和联邦法规的影响。在这些法律规定中，如前所述，影响最大的是有关税收的法规。关于公务员的法规和程序也同样具有重要的影响。随着集体谈判在公营部门的发展，一个更加棘手的问题在公营部门出现了，即如何去解决有关公营部门的雇员集体谈判权利的法规和其他法律规定之间的冲突。

## 13.3  公营部门和私营部门集体谈判的区别

如果公营部门的雇员越愿意并且有能力去维持罢工，雇主越不愿意且没有能力承担罢工，那么，雇员拥有的谈判力量就越强。而且，如果雇佣水平在长期不会随着劳动成本的增长而下降，那么公营部门的雇员将会有更强的谈判力量。这些条件无论在公营部门还是私营部门都对谈判力量具有相同的影响。因此，公营部门的谈判力量是由与私营部门基本相同的因素决定的。

但是，公营部门和私营部门的工会所持有的谈判力量的平均水平各是怎样的？较高的工会化程度或是罢工的权力给了公营部门的雇员们过高的力量吗？公营部门和私营部门的集体谈判的差别会在两部门导致迥然不同的结果吗？

为了解决公营部门的工会是否比私营部门的更有力量这个问题，有必要考虑环境因素是怎样影响工会谈判力量的。如同在私营部门的分析一样，这需要用到 Marshall 定理，以及工资和雇佣量的交替关系（劳动力的需求弹性）。

## 13.3.1 Marshall 定理在公营部门的作用

Alfred Marshall 定理的第一条是，如果资方很难用其他要素替代劳动力这个生产要素，那么雇员将具有较强的谈判力量（工资上升，雇佣量的下降较小）。从这一点来说，平均来看，公营部门的雇员应该比私营部门的雇员拥有更强的谈判力量。比如说，对许多公共服务来说如果要用机器去替代公营部门的雇员，那么将是十分困难的。机器很难替代公立学校的教师、警察和消防队员。

在有些情况下，在公共服务方面，资本对劳动力的替代是可行的。计算机至少可以部分地替代教师，警察可以获得更多的汽车和其他装备，消防队员可以使用更多、更好的消防设备。尽管如此，因为用其他要素去替代劳动力要素相对困难，所以公营部门的雇员可能会取得一些优势。

Marshall 定理的第二条关系到最终产品需求的价格弹性。在这点上情况也是同样的，平均说来，公营部门的雇员相比大多数私营部门的雇员，应该要占一些优势。政府是典型唯一的公共物品和服务的提供者。公营部门的雇主一般不能靠倒闭或者把生产转移到其他地方来逃避更高的劳动成本。结果就是，许多公共物品的需求相对而言缺乏价格弹性。这就使公营部门的雇佣量对工资的增长相对来说是不敏感的。

Marshall 定理的第三条讨论了如果生产中替代劳动力要素的需求增加，那么要素的价格会如何变化。在这一点上，公营部门和私营部门没有明显的区别。

Marshall 定理的第四条非常重要，虽然它总是受到人们的忽视。公营部门的雇员在这点上可能处于劣势。在大多数情况下，劳动成本占据了总生产成本的大部分。在公营部门，劳动成本占总成本的比例并不相同。警察和消防部门的比例很高，高达 90% 左右；而在教育和其他公共服务部门，这一比例较低，在 60%～70% 之间。这就意味着工资的增长会对政府总预算的增长具有显著的影响。当公众要求降低税收和政府开支时，首要目标便是削减劳动成本。在长期来看，劳动成本在总成本中占据较高比例可能会成为公营部门雇员的工会发挥力量的一个主要的阻碍因素。

总之，根据 Marshall 定理的预测，公共服务的需求相对缺乏价格弹性，所以，劳动成本的增长应该会导致雇佣量的一个相对小幅的下降。

## 13.3.2 公共服务需求的转移

Marshall 定理关注的是，当其他影响谈判力量的环境因素保持不变的情况下，短期内，雇佣量对于价格（工资）变化的反应程度。然而，在 20 世纪 70 年代中期以后，在最近这些年，公营部门雇员的谈判力量恰恰受到了环境压力的限制。在一些地方税收收入在减少，公众表现出了对许多公共服务需求的减少。这些压力导致政府削减开支。公众对政府服务需求的减少部分是因为公众对公营部门的雇员早些时候得到了相对较高的收入所作出的反应。

纳税人的抵制在某种程度上是一个延迟的价格效应。作为对这些公共服务不断增长的费用的回应，公众已经削减了对于它们的需求。因此，公营部门对于劳动力的长期需求比短期要有弹性得多。面对工资的增长，政治家需要一些时间来大幅降低雇佣水平。

### 13.3.3  罢工的作用力：公营部门与私营部门的差别

公营部门雇员罢工的作用力受他们承受由于罢工带来的收入损失的能力和愿望的影响。与私营部门一样，在公营部门罢工的雇员要依赖其他收入来源，比如说，从事临时工作的收入或者家庭其他成员的收入。公营部门的雇员要面对的主要问题是，如果他们选择罢工，他们就将面临很高的惩罚。

在私营部门，雇主是否愿意并且能够让罢工持续下去，很大程度上要看企业是否可以承受在罢工期间生产和销售的停止带来的收入损失。在公营部门，收入和销售与生产没有必然的联系。公共机构一般通过税收取得收入，并不因为提供了服务而收费。因此，在罢工期间，公营部门的雇主一般来说可以继续获得收入，结果是，他们不会有由于担心会破产而去满足罢工者要求的压力。公共机构的雇主也不用担心竞争对手在罢工期间可以继续生产从而会夺走受罢工打击的雇主的顾客。在罢工的情况下，罢工和雇主收入之间没有联系，这一点很显然对于公共部门的雇主十分有利。

在罢工期间，公共部门的雇主可能不会遭受收入损失，但是罢工能够激怒雇主的委托人，即公众。缺少了某些公共服务，比如警察、消防保护、教育和医疗服务，公众会处在十分窘迫的困境之中。这些服务被称作必不可少的服务。几乎没有能够迅速、有效地替代这些服务的替代物，这些服务的缺位会导致情况变得很艰难，在一些情形下，公众可能面临人身健康的危险。

不同的公共服务的必要性大不相同。警察和消防保护服务一定是必不可少的，但是，市政工作人员和工程师提供的是不可或缺的服务吗？学校由于教师罢工而关闭时，家长们可能会在口头上发出抱怨之词。但是，如果社会工作者罢工，各个城市和州会听到公众的公开反对吗？

而且，公众对罢工的反应，随着时间的推移而有所不同。在 20 世纪 60 年代后期和 70 年代前期，公共机构常常并不拒绝已经罢工的公营部门雇员的需求。然而在 20 世纪 70 年代中后期和 90 年代，为了降低税收和政府开支，纳税人常常很积极地处理公营部门雇员的罢工。公众对公营部门罢工的态度似乎会随着政治和经济情况的不同而有所变化。

### 13.3.4  政府的财政来源

为了充分理解公营部门集体谈判所面临的特殊压力，有必要弄清楚公营部门雇主所依赖的收入来源。1993 年，地方政府自身的收入占总收入的 55%，这些收入大部分来自房地产税和其他税收。另外有 30% 的总收入来自于联邦拨款。在过去的几十年中，联邦政府给州政府和地方政府的拨款数量并不固定。联邦政府拨款的数量在 20 世纪 70 年代大幅增长，在 1975 年达到最高值，占地方收入总额的 32%。然而在 10 年后，这个比例下降到 29%，然后又重新逐步提高。

在 1997 年，根据联邦法律的规定，福利制度的直接监管权从联邦政府移交至州政府。这项举措对于州和地方政府的财政有着显著的影响。为了转变联邦政府的职责，强化福利制度的工作要求，美国的 AFDC（美国未成年子女家庭补助计划）项目发生了变化。由于州开始承担更多的责任监管福利制度，并且在这个过程中对于福利接受者加上了更严格的工作要求，所以，集体谈判问题开始浮现。其中的一个议题就是现在有工作的福利接受者是否有资格加入工会组织。公营部门的工会已经开始组织这些福利的接受者。

除了税收这样的直接来源的收入之外，地方和州的官员也可以利用付给政府的使用费用和借款获得资金。除资本市场的借贷限制外，地方政府筹集资金的能力还会面临以下因素的限制：①整个社会的税收基数的规模；②公众的交税愿望；③宪法或其他法律关于地方政府税收增长的限制。

## 13.4 公营部门的谈判结构

谈判结构的关键问题是雇主利益在正式谈判机构中的集中程度，以及谈判单位所包括的雇员利益的广度或范围。

### 13.4.1 集中程度

公营部门的集体谈判非常分散。几乎所有的谈判都是以某个雇主为基础的谈判，也就是说，是与某个特定的政府或机构的谈判。只有少数几个是正式的多雇主谈判。

有一些因素导致地方政府的集体谈判一直比较分散。不同的地方政府的财政条件各异使雇主和工会双方都在犹豫是否结成一个谈判单位。另外一个限制谈判集中化的压力是，地方政府喜欢保持决策的自主性。

虽然如此，州政府之间和地方政府之间的确会分享信息和进行非正式的合作。随着公营部门集体谈判的发展，公营部门劳工关系专家的组织数量也在增长。这些组织成员相互分享信息，组织调查研究，以协助每个单独的集体谈判的进行。

在一些州，比如纽约州，学校组织了地区协会，以协调县市或具有可比性的地区的集体谈判。在这些协会中有许多协会由成员学校筹集资金，只雇用一个劳工关系专家来代表他们从事集体谈判。这样的做法已经使谈判形成了某种固定的模式，因为这些专业的谈判者在不同的校区运用统一的政策、同样的合同条款。而且，由于这些校区的教师工会也会借用少数几个谈判专家充当代理人，所以，在任何地方，谈判桌两边的专业谈判者都属于同一群人。

最近出现的一些事使公共教育的资金更加集中化。如果这个趋势持续下去，就可能导致教师的集体谈判更加集中化。要求学校资金集中化的压力来自法庭。法庭裁定，用地方房地产税收的多少来决定公共教育拨款的数量，这样做违反了州宪法。专栏 13.2 中的文字描述了这样一个案例，即法庭对纽约市学校资金作出的判决。近年来，一些州政府已经开始用州营业税和所得税来替代地方房地产税（为公立学校筹资）。结果是，公立学校的资金更加集中化，并且，如果像专栏 13.2 中表述的法庭判决传播开来的话，集中化程度就很有可能变得极高。随着学校资金来源变得更加集中，学校的集体谈判结构最终很有可能变得更加集中。想象一下，如果学校的资金大部分来自州政府，那么各个校区的公立学校的教师还要继续单独进行集体谈判，这将是一件多么难以操作的事情。这是未来一个值得关注的问题。

专栏 13.2

---

### 有关纽约市公立学校资金的判决

2001 年 1 月，纽约州最高法院裁定纽约市学校资金严重不足。法庭认为，纽约州没有完全履行纽约宪法所规定的为孩子提供"合理的基础"教育的义务。这项判决说，纽约州每年要给公共教育数十亿美元的资金，这是一种政治交易，如何得到这个数字的过程并不公开，这样的制度很不完善，也违反了纽约州宪法的规定。而且纽约州最高法庭还命令纽约州立法机构制定一个针对学校资金的更加直接和公平的方案。在新制度下，纽约市的学校每年将会增加 10 多亿美元的州教育补贴。纽约市的官员长期以来一直要求州增加资金以改善低劣的教育系统，他们为法庭的判决感到高兴。其他州赞成改善城市学校系统的人认为，法庭的这项裁决是对他们的支持，他们也要在自己所在的州提交类似的诉讼。

然而，在 2002 年 6 月，最高法院的上诉法庭推翻了先前的判决。他们认为，根据纽约州宪法的规定，州政府没有义务提供任何初中以上的教育。上诉法庭的裁决认为，根据州宪法的规定，只要求纽约州的学校为学生从事最低水平的工作而作准备。上诉法庭的多数派的意见是这样的："社会需要各种工作水平的工人，其中大部分一定是在从事低水平的工作。"为了支持自己的裁决，上诉法庭举例说，陪审团的意见、报纸关于政治活动的报道等，这些东西的写作水平从 6 年级到 11 年级不等，但只需要 8 年级的水平就足以理解。上诉法庭还认为，判定纽约市学校所提供的教育不足的证据没有说服力。法庭认为，教师素质低、学校过于拥挤、电脑陈旧、设备差、没有图书馆等，这些并不能证明州政府没有提供在可接受范围内的最低标准的教育。

诉讼中的原告向纽约州最高法庭，即上诉法庭提请诉讼。上诉法庭最终判决原告获胜，并命令纽约州增加对纽约市学校的教育资金。

资料来源：Richard Perez-Pena, "Court Reverses Finance Ruling on City Schools," *New York Times*, June 6, 2002: A-1.

---

## 13.4.2 谈判单位的范围

与私营部门相比，公营部门的集体谈判更多地是以职业为单位展开。一个市级政府很有可能要分成几个独立的谈判单位：警察、消防队员、蓝领工人（或是全市范围内公营部门的蓝领工人形成一个谈判单位，或是各个部门的蓝领工人各自形成自己的谈判单位），以及各种专业团体各自展开谈判。公立学校一般倾向于将人员分成教师、文职人员和秘书人员、校车司机和维修人员以及校长等，从而形成各自单独的谈判单位。

在很多城市都要把警察和消防队员分开来进行集体谈判，这样做可以有效地限制这两大人群有可能团结起来进行谈判。尽管如此，在绝大多数的市政府中，警察和消防队员的工资和福利的关联性很强，因为要遵循岗位相似工资相同的原则，或者他们会把对方的情况作为模版进行谈判。

州政府也有很多专业人员或文职人员。最近的趋势是，这些谈判单位逐渐扩大，变成全州性的谈判单位。

## 13.5　公营部门的管理结构

在公营部门，管理权和管理责任被广泛分享。结果就是，公营部门的谈判是多方谈判，而不是像私营部门的双方谈判。

以公立的小学为例。在学校和雇员之间进行的集体谈判中，下列每一个团体都会扮演某种程度的管理方的角色：校区负责人、向负责人报告情况的专业的产业关系行政人员、选举产生的校董事会、校区所属城市市长、社会上活跃的家长团体（包括家庭教师协会PTA）、负责掌管州教育援助经费的州立法机构和州长、负责管理学校项目的州教育部门官员、掌管学校开支和项目的联邦教育部门的官员及其他一些可能的当事人。

不仅管理权在许多人手中，而且，公营部门中不同的管理人员，其目标也有所不同。之所以会出现这种情况，是因为公营部门的组织没有清晰的决策等级来协调内部的冲突。例如，与其他政治问题相比，在集体谈判中更容易发生市长和市议会之间的冲突。结果是，资方内部常常发生冲突。这种冲突还会进入正式的集体谈判过程中。

在这样一种管理层利益复杂、管理权力分散的情况下，在公营部门充当管理方的谈判者将是一个十分困难的任务。像雇主代表一样，管理层的谈判者需要为两方面提供服务：①协调内部组织之间的利益；②在与工会的互动过程中代表组织行事。内部关系越复杂，权力被不同的人共享的程度越高，内部协调的角色就越难胜任。

工会有相当多的途径选举官员，而管理方的谈判者可能会发现，要把选出来的官员组成一个统一的管理团队是一件尤为困难的事情。

## 13.6　面对多方谈判的谈判过程

多方谈判是指谈判过程中包括两个以上的谈判方。在多方谈判中，并不是工会一方，管理者组织一方这样进行谈判。多方谈判要有全新的谈判技术。举例来说，在公营部门的谈判中常常可以看到工会使用"迂回进攻"的策略，工会官员想方设法避开管理方正式的谈判队伍，而把他们的建议提交给其他组织，比如市议会代表、学校董事会成员，甚至是城市或州的立法机构。像专栏13.3所列举的那样，地方公营部门的劳资纠纷通常会把法庭或与纠纷的事件存在利害关系的上级政府官员牵扯进来。在最近的新泽西公立学校的罢工中，法庭判定的罚款促成了和解协议的达成，但是这项协议只有被州的官员批准才能得以实施。

不过，当决策小组拒绝某项谈判协议，并拒绝执行这项协议时，就会出现另一种形式的多方谈判。比方说市政服务委员会、学校董事会或者是市议会，经常必须批准最终的集体谈判协议。在批准阶段，选民的政治压力可能会迫使官员改变谈判的条款和条件。

当社会利益团体开始介入谈判过程，便会出现另外一种多方谈判。举例来说，如果涉及对学生处分、课程设置或者少数民族的利益等问题，教师的谈判范围就会扩大，社会团体就会介入到谈判之中。

当财政出现危机时，也会出现多方谈判。州和联邦政府当局、公营部门的雇员退休基金的管理人员、私营部门的商业领袖通常都会要求在谈判结果这个问题上拥有发言权，因为谈判要获得他们在财力上的支持。

专栏13.3

---

**多方谈判的例证：1998年新泽西教师罢工**

1998年12月，新泽西州Jersey市公立学校2 500名教师进行了为期5天的罢工，给拥有32 000名学生的校区带来了巨大的破坏。在罢工的第一天，学校尽力用仅有的200名代课教师继续正常的教学，但是骚乱发生了。《纽约时报》是这样报道的："……许多学校的学生开始掷瓶子和砖头，推翻桌子和电脑，他们拉火警报警装置甚至彼此殴打。"城市五所高中的课随即暂停，小学在罢工期间减少了课程安排。

法庭判处教师工会每天交纳100 000美元的罚款，如果教师不回去工作，就会被解雇。这样的判罚促成了罢工协议的签订。具有代表性的事实是，公营部门的劳资纠纷经常涵盖一系列广泛的问题，在罢工中，工资往往不是纠纷的中心议题。在一定程度上，教师对于该校区新引进的评估制度感到特别不安。教师们抱怨在新的评估制度下，评估人员会在没有事先通知的情况下进入教室，教师没有机会对评估作出反馈。在这项协议中，教师可以在评估前与评估人员见面讨论校方对他们的表现有怎样的期待。另外一个引起纠纷的关键问题就是上课时间的长短。

除了法庭能发挥作用外，公营部门的劳动关系在本质上存在多个参与方。在这次罢工中签订的协议只有在被新泽西州教育委员批准后才能实施。这一事实可以说明多个参与方这一特点。由于表现欠佳，这个区的教育从1989年起由州政府进行控制。

资料来源：Maria Newman, *The New York Times*, November 11, 1998, p. B-9.

---

## 多方谈判的案例研究：AFSCME和威斯康星州政府

围绕威斯康星州政府雇员罢工的事件是多方谈判很好的例证。前一个合同是管理方的谈判者采取了迂回战术才签订下来的，是威斯康星州的州长和当时美国州、县、市雇员联合会（AFSCME）的主席Jeff Wurf，通过协商签订的协议。这种迂回战术的经验被带到了这一次谈判中。

劳资之间的谈判如果对公众开放会使得谈判进一步复杂化。而且，早期的谈判爆发了口水战，没有取得什么实质性的进展，工会谈判者来来回回地抗议说管理方的谈判者缺少足够的谈判权力。此次谈判的背景是政治情况十分复杂。过渡性的州长在合同期满前才走马上任。领导管理方谈判队伍的是州内务部部长、州长和州立法机构的一个由劳资双方组成的委员会。所以，管理方的谈判者需要向一群选举出来的或者是任命的行政官员们报告情况。这些官员内部由于在谁应该掌控劳资谈判过程的问题上存在长时间的争吵而无法团结。

所以，我们先前讨论过的会导致僵局出现的因素在这次劳资纠纷中都存在。谈判方在历史上的谈判就很艰难。在以前的谈判中，州长和其他政府官员虽然不参加正式的谈判，但他们通常在谈判进行到白热化的时候会介入其中。在管理方一边，决策结构十分复杂，权力被一些互相竞争的政治和行政官员分享，而且政治敌对形势紧张，这些管理方官员们之间也存在意见分歧。工会和管理方的谈判者彼此不信任，从谈判一开始，工会会员和工会干部就展示出采取过激行为的意愿。谈判单位所覆盖的雇员遍布全州，这意味着这次劳资纠纷必定会变成全州性的重大政治问题。因此，这些潜在的会导致僵局出现的因素的存在预示着这场谈判将十分艰难。

在这场劳资纠纷得到解决之前，发生了以下一些事件：

（1）州政府雇员罢工了15天。在罢工期间，州长宣布本州进入紧急状态，调动国民警卫队，将身体和心理有障碍的病人从公立医院转移到私立医疗机构。

（2）法庭颁布了罢工禁令。

（3）一位特别的、从别的州过来的调解人介入本次劳资纠纷。

（4）州长和 AFSCME 总部的官员进入谈判过程。

（5）劳资联合立法委员会拒绝了让雇员返回工作岗位的调停协议。

（6）州长、州立法机关的代表和工会进一步展开谈判和调解活动。

（7）经过谈判达成了罢工的调停方案，该方案修改后得到了立法机关的批准。

（8）虽然州长反对，但是州的辩护律师还是启动了诉讼程序来控告蔑视法庭的继续罢工者。

这个案例很好地说明了多方面的政治压力是怎样影响公营部门的集体谈判过程的。

## 13.7　公营部门集体谈判的影响效果

对于公营部门集体谈判的研究已经发现了以下影响效果（读者可以将这部分内容与第10章对私营部门集体谈判影响的分析进行比较）。

### 13.7.1　对工资和其他福利的影响

虽然不同的研究所估算的集体谈判对工资和成本的影响值差别很大，但绝大多数的研究都发现，公营部门的雇员中工会化雇员和非工会化雇员存在工资差别。然而，这些研究也说明，集体谈判在公营部门对工资影响没有私营部门那么大。公营部门的工会化雇员和非工会化雇员的工资差别一般来说在5%～15%的范围内。这也就是说，工会并没有像在私营部门那样极力为公营部门的雇员争取更高的工资水平。

也有证据表明，集体谈判对公营部门的雇员的某些福利有着正面的影响。工会化导致了更高的退休金福利、更少的工作时间和工作日，以及更多的带薪休假时间。工会赢得了更大幅度的退休金的增长，这说明，简单地比较工资差别严重地低估了谈判对工资的影响效果。

## 13.7.2 工会对于工资的动态影响

历史数据或时间序列数据表明，工会提高了工人的相对收入，这表明工会对工资的影响呈现某些有趣的动态变化。

## 13.7.3 对公营部门预算的影响

雇员工资和福利方面支出的增加是否会导致从其他领域抽调预算？有人比较过工会化城市和非工会城市的雇佣情况，分析表明，工会的存在会提高或者说至少不会降低公营部门的雇佣量。很明显，公营部门的工会有能力为了消除工资增加带来的雇佣量的减少向政府游说，从而争取更多的政府开支。

## 13.7.4 工会对公共管理的影响

毋庸置疑，集体谈判对公营部门的人事管理过程和人事管理本身产生了深远的影响。与私营部门一样，集体谈判已经提高了人事管理实践的正式化程度，降低了资方在劳动纪律、解雇、晋升、转岗和工作分配方面的决策自由。

案例研究显示，既有成功的提高生产率的项目，又有抗拒公营部门的工会改变工作规则的报道。在公营部门，存在着一些劳资联合委员会的成功案例。

研究发现，集体谈判对于公共服务质量的影响受到管理层对工会存在的适应程度的影响。与私营部门一样，公营部门的工会和集体谈判对雇主经济情况的影响依赖于工会和雇主间关系的有效性。

## 13.8 利益仲裁在公营部门的使用情况

在美国的 22 个州都有某种形式的利益仲裁，也就是说，通过仲裁来决定合同的条款，以解决州或地方政府和他们的一部分雇员之间的谈判僵局。警察和消防队员是最频繁使用这个程序的团体。利益仲裁具有多种形式，包括传统的仲裁、最终出价仲裁，以及各种各样的把调解、实况调查和利益仲裁结合起来的形式。

专栏 13.4 描述了最近的关于纽约市警官（NYPD）工资的一个利益仲裁案例。在这个案例中，与其他公共纠纷一样，模版式谈判和支付能力是关键。使这个案例不同寻常的是，在仲裁者的裁决中，人员招聘和保留问题处于很重要的位置。

## 13.8.1 利益仲裁对集体谈判具有不利的影响吗

在产业关系学界，对有约束力的利益仲裁在长期具有什么影响，一直存在着很多争论。有人认为，利益仲裁违背了自由谈判的精神。同样，也有人这样批评利益仲裁：可以利用这个程序减少当事人的谈判动力，因此对谈判过程会产生"让人寒心的效应"。谈判方会避免作出他们本来愿意作出的妥协，因为他们害怕实况调查者或是仲裁者会扩大他们所陈述的立场的差异性。

举例来说，管理方的谈判者如果相信实况调查者或利益仲裁者会建议或裁定 4% 的工资增幅（实际上他们愿意提供6%的工资增幅来避免僵局和罢工），那么他们会觉得进入实况调查和利益仲裁更好。如果资方的谈判者在谈判中出到了4%，就可能增加仲裁者（或实况调查者）作出6%裁决的可能性。我们分开来分析。如果资方谈判者在进入仲裁（实况调查）程序时的出价是6%，就提高了仲裁裁决或是实况调查者建议超过6%的可能性。同理，工会的谈判者也会有同样的行为。因此，谈判的过程让人寒心：每一方都趋于拒绝作出让步而不是把他们能提供的最好条件放到谈判桌上。

甚至在不存在"让人寒心的效应"的情况下，这些程序也会遭到过度使用（如果它们没有罢工那样高的经济代价）。请记住，是罢工期间的收入损失促使双方当事人谈判达成协议。（仲裁等这样的）三方程序可能会导致收入损失的减少。

进一步地说，利益仲裁也可以为工会或管理方谈判者的政治目标提供服务，使他们能将（对合同的）指责转嫁到仲裁者身上。内部矛盾比较大的谈判方可能会把责任推卸给实况调查者或仲裁者，让他们摆脱困境。也有人担忧，这些程序可能对某一方更有利。如果仲裁者作出的裁决不同于在不能利用利益仲裁时各方最后会得到的方案，上诉担忧就可能发生。

还有人担心，这些程序从本质上看是保守的，倾向于支持对现状改变最小的那一方。因此，有人害怕这些程序的存在会遏制谈判的革新或合同条款的新突破。近年来，人们关注到，仲裁并不适应集体谈判协议的最新变化，包括工作规则的改变、福利结构的改变、工作的重组，以及劳方和管理方角色的变动等。

## 13.8.2 利益仲裁发挥作用的证据

大多数谈判都可以利用利益仲裁来解决纠纷，却没有使用仲裁。一项综合研究发现，在可以利用利益仲裁的州，利益仲裁只在6%～29%的谈判中得到了使用。在不同的州仲裁的使用率并不相同，部分原因是仲裁的形式不同。最终出价仲裁，即仲裁者必须要在谈判方的最终提案间作出选择，与传统仲裁比起来，使用率似乎比较低。仲裁的使用率不同寻常地高吗？事实来看不是这样的。前面引证的利益仲裁使用率和私营部门罢工的频率在相同的范围内。

专栏13.4

---

### 通过仲裁纽约市警官的工资得到提高

一个三人仲裁小组作出了裁决，从2000年6月到2002年6月，24 000名纽约警察追加了增长总共11.75%的工资。代表纽约市警官中的巡警人员的巡警爱心社（the Patrolmen's Benevolent Association，简称为PBA）的领导者为这项裁决而欢呼，尽管此次工资增长没有达到工会希望的21.9%。其他工会结成了统一力量联盟（Uniform Forces Coalition），代表市政雇员，如清洁工和监狱工作人员，此前已经和市政当局签订了一项提供11.75%的工资增长、为期30个月的合同。PBA表示，这个仲裁裁决很重要，因为它打破了纽约市长期存在的传统的模版式谈判。仲裁者基于纽约市警官正在遭受人员招聘和保留的危机，作出了与谈判模版不同的工资增长（在24个月内，而不是30个月内，工资增长11.75%）。

---

Michael Bloomberg 市长批评了这项仲裁裁决，相反，他更赞成另外一个协议：警察的工资增长 14%，同时要求增加每个警官轮班的数量（和缩短正常的工作日）。他批评工会和仲裁人没有将工资增长和工作时间的变化联系起来。有意思的是，PBA 也表达了希望工作时间变动的希望，但工会希望延长警官的工作日，并宣称这个改变工作时间的方法将会带来生产率更显著的增长。

纽约市的教师，根据法律的规定不能提请仲裁，按照实况调查委员会给出的建议，已经在 2002 年春天和纽约市签署了一项协议。该项协议规定，他们的工资增长 16% ~22%，教师的工作时间每天延长 20 分钟。

代表消防员的消防员国际协会（IAFF）按照统一力量联盟确定的模版，在 2001 年 8 月也和纽约市达成了一项协议。当世贸中心遭受恐怖袭击、大量消防员丧生的时候，IAFF 正准备为批准合同投票。在 2002 年 11 月，消防员和纽约市政府谈判签订了一项从 2000 到 2002 年的集体谈判协议，这项协议的条款与警察的仲裁裁决等同。

同时，纽约市和市政雇员工会为了 2002 年 9 月以后的岁月，现在必须谈判达成一份集体谈判协议。无论何时进行谈判都将很大程度上受到纽约市面临的预算困难的影响。

在 2004 年，一个利益仲裁小组调停了 PBA 和纽约市政府之间就巡警的合同发生的纠纷。在一项有效期从 2002 到 2004 年的仲裁裁决中，仲裁员 Eric Schmertz 裁定，巡警的工资每两年增长 5%，这个数量超过了该市几个月前和 DC37（代表的是各种行政管理人员和包括社会工作者在内的政府其他位置的人员）签订的协议。在他的裁定中，Schmertz 降低了巡警人员的起始工资。当警察部门的申请人数随即下降时，后一点变成了媒体关注的焦点。PBA 和纽约市在他们关于 2004—2006 年的集体谈判协议的谈判中又一次陷入了僵局，在应该怎样应对新雇员不足的问题上出现了意见分歧。他们的纠纷将被提交到一个利益仲裁小组进行仲裁。

资料来源： "Arbitration Panel Gives 11.7% Raises to City's Officers," *The New York Times* (September 5, 2002)：A1；and "They'll Take It：Pay Award May Seem Disappointing But the Police Union Likes It Anyway," *New York Times* (September 5, 2002)：B4.

尽管总体上利益仲裁的使用率不是很高，但某个谈判单位只要用过一次就有上瘾的可能性还是存在的。有证据证明存在这样的"吸毒效应"吗？为了回答这个问题，调查者分析了经过连续几轮谈判的某些谈判单位的经历。数据显示，利益仲裁的存在并没有致使绝大多数的谈判单位开始依赖于这项程序。但是，有着复杂谈判关系的规模较大的谈判单位更有可能严重依赖仲裁程序。不断有证据表明，在那些仲裁可以用于谈判的各州，罢工发生的频率要比不能用仲裁的各州低一些。同时，数据也表明，即使是在要求进行利益仲裁的各州，有时还是会发生罢工。

## 13.8.3 利益仲裁对谈判结果的影响

很多分析家就利益仲裁对谈判结果的影响进行了研究。一些研究者已经发现，利用利益仲裁会使协议中的工资稍高一些，使其他非工资条款更好。在一些州，也有证据表明，在那些可以利用利益仲裁的城市，集体谈判的结果差别不大，尽管利益仲裁的这种"平均化效应"在其他州并没有发现。

要判断利益仲裁是否合适应该考虑到仲裁对合同的这种影响，以及此前所提及的由于可以利用利益仲裁而导致的罢工发生率的降低。到目前为止，公众一般对将利益仲裁作为替代罢工的一种手段来使用感到很满意，尤其是警察和消防员更该使用仲裁而非罢工的方式。

## 13.9 公立学校的员工参与项目和工作重组

在减少开支和提高服务质量的压力下，一些公营部门近年来开始采取工作重组和员工参与项目。许多大胆的试验都是在公立的小学和中学开展的。我们将在下面的章节中分析公立学校在这方面的发展情况。分析的重点是比较公营部门和私营部门（第 12 章中有详述）采取这些项目的情况。

### 13.9.1 学校改革的历史

许多校区开始转变教师、校长和教育行政监管人员的角色和职责。学校创建了许多项目，例如学校改进型团队、带头教师项目、校本管理（school-based management）、现场管理项目等。

改革就是要应对提高学生教育质量的压力。在 1983 年，卡耐基委员会提交了一份广为人知的报告：《处于危险中的国家》（A Nation at Risk）。报告认为，差的小学和中学教育会产生出缺乏训练的劳动力，从而导致美国经济出现困难。公立学校还面临严重的社会问题，青少年对毒品的依赖高得吓人，高中毕业生中有人是文盲，高中存在一定的旷课率等。出现了这么多问题，财政投入却没什么大的变化：州政府和公众都不想大幅增加对公立学校的投入。美国政府曾经计划加大联邦政府的投入，大力整顿美国的教育体制，但 Bush 总统修改了这项计划。Clinton 总统后来加以改进并执行了这项计划。

1994 年，有人认为，德国和日本因为有着更好的训练有素的工人而具有更强的经济竞争力，加上美国的公立学校不断恶化，促使 Clinton 总统进行大刀阔斧的教育改革。2000 年通过了若干法案，其中包括《美国教育法案》（Educate America Act）和《改进美国学校法案》（IASA）。这些法案重新设计了美国学校的课程框架，帮助学校适应新的国家教育标准。其他被法案覆盖的主要方面包括：对学校增加联邦教育拨款，对教师进行更好的培训，学生父母和社区参与孩子的教育过程，实行成年人文化培训，以及应对学校里的毒品和暴力问题等。公众一直高度关注教育质量的问题，同时也存在着许多争论，讨论联邦标准应该发挥怎样的作用。

教育在美国历史上被认为是一件地方性事务，联邦政府站在幕后，扮演着保护公民权利、帮助贫困者的角色。随着新法案的通过，美国的教育制度已经发生了很大的转变。全国性（教育）标准的出台以及联邦政府更多的参与使教育不再是一个纯粹的地方事务。学校雇员现在承受着提高学生的学习水平同时降低成本的压力。联邦政府的援助缓解了其中的一些压力，但是地区间为了争取小额津贴还在互相竞争。在这里，提高生产率、降低成本的压力和许多私营部门企业的雇员的经历很相似。

## 13.9.2 "低成本、分等级"的学校改革战略

与私营部门一样，在什么才是重组学校的合适途径这一问题上人们的意见存在着巨大分歧。一个极端的观点认为，需要加大对课堂活动的控制，在学校的雇员中严格上下级关系。他们的理念是，加强对课堂活动的控制、推行标准化的教学会使教师和其他雇员更加努力地工作，课堂的纪律性更强。

这项策略提倡使用一些技术手段。有人支持对教师进行更严格和频繁的测试，其他人更多推荐使用的是对教师施行绩效工资制度。近年来，已经有将教师工资和学生表现联系起来的尝试。专栏 13.5 就描述了 2006 年休斯敦校区是如何引进绩效工资制度的。一些人认为，学校管理层需要在教师工会的集体谈判中采取强硬路线。他们推荐强硬路线是为了得到合同工作条款中的让步。这些让步可以增加工时数，使学校管理者在教师分配（晋升、转岗和课堂分配）上更具灵活性。

这项公立学校的改革战略在很多方面对应着一些私营部门企业采用的低成本经营战略。它依靠的是管理者更多的控制，而教师和教学辅助人员则更少地参与决策。

**专栏 13.5**

---

### 休斯敦将教师工资与考试分数联系起来

2006 年 1 月 12 号，经过休斯敦独立校区教育委员会投票一致通过，校区中的学校开始采取业绩工资制度。拥有超过 200 000 学生的休斯敦市是全国最大的实施这样一个工资计划的区域。

这个工资项目替代了传统的工资增长方式，使这个区域内将近半数的教师有机会获得每年 3 000 美元的额外收入，达到下列的一条标准就可以获得 1 000 美元：①与州中其他 40 所在人数上可比的学校相比，学校的总体表现；②和校区内其他学生比较，学生个人在两项独立的成绩考试中的表现；③和本州其他学生比起来，学生个人在得克萨斯州知识和技能评估考试中的表现。

休斯敦市教师工会对这项新的工资制度的实施毫无保留地说出反对意见。教师工会认为，新的工资计划没有解释在艺术和音乐领域工作的教师工资如何支付，教师是被强迫接受这项计划的。为了代替将工资建立在考试分数的基础上的计划，教师工会提出提高教师的基础工资将会是一个更合适的方法，因为休斯敦市教师的起始工资是这个地区最低的一个。

资料来源："Houston to Tie Teachers' Pay to Test Scores," 01/12/06. CNN. com, January 12, 2006; and "Houston Ties Teachers' Pay to Test Scores," 01/13/06. nytimes. com, January 13, 2006.

---

## 13.9.3 "分权与参与"的学校改革战略

另一个极端是在学校系统里实行分权决策的策略。分权是让教师和教学辅助人员更多地参与学校的决策。

提倡这项策略的人认为，教师更多地参与决策过程将会改进教育质量。他们希望通过分权和参与，教师可以自由地革新课堂教学，更快对学生需求作出反应。即使是在分权和参与的战略中，尝试使用的技术也十分多样。

1）学校改进型团队

一些校区引进了学校改进型团队，是一个由10～15个人组成的委员会，一般包括校长、一些教师、学生家长和教学辅助人员。他们每周会用几个小时的时间开会讨论某些事务。在某些情况下，校长会主持团队会议。这个团队会研究如何引导学校更好地向学生提供服务，也可能关注某个学校引进新的阅读项目时遇到的问题。

学校改进型团队和过去的15年间许多私人企业开始使用的质量圈计划相似。可以预料到的是，改进学校团队遇到的问题和局限性与私营部门质量圈计划经历的很相似。比如说，在学校改进团队中的教师有时会遵从校长的权威，或者当自己提的建议被更高层次的校区行政机构否决时会变得十分沮丧。

学校改进型团队有时会被无数围绕公共教育的规定所限制。例如，如果一个学校改进型团队为了处理一个问题而想大规模改变工作规则，它将会受地区、州或者集体谈判的政策和规定的限制。

2）带头教师项目

带头教师项目往往是分权和参与策略的一部分。项目的目标是让有经验、全心献身于教育事业的资深教师担任年轻教师的顾问和楷模。另外，带头教师项目提供了可以向优秀教师进行财务激励的机制。这样做是因为，学校具有代表性的工资一般只是以资历为基础确定工资，并没有奖励绩效表现的方法。而带头教师项目是解决上述问题的一种途径。带头教师要履行下列职责：在教学实践中监督和支持年轻教师、上示范课、检查课程设置、分析学生考试数据和出勤记录，以及为教师和行政管理者之间的沟通提供便利。

3）校本管理

在某些校区采用了比较极端的改革，这就是校本管理制度。校本管理通常包括各种团队（学校的团队或者是基层的团队），由教师、行政管理人员、学生家长、学生和当地社区的领导组成。这样的团队参与各种问题的决策，包括课程建设、教学策略、行政人员的雇佣、教师的职业发展、学校的纪律和学校的时间安排等。这样做的目的是让团队在学校或者在某个项目上有一定的权限使用资源、预算和时间。校本管理的核心是，让教师直接参与到教学安排、教师的调配或教学方案的决策中来。

校本管理和其他相关的改革尝试着带给被规章制度限制得过死的教育制度一定的灵活性。在某些情形下，各州的规章制度的约束性最大。例如，在北卡罗来纳州，给学校的经费被分成76个小项。在1987年以前，不允许学校将经费从一个小项目转移到另一个当地优先考虑或急需的项目上。当该州立法机构宣布取消对正在进行改革的地区的经费转移的限制后，北卡罗来纳州便着手试验校本管理。

在另一些情形下，必须改变集体谈判的规定才能使校本管理改革得以顺利进行。举例来说，一些以学校为基础组成的团队作出了新的工作安排，将一些课程进行大班教学，因此也为教师空出一些时间和学生进行一对一的互动。为了使这项改革得以实施，教师工会不得不宣布取消在许多教师集体谈判协议中都有的对课堂规模的限制。

即使是面对学校改革和参与项目之间的紧张关系，全国教师工会（尤其是美国教师联盟）也都支持学校让教师参与决策。但是，地方教师工会对参与项目的看法并不一致。

4）使新项目无法生效的难题

由于在公立学校所实行的参与项目和私营部门的很相似，所以，两者有许多相同的难题发生也并不让人惊讶。举例来说，许多校本管理项目没有得到校长和校区行政管理者的采纳。他们不愿放弃手中的控制权，让教师或学生家长更多参与到决策中来。这样，校长和行政管理者就表现出了和私营部门的监督管理人员和管理最高层同样的忧虑和担心。

校本管理和有关的改革也使集体谈判制度和参与项目的关系出现了问题。如果某位教师可以到基层的团队那里解决一个实际问题，那么集体谈判协议所规定的不满申诉程序还能发挥什么作用？人们能在集体谈判过程和参与过程之间画出一条清晰的分界线吗？如果以学校为基础的团队承担了大部分的决策权力，那么教师工会将要发挥什么样的作用？这些问题是公立学校参与项目改革过程中的中心议题，有趣的是，以上问题与在私营部门员工参与项目中出现的问题十分相似。

## 13.9.4 责任制项目

许多学校改革，无论其战略是什么，都要求明确教育结果的责任。责任制项目关注学生的进步（考试成绩）、学生出勤率或者教师工作表现这些数据，并对这些数据进行追踪监测。强化责任的压力部分来自于公众对于教育质量的关注和美国学龄儿童相对明显不佳的教育成绩表现。

在一些校区，责任制项目是参与项目扩张的副产品。随着教师和行政管理者之间正式的等级制度的弱化，校区转而采用责任制来评估教师的表现。

## 13.9.5 学校改革对学校的影响

采取哪种学校改革战略能使学生表现有着明显的提高？各种各样的改革成本是多少（或节约了多少）？很遗憾的是，几乎没有强有力的证据可以证明，学校改革是否或怎样影响了教学质量。证据的缺乏部分来源于这样一个事实：改革的时间没有长到可以来证明改革的效果。另外，教育过程的复杂性使衡量改革效果成为一件异常艰难的事情，即使对持续时间很长的项目也是如此。

评估学校改革支出在未来是决定性的挑战之一。应该注意到，无论学校改革的进程如何，工会和集体谈判很有可能保持它在公共教育领域的中心地位。这一点非常重要。

## 13.10 规范性的前提

公营部门的产业关系应该受到什么样的法律规范？在私营部门美国的劳动法所接受的假设前提是：①雇员和雇主之间本质上存在利益冲突；②工人有权通过工会追求自身的利益，如果他们选择这样做的话。另外，美国人一般赞成自由的集体谈判制度，让劳方和资方有机会不通过第三方的广泛干预自行解决他们之间的问题。

然而政府这个雇主和私营部门的雇主还是有所不同，因为尽管政府官员担负着传统的管理责任，但政府是公众选出来的。因此，公众在公营部门产业关系中扮演着双重的角色，他们一方面是公民，要监督公共服务的提供过程，与此同时他们还是公共服务的消费者（作为纳税人为公共服务付费）。公共政策的难题就是，怎样去维护雇员通过集体谈判影响雇佣条件的权利（如果雇员要求），与此同时，维护公民影响政府行动的权利。

## 13.10.1 对公营部门集体谈判的批评

在很多批评声中，Harry Wellington 和 Ralph Winter 的观点最极端。他们认为，政府的主要责任就是代表公众利益行事，所以在公营部门开展集体谈判是不合适的。公营部门谈判的批判者声称，如果工会理所当然地拥有着唯一的代表权和谈判权的话，他们就获得了过度的政治权力。

## 13.10.2 公营部门进行集体谈判的优点

我们认为，以上观点忽略了雇员的利益，并没有准确评估公营部门集体谈判的实际效果。我们的观点是，公营部门的雇员和私营部门的雇员一样，拥有天赋的参与他们的工作条件决策过程的权利。为什么仅仅因为公营部门的雇员为政府工作就可以剥夺他们通过集体谈判影响雇佣条件的权利？

此外，没有事实可以证明，集体谈判会严重破坏政府的决策。在本章讨论的论据表明，公营部门的工会对雇员的工资和其他工作条件只有适度的影响。事实上，在公营部门的工会存在的地方，工会只是作为参与政府决策过程的众多利益团体的一员来施加影响。在代议制的民主制度中，公营部门的雇员由工会代表他们行事似乎只会强化而不会削弱这个制度。我们的观点并不是说，公营部门的集体谈判权利应该与私营部门等同。因为各种各样的利益团体都受政府决策的影响，所以在集体谈判过程中必须考虑各种各样的利益。公共政策必须平衡这些目标。

## 本章小结

本章讨论的问题如下：①集体谈判增强了公营部门雇员的政治权力和影响吗？②在公营部门，罢工被证明是一股强大的力量来源吗？③纠纷的解决程序，特别是有约束力的利益仲裁程序，导致的结果会损害公众的福利吗？早先有人担心，害怕公营部门的集体谈判会使天平向有利于工会的一方倾斜，现在这种担心被证明是过分简单化了。

公营部门的集体谈判种类繁多。举例来说，不同的城市对公营部门的工会有着不同的反应。公众对公营部门雇员的需求和工会的态度随着时间流逝有着很大的变化。警察、消防员、教师以及其他公营部门的雇员，他们的经济力量也有很大区别。因此，泛泛地谈论公营部门的集体谈判是不合适的。

公营部门的工会并没有扭曲民主化进程。有证据说明，罢工并没有被始终一致地证明是工会力量的单方来源。此外，对于工会对工资的影响，分析发现，和私营部门比起来，公营部门的工会化雇员和非工会化雇员的工资差别要小一些。

公营部门的工会似乎能大幅提高某些福利，增加政府开支，提高雇佣总量。但是工会的这些影响不足以成为要求废除公营部门集体谈判的依据。最后，并没有证据证明，利益仲裁的存在将公营部门的谈判引入歧途。

工作的重组和参与项目已经成为公营部门的中心议题，尤其是最近出现了要求彻底改造政府的呼声，要求将公共服务私有化或要求改变公共服务的法律。在这一点上，公营部门和私营部门一样，正在进行各种各样的试验。在公营部门和私营部门的重建过程中出现了许多相似的难题。这些难题包括围绕参与项目和集体谈判关系的问题。此外，在这一点上，我们几乎没有强有力的证据证明，在学校改革上所作的努力对教育结果有什么成效。

一个制度如果非常依赖第三方中立人士的干预和外部的势力，那么长期会产生什么样的结果？如果一个制度，它的结果更多地取决于公众的选择和政治决策而不是市场经济的直接约束，那么长期效果又会如何？随着实际经验的披露，这些问题将继续得到讨论。最起码，公营部门的集体谈判激发了对上述问题的思考和分析。而人们在思考和分析的同时也开始思考是否存在一些新方法让集体谈判制度适应新的环境。

公营部门的工会化程度一直保持在较高的水平上，这一点与私营部门的发展形成了鲜明的对比。未来两个部门中的劳资关系是否会产生更大的差别，这是一个值得密切关注的问题。

## 讨论题

1. 是什么因素导致了 20 世纪 60 年代公营部门的工会和集体谈判的发展？

2. 人们一直在争论，公营部门的工会是否比私营部门的工会更有力量。根据 Marshall 需求定理评估公营部门工会的力量。

3. 描述大多数公营部门集体谈判的结构。

4. 讨论赋予公营部门雇员罢工权的优缺点。

5. 你认为公营部门能从私营部门的工会和人力政策中学到什么经验和教训？

6. 描述从 20 世纪 90 年代开始进行的公共教育改革，并讨论这些改革的原因。

# 第14章 国际比较产业关系

要了解本国的产业关系系统，一个好方法就是将它与其他国家的产业关系系统进行比较。

美国的产业关系系统在很多方面是独特的。比如，美国是先进的西方国家中工会化程度最低的一个国家，并且在过去30年中工会化程度的下降速度比世界上任何工业化国家都快。另外，美国管理层与工会的对抗比任何一个国家的都强。还有，和欧洲国家、澳大利亚，和许多发展中国家相比，美国的工会和政党的联系相对较弱。

本章将讨论美国产业关系实践和其他国家的差异。通过比较，更便于我们了解，其他国家的产业关系系统的一些特征是否适合在美国引进及应用。许多美国产业关系研究者正在思考这个问题。

从国际化视角研究产业关系，它的重要性还在于几个方面的原因。美国经济中，进出口占据GDP的比重越来越大，美国经济已经日益国际化。近几年签订的一系列区域贸易协定使贸易逆差已经成为一个重要问题。如专栏14.1所示，美国国会最近通过了对Bush总统关于扩大"快速通道"授权范围的议案，因此美国的进出口总额在未来可能还将进一步扩大。

专栏14.1

---

### "快速通道"法案及其对劳工的影响

在2002年7月27日，美国国会众议院以215票对212票通过了一个贸易法案，赋予Bush总统贸易谈判的权力，国会不得更改贸易协定，只能批准或否决。这就是所谓的"快速通道"法案。Bush总统积极推动法案的通过，甚至在国会山与休会的共和党议员就该法案进行私下会面。贸易谈判权在参议院获得坚定的支持并很快获得通过。Bush总统之前的5任总统也拥有该谈判特权，但在1994年被终止。

Bush希望该法案的通过有助于加快与其他国家贸易条约谈判的进程。美国正和加拿大、墨西哥和其他31个西半球国家就建立美洲自由贸易区进行谈判，并希望在2005年年底前达成协议。民主党人和共和党人对于这项方案有分歧。共和党人说这项措施会带来更多的经济增长和更低的消费价格，而民主党人担心这项方案会增加由于贸易而造成的失业人数，特别是在纺织业和制造业。

这项方案会给美国的工人创造一些利益。要获得这些利益部分取决于温和的民主党人投这项法案的赞成票。该法案扩展了建立在 NAFTA 下的贸易调整援助计划（参见本章稍后部分对 NAFTA 的描述）。在这个项目中，由于进出口变化或者所在公司将生产线移向海外而丧失工作的劳动者在失业 2 年内可以得到现金补助和职业培训。新的贸易法案也为由于国际竞争而失去工作的工人提供医疗保险费资助项目。政府必须通过退税方式为失业劳动者支付 65% 的医疗保险费。

然而，许多民主党人仍然认为判定什么样的工人会被全球化取代并且符合补助条件是很困难的。同样退税不能保证失业劳动者有能力支付保险费。少数党领袖 Richard Gephardt 对这项法案持反对态度，认为该法案不利于提高人权，不利于重新确定劳动者权利，同样也不利于改善劳动环境。

有组织的劳动者也强烈反对《贸易促进法案》，认为这无益于失业劳动者。劳联—产联的主席 John Sweeney 认为，该法案会把工作岗位带到那些"公司一般会剥削童工、（损害）劳动者的权益、（破坏）环境"的国家。

资料来源："Bush Hails Vote in House Backing Trade Legislation," *New York Times*, July 28, 2002; and "Bush Signs Major Trade Legislation Renewing Trade Promotion Authority," *Daily Labor Report* 152, August 7, 2002: AA-1.

图表 14.1 列出了美国贸易逆差和贸易往来的统计数据。不断增长的贸易使美国的管理者和劳工更频繁出现在其他国家关于产业关系的研究中。经济全球化要求我们对于产业关系的认识也要全球化。

本章将用三个层面的分析框架来研究除美国之外的其他国家的产业关系。对于产业关系的比较分析应该考虑到不同国家的产业关系制度的实质性差异。但是，由于全球产业关系实践的差异实在过大，使得就算只是发表一个有关所有国家产业关系的粗略调查都不可能。作为一个对于国际产业关系进行全面了解的框架，本章将详细介绍德国和日本的产业关系的一些关键特征。

本章对于德国和日本特别关注是有许多原因的。第一，这两个国家在过去的 40 年内经济发展迅猛，它们在现今世界贸易中仍然占有重要的地位。第二，这些经济成就已经引起了美国产业关系研究者的注意，一些研究者讨论是否由于这种产业关系系统引起了经济的持续增长。日本和德国的产业关系系统作为可能适用于其他国家的模式被广泛讨论。第三，日本和德国值得特别关注，是因为它们的产业关系研究实践不仅互不相同，而且也和美国的实践不同。因此，可以很好地解释存在于产业关系中的多样性。

图表 14.1 　　　　　　　　**美国的进口与出口数据（1930—2004 年）**

| 年份 | 出口占 GDP 比重（%） | 进口占 GDP 比重（%） | 贸易平衡（进口—出口）（十亿美元） |
|---|---|---|---|
| 1930 | 5.2% | 4.3% | 1.0 |
| 1935 | 4.5 | 4.3 | 1.1 |
| 1940 | 5.3 | 3.6 | 1.7 |

续表

| 年份 | 出口占 GDP 比重（%） | 进口占 GDP 比重（%） | 贸易平衡（进口—出口）（十亿美元） |
|------|------|------|------|
| 1945 | 7.6 | 4.8 | 6.0 |
| 1950 | 5.0 | 4.2 | 2.3 |
| 1955 | 5.5 | 4.4 | 4.4 |
| 1960 | 5.6 | 4.5 | 5.7 |
| 1965 | 3.8 | 3.0 | 5.3 |
| 1970 | 4.2 | 3.9 | 3.4 |
| 1975 | 6.7 | 6.2 | 10.8 |
| 1980 | 8.1 | 9.0 | −19.6 |
| 1985 | 5.3 | 8.6 | −117.7 |
| 1990 | 6.5 | 8.5 | −101.7 |
| 1995 | 7.6 | 10.2 | −158.7 |
| 2001 | 7.2 | 12.1 | −436.1 |
| 2002 | 6.6 | 11.0 | −471.6 |
| 2003 | 6.6 | 11.4 | −532.4 |
| 2004 | 7.0 | 12.5 | −650.9 |

资料来源：Data on exports and imports from *Statistical Abstracts of the United States*（Washington, DC：U. S. Department of Commerce）：1961 ed. , table 1195；1990 ed. , table 216；1996 ed. , table 1308；2001 ed. , table 1306 and 646；2006 ed. , table 656 and 1288. GNP data from *Statistical Abstract of the United States*（Washington, D. C.：U. S. Department of Commerce）：1990 ed. , table 690；1996 ed, Table 691；2001 ed. , table 1297；2006 ed. , table 656.

本章也考虑了近几年来出现的国际产业关系的主要问题——跨国公司的作用、欧盟一体化进程、北美自由贸易协定的构想，以及波兰和韩国等国的劳动者在政治民主化过程中的作用。本章的最后部分阐述了将其他国家的产业关系研究引入美国的可行性。

## 14.1 德国的产业关系

德国产业关系与众不同的特征是存在着共决制。共决制已经写入德国联邦法律，并且被应用于德国的所有行业，不论这些行业的雇员是否属于工会。

### 14.1.1 共决制

德国的共决制包括两个关键部分：公司监事会的雇员代表和职工委员会的雇员代表。共决制为雇员们提供了一种类似于工会代表员工行事的代表形式，这种模式对德国劳工同样有效。同时，虽然共决制和集体谈判是完全不同的劳工代表形式，但这两种代表形式的运作过程和参与的人员有许多紧密联系。

1) 公司的监事会

德国的联邦法律规定，德国所有公司的雇员选举代表组成监事会。由雇员选举出的监事会的代表人数由公司及行业（在煤矿及钢铁工业实行特殊的措施）的规模决定。图表 14.2 描述了不同的共决制要求以及由这些规则所影响的雇员的数量。理解这些规则的含义有助于解释德国公司管理层结构的本质。

德国公司实行一种双层管理结构。监事会（Aufsichtsrat）是高层管理机构，承担监督管理层决策和任命高层管理者的责任。较低层的董事会（Vorstund）处理公司的日常事务并执行大部分管理层的决策。

图表 14.2　　　　　　　　　　　　　　德国共决制的要求

| 共决制的形式 | 适用部门 | 覆盖劳工的数量（百万） |
| --- | --- | --- |
| 监事会劳资代表数完全同等；董事会有一名劳工董事；职工委员会 | 煤炭和钢铁行业 | 0.6 |
| 监事会劳资代表数对等；职工委员会 | 员工超过 2 000 人的大企业 | 4.1 |
| 监事会中有 1/3 的雇员代表；职工委员会 | 中小型企业 | 0.9 |
| 职工委员会 | 员工超过 5 人的其他私营行业 | 9.4 |
| 人事委员会 | 公共事业 | 3.6 |
| 没有制度化的工人参与模式 | 员工少于 5 人的私营企业 | 3.0 |

资料来源：Sueddeutsche Zeitung, February 27, 1979.

监事会中的雇员代表是从蓝领和白领员工中按比例选举产生的。法律也为工会代表预留了两到三个监事会的代表名额（根据监事会的规模而定）。在陷入僵局的情况下，监事会的主席（主席由股东任命）可以投票来打破平衡。监事会中的雇员代表通常被提名进入有合作关系的特定工会，并且在工会中很活跃（通常也是工会的干部）。

监事会中的雇员代表的重要性因公司而异，有时甚至很难察觉到他们的存在。有些分析家认为，包含雇员代表的监事会在降低罢工频率方面作出了重要贡献，而低罢工率正是二战前德国产业关系系统的一个特征（之后还会进行论述）。

举例来说，Wolfgang Streeck 引述了大众公司的雇员代表是如何影响公司进军美国的扩张计划的。那时雇员和所属工会并不限制公司在德国之外进行投资，但要改变投资的时间和规模。通常，监事会给雇员和工会提供了参与公司战略决策的渠道。

2) 职工委员会

德国共决制的第二个重要组成部分是职工委员会。德国法律规定，所有拥有 5 个以上雇员的私营企业均可以成立职工委员会。职工委员会在信息分享、劳资协商和共决制等方面享有许多权利。举例来说，1972 年通过的《工作机构法案》授权职工委员会处理以下情况：

劳动纪律；

日常工作时间和休息时间；

暂时性缩短工时或加班；

计件工资率的确定；

工资制度；

建议机制；

假日计划；

监督员工的业绩；

安全规则；

本机构的福利；

员工住房的管理。

职工委员会也参与工作进度或者改变工作环境的决策。法律要求职工委员会和雇主对企业中任何一个主要操作模式的变革都进行共同协商。如果管理者想辞退雇员，就必须要和职工委员会协商，双方要在决定哪些员工被辞退以及给予他们多少补偿等方面达成协议（将在"社会计划"中具体说明）。

职工委员会的委员是由公司里的所有雇员选举产生的（不论他们是否加入工会）。不过，职工委员会的委员们通常和工会干部紧密联系，或者本身就是工会成员。职工委员会不能召集罢工，但是如果有违背合同规定的行为发生，他们就可以控告管理层。

# 14.1.2　工会代表及其结构

工会同样也在德国产业关系系统中扮演着重要角色。2004 年，在德国，工会代表着25% 的劳动者的利益（详见图表 14.3）。1960 年以来工会会员占劳动力的比重一直保持稳定。在 1990 年两德重新统一之后，前联邦德国的工会将他们的管辖权扩大到前民主德国。经济改革和许多公司的破产削弱了统一后的德国东部的工会，同时，工会在这个区域的重建中起到了关键作用。

德国工会在集体谈判中充当工人的代表行事，在共决制中也很活跃。有时，工会的积极分子或工会干部是监事会的雇员代表，或是职工委员会的委员。

德国工会同样也在政治及社会生活领域表现得很活跃。德国最大的总工会 DGB（the Deutscher Gewerkschaftsbund）就和社会民主党（SPD）保持紧密的联系。

图表 14.3　　　　　**欧盟各国的经济和劳动力数据（2004 年）**

| 国家 | 劳动参与率<br>(a)（%） | 失业率<br>(b)（%） | 人均 GDP<br>(c)（$） | 工会化程度<br>(d)（%） | 制造业人工小时成本<br>(e)（$） |
|---|---|---|---|---|---|
| 奥地利 | 71.6 | 4.7 | 27 920 | 37 | 25.38 |
| 比利时 | 64.3 | 7.7 | 26 730 | 56 | 27.73 |
| 塞浦路斯 | | | | | |
| 捷克 | 70.4 | 7.8 | 5 240 | 27 | 4.7 |
| 丹麦 | 79.4 | 5.5 | 34 890 | 74 | 32.18 |
| 爱沙尼亚 | | | 3 360 | | |
| 芬兰 | 74.1 | 9.1 | 24 790 | 76 | 27.17 |

| 国家 | 劳动参与率<br>（a）（%） | 失业率<br>（b）（%） | 人均 GDP<br>（c）（$） | 工会化程度<br>（d）（%） | 制造业人工小时成本<br>（e）（$） |
|------|------|------|------|------|------|
| 法国 | 68.2 | 9.3 | 26 300 | 10 | 21.13 |
| 德国 | 71.3 | 9.4 | 28 280 | 25 | 29.91 |
| 希腊 | 63.8 | 9.1 | 11 640 | 27 | |
| 匈牙利 | 60.6 | 5.9 | 4 510 | 20 | |
| 爱尔兰 | 68 | 4.5 | 17 790 | 38 | 19.14 |
| 意大利 | 61.6 | 8.7 | 20 170 | 35 | 18.35 |
| 拉脱维亚 | | | 2 430 | | |
| 立陶宛 | | | 2 260 | | |
| 卢森堡 | 65.3 | 2.6 | 45 360 | 34 | 23.11 |
| 马耳他 | | | 8 650 | | |
| 荷兰 | 76.4 | 3.6 | 25 830 | 23 | 26.84 |
| 波兰 | 64.2 | 20 | 3 590 | 15 | |
| 葡萄牙 | 72 | 6.8 | 11 010 | 24 | 6.23 |
| 斯洛伐克 | 70 | 17.6 | 3 680 | 36 | |
| 斯洛文尼亚 | | | 9 840 | | |
| 西班牙 | 68.5 | 11.4 | 14 490 | 15 | 14.96 |
| 瑞典 | 78.9 | 5.8 | 26 210 | 79 | 25.18 |
| 英国 | 76.6 | 4.9 | 20 870 | 31 | 20.37 |

a 资料来源: *OECD Employment Outlook*, *June* 2004, Organisation for Economic Cooperation and Development, Paris, Table B.

b 资料来源: *OECD Employment Outlook*, *June* 2004, Organisation for Economic Cooperation and Development, Paris, Table B.

c 资料来源: World Labour Report, 2000. International Labour Office, Geneva, Table 5.

d 资料来源: *OECD Employment Outlook*, *June* 2004, Organisation for Economic Cooperation and Development, Paris, Table 3.3.

e 资料来源: U.S. Department of Labor, Bureau of Labor Statistics, November 2004, Table 2.

1）德国的集体谈判

德国的集体谈判是高度集中的。大部分的集体谈判协议是在产业或者地区层面达成的。私营部门中最重要的工会一般代表一个或多个产业的工人。举例来说，IG Metall 代表冶金行业的工人。最近一个代表整个服务业工人的超大型工会，Verdi，由许多私营或公营部门的工会联合组成（详见专栏14.2）。

德国劳动法没有给予工会排他性的代表权。一个以上的工会可以（经常如此）代表一个工作单位的雇员，甚至可以代表做类似工作的雇员。

雇主通常由产业或地区内集体谈判形成的雇主联盟所代表。一旦一个工会和产业联盟在工资或其他雇佣条件上达成协议，这些条件就可以依法扩大到产业内其他雇主和公司。在集体谈判协定中，不允许区别对待加入工会与没有加入工会的工人。

同样也存在包括工资条款的有效期一年的"普通"集体谈判协议。这些普通协议是在长年有效的"框架"协议的基础上签订的。职工委员会和管理层之间的厂级谈判协议是行业协定的重要补充形式。

最近几年来，德国的集体谈判呈现日益分散化的趋势。举例来说，东部地区的公司拒绝兑现行业集体谈判协议规定的条款。甚至在西部地区的企业在面临失业和破产威胁时，也会偏离集体谈判协议（"做出让步"）。即便面临这些压力，德国的集体谈判仍然相对集中。

2）德国的罢工率

二战后，德国的罢工率比其他主要的工业化国家都低。产生这种情况的原因有许多。一些分析家认为，低罢工率是共决制对劳资纠纷进行有效调解的产物。其他分析家说，在这一时期德国劳工和雇主努力避免罢工的发生，因为他们害怕罢工会带来 Adolf Hitler 和纳粹分子统治时期的社会不稳定和骚乱的回潮。低罢工率是德国过去 30 年经济飞速发展的产物，同样也是经济发展的原因。不过德国有时仍然会发生罢工。

举例来说，20 世纪 90 年代针对德国东部地区的公司是否应该执行既定的工资增长协议，使东部地区劳工的工资和西部地区劳工的工资更接近而发生了一系列小型罢工。虽然雇主们最初拒绝按照预定的规定提高工资，但是最后还是同意支付行业集体谈判协议所规定的工资率，即使个别公司可能无力支付这一工资水平。

**专栏 14.2**

---

### 德国服务业工会合并成立了一个拥有 300 万成员的工会 Verdi

2001 年 3 月 17 日，来自德国 5 个服务业工会的超过 1 000 名代表，投票决定解散各自的工会，合并成立一个世界上最大的劳工组织。总共拥有 300 万名成员的新组织名为"服务业生产者联合会"（the United Services Producers），在德语中被称为 Verdi。Verdi 由公共服务业和运输业联盟（OTV），德国工薪雇员联盟（DAG），德国邮政职工联盟（DPG），零售业、银行业和保险业联盟（HBV）和媒体联盟（IG Medien）五大工会组成。

Verdi 的建立者们希望合并可以建立一个联合阵线来解决德国劳工运动中面临的新问题。Verdi 的目标是建立一个比原来的工会更强有力的组织来解决面对的问题，例如不断降低的会员水平、关税谈判引发的国际竞争的加剧，以及由于劳动力市场缺乏弹性使德国保持高失业率的问题等。新的超级工会想要抵制日益增加的出于商业利益考虑的想要重建劳动力市场和削弱工会作用的游说努力。

资料来源："Merger of German Labor Groups Would Create World's Largest Union," *Daily Labor Report*, 250, December 29, 2000：A-3 and "Merger of German Service Unions Creates 3-Million Member Union," *Daily Labor Report*, 54, March 20, 2001：A-4.

---

## 14.1.3  职业培训和学徒培训

支撑德国劳工关系的是一个非常强大的职业培训和学徒培训体系。16 岁以上的高中青年必须在三个教育轨道中选择一个：大学教育项目、学徒式职业学校项目和普通教育项目。

三分之二没进入大学深造的高中毕业生会作为一个职业教育项目的毕业生进入劳动力市场。职业学校的学徒计划由为每个职业计划颁发证书的企业与劳工联合集团所监督。这个培训和鉴定体系给德国的雇主提供了一个高技术的劳动力群体，这经常被认为是德国经济腾飞的一个关键因素。

总的来说，德国的产业关系模式在工人代表和培训上强调正式的、法律强制性的制度。通过这些正式的制度，包括共决制、监事会代表、职工委员会、学徒培训以及覆盖全行业所有公司的集体谈判协议，德国工会和雇主实现了高工资和高社会福利，生产率同样很高，人力资源的使用上具有一定的灵活性，并且罢工率很低。

德国模式相对来说是成功的，所以，当两德合并后，德国模式的主要特征迅速扩展到了前民主德国。虽然德国东部的现代化进程花费很高并且导致高失业率，但值得注意的是这种变化并没遭到管理层或劳工的激烈反对。这也证明了德国社会对工会和共决制的高度认同。

## 14.2  日本的产业关系

## 14.2.1  企业工会

日本产业关系与众不同的特征是企业工会的重要作用。日本的企业工会代表公司中的白领和蓝领雇员。由于不考虑职业的不同，企业工会中还包括管理人员。在公司的全日制雇员中，只有高层的经理人员不属于企业工会。因此，领班和流水线工人属于同一个企业工会，领班在工会事务中通常起到积极作用。公司新雇用的员工（除了经理）都自动成为工会会员，通过会费扣除制将会费交入企业工会。

## 14.2.2  工会和雇主协会

企业工会通常联合成立行业工会联盟，反过来说，这样就使企业工会成为工会联盟的会员。雇主通常属于对应的雇主协会。工会联盟和雇主协会都提供建议和政策指导，但都不直接介入企业层面的集体谈判。

虽然日本很少有行业工会，但仍有少数重要的行业工会存在。而且，大多数集体谈判发生在企业层面（一个企业工会和公司管理层之间进行的谈判），行业级别的集体谈判只发生在私营铁路、公交、出租车等行业。

## 14.2.3  终身雇佣制度

日本公司，尤其是大企业，倾向于雇用刚完成学业的人（高中毕业生成为蓝领工人，大学毕业生成为经理人员），雇员会一直待在那家公司直到他们退休。这就是终身雇佣制度。日本公司通过改变工人的工作领域，有时通过进行培训，来避免在经济衰退期辞退"固定工"。如果一家大企业面临严重的财政危机，它就可能会将部分雇员转入同一贸易集团的其他公司。贸易集团是由相同股东或有紧密贸易联系的公司组成的。这些雇员是在公司之间暂时借入的，当原来的公司复苏时就会回到原公司上班。

"固定工"在公司内部或公司之间的流动受益于劳工在其职业生涯内得到了广泛的培训并经常在工作领域内（或不同工作领域间）轮换工作。就像日本许多其他的产业关系实践一样，这使得雇员将个人利益与公司利益高度合一。

日本企业可以实现自己不辞退"固定工"的承诺，是因为他们同时雇用大量兼职或临时雇员。这些人被排除在终身雇佣制度之外。

另外，日本企业的劳工退休相对较早。传统的平均退休年龄是 55 岁；现在由于新进入日本劳动力市场的人数减少，退休年龄也上升到了 64 岁。

许多升职进入管理层的雇员本来是工会成员或工会领袖。另外，工人可以从工会干部转为管理人员，或从管理人员转为工会干部。几年前，当本书的一个作者访谈 Honda 汽车工人工会的某个副主席时，他非常震惊地发现此人曾是 Honda 公司的一位经理，在管理层供职后决定转向工会组织工作。这种情况并不少见。

终身雇佣并没通过日本企业和劳工或工会间的契约性条款或其他约束性协议来加以保证。公司只是保证尽量避免裁员。但如果公司面临严重财政压力时还是会裁员。这种非正式约定是日本产业关系的重要特征。日本体系与众不同的特征很少是法律的产物，也没出现正式的契约性语言。日本体系主要依靠日积月累的常规和习俗建立。

刚提到的企业工会制度是日本大公司的特征；据估计它覆盖了 1/3 的日本劳动力。但这个制度在中小企业只占较小的规模，即使小企业通常作为大企业的供应商或转包者。举例来说，小企业的工资会比大企业低 15% ~ 30%，也没什么就业保障。

## 14.2.4 日本工资的确定方式

大部分的工资协定在每年一次的公司和企业工会间的谈判中签订。许多工资谈判在春季举行，作为一年一度的全国性"春斗"的一部分。在"春斗"中，企业工会和管理层考虑由工会联盟和雇主协会分别制定的指导工资，一些关键企业在谈判中达成的工资协定会被给予特别关注。

工人一般以薪水的方式得到他们的工资。他们通常会得到总额在 5 个月工资以内的年度奖金。不过年度奖金的确切数目随公司的财政状况和管理层对每个工人的表现评价而变。

劳工工资等级主要受个人在公司的资历的影响。年功序列工资制与终生雇佣制相结合，结果是年龄会极大地影响工资。做同样工作的工人的工资因为他们的年龄和业绩评估的不同而不同。

1）业绩评估

对蓝领工人进行业绩评估（许多工人一年两评）是日本产业关系另一个重要特征。每年业绩最好的员工能够比那些业绩较差的员工多获得高 10% 的工资涨幅。纵观一个工人的职业生涯,这种基于业绩评估等级的工资差异不断累积,并在雇员间产生相当大的工资差异。一个工人的升迁和职业轨迹也会受到累积的业绩评估的影响。

相反,在美国,许多非工会化的企业通常对雇员的业绩进行评估,而传统的工会化企业很少对蓝领工人进行业绩评估。

2) 工作岗位的定义广泛

日本倾向于对工作岗位的定义相对宽泛,不论是对管理层,还是蓝领工人。这样宽泛的定义与工人的岗位轮换制及提供给劳动者的广泛性培训密切相关。此外,工资与工人的年龄及业绩之间强有力的联系削弱了工资确立机制中工作责任的作用。一些分析家认为,工作岗位定义的宽泛性有助于提高日本生产体系的灵活性。

## 14.2.5　谈判在日本产业关系中的作用

日本的产业关系体系相当依赖于劳工和管理层之间解决纠纷的非正式协商机制。不满申诉和仲裁的程序通常包括在企业层面的集体谈判协议中,但很少被使用。不满通常是在工人和企业间的协商中解决的。而且,从更广泛的定义上来说,协商也在工厂和公司层面的劳工和管理者委员会之间出现。工人也通过定期召开质量会议将想法提供给管理层。

在这些工人和企业之间的协商中,工会的力量与其规模及独立于管理层的程度直接相关。日本工会面临的麻烦之一规模在不断缩小。日本工会化程度从 20 世纪 50 年代到 1973 年之间一直维持在约占整个劳动力的 35% 左右。从那之后,工会的规模（在劳动力中所占比例）在 2004 年降到 19.2%（1980 年为 31%）。一些分析家想了解这种下降是否是企业工会的必然结果。

企业工会独立于管理层到多大程度一直处在争论之中。这不仅由于工会是企业工会,也因为在日本产业关系系统中,劳工和管理层的协商起到了重要作用。评论家认为这种协商是独立的工会的增补形式,其他人则认为这种协商在产业关系系统下能成功地调解冲突,并能将雇员认同感、工资、雇佣连续性提升到高水平。

## 14.3　跨国公司的产业关系

一家跨国公司通常在一个以上的国家进行经济活动。近 50 年来,跨国公司发展迅速,他们对世界商业和几乎每个国家的产业关系都产生了重要影响。这部分内容将讨论跨国公司与只在一个国家进行活动的公司在产业关系方面的差异程度及产生差异的原因。

本书之前部分的理论框架可以用来理解跨国公司产业关系的运行。劳资间本质上存在利益冲突,环境会对谈判过程和结果产生影响,这些并没有因为公司在一个以上的国家运营而发生根本性改变。而且,我们也要像在分析只在美国国内经营的公司拿样,从战略层、中间层和基层这三个层面来分析跨国公司的产业关系。那么,三个层面的分析框架也适用于跨国公司。

## 14.3.1　跨国经营给管理层和劳工带来的特殊问题

公司的跨国运营给产业关系的处理增加了压力。最重要的方面是跨国公司面临广泛的文化、法律、制度的差异，以及跨国经营在谈判力量上给管理层所提供的优势。

对跨国公司的管理者而言，他们在不同国家面临不同的政策和社会制度，这样就必须做一个关键性的决策，即在产业关系问题上是集中决策还是分散决策。一种极端的情况是，在跨国公司的总部集中做有关产业关系的决策。或者，跨国公司在每个国家的管理层被允许独立解决产业关系问题。

对劳工而言，跨国公司带来的主要问题是，跨国公司的管理层可以通过在各国间转移生产和资本来获得谈判力量上的优势。

1）多样性带来的压力

跨国公司的管理层面临文化、法律和制度上的多样性。文化多样性表现在不同国家的劳工看待工作的不同态度、赋予工作的不同意义以及对于工会的不同需求。

当然，任何公司的管理层都要面对不同工人在文化背景上和对工作态度上的多样性。一些工人最关注养老金，其他一些员工可能更关注现期收入，而不太关注延期支付。一些工人有很强的职业道德，想独立工作，其他一些可能需要经常监督。随着公司跨越国界经营，文化多样性也随之变得更广泛。举例来说，在一个国家行之有效的工资政策可能不适用于另一个国家。或者，在一种文化背景下成功的交流和激励机制可能不适用于另一种文化背景。

不同国家间在产业关系法规及形成产业关系的制度方面也存在广泛的多样性。举例来说，一些国家的法律认为，工人有组建工会和罢工的权利，而在其他一些国家，工会是非法组织，或者应由政府主导设立。一些国家的政府详细规定雇佣条件的内容。举例来说，在欧洲，政府普遍赋予雇员对解雇提出挑战的权利（官方的劳动法庭专门审理这类案件），然而正如我们所知，在美国的非工会化部门，雇佣自愿才是真正的规则。

劳工运动在各国有不同的意识形态和形式。举例来说，在欧洲，工会通常与某个政党有联系。法国两个最重要的工会及其相关政党是：CGT，和共产党联系；CFDT，和社会党联系。相反，在美国和其他一些国家，工会不会和任何政党相联系。

而且，不同国家的工会构成也不同。举例来说，在德国，IG Metall 代表冶金行业的各种企业，如汽车、钢铁、机器零件和电器企业工人的利益。相反，在加拿大以及美国有许多行业和产业工会，但只有很少的工会包括多个产业的工人（例如卡车司机工会和SEIU）。

2）产业关系政策的集中程度

文化、法律和制度方面存在诸多的多样性给跨国公司在管理和协作方面造成很多问题。管理层的问题是，当跨国公司面临不断增多的多样性时，如何通过产业关系政策来实现全公司的目标。

过去，跨国公司在产业关系领域让地方保持高度的控制权（分权），来解决这个问题。实际上，研究跨国公司的分析家通常认为，与其他管理功能，如财务或市场营销等相比，产业关系的管理更应该采用分权管理模式。

跨国公司发现产业关系的分权能带来很多利益，包括能顺利解决上面提到的多样性问题。通过在各个国家允许当地经理制定产业关系政策，这些经理可以建立适合当地条件和形势的政策和措施。

然而，在这几年，跨国公司已经开始加强对于产业关系的集中控制和管理。在全部运营功能上集中决策，可以加强决策的连贯性并产生规模经济效益。过去，当地环境的多样性淹没了这些优点。

为什么要转变为更集中的控制？原因是跨国公司在战略和组织形式上日益全球化。全球化公司的出现使管理层为使他们内部运营和政策一体化而努力。举例来说，如果跨越国家边界的生产实现一体化，那么跨国公司在产业关系政策方面保持广泛的变动性就更没有意义了。贸易开放性通过欧盟、北美自由贸易协定和其他区域性贸易组织这样的机制，提供给全球化更多推动力。

这一趋势为本书中心主旨之一提供了另一种解释——管理层力争将产业关系与公司战略联结得更紧密。日益增多的全球化使跨国公司首先要制定特殊的商业战略，并将那些商业战略与生产及产业关系系统相连。这不同于美国国内公司所面临的压力。然而，跨国公司的产业关系经理面临的特殊困境是，全球化在加强合作和集中的同时，文化、法律和制度仍保持多样性。

## 14.3.2　跨国运营给管理层带来的谈判力量上的优势

跨国经济行为的扩大给劳工和工会带来了谈判力量上的劣势。跨国运营允许管理层将生产和资本进行跨越国境线的转移，这提高了劳动力面临的竞争压力。本书之前部分讨论的概念解释了这一现象发生的原因。

如果一个国家的分公司面临罢工，公司可以转向运营其他国家的可替代的生产设备，或者是在其他非罢工国家存在可替代的劳工，那么管理层就可以从跨国运营中获得谈判力量上的优势。在很多方面，跨国公司的增多是工会化早期在岗劳动力增多的延伸。正如John Commons 所说的，工业化早期市场的扩大给劳工带来了"竞争威胁"，削弱了工会的谈判力。

跨国运营让劳工面临新的竞争威胁。举例来说，高工资的西欧（或者北美）的劳工面临的压力来自于在他们国家运营的跨国公司将生产转移到工人每小时工资只是西欧工人工资的几分之一、环境和社会法规约束较弱的国家，这种行为被欧洲工会会员称为"社会倾销"。

工会削弱管理层从市场扩大中获得的优势的主要手段，是让工会的管辖权和跨国公司的边界一同扩大。如果这得以实现，那么跨国工会更有能力消除跨国公司给不同地区的劳工带来的竞争压力。

## 14.3.3　跨国工会

20 世纪初，美国工会通过将地方工会或地区工会转变成全国性工会来扩大他们的管辖权。工会采用类似战略，成为跨国工会后成功吗？这部分内容要分析这个问题。

跨国公司的扩大使工会产生强烈的动力去跨越国界扩大他们的管辖权、建立跨国工会。只有少数几个跨国工会或者至少是全国性工会在政策上采取一致的行动，大体来说跨国工会还是很少见的。让我们思考这一现象产生的原因。

1）工会面临的困难

工会发现跨国组织工会很困难，这来源于前面讨论的在不同国家间广泛存在的文化、法律和制度的多样性。在某个国家运营的工会要保持（来自多个国家的）会员内部的凝聚力和团结是相当困难的。不同国家的工人间存在经济和文化差异，交流起来困难，所担忧的问题也不同，这些叠加到常规问题之上，使凝聚力的保持几乎成为不可克服的难题。

考虑一下在欠发达国家和高度工业化的国家间的跨国运营带来的工会凝聚力方面的问题。欠发达国家的工人，挣低工资并且面临很少的就业选择机会，通常不愿意支持发达国家相似工种的高工资工人的谈判需求。有强烈的短期诱因使两国工人都把对方当作竞争对手。

而且，设想一下，如果会员们都说不同的语言，那么工会与会员交流将十分困难。实际上，跨国公司的经理通常对于公司目标和世界局势都很了解，反过来，劳工和工会很难获得关于这些活动的信息。

跨越国境的独立工会的合并不能解决跨国工会所面临的问题。即使在同一个国家，合并也可以使工会获得更强大的谈判力量，独立工会的合并也很困难。代表同一跨国公司工人的不同国家的工会要合并肯定面临更多的阻碍。

即使所属工人在同一公司工作，两个即将合并的工会结构也可能不一致。举例来说，美国的汽车工人属于一个产业工会（UAW），而德国的汽车工人属于一个跨行业的工会（IG Metall）。即使两个工会仅仅希望在他们的谈判要求上达成一致，也会产生类似问题。

2）跨国工会的实例

即使工会面对许多国际凝聚力和合作方面的阻碍，一些跨国工会仍然和跨国公司一同扩张。举例来说，有一些国际贸易秘书处为工会提供信息，协调跨国合作活动。这些秘书处是涵盖某个产业或某几个产业的自治机构。最活跃的秘书处之一，国际矿工联盟（the International Metalworkers Federation），其成员来自许多欠发达和高度工业化的国家。它最主要的活动之一就是给它的成员印发研究报告。

许多秘书处和自由工会国际联盟（the International Federation of Free Trade Unions，ICFTU）保持紧密的工作联系。ICFTU 的成员工会代表全世界 480 万劳工。ICFTU 包括非共产主义的工会。同时期的工会世界联盟（the World Federation of Trade Unions，WRTU）是代表 1 340 万工人的共产主义工会的联盟。然而，传统上对这些联盟和它们的许多成员工会的政治差别，使这些联盟和其他工会联盟的合作变得很困难。

贸易全球化扩张促使全世界的工会和其他国家的工会进行更广泛的交流。专栏 14.3 描述了最近形成的一个全球化网络，包括 20 个工会，代表国际造纸公司的各种跨国经营实体的雇员。伴随着跨国公司的扩张，人们自然希望工会网络也能扩张。工会面临的关键挑战是，跨国交流和公司网络的日益增加是否会导致跨国工会的形成。

也有一些关于不同国家的工会联合对某跨国公司的行为采取应对措施的案例。专栏 14.4 描述美国传媒工人联合会（the Communications Workers of America）如何帮助墨西哥工会赢得在 Maxi-Switch 公司的代表权，Maxi-Switch 公司是一家在墨西哥设有分支机构的电脑键盘制造商。这个案件也很有趣，因为它包括了作为之后将详细讨论的北美自由贸易协定一部分的不满申诉程序。

专栏 14.3

---

**纸业工会形成全球化网络以保护国际劳工权利**

代表国际纸业公司中数千雇员的 20 多家工会组成一个全球化网络,监督该公司在世界各地分支机构的工作条件和工资。这些工会来自 11 个国家,例如纸业、相关产业、化学和能源工人工会(PACE),能源、矿业和一般工人国际工会联盟(ICEM),组成这个网络迫使公司承认国际劳工权利。他们计划敦促国际纸业公司在那些没有实施健康及安全标准和国际劳工标准的国家,执行这两项标准。据 PACE 的一位地区副主席 Don Langham 介绍,公司的劳工关系实践过去的记录并不好。举例来说,在哥伦比亚,公司通过向工会支持者发出死亡威胁来阻止公司工会化。

这一新的全球网络计划通过分享关于工作条件和工资的信息,加强谈判保护全球纸业雇员的利益。他们同样希望通过这一网络在罢工和谈判方面给予工会帮助。由来自法国、波兰、澳大利亚、巴西和美国的工会成员组成的 5 人委员会监督网络的运营。

资料来源:"PACE, ICEM Form Global Union Network to Protect Worker Rights at a Paper Company," *Daily Labor Report* 72, April 15, 2002:A-11.

---

专栏 14.4

---

**CWA 在墨西哥承认 Maxi-Switch 的独立工会后撤销根据 NAFTA 的控告**

在墨西哥政府同意承认 Maxi-Switch 的独立工会之后,美国传媒工人联合会(CWA)撤销了根据 NAFTA 已递交的诉讼。Maxi-Switch 是一家在墨西哥有分支机构的电脑键盘制造商。这个事件发生在 CWA 递交给美国国家事务管理办公室关于墨西哥阻碍工人建立工会的诉讼即将公开听证的前几天。美国和墨西哥工会称赞此举是他们合作组织和保护墨西哥劳工的重大突破。

CWA 原先已经针对与其相似的墨西哥电信工人工会(the Union of Telephone Workers of Mexico)的遭遇提请诉讼。这家工会近几年在墨西哥领导独立工会运动,受到与墨西哥政府联系紧密的工会的反对。Maxi-Switch 是 Silitek 集团的子公司。Silitek 集团总部设在中国台湾,拥有几家在美、墨边境 maquiladora 地区的制造分工厂。

资料来源:this account draws heavily from, "NAFTA:CWA Drops NAFTA Charge after Mexico Recognizes Workers' Independent Union," *Daily Labor Report*, Bureau of National Affairs, no. 74, April 17, 1997, p. D-18.

---

# 14.3.4 通过贸易协定扩大国际贸易

近几年,欧盟的形成促成了欧洲市场的一体化,北美自由贸易协定的谈判把加拿大、美国和墨西哥联结起来,另外还有其他区域性贸易协定,贸易活动在这些贸易协定下得到了扩展。下面我们将讨论这些贸易协定,因为它们对工人的组织权利和关于跨国工会的研究具有重要意义。

## 14.4 北美自由贸易协定

启动于 1994 年 1 月的北美自由贸易协定在 15 年间消除了美国、墨西哥和加拿大之间的关税壁垒及其他贸易障碍。北美自由贸易协定过去和将来的作用已经被广泛讨论。北美自由贸易协定受到了工会的强烈谴责，他们认为墨西哥的低工资引发许多美国公司迁址到南部边境。同时，环境学家担忧公司向南方迁移是为了利用较弱的污染监控和执行不严格的环境法规。Clinton 和 Bush 总统、美国商业联合会和许多经济学家，作为这场争论的反方，支持北美自由贸易协定，理由是可以通过贸易给三个国家都带来利益。而且，北美自由贸易协定的支持者说，这将帮助墨西哥更完全地融入世界经济，从而更好地应对墨西哥的社会问题并减轻其给美国带来的副作用（例如高移民率和毒品贸易）。

为了应对有关北美自由贸易协定的批评，关注环境问题和劳工权力的相关协议也被添加进来。与劳工相关的协议使全国管理办公室（National Administrative Office）得以建立，被授权调查北美自由贸易协定所属国家没有充分执行本国劳动法的公诉案件。专栏 14.5 描述了对北美自由贸易协定劳工保护的首次检测（同时参考专栏 14.4、14.5 和 14.6 中包括工会组织和 Maxi-Switch 事件的描述）。

北美自由贸易协定同样包括"过渡调整援助"计划，为由于贸易协定而失去工作的劳工提供培训。2005 年，美国劳工部证实 NAFTA – TAA 带来了 1 650 万美元的收益。经济学家 Lori Kletzer 估计，1993 到 1999 年间，由北美自由贸易协定带来的失业占到美国制造业工人失业的 24% ~27%（1 238 593 名工人）。工会抱怨这项援助计划不能满足被北美自由贸易协定严重影响的大量劳工的需求，批评家同时指出，许多得到帮助的劳工的失业原因和北美自由贸易协定或贸易没有关系。美国国内关于北美自由贸易协定对劳工和美国、墨西哥经济的影响的争论将持续下去。

2002 年秋天，面对关于北美自由贸易协定作用的争论，国会扩大了对于 Bush 总统的"快速通道"贸易谈判的授权。正如专栏 14.1 指出的，新的快速通道授权包括额外的贸易调整和对被进口产品替代的劳工提供援助等。

**专栏 14.5**

---

### NAFTA 劳工保护措施的首次测试

1994 年 9 月 12 日，墨西哥的一个劳工团体告诉美国一个专门的研究小组，他们及其他劳工因为在由 Honeywell 公司和通用电气公司（GE）控制的、墨西哥北部靠近美国边境的 maquiladora 分公司组织工会活动而受到公司的骚扰，甚至最终被解雇。这些指控成为北美自由贸易协定关于劳工保护的首次测试。在北美自由贸易协定的文件中，每个国家（美国、加拿大和墨西哥）都成立了本国的全国管理办公室，负责管理包括调查北美自由贸易协定涵盖的国家中不能有效实施本国劳动法的公诉案件等其他事务。而且，公诉诉讼必须和政府实施本国法律相关，不涉及某个公司的劳动案件。

---

Honeywell 和 GE 的官员并未出席听证会，但是在事先准备的声明中否认了工会的指责，并声称那些指控是对北美自由贸易协定的另一种攻击。听证会主要的参与者是墨西哥劳工，他们用压抑和恐惧来描述公司，公司还经常对支持工会运动的劳工进行报复。举例来说，Honeywell 分公司的一位 23 岁劳工，Ofelia Sanchez 说，当她拒绝向公司提供其他支持工会组织运动的劳工名单之后，她被解雇了。她同时也详细描述了劳工在使用有毒化学品时没有得到有效防护，有的工人甚至被强迫在超生理极限的速度和时间长度下工作。

1994 年 10 月，美国全国管理办公室宣称，并无证据表明墨西哥政府在处理 Honeywell 公司和 GE 问题上没有严格执法。检查的"主要目的不是两家公司的行为……是否违背墨西哥法律"，而是获取尽可能多的信息来了解和向公众展示墨西哥政府按北美自由贸易协定的相关要求，促进、服从并有效地实施了本国劳动法。

资源来源：This account draws heavily from, "NAFTA Labor Protections Put to First Test as Mexican Workers Tell U. S. About Firings," *Daily Labor Report*, Bureau of National Affairs, no. 175, September 13, 1994, pp. A-12-14; and "NAO Closes Complaints Against Honeywell, GE," *Daily Labor Report*, Bureau of National Affairs, no. 197, October 14, 1994, p. AA-1.

## 14.5 国际劳工权利运动

许多寻求保护劳工权利方法的组织和活动，由于对全球化作用的关注而在近几年不断发展。劳工权利活动家担心全球化会使劳动和社会环境的状况越来越恶劣。在大学校园，这些关注在学生强烈反对全球血汗工厂和发展中国家工厂的劳动条件方面得到证明。专栏 14.7 描述了两个组织联合了工会、雇主和非政府组织的力量，力求控制和改善全球服装行业的劳工标准。在咖啡和其他消费品方面也在开展"公平"贸易活动，提倡给生产者提供一个公平的反馈，以支持正当工作、关注限制童工和加强发展中国家工会的力量。美国工会已设法通过影响美国贸易活动来改善国际劳工标准和条件。

美国工会还越来越多地利用集体谈判和政治渠道减少离岸外包来改善美国工人的雇佣和工作条件。专栏 14.8 评估了这样两个例子，一个注重在提供外包服务的公司进行组织活动，另一个是开展谈判将原来外包的工作返回美国。有意思的是，专栏 14.8 的这两个例子都涉及服务性工作，这说明人们日益关注服务性工作的地点问题。

**专栏 14.6**

---

**墨西哥 Maquiladora 产业的工会组织**

墨西哥的一个独立工会在墨西哥城组织一个名叫 Kukdong de Mexico 的工厂的工人，为 maquiladora 产业的集体谈判开了先例。新的独立工会名为 Sindicato de Trabajadores de la Empresa Mex Mode。Kukdong 是一家向 Nike 和 Reebok 提供面料的公司，因为不让公司雇员组织工会而受到国际劳工团体的批判。劳动权利组织，例如劳

---

权社（the Workers Rights Consortium），同样指责这家分公司通过提供低标准的食物和卫浴设备来虐待劳工、滥用劳工的体力、雇用童工以及在最低工资线以下支付工资。为了使分公司行为的改变标识化，它的名字被改为 Mex Mode。

Mex Mode，是 maquiladora 产业中第一个组织起来的工厂，为更易进入美国市场而坐落在靠近美国边界的地方。劳权社的领导人 Scott Nova 说，新的谈判合同没有为工人带来多少经济利益的增加。但是，其象征意义更重要，"关键是建立了独立工会并获得了承认"。

虽然工会成为墨西哥产业关系中的重要参与者已经很久了，但劳工运动者希望新工会和以前不同。在这个工会出现前，Mex Mode 被一家名为 CROC，用英语表述是革命工人和农民联合会（the Revolutionary Worker and Peasant Confederation）所代表。和其他传统工会一样，CROC 和墨西哥前执政党革命制度党关系密切，并因为与管理层和政府谈判设立不代表劳工利益的低工资"保障合同"为人们所知。工会活动家说，CROC 在原来 Kukdong 分公司的做法属于政府吸引和保持国外投资政策的一部分。

一个工会活动家说他希望对于独立工会的认识会成为墨西哥的一个"分水岭"事件，导致整个 maquiladora 产业建立独立工会。但是，这一过程的一个主要障碍是即使法律给予劳工建立工会的权利，政治上也不愿意作出改变。

资料来源："Certification of Independent Labor Union at Maquiladora May Set Mexican Precedent," *Daily Labor Report* 190，November 3，2001：A-11.

**专栏 14.7**

## 在经济全球化条件下保障劳工权利：劳权社

劳权社（the Workers Rights Consortium ，WRC）是由反血汗工厂学生联盟（the United Students Against Sweatshops）联合劳工和劳工权利专家发起的一个非营利组织，它已经成为国际血汗工厂劳工的保护神。WRC 协助实施被学院和大学采用的制造业行动守则，这些守则保证生产衣服和其他商品的工厂可以实现学院和大学所谓的尊重劳工权利。

WRC 迫使大学结束他们与公司间不符合劳动标准的合同。举例来说，2003 年 3 月，布朗大学中止了和耐克公司的合同，因为布朗要求耐克遵守学校的认证标准，建立一个包括 WRC 程序的监控系统。耐克反驳说，耐克"严密关注包括 WRC 在内的守则和监控系统"，并且"要改善工厂的条件，唯一有效的方法就是使全世界所有的股东都来到谈判桌前"。耐克宣称，WRC 排斥商界，但其实应该和他们一起努力。

WRC 有时也会和公平劳工协会（the Fair Labor Association ，FLA）发生冲突。FLA 是由 Clinton 政府在 1999 年设立的一个独立机构，主要任务是监督产品在美国销售的海外服装厂商的劳工标准。FLA 是纺织业伙伴关系（The Apparel Industry Partnership）的产物，是由一些服装制造商、消费者团体、劳动者和人权组织在 1996

年提交给白宫的。到 2000 年，100 多家学院和大学与 FLA 结盟，以确保印有他们标志的衣服不是由血汗工厂生产的。不过，WRC 批评 FLA 已经成为一个仅仅防止血汗工厂泛滥的产业监控体系。举例来说，WRC 支持了在宾夕法尼亚大学抗议大学和 FLA 联盟而进行的 9 天静坐示威。

不过，最近 WRC 和 FLA 开始建立工作联系，包括一同运作一些监管项目。WRC 的成员现在包括 100 多所学院和大学。

资料来源："Nike Terminates Contract with Brown after University Seeks Compliance with Code," *Daily Labor Report* 64, April 4, 2000: A-2; and "Temple University Reviews Membership in 'Fair Labor' Apparel Monitoring Group," *Daily Labor Report* 35, February 22, 2000: A-5.

专栏 14.8

**工会在限制离岸外包方面所做的努力**

2004 年 7 月，SEIU 和 UNITE-HERE 宣布了一项计划，关注他们所认为的一个对未来很关键的产业——服务性工作的外包。工会相信，现在全球市场的外包产业充分利用了廉价劳动力，减少了全世界劳工的工资和福利待遇。

SEIU 和 UNITE-HERE 的计划包括对于世界三大外包公司之一的 Sodexho 的关注。工会尝试首次组织 Sodexho 在美国和加拿大的工人，然后通过与其他国家工会的联合来扩大组织。

工会关于限制离岸外包的另一项努力是，2006 年 CWA 和 AT&T 达成了协议。该协议将 800 个原来外包的技术支持性工作岗位带回美国，另外还要新增 1 200 名雇员从事原本外包的工作。这些新岗位的工资和福利待遇略低于 CWA 与 AT&T 所签订的集体谈判协议中规定的提供给传统的消费者服务工人的水平。

资料来源："Unions Launch Drive to Organize Workers of Sodexho in United States and Canada," *Daily Labor Report*, July 12, 2004: C-1, and "CWA Accord with AT&T to Bring In-House 2 000 Outsourced Technology Support Jobs," *Daily Labor Report*, September 25, 2006: A-2.

# 14.6 欧盟

欧盟（EU），原为"欧洲经济共同体"，是为了建立一个共同的区域市场所做的最伟大的努力。欧洲的一体化（或者是为了迈向一体化而做的努力）对产业关系产生了重要影响，产业关系的研究可能也受到欧洲一体化形式的影响。我们将在这里回顾欧洲一体化的历史和在一体化刺激下产生的产业关系问题。

## 14.6.1 欧洲一体化的目标

欧洲各国间的联盟首先是由比利时、法国、前联邦德国、意大利、卢森堡和荷兰建立的欧洲经济共同体。1992 年，欧共体各成员国正式向建立欧盟转变。现在，欧盟有 25 个成员国。欧盟作为联合欧洲各国的行政管理组织，提供统一的法律、货币、健康和经济政策以及军事防御体系。欧盟作为立法主体，其权力由各成员国所签署的条约所赋予。最近，欧盟正在由单纯地关注各成员国间贸易的组织，向经济、政治联盟转变。除了成员国外，欧盟还和许多海上地区，如格陵兰岛、马恩岛、亚速尔群岛和马德拉保持联系。

欧盟继续发展以满足它现在的成员国和希望加入欧盟的国家的需要。目前主要关注的是欧盟的结构、宪法、政策、程序和对成员国资格的研究。欧盟的几个大国已经通过关于订立欧盟宪法的条约。然而，欧盟宪法在没有得到每个成员国通过的前提下是不会出台的。

欧盟下一个结构改变包括 2007 年 1 月 1 日新增罗马尼亚和保加利亚为成员国。这两个国家的加入使欧盟成员国达到 27 个。在接下来的一年，在同意接纳新成员国之前，欧盟将监督它代表现在成员国的能力。

欧洲一体化的中心目标是在欧盟 25 个成员国间消除贸易壁垒，并且允许劳工、产品和投资在各国间自由流动。经济一体化会消除外在的贸易障碍和关税壁垒，为政府关于产品和税收的规定建立更好的标准。现在 25 个国家间在劳动关系、其他劳动法规和政策方面存在巨大差异，将会在由欧盟委员会制定的方针和规定指导下趋于一致。在 20 世纪 90 年代早期签订的《马斯特里赫特条约》中，一体化的目标扩大到通过建立统一的货币体系以实现完整的货币联盟。

对于劳工和管理层来说，一体化既有收益，也有成本。因为大部分问题尚未确定，现在对于劳工一体化的确切程度和形式方面存在很多争议。迄今为止，欧盟只通过了最基本的法律来详细说明产业关系将以何种程度和标准实现一体化，可能未来一年内这还将继续成为许多讨论和争论的焦点。

## 14.6.2 欧盟一体化前欧洲产业关系的结构

产业关系和雇佣条件的法规在欧盟 25 个成员国间的差别很大。各国劳工运动在指导思想、组织结构和力量方面也存在实质性差异。

25 个国家的工会化程度已在图表 14.3 中列出。与美国相比，许多欧洲国家有较高的工会化程度。这些指标也显示了广泛的差异性。举例来说，法国的工会化程度仅为 10%，而 79% 的瑞典劳动力和 74% 的丹麦劳动力加入了工会。

正如图表 14.3 列出的，生活水平和每小时工资率在各国间有显著差异。举例来说，德国制造业工人每小时工资（29.91 美元），比捷克共和国（4.71 美元）和葡萄牙（6.23 美元）多出很多。工资差异是劳工组织担心欧洲一体化会导致德国和其他高工资国家劳工待遇下降的根本因素。

这 25 个国家间在产业关系立法和实践上也存在根本差别。举例来说（正如本章前面部分所提到的），德国联邦法律规定，要实行职工委员会和雇员代表进入公司董事会的制度（同样适用于卢森堡和丹麦）。相反，爱尔兰在法律上不要求成立职工委员会，或让雇员代表进入公司董事会。

工会的代表结构在各国也不尽相同。举例来说，西班牙某个产业的工会倾向于按政治派别划分（这也是法国的特征）。在德国、比利时和丹麦，工会通常把整个行业组织起来。

## 14.6.3 欧盟"社会方面"的规定

来自 25 个成员国的代表之间以及劳资之间，针对欧洲一体化在社会方面的发展展开激烈讨论。所谓社会方面的发展包括逐步在 25 个欧盟成员国制定关于雇佣和产业关系政策的规定、指令，或者是法律。欧盟已经采用了一系列健康和安全标准，制定劳动力在各国间流动和加强性别平等的措施，以及创立制定这些法规的特殊委员会等。

欧盟在社会方面最大的举措是 1989 年 5 月发布的社会宪章。专栏 14.9 列出了社会宪章中的一些基本要点。宪章包括给予工人组织和加入工会的权利，以及在发生利益冲突时可以采取集体行动（如罢工）的权利（这项权利在许多但不是全部的欧盟成员国的法律中作出了明确规定）。社会宪章是没有法律强制力的规则陈述，有待于各成员国制定具体政策。社会宪章说明，欧盟并不想严格统一劳动标准，也不想集中规范产业关系问题。

欧盟发布了一些指令提出在裁员、雇主破产、企业转让或重组时保障工人的权利问题。在必要情况下，这些指令要求成员国修改本国法律以便与指令的宗旨保持一致。1994年，欧盟发布了一项指令，要求在一个以上的国家运营的跨国公司要建立欧盟职工委员会。这些委员会并没有正式的权力，但可以为意见交流和"社会对话"提供一个沟通平台。现在已经有许多欧洲职工委员会正在运营，包括许多以美国为本部的跨国公司的委员会。

其他一些指令尚处在审议或激烈的讨论中，这也反映出国家间以及劳资间存在不同观点。我们还没有看到从欧洲市场一体化出现后在社会方面有什么具体的规定。而且，要执行欧盟的指令、宪章或其他规定也深受各国政府以后的行动及工会和管理层决策的影响。

**专栏 14.9**

---

**EEC 社会宪章总结：基本社会权利——第一部分**

（1）自由迁移的权利；

（2）自由选择职业和获得公正报酬的权利；

（3）改善生活和工作条件的权利；

（4）获得社会保护的权利；

（5）结社自由和集体谈判的权利；

（6）获得职业培训的权利；

（7）男女平等对待的权利；

（8）工人享有获取信息、协商和参与决策的权利；

（9）在工作场所获得健康保护和安全的权利；

（10）儿童和青少年的特殊保护；

（11）老年人和残疾人的权利保护。

资料来源：James B. Dworkin and Barbara A. Lee, "The Implications of Europe 1992," in *The Future of Industrial Relations*, ed. Harry C. Katz（Ithaca, NY: Institute of Collective Bargaining, 1991）.

---

## 14.6.4 劳工对一体化的关注

工会特别担心劳工待遇一体化会带来劳工待遇的降低。在这方面，欧洲工会的担心与美国工会领导人面对 20 世纪初美国市场、交通、通讯系统扩张时的反应一样。正如

Commons 和其他人指出的，工会对于市场扩大带来的竞争的担忧已经出现了。

同时，由市场一体化带来的贸易量的提升和连带的经济发展会给劳工带来收益。如果一体化给现在劳工待遇较差的国家带来巨大投资的话，那么这些国家的劳工和工会将会得到巨大收益。

如果欧盟采取步骤集中规范欧洲一体化市场的产业关系，那么也可能会给工会带来收益。欧洲一体化以后，如果欧盟出台强有力的监督产业关系的法规，工会就能将劳工标准提升到一个原本无法实现的水平。这就是英国工会喜欢欧洲一体化的主要原因。许多指令（已通过的或审议中的）和社会宪章将德国的雇员和工会代表方面的政策推广到自认为并不适合推广这些权利的国家。

因此，现在并不能确定工会（或劳工）必然会成为市场一体化的受害者。是得益还是受害很大程度上依赖于如何规范一体化的市场。

### 14.6.5  管理层对欧洲一体化的关注

在一个国家经营或跨国运营的公司的管理层，倾向于从因市场一体化而带来的贸易限制的减少中获益。一体化前的经济体系中，跨国公司面临无数规定和在他们运营的多个国家内不同的产业关系现状。因此，市场一体化可以大大简化欧盟国家间的产业关系管理。一体化也大大增加由于简化跨国人员流动和活动带来的公司经营上的灵活性。欧洲企业的管理者认为，欧盟的建立提供了更多的战略选择：公司建在什么地方？应该采取什么样的经营战略和产业关系战略？这些都有了更多的选择。他们希望由此来提高管理层的决策自由。

同时，欧洲企业以及总部不在欧洲的跨国公司的管理者担心，伴随欧盟产业关系规定的增多，随之而来的是限制的增加和劳动成本的增加。管理层的担心和上面提到劳工的担心相反。

管理层希望获得员工和资本流动上更多的自由，以提高经营的灵活性，并利用某些欧盟国家的低成本。市场一体化同时建立了集中规范产业关系的程序，这可能给予工会和劳工更大的谈判力量以对抗资方的变革。管理层所担心的，工会所希望的，是欧盟统一规定一些在某些情况下某个雇主要和工会进行集体谈判才能获得的权利。

这也解释了管理层反对 Vredling 指令和许多处在讨论中的提案的动机。管理层通常偏好由各国或公司制定有关产业关系和雇佣条件的规定，尽量避免集中的规定。

## 14.7  发展中国家的产业关系

虽然美国、日本和欧盟国家在产业关系实践和制度上存在差别，但这些国家也存在很多共同之处。举例来说，在这些国家，法律赋予劳工加入工会的权利，同时也赋予工会罢工的权利。而且虽然各国工会与政府、工会与管理层之间具体的关系不同，但各国工会都独立于政府和管理层的统治。工会是独立的，因此它们一般可以依自己的意愿进行活动，利用民主选举制度来决定工会领导人和工会政策。

在某些国家，工人和工会没有这些权利。相反，这些国家的工人甚至没有加入工会的权利。如果工会确实存在，那么也通常是由政府和（或）雇主统治。从历史上看，不让独立工会合法地存在，或由政府统治工会，这样并不会消除劳资冲突，不过是搁置矛盾，还可能激化劳资矛盾。最后，所有国家都被迫要在两者之间进行权衡：一方面要满足工人需求，让工人具有足够的代表性，处理好产业关系；同时又要保持社会稳定和经济增长。

20 世纪 80 年代和 90 年代，这些问题在许多发展中国家走到台前。下一节我们将回顾具有不同文化和历史背景的波兰和韩国产业关系的发展。同时，这两个国家也很好地说明，劳工运动和产业关系问题将如何成为民主化进程的中心问题。

## 14.7.1 波兰的产业关系和政治改革

1980 年 7 月，波兰政府宣布，将大幅提高基本食品价格，这是 10 年内的第三次大涨价。与 1970 年和 1976 年一样，工人在 1980 年以罢工相回应。但与前两次不同的是，罢工者并没有在政府同意取消价格上涨后回到工作岗位。Lenin 造船厂 Shipyard 的工人在 Lech Walesa 的领导下，要求获得建立自由而独立的工会的权利。在两周的静坐罢工和密集的公开谈判后，"团结工会"诞生了。

在 1980 年和 1981 年，政府在日益增加的外部压力下开始消减"团结工会"的权力。反过来，团结工会则坚持发挥 Gdansk 精神，在 1981 年 8 月的全国代表大会上采取了进一步的措施，要支持在整个社会主义阵营建立自由工会。全国代表大会闭幕几个月后，波兰经济进一步恶化，工会和政府之间的关系越来越紧张。波兰颁布了戒严令，团结工会领导人被捕，工会的合法地位被取消，这些使矛盾进一步激化。

戒严令颁布后的几年，政府对经济改革的尝试由于缺乏社会认同而失败。政府一方面拒绝政治协商制度的出现，但又认识到需要达成社会共识，政府在 1987 年秋天决定举行全民公投来使经济改革项目合法化。尽管政府进行动员，但提出的方案仍然被否决。

由于缺乏重振波兰经济的详细计划，顽强的劳动力再次试着组织工会只是时间问题。实际上，在投票失败后的春天和夏天，几个关键产业的劳工继续罢工。政府对罢工工人的决定置之不理，没有同意他们的要求。最后，在 Lech Walesa 的干涉下，罢工者了解到，重新合法化的团结工会在 Walesa 的要求下将参加即将到来"圆桌"会议，于是他们回到了工作岗位。

在一连串的错误开始后，团结工会和政府代表最后在 1989 年 2 月召开了圆桌会议，2 个月后达成一致意见。根据圆桌会议的决议，团结工会被允许登记为工会，在新宪法中加入包括建立民主选举参议院和重组议会的部分。1989 年 6 月，团结工会领导人进入政坛，为波兰的市场经济改革铺平道路。1990 年 12 月，Lech Walesa 在波兰首次总统选举中以压倒性的多数票赢得胜利。

波兰经济和政府领导人之后面临连续考验。到 1991 年，波兰在向市场经济转变的过程中明确出现连续的经济错位。失业率上升，工业产量下降。波兰政府是因为工会的支持才上台的。当团结工会试图与政府合作时，工会遇到了挑战。团结工会后来陷入两难，一方面它想成为政治领袖，另一方面它又想在一个新的多元化的波兰保持与政府的独立性。

近几年，团结工会在形成新的战略方面遇到困难。在转型的第一年，工会领袖首先支持导致一系列经济错位的保守的宏观经济政策。同时，工会对于其在公司管理中的角色的认识互相矛盾。在公司私有化的过程中，团结工会用它的影响力保证雇员获得经济股权。私有化之后，团结工会对于它的新角色不太确定，倾向于将广泛的管理权让给公司新的所有者。

当私有化让越来越多的劳工面临更大的经济不确定性和在公司中的发言权减少，许多雇员不再支持团结工会，最终使团结工会的运动破裂。

最近，波兰经济面对的关键问题是高失业率。这给 2001 年新当选的左翼政府带来特殊的困难。政府多次提议修改劳动法，希望可以降低劳动成本，使劳动法更具灵活性。

波兰最大的两个工会组织，NSZZ 团结工联（NSZZ 'Soidarno'）和全波兰协议工会（OPZZ），在劳动法改革上存在分歧。重新启动的"三方委员会"进行了关于修改劳动法的谈判。三方委员会由波兰主要的雇主组织、雇员组织和政府构成。1993 年建立的三方委员会实际上在 1996—2001 年间由于两个主要工会组织的不同意见而停止运作。

大体上波兰的罢工率从 1995 年起全面下降，很大程度上是由于工会的衰落。除了少数工会之外，现在只有在公营部门才有充满活力的、好斗的工会。在过去的 20 年间，波兰工会会员在劳动力中的比重从 80% 下降到 2004 年的 15%。

## 14.7.2　韩国的产业关系和政治改革

韩国的工会没有获得像团结工会那样的地位和强有力的政治角色。而且，韩国一直在以下两个问题上进行斗争：政治制度民主化要走多远？工会和集体谈判在韩国社会应该扮演什么样的角色？

在二战后的韩国，军事联盟政府的独裁统治是重要特征。然而，人们不时采取暴力手段挑战这一制度。工会在那些政治对抗中起领导作用。集体谈判在"现代"和"金星"公司中占主导地位，但在中小企业中仍很弱小。

韩国已经经历了好几次劳工暴力抗争。执政的民主正义党总统候选人（随后选举的最终获胜者）卢泰愚保证，支持通过全民投票方式决定韩国新总统之后，第一波劳工反抗高潮在 1987 年中期发生。之后的民主化进程，解除了对抗议与请愿的约束，对工会运动更是如此。

接下来爆发了罢工高潮，伴随着工会成员激增和工资的激升。举例来说，1990 年 5 月 2 日，韩国港口城市蔚山发生了一些暴力活动，来自"现代"分公司的 30 000 名工人在工作场所集会，抗议早前警察逮捕"现代重型工业公司"的罢工工人。

工人的反抗活动部分是在工会和工会领导人的指导下进行的。许多工会都加入了韩国总工会（Korean Federation of Trade Unions）。但是暴动的工人反对这些工会与政府、雇主间的共谋。暴动的工人不仅要求高工资和更好的工作条件，同样也要求寻找允许成立独立于政府和企业管辖的工会的方法。一些新工会为回应这些要求而建立，例如一个新的独立工会联盟——全国工会大会（Chunnohyop），即使政府不承认其合法性。

反抗高潮在 20 世纪 90 年代早期消退，但另一波劳工运动高潮在 1997 年初发生。这波运动高潮是在政府为了提高劳动力市场流动性、解决开始表面化的国际竞争问题而修订韩国劳动法的刺激下产生的。

值得注意的是，虽然韩国经济增长率比 20 世纪 70 年代和 80 年代经历的通常每年增长 15% 的超高速增长率低，但与美国和许多欧洲国家（每年 3% 或更低）相比，20 世纪 90 年代中期，韩国的增长率是令人敬佩的（每年 7%）。然而，韩国商业团体感受到与日俱增的国际竞争压力和来自劳动法的束缚，这些法律使公司难以辞退员工，并且罢工工人可以获得罢工期间工资损失的全额赔偿。同时，韩国工人运动想确立工人加入官方认可的工会的权利，此工会并不属于政府核准的工会联盟，韩国工人运动还想改变劳动条件，尤其是中小企业的劳动条件。

当国会（没有反对党成员，并且得到韩国总统支持）通过一项让公司解雇雇员更容易的法案后，劳工运动在 1997 年爆发。3 周的罢工高潮在"现代汽车公司"等大公司罢工后随即而来。罢工高潮平息后是持续数月的幕后谈判，最终在反对党和政府的支持下，1997 年 3 月新劳动法得以通过。

1997 年夏天，一场经济危机从泰国、印度尼西亚蔓延到包括韩国在内的亚洲其他国家。在许多主要公司和银行破产后，韩元贬值。国际货币基金组织（美国为其后盾）提出一笔 570 亿美元贷款的援助方案，但只有在韩国政府同意改变经济政策和劳动法规后才生效。一个主要的劳工问题是允许解雇工人。起初，工会对允许解雇工人不满，并威胁发动全国性罢工。工会在新的"三方会议"后让步，同意其他"互相妥协的"产业关系变革，包括公共学校老师的集体谈判合法化和建立失业基金。

"三方"谈判的成功完成，逐渐减轻了韩国的国际债务和货币危机，帮助金大中在 1997 年 12 月的总统选举中获胜。金大中曾经作为政治犯在狱中关押数年，在那些年得到了劳工工会的强力支持。只有金大中能保证工会关注的问题能得到政府的重视，并且当韩国经济恢复时，劳工可以得到平等的报酬。由此，政治民主化就与产业关系的变化和更广泛的经济事件紧密地联结起来。

到 2000 年，韩国经济再次以稳定速率增长。但是国家产业关系系统中还存在很多不稳定的因素。工会对劳工不得不以下岗或降低工资的方式承受 1997—1999 年经济危机带来的实际损失而感到苦涩。即使面临近期的经济增长，也只是在非正规（如临时工）雇佣方面显著增加。非正规雇员缺乏就业保障和福利，他们的工资通常比正式雇员的低。许多非正规雇员，包括许多银行业雇员，原来是正式雇员，但在下岗后他们被同家公司作为非正规雇员返聘，即使他们继续承担同样的工作。

为了增强工会的谈判力量，许多韩国工会寻求行业一级的谈判。在银行业，首个行业一级的集体谈判协定在 2001 年签订。对于这一趋势是否增加更集中的集体谈判和能否增强工会的谈判力量仍有待观察。

## 14.7.3　波兰和韩国的相似之处

波兰和韩国有什么相似之处？波兰试图通过引进市场机制和激励机制改变其经济体制。同时，波兰建立了新的民主制度。同时，韩国的问题是如何从与波兰完全不同的政治和经济历史角度出发，组织和稳定产业关系。在韩国，独裁和军事统治曾经管辖和控制着劳工运动。而且韩国在 1960 年之后经历了经济的飞速增长。韩国没有面临建立市场经济的问题。

## 14.8　比较经济成果和产业关系的表现

人们一直在争论是否存在某种经济制度优于其他制度，而产业关系对经济所作的贡献又是如何。这些争论伴随着不同国家经济财富的增加与减少起起落落。20 世纪 80 年代，随着日本经济实力的增强和出口的增长，许多分析家推崇日本的经济制度。相关的论点是，日本产业关系系统在日本的经济成功中起重要作用，因为这样的制度让雇员忠于企业，能解决问题。德国经济和产业关系系统在 20 世纪 80 年代同样受到推崇，后者因共决制促进技术发展和冲突解决而声名鹊起。

20 世纪 90 年代，这场争论转到了美国，因为美国的经济强劲，特别是物价稳定，就业也在增长。美国经济制度因其灵活性和发扬企业家精神而被称赞。20 世纪 90 年代后期，美国失业率降至历史低点，一些分析家指出，传统的美国国内市场正在为无边界工作（经常变换工作）所取代。劳动力市场的紧张导致工资增加，尤其是软件设计师和高科技工程师等高技术雇员。

2000 年网络经济泡沫爆发及包括"安然"、世界通讯（WorldCom）公司等其他美国大公司的财政丑闻发生之后，经济制度优劣的争论再次兴起。批评家质疑，以市场和财务状况为导向的美国经济制度是否给予公司所有者和高层领导太多的权力，同时却给了公众和雇员代表太多的限制。当其他国家的工会开始监督公司高管人员的权力时，美国劳工组织由于太弱小而不能承担这个角色。工会制或其他让雇员发言的形式是否应增多以满足这方面需求是个可以公开讨论的问题（我们将在本书最后一章继续讨论）。

## 本章小结

德国、日本和美国的产业关系模式存在本质上的差别。美国的集体谈判相对分散，书面形式的集体谈判协议居于中心地位。美国的集体谈判制度还值得一提的是它对不满申诉程序和仲裁程序的依赖。

相反，在德国"共决制"是中心。共决制使雇员拥有两套平行的代表机制，一是工会，二是职工委员会。德国的集体谈判通常发生在地区或产业这个级别，每年产生一份集体谈判协议。

日本的企业工会占统治地位。这些工会同时代表公司的蓝领和白领雇员。日本一般通过各种协商程序解决劳资纠纷，实现信息分享。工人的资历和企业的经营状况影响着工人的收入，而年终奖在工人的收入中占较大比重。

虽然这些国家存在差异，但也有一些共同的趋势。本章提到的大部分国家，都在采用更加分散的集体谈判制度。而且，在工作的组织上扩大了团队制度，通常会采用"及时生产"制度和其他"瘦身"的生产技术。这些技术在许多国家很常见。人们一直对管理层的国际比较和劳工的实践兴趣高涨。之所以会产生兴趣，部分原因是跨国公司的扩大和区域性贸易组织的发展。一个公司跨国经营并不会从根本上影响集体谈判的过程和谈判的力量。高工资国家在面临日益增多的国际贸易时，如何保护他们较高的劳工标准仍有待观察。

所有国家都必须解决如何构建产业关系这一问题。全球化的压力使集体谈判和工会制度未来是否还能存在下去成为问题。同时，由于持续的劳工运动而缺乏稳定产业关系的国家，必须面对的事实是，纵观历史，自由而独立的劳工组织是民主化发展进程中的核心问题。

## 讨论题

1. 简要描述德国的共决制。

2. 叙述日本的产业关系与美国的产业关系存在的三个主要差异。

3. 工会如果要跨越国界协调活动会面临什么困难？

4. 为什么有些工会活动家担心欧洲的一体化？管理层对欧洲一体化的担心是什么？

5. 你认为 NAFTA 是个好主意吗？如果你是一个工会领袖，或者是位商界精英，那么你的观点会发生什么变化？

6. 在波兰和韩国的民主化进程中，工会承担了什么角色？把工会和民主化进程联系起来对发展中国家或者发达国家的公共政策有什么意义？

# 第15章

## 美国劳工政策和产业关系的未来

本书追述了在美国某些环境的变化是如何挑战许多传统的集体谈判实践的。近年来在众多的公司与工会都已经有许多产业关系领域的探索与实验。与此同时，也有许多工会与雇主爆发了冲突，而且，在美国，工会的代表性已经大幅下降。

在未来，劳资关系的上述两个发展趋势中哪一个会占据主导地位呢？是新型的员工参与、新的工作制度和劳资合作伙伴关系这样的实验会不断扩大并以此为基础形成一种新的美国产业关系模式？还是，工会会继续衰落，这些新的实验会停止（因为劳方和资方在未来的全国劳工政策上仍然会各持己见）？

又或者说，那些发生在劳动力、工作性质、公司职责，以及家庭生活和工作之间的关系的深刻变化，将引发雇佣关系和政策的大变化，重新塑造美国21世纪的产业关系系统？这些都是目前制定政策者和产业关系的研究人员所要面对的核心问题。因此，我们把它们纳入这章最后的讨论中。通过这样的分析，我们将说明产业关系在未来可能踏上的几种不同路径，我们也要在这一章就这些问题提出我们自己的观点。

当讨论到未来的可行性时，有必要先分析政府是通过什么渠道来影响集体谈判的。最重要的影响集体谈判的联邦法规是《国家劳工关系法案》。政府的劳工政策包括这个法规和其他管理集体谈判的法规，诸如《铁路劳动法》。

美国的劳工政策也是在一系列规范雇佣条件、培训以及劳动市场其他方面的法规塑造下形成的。产业关系和雇佣条件同样也受经济政策和社会政策的影响，如社会保障制度，会影响工人的收入和退休决策。

因此，美国的劳工政策，从广义上来说，包括一般的经济政策和社会政策、劳工关系政策，以及雇佣和人力资源政策。图表15.1概括了美国当今的劳工政策的主要组成部分。

图表15.1 美国劳工政策的构成

| (A)<br>一般的经济和社会政策 | (B)<br>劳工关系政策 | (C)<br>就业和人力资源政策 |
|---|---|---|
| 总体的货币政策和财政政策 | 《铁路劳动法》 | 工资和工时立法（如：《公平劳工标准法案》，《Davis-Bacon法案》） |

| （A）<br>一般的经济和社会政策 | （B）<br>劳工关系政策 | （C）<br>就业和人力资源政策 |
| --- | --- | --- |
| 收入政策 | 《Norris-LaGuardia 法案》 | 平等就业机会法律、法规和执行情况 |
| 贸易政策 | 《Wagner 法案》 | 《职业安全与健康法案》 |
| 移民政策 | 《Taft-Hartley 法案》 | 《雇员退休收入保障法案》 |
| 反托拉斯政策 | 《Landrum-Griffin 法案》 | 失业保险制度 |
| 跨国企业的法规 | 1978 年《市政服务改革法案》，第 7 条 | 社会保障制度 |
| 环境保护政策 | 1970 年《邮政重组法案》，公共法律 91-375 | 工人薪酬制度 |
| 国家的医疗保险项目 | 各州的"小瓦格纳法案" | 《职业培训合作法案》和相关的就业调整项目 |
| 能源政策 | 各州的雇员谈判法规与政策 | 促进劳方资方合作的项目 |
| 提高生产率及资本形成的政策 | | 《事假与病假法案》 |
| 产业管制政策（医院、运输业等） | | 生活工资和州立最低工资政策 |
| 福利政策 | | |
| 公司治理条例 | | |

## 15.1 政府主导的劳资对话的历史沿革

纵观美国的历史，并没有多少次成功的就国家的劳工政策展开的全国性对话和辩论。下面我们将回顾以前的几次重大的劳资对话及其结果。

### 15.1.1 全国性委员会

美国曾经成立过几个全国性的劳资委员会，尝试改变美国的产业关系实践。例如在 20 世纪末和 21 世纪初，美国组建了好几个全国性调查委员会，审视劳动条件和劳动问题。产业关系委员会分别在 1880 年、1902 年和 1915 年提交了报告。例如，1915 年的产业关系委员会认为，当时两个最为严重的社会问题，一是缺乏产业民主，二是工作条件差。20 世纪 30 年代，这些研究会的报告被那些制定新政劳动法律的人用作背景资料。

在两次世界大战时期美国也成立了其他一些劳资委员会。Woodrow Wilson 总统和 Franklin Roosevelt 总统都分别在一战和二战期间成立了国家战时劳工委员会，以促进劳动和平和收入稳定。这些委员会在战争中都出色地完成了他们的使命。然而，这两个委员会却在战后，都没能够在国家层面上保持劳资双方的合作。比如在 1945 年，随着二战的结束，Truman 总统曾召开全国会议，召集劳方和资方代表，共同探讨维持在战时成立的合作关系的方法。然而，劳工要求保障工会存在，而资方要求适当限制工会对雇佣问题的影响范围，双方无法达成一致。

从 20 世纪 30 年代到 60 年代，尽管每一任总统都建立了一个或多个高层次劳资咨询委员会去处理各种事务，但这一传统却在 20 世纪 70 年代被丢弃了，而且不再更新。相反，近年来，少数私营的全国性委员会已经成立了。

当公众的努力退却后，一些有政府支持的私人委员会却在发挥作用。例如，John Dunlop 在 1974—1975 年担任劳工部长时成立了峰会委员会，这个委员会在他离任数年后依然在私人赞助下运行着，Dunlop 出任了委员会的主席。这群人主要讨论的是集体谈判问题之外的各种劳工政策问题。他们认为，应该由集体谈判的两个直接参与方，在比较分散的水平上来讨论集体谈判问题。他们认为，谈判问题太过错综复杂以致无法通过全国性的劳资双方对话去解决。

1985 年，前任劳工部副部长，Malcolm Lovell，建立了由工会领袖和企业界领袖组成的集体谈判论坛，论坛一直运营至今，讨论改善集体谈判的长远战略。专栏 15.1 节选了该论坛的其中一份报告。

有记录显示，这些全国性论坛或委员会对集体谈判实践几乎没有什么直接影响。在美国存在多方面的因素致使很难通过国家层面上的劳资对话来改善劳资关系。这些限制因素包括：美国集体谈判的结构高度分散；对劳动问题，无论是工会界还是工商业界都缺乏一致的战略眼光；在某些情况下，劳方与资方的领袖人物在劳工政策上存在着根深蒂固的意识形态上的分歧。从另一个方面来说，这些论坛使商界领袖和劳工领袖之间建立了个人关系和职业方面的关系，使他们能够处理一些问题或对全国性危机作出反应。因此，如果未来有需要，却没有任何有效的全国性劳资对话论坛，就可能使美国无法进行广泛的动员以获得各方面的支持。

## 15.1.2 地方性和区域性的政府对话尝试

在美国，同样有大量地方和区域层面上促进劳资对话的努力尝试。这些劳资委员会通常包括劳方和资方的代表和社会上的政要人物。几乎所有的这些活动都是在某个人的积极领导下开展的。例如纽约州的詹姆斯城（Jamestown）委员会，就是在该市的前任市长的努力下发展起来的。

专栏 15.1

---

**迈向新的劳资契约**

1988 年，集体谈判论坛（一个由主要的工会和企业领袖组成的非正式工作机构）发表了一份原则性声明。声明如下：

我们意识到，集体谈判制度是美国经济生活不可或缺的一部分。我们也意识到，如果雇主和公共政策制定者，不接受工会在企业的战略决策和公共政策的制定上能合法地发挥有效的作用，将很难希望工会加大与资方的合作，以提高本国企业的业绩并帮助这些公司适应技术、市场以及其他方面的变化。而对我们而言同样很清晰的是，雇主也需要同工会加大合作的力度，以重振美国的产业，为美国工人维持并且增加有

---

保障的高薪的工作机会……因此，本论坛呼吁遵守以下原则：

美国的管理层要在实践中接受工会的合法性，让工人和工会更广泛地参与决策。

美国的工会要在实践中表明，他们有责任与资方共同努力提高公司的业绩，这样做才符合工人、消费者、股东和整个社会的利益。

鼓励实行这样的公共政策：在决定是否由工会来代表工人利益行事的问题上确保有所选择、没有强迫，在各个层面上处理劳资关系时要相互尊重、相互信任。

美国企业要把雇佣保障、连续雇用它的劳动力作为一个重要的政策目标，在企业规划过程中将其视为与产品开发、市场营销和融资等一样重要。

该论坛同时签署了一份契约，包括使这些原则得以付诸实践所需的程序。这份契约提出了一套新的责任和义务，超越和深化了传统的集体谈判关系。该契约声明，"我们的目的是，在基本的关系中形成一些准则或是'游戏规则'"。这份契约还提出了一些准则，规范劳资双方的活动，以提高美国企业的业绩。这些准则是：在公司和整个社会层面接受工会的存在；提高就业保障、员工参与水平，加大对工人的授权；提高劳资纠纷的解决力度；在劳资关系中推广创新举措；在公共政策上形成共同的立场。

资料来源：Labor-Management Commitment：A Compact for Change，Views from the Collective Bargaining Forum. Distributed by the U. S. Department of Labor，Bureau of Labor Management Relations and Cooperative Programs，Report No. 141，1991.

地区（地方或区域）委员会似乎是从经济危机中发展起来的，如工厂关闭时。在詹姆斯城危机就是一个诱发因素。在某些地区，如托利多（Toledo）、俄亥俄州，最初让这些地区成立这样的委员会的原因是罢工频繁。

这些地方委员会动用了社会资源，吸引新的企业，鼓励当地教育机构更好地满足产业的需求。这些委员会还吸引了联邦和各州的经济发展基金。然而，它却很少能够说服雇主或地方工会改变集体谈判实践。地方委员会对于集体谈判的建议往往被工厂管理者和工会领袖所抵制，因为干涉了这些人的权力。然而，对于地方工会和资方管理者而言，参与到市政事务中被证实是一项有效的建立工作网络的活动。通过参与市政事务，关系网得以延伸扩张，这可以帮助许多工会领袖与移民的人群、宗教领袖和参选的官员结成联盟去支持运动的发起和谈判的进程。

## 15.1.3 劳资对话的局限与贡献

美国有这么多全国性和地区性劳资委员会，令我们对它们的潜在贡献感到困惑。所有这些努力似乎都未能引发一场改革，以遏制岗位的流失或减缓工会会员人数的缩减；没有哪个机构能够改变雇主在意识形态上反对工会的态度；没有一个机构能提出一个新的一致性的战略以提高员工的参与；而且没有一个机构能就国家劳工政策的变动提出一个能够达成共识的方案。然而，这些机构在解决特定问题和增进劳资双方领导人互信这两方面，起到了一定作用，否则这些人可能互不相识。因此，如果这些建立关系网络的论坛减少了，美国的产业关系就会让人更加担忧。

## 15.1.4　劳工政策的改革

如第 3 章所述，美国劳动法并非频繁变化，要修改它并不容易。《国家劳工关系法案》的通过是产业关系"新政"改革的最后一个大举措。大萧条带来的深重的经济和社会危机使人们担心美国式的资本主义处于危险境地，这样才获得了必要的政治支持以通过这部法案。随后，在 1947 年面对罢工浪潮，通过了 NLRA 的修正案，即《Taft-Hartley 法案》，以限制工会进行次级联合抵制活动，限制封闭性工厂（closed shop）的条款，另外还采取了其他行动限制工会的不当谈判行为，重新平衡了劳资力量对比。一系列广为人知的工会腐败的负面新闻在 1959 年促成了《Landrum Griffin 法案》的诞生。

在没有深重危机的情况下，更新或修正劳动法的努力都没有成功。例如，Carter 当局曾经想通过一项法案，如果雇主侵犯工人组织工会的权利，就会对雇主进行严厉惩罚，但这项改革没有成功。因此，从 1978 年的劳动法改革失败算起，美国已经有至少 30 年国家劳工政策的改革和更新已经陷入困局。

## 15.1.5　邓洛普委员会

1993 年，Clinton 首次执政时有意打破在劳工政策上为时甚久的僵局。他们成立了一个全国性委员会，名为"劳资关系的未来委员会"（也称为邓洛普委员会，因为前任劳工部长 John Dunlop 担任委员会的主席）。委员会创设的目的就是要探讨更新美国的劳工政策，寻找方法提高美国的竞争力和改善工人的生活标准。

邓洛普委员会要回答以下问题：

（1）应该鼓励或强制要求实行什么新的方法或机构（如果有的话），通过劳资合作和雇员的参与来提高工作场所的生产率？

（2）在目前的集体谈判的法律规定和实践中，需要作出什么改变（如果能变的话），以加强劳资合作，提高生产率，并且减少冲突和拖延？

（3）应该采取什么措施（如果有的话）使劳资双方可以更多地自己直接解决工作场所的问题，而不需依靠各州和联邦法庭及政府的监管机构？

邓洛普委员会发布了两份报告：①《调研报告》回顾了劳资关系的现状，列举了一些证据说明存在的问题；②《最终报告和建议》列出了改革建议。图表 15.2 总结了报告中的主要建议。

然而，这份建议，没有得到商界、劳方或者政府官员的支持。为什么会出现这种情况呢？主要有以下两方面的原因：

第一，这份建议企图在《国家劳工关系法案》既定的框架下寻求一种为劳资双方均认可的折中之道。简单地说，在非工会化的环境下，就是放宽对员工参与的约束（这正是资方强烈关注的），加强对工人组建工会的保护。邓洛普委员会的《调研报告》中列举的事例表明，美国需要作出这些改革，但是劳方和资方站在各自的立场上都不愿意接受这种折中之道。

第二，1994 年 11 月，正值邓洛普委员会工作的中期，国会的控制权从民主党移交到取得多数议席的共和党手里，使实现劳工政策改革的愿望彻底破灭。劳工领袖认为，他们无法令共和党主持的国会认真考虑任何有利于工人和工会的劳工法修订议案，因此他们更偏向于维持现状。而商界领袖则认为，他们可以游说国会里的共和党人通过对商界有利的劳工法修订议案（如 TEAM 法案），因而更乐于见到委员会所提出的建议流产。

从这次经验中也许可以得到一个重要的结论，即在现有的劳动法架构下，根本不存在一种劳资双方都能接受的折中方法。因此，无论是国会领袖还是 Clinton 政府，对仍存在的劳资困局，都不愿意去着手解决。事实上，这些争端连同其他大部分雇佣政策的问题，似乎再一次被排除在国家的议事日程外。

图表 15.2　　　　　　　　　　**邓洛普委员会的建议**

---

澄清 NLRA 第 8 章（a）（2）的规定，为员工参与提供便利

继续禁止公司主导的工会

缩小 NLRA 所排除覆盖的监督管理人员和经理人员的范围

当雇主开设新业务时，授权其使用雇用前的协议

在对谈判单位法律诉讼案件审理前举行工会代表权的选举

利用法庭禁令纠正对参与工会组织活动的工人的歧视行为

在初次订立集体合同时利用调解手段，必要时，利用仲裁的手段去解决纠纷

在工会的组织活动中扩大工会接近雇员的机会

鼓励在企业采用非诉讼纠纷解决方法（ADR）

支持自愿使用仲裁解决侵犯合法权利的纠纷

要求仲裁制度既要解决个别的问题又要成为正当的程序标准

鼓励员工参与和 ADR 系统的开发与管理

禁止在协议中规定将利用仲裁来解决法律纠纷作为雇佣条件

对"雇员"和"独立的承包商"给出简单的、标准的法律定义

运用一个经济而现实的测试方法把"独立的承包商"和"雇员"区别开来

运用一个经济而现实的测试方法判断谁是劳务派遣工人的雇主

扩大违反劳动法的"单个"雇主和"共同"雇主的定义

在制定新的工作场所规则时增加通过谈判来制定规则

在那些存在高质量的 ADR 系统的工作场所提倡自我管理

创建全国性和地方性论坛以增进劳资对话和学习

---

资料来源：Final Report and Recommendations of the Commission on the Future of Worker Management Relations（Washington, DC：Government Printing Office, January 1995）.

## 15.2　未来美国劳工政策的选择方向

如果集体谈判的改革不是来自政府正规的政策制定渠道，也不是通过劳资委员会，那么有人可能会合理地发出疑问，倘若这样，这些劳工政策上的改变会从哪里来呢？

对这个问题的一个回答是，历史会重现，改革必须来自那些强化目前制度的利益团体之外的力量。纵观过去，为新政产业关系制度出谋划策的是那些在《Wagner 法案》通过前对劳动问题研究已经超过了 30 年的制度经济学家们。因此，我们可能处在一个相近的

局面。劳工政策上的困局，也需要类似的思想火花，虽然在短时期内，这些思想可能不为劳方或资方（或双方）所接受，但现在需要发展与推广这些思想，以引发人们的讨论和深思。那么，在未来的某一天，劳工政策就会有所改变。

对于未来的美国的劳工政策，有三个可能的战略方向。一个方向是维持过去 20 年来的劳工政策。它强调的是进一步放松对产品市场的管制，更多地依赖市场的力量决定雇佣条件。这种战略将强化图表 15.1 中 A 列的政策并弱化 B 列和 C 列的政策。

而另一种战略则着重图表 15.1 中 B 列的政策，对《国家劳工关系法案》只会作细微的修改。人们不会全部接纳邓洛普委员会提出的建议，但会继续探索，希望找到其他一些改变较小的折中方案。

第三种政策方向是，美国的劳工政策需要作出根本性的改变，把劳工政策看作是在整个社会重塑社会契约的努力的一部分。通过这种方法重新构建政策争论，扩大参与讨论的人群，或许能使劳工政策的讨论撕掉往日"特殊利益政治"的标签。一场更为广泛的政策讨论可能会让人想起我们渐渐忘却的美国梦，即每一代美国人都能改善生活水平的梦想。

下面我们将更详细地讨论这三个战略方向。

## 15.2.1　战略 1：放松管制，依靠市场

这种劳工政策的战略是进一步扩大自 20 世纪 70 年代末开始的放松管制的运动。放松管制的初衷是增强产品市场的竞争力。

联邦政府自 20 世纪 70 年代中期开始一直在放松对劳动力市场的管制，而采取第一种战略将会进一步限制联邦的管制。例如从 1960 年到 1975 年，由美国劳工部发布的关于雇佣的行政性规定翻了三倍，而自 1975 年放松管制的时代开始，除了 1993 年通过的《事假与病假法案》以及 1989 年通过的《对关闭工厂需要提前通知的法案》之外，再没有新制定重大的劳动规定。

此外，在过去 20 年里，许多社会福利和就业项目的津贴或是被冻结，或者减少，或执行得很保守。例如，用于就业和培训活动的联邦财政预算，被大幅削减。职业安全与健康局的职员数仅在 20 世纪 80 年代早期就减少了 25%。福利与救济方面的变化非常大，把个人合法享受的时间从终生限制为一定时期，执行工作要求，取消大部分移民的福利等。因此，如果实行第一种战略，那么这样削减或冻结福利的事将会继续发生。

1）进一步放松管制的问题

为什么不继续扩大过去 25 年来的放松管制的政策，允许市场力量更加自由地发挥作用，决定雇佣条件呢？支持放松对产品市场的管制、限制对劳动力市场的管制的基本论点包括两部分内容。第一，市场力量可以有效地配置劳动力。而这种效率，一部分是来自于市场加诸劳资双方身上的追求利润最大化的压力。

第二，如果阻挡这种市场压力，就会出现无效的行为。整个社会不但要承担因资源配置不当而造成产出损失的成本，还要帮助劳资双方吸收因为以后要面对市场压力作出调整而产生的成本。有人可能会提出，美国钢铁行业竞争力的下降可以说明这一点。当劳资双方都认为他们的行为将会受到保护，不受市场力量的影响时，他们就会产生惰性。

尽管有人不喜欢由市场力量发挥作用产生的结果，但他们也不清楚能否成功地设计或者执行其他合适的政策。有人出于这一点的考虑也建议限制对产品和劳动力市场的管制。

2）对市场和放松管制战略的批评意见

如果依靠市场力量发挥作用，实施放松管制政策，那么市场将导致出现社会能接受的结果。最近，人们开始关注沃尔玛雇员医疗保险福利非常有限的问题，对此存在诸多指责，认为沃尔玛利用了它的市场力量（见专栏 15.2）。评论者担心，一个无约束的市场将会导致全美的雇佣制度"沃尔玛化"。

在 20 世纪初，威斯康星大学的制度经济学家们已经对依靠市场力量决定雇佣条件作了充分的规范性论述。制度经济学家强调，劳动不仅仅是一种经济性商品，雇员与雇主之间的利益冲突是固有的冲突，永远都会存在。简单地说，竞争性劳动力市场可能使许多工人在与其雇主谈判时处于劣势地位，使他们无法得到就业保障。

由于这些原因，早期的制度经济学家支持实行一些政策让工人在他们的工作中累积"产权"。这些制度经济学家认为，这样的政策是公平的。此外，他们提出，如果工作场所要反映出整个社会的民主价值观，雇员就应该有机会参与那些影响雇佣条件的管理决策。

3）工会会员进一步减少的潜在影响

有人可能还要担忧，如果工会的代表性持续下降，那么会发生什么样的情况。如果工会持续衰落，管理方滥用权力可能最终就会导致更加敌对的集体谈判方式和爆发成本高昂的冲突。

此外，由于工会的衰落，他们可能丧失革新的能力，所以他们的会员和领导者都会感到没有安全感。而一个缺乏创新的工会，反过头来会增强资方回避工会的能力。因此，工会的进一步衰落可能会形成一个恶性循环：冲突频发，创新减少，然后是竞争力的下降。普利司通（Bridgestone）、东方航空、国际纸业（International Paper）和卡特彼勒（Caterpillar）等公司与他们工会的冲突就很好地说明了这个问题。

专栏 15.2

---

### 沃尔玛公司的雇佣法律和劳工关系问题

加利福尼亚州的一个陪审团，要求沃尔玛公司开出一张金额高达 1.72 亿美元的支票，给旗下 11.6 万名雇员，作为对他们被迫在规定的 30 分钟无薪就餐休息时间里继续工作的补偿。这个世界上最大的零售商要支付 5 700 万美元作为雇员在就餐时间工作的工资，而另外的 1.15 亿美元则是惩罚性的赔偿金。沃尔玛公司的内部文件显示，公司高层自 1998 年起就了解这种情况并采取了相关的隐瞒措施。目前沃尔玛公司已经研发了新技术用于自动提醒到就餐休息时间的收款员，假如一定时间后员工依然没有离岗就餐休息，工作系统将会自动关闭。

2005 年 12 月 22 日，这不是第一次沃尔玛被判占用员工休息和午餐时间了，而且也不仅仅是这一件事让沃尔玛见报或出庭了。密苏里州的一所法院在听取证词和审查了各种证据之后裁定沃尔玛员工胜诉。各种证据指出，沃尔玛管理者故意让员工在登记下班后继续工作，在经理锁好店门前不让员工离开商店，强迫员工放弃既定的休息时间。这些证据包括：训练经理在未经监督员的授权和员工的同意下，系统地删除休息和就餐的时间记录。

沃尔玛公司于 2006 年 1 月再次见报，缘由是马里兰州议院通过了一项议案，强制沃尔玛公司增加用于雇员医疗保健的支出。该议案要求所有雇员总数超过一万人的企业必须给予员工不少于工资总额 8% 的医疗保险津贴，同时这些企业也可以把这笔支出投入州立低收入医疗保险基金。

沃尔玛公司同样遭遇到雇用无合法身份证明的移民工人和工作条件方面的法律纠纷。2003 年，在一次国家安全局移民部和海关对 21 个沃尔玛商场的联合突击检查中拘捕了 250 名无合法身份证明的移民工人。沃尔玛公司因而面临违反《美国移民法》的民事上以及刑事上的处罚。

尽管存在大量雇佣法律上的争议（纠纷），但是沃尔玛公司美国区的雇员继续投票反对让工会代表他们的利益行事。2005 年 2 月，在科罗拉多州的拉夫兰市，沃尔玛公司的轮胎和润滑油产业工人以 17 比 1 的投票结果否决了食品与商业工人联合会（the United Food and Commercial Worker）第 7 地方工会的代表权。在此两星期前，在宾夕法尼亚州的纽卡斯尔市，沃尔玛公司的同一部门的工人以 17 比 0 的投票结果作出同样的决定。

虽然美国本土的沃尔玛公司员工没有加入任何组织，但在世界其他地区的沃尔玛公司，情况却不一样。南美和英国的沃尔玛公司员工大部分加入了工会组织，而在德国所有的沃尔玛大型购物中心都实现了工会化。2004 年 8 月 2 日，加拿大魁北克省的劳工关系委员会授予加拿大的 UFCW 代表沃尔玛加拿大区的雇员。

同样地，沃尔玛中国区分公司近年来也开始了工会化的进程。早在 2004 年时，沃尔玛中国区分公司曾经发表言论认为，因为管理层和工人之间开辟了直接的沟通渠道，所以下属各分店内的工会就没有存在的价值了。但沃尔玛中国区分公司于 2004 年年末承认了工人组织工会的权利，并于 2006 年 8 月 9 日宣布：允许全国共计 60 多家分店的工会活动，而绝对不会对雇员实施任何报复措施。

资料来源："Association for Wal-Mart Employees Provides Information, Services Clearinghouse." *Daily Labor Report*, November 6, 2005, http://ippubs.bna.com;" Jury Rules Wal-Mart Must Pay $172 Million Over Meal Breaks." *The New York Times*, December 23, 2005, http://www.nytimes.com; "Maryland OKs Wal-Mart health care bill." CNNMoney, January 13, 2006, http://cnnmoney.com; "Missouri Court Certifies Large Class in Case Claiming Wal-Mart Forced Off-the-Clock Work." *Daily Labor Report*, November 3, 2005, http://ippubs.bna.com; and "Official Union Set up in China at Wal-Mart," *The New York Times*, July 31, 2006, http://www.nytimes.com.

我们目前可能正在见证着工会衰退带来的一些长期的经济与社会影响。实际工资的停滞或下降，工资收入不平等程度的扩大，以及长时间工作带来的压力等，这些在工人及其家庭身上的问题引起了全美国的注意。工会力量减弱是产生这些趋势的一部分原因吗？大多数分析人员认为，这是一部分原因，尽管到底占几成以及工会主义复兴能否有效解决这些问题，仍有待考察。

与上述讨论相似的是，人们也在热烈讨论工会衰落会有什么经济影响。但是，在一个民主的社会里，工会也是个重要的机构。如果没有工会代表工人在社会和国家事务上发出一个有力的声音，就会降低政治对话的质量，在重大的经济和社会政策问题上也不会那样认真地考虑劳方的利益了。

4）工人适应经济变革的成本

任何未来的劳工政策都将要清楚地认识到这样一个事实，即工会成员集中在最传统、最成熟的经济部门，这也是最容易遭受国际竞争压力的部门。这些部门毋庸置疑将会持续降低雇佣水平，使大量的工人不得不转换工作单位与职业。由于采取了新的节省劳动力的技术、开发了新产品、采用新的经营战略，以及工作岗位向低成本国家外迁，所以这些发展成熟的部门将会出现就业调整。

在这些成熟的产业正在削减的岗位正是那些由工会会员供职的高工资职位。被这些工作淘汰下来的较为年长的工人并没有得到很好的培训，无法从事任何新创造出来的高技能工作。这些被淘汰而不得不接受低工资工作的老工人面临着一个痛苦的转型。单凭市场力量也许不能使这个调整过程比较顺利地进行。

5）在全球贸易中，美国的比较优势是低工资还是高技术

航空业和电信业放松管制之后所发生的事件表明，放松管制可能会大大削弱工人的力量，使他们无法阻止资方追求劳动成本最小化和回避工会。在放松管制的行业基本上都发生了工会在工资和工作规则方面作出大范围的让步、就业保障下降，并且无法维持劳资关系的创新的状况。一旦产品市场的竞争在放松管制后加剧，资方就会发现，组建新的低成本的非工会化组织，或者把工作外包出去，比通过管理改革和劳资关系革新来进行竞争，更容易削减劳动成本。

如果政府想进一步放松管制，那么劳动成本最小化可能会发展成一种经营战略。但劳动成本最小化战略可能终究会弄巧成拙，因为美国的企业在世界贸易中依靠劳动力成本来竞争的结果可能不尽如人意。这里存在的问题是，在新兴工业化国家的工人得到的工资非常低。美国企业可能不能或不情愿把工资降到如此之低，低到足够能通过低成本与发展中国家的企业一争高下。

然而，美国企业如果依靠从高新技术、职业技能与忠诚度以及产品创新衍生出来的比较优势的话，那么可能会更成功。毋庸置疑，美国企业的比较优势有赖于其高新技术、高质量产品和其快速应变的能力。这些特点决定了它们需要忠诚于雇主的技术人员。因此，降低劳动成本在短期内可能会有助于节省某些工作岗位的支出，但从长远来看，如果雇主为提升他们的人力资源质量而投资，那么对整个美国经济和工人利益都是有好处的。但是，单靠市场力量是无法充分地引导雇主转向运营高技能人力资源战略的。

本节讨论的所有原因都表明，美国有必要用劳工政策来补充市场的不足，但这些政策应该是怎样的呢？这个问题，众说纷纭。以下简述另外两个可选战略。

## 15.2.2 战略 2：在现有的集体谈判框架下进行适度的改革

对于未来的劳工政策，第二种可选战略是采取积极的措施，对传统的集体谈判制度进

行适度的改革，按照邓洛普委员会提出的建议修改劳动法。采取这个战略，除了必须采取其他措施外，还要对《国家劳工关系法案》及其管理机构进行一些不太大的改革。这些改革要使雇主更难于反对工会的组织活动，使工会赢得代表权选举后更容易达成第一份集体谈判协议。在无工会环境下雇员参与的限制性条件可能会放宽。还要采用其他一些纠纷解决程序，消除执行雇佣法律的障碍，使这些法律的执行更快捷、更公平。近年来在美国国会中的民主党人一直在酝酿通过这样一个议案，即"雇员自由选择法案"的议案，它将会加大在工人进行组织活动时对侵犯工人权益行为的处罚力度，允许让大部分工人以签署授权卡的方式承认工会的代表权，在劳资无法达成自愿的协议时，可以通过仲裁形成首份合同。国会讨论过把这样一份议案与共和党人提出的放松对某些员工参与方式的约束的议案捆绑在一起推出。但总统威胁要否决这些议案，没有一个议案得到了足够的支持。

遵循新政（产业关系）的传统，这个战略的重点将放在程序规则上，以此明确劳资双方的权利，并约束各方。这一政策方案是基于这样的信念：劳资双方利用集体谈判和员工参与手段提高他们的长远利益时，不能把不当的成本强加给社会。

但是我们没有理由相信，这个政策方案在今天或未来会比1995年邓洛普委员会提出的建议更成功，更为人所接受。此外，它可能不够灵活，无法适应当今经济体系中的各种就业环境。因此，可能还需要时间提出一个更全面、更合理的劳资政策方案，开创新的雇员代表和员工参与决策的方式，鼓励雇员和雇主公正、快速地解决问题和冲突，降低工人在他们职业生涯和家庭生活的不同阶段，由于转换工作和职业，进出劳动力市场而发生的成本。一个全新的产业关系系统应该更好地应对今天的经济压力。

## 15.2.3  战略3：采用一个新型的产业关系系统

我们认为，现在应该开发劳动法及相关就业政策，进行一系列的积极试验。随着时间的推移，我们认为，会创造出一种全新的产业关系系统，其构成如图表15.3所示。顺着这个发展方向，产业关系的革新会提高美国的生产率和生活水平，同时提供公正的纠纷处理程序。

图表15.3　　　　　　　　　　　新的产业关系系统的组成要素

**战略层面：**
管理方与工人分享信息
工人和工会参与管理决策，表达自己的意见
多功能地进行协商
把产业关系战略与经营战略和技术战略综合起来

**功能层面：**
或有报酬
就业的持续与保障
加大培训和职业发展的力度

**工作场所层面：**
员工参与
灵活的工作组织方式
不满申诉程序及补充以沟通和正当的程序

### 美国劳工政策和产业关系的未来

在这个新的系统中，工作场所这个层级的产业关系的特征是，雇员参与工作场所的决策，在工作的组织中充满灵活性，劳方和资方要进行广泛的非正式沟通。它的目标是培养劳资之间的相互信任，避免传统的集体谈判关系中常见的低信任—高冲突的循环。工作场所的产业关系系统的另一个主要目标是，去除琐碎的合同规定，缩小职位差别，以此增加灵活性。与此同时，工作场所的产业关系程序要为雇员参与到决策和正当的程序中提供便利。

在新的产业关系系统的中间层面，应该鼓励实行"收入分享"、"利润分享"和"员工持股计划"等做法。然而，劳资各方必须慎重，不要让这些"或有报酬"影响工人的生活标准。这样做的目标是，要让工资与当前的经济条件挂钩，让员工分担企业的经济风险。在这个中间层面上同样要鼓励员工培训和职业发展。就业保障和收入保障项目可以促成这个目标的实现。

在战略层面上，新的系统将会打破以往的规则，即管理企业是资方的职责而工会的职责仅仅是针对资方行为的后果与其协商谈判。相反，新的系统鼓励资方和劳方代表之间实现信息分享和协商。我们预期，在战略层面上不会采用某种单一的员工参与形式，而会采取各种已经被劳资双方所开发形成的机制。然而，政策应该鼓励和支持工会和非工会化雇员组建协商机构，鼓励和支持在董事会增设雇员代表。

这些改革不仅仅能改善劳资双方的关系，还具有其他作用。选举出来的雇员代表将会给公司的治理带来另一种独立的声音，使人力资源实践和政策制定更加透明。而它也会对上至组织设计下至高管薪酬的问题产生正面影响。随着企业财务丑闻和高管管理不善事件的曝光，美国出台了一些法律增加经营和财务行为的透明度和责任。这些改革将使这些法律更加完善。

在这个新的系统中，工会在某个谈判单位拥有某群工人排他性的代表权这一点将会得到修改。美国将允许劳资联合委员会同时代表蓝领和白领雇员。将鼓励劳资各方创建协商程序，其中包括各类职业的雇员。对于那些出于集体谈判的目的而选择由工会代表自己的利益行事的雇员群体来说，这些协商程序是正式的谈判程序的补充。

此外，美国将鼓励工会、职业协会和其他组织为那些没有被正式的集体谈判所覆盖的个人，以及那些从事非固定工作、网络工作，作为独立的承包商进行工作，或者从事兼职工作的人群，提供各种各样的劳动力市场服务。将来的"全方位服务"工会将提供劳动力市场资讯、培训与教育、养老金、医疗保险、补充失业保险、法律代表、技术建议和诸如职业安全与健康等各种可能的服务。这样做的目的是为新出现的各种劳动力市场组织和机构提供激励和机会，以迎合工人多元化的需求而不受制于单一或固定工作场所的传统雇佣关系。这些劳动力市场机构将会帮助那些因公司破产、重组或裁员而不得不去寻找新工作的工人降低流动成本。通过建立这种机构的基础设施，劳动力市场政策能够在长期得以实施的话，就能取代公司为雇员提供养老金、医疗保险以及其他休假福利。

而到目前为止，这种新系统的全部特点在美国任何雇佣关系和职业中都不存在。但是，我们可以在这个或那个的工会化企业和非工会化企业，在某些职业群体中找到新系统的每一个特点。新系统正是建立在这些经验的基础上，近年来我们一直在提倡把这些改革项目综合起来形成一个全新的产业关系系统。

## 15.2.4　劳动法以外的问题：整合劳动、经济和社会政策的必要性

美国如果要采用一个全新的产业关系系统，就需要得到联邦和州政府政策制定者的积极支持，要求劳方和资方在战略上作出重大的调整。以下我们将概述政府、劳方和资方为推行新的产业关系系统而应该采取的行动步骤。

1）政府的战略

要采用新的产业关系系统就必须按照图表15.2所列出的内容对《国家劳工关系法案》作出重大的修改。在过去的十几年里，美国的产业关系存在的问题是，雇主常常采取不当的劳动行为，对于违反法律采取不当劳动行为的处罚力度过弱，并且工会很难成功地获得第一份劳动合同（拖延时间过长）。应该重新构建国家劳工关系委员会。此外，应当确保雇员有权利在不受雇主干预的前提下，决定是否愿意由工会代表自己的利益行事以及代表的方式。

目前的政策鼓励劳资双方以一个对抗性的程序来开始让工会代表工人行事，希望他们最终能够成熟起来，开始合作。因此，有必要采取一种更加积极的政策，提倡工会或员工参与式的产业关系。

还应该取消对雇员、监督管理人员和中层经理人员参与管理决策的其他法律限制，不管他们是否有工会代表他们行事。只要雇员有选择是否由工会代表自己行事的自由，就应该减少对员工参与的管制，应该允许劳资双方根据要处理的问题和所处的具体情况而自由选择适当的参与形式。法律对监督管理人员集体谈判权利的限制已经过时了。同样，也没有必要在NLRA所覆盖的雇员和列为例外的雇员之间划出一条清晰的分界线。这些限制与当前管理决策的分权趋势是相抵触的。如果法律不改革，那么一线的监督管理人员和中层的经理人员将处在一种无立足之地的窘境中。一方面，技术的变革和人事政策的改革已经降低了监督管理人员的权力和地位，赋予普通员工更多的影响力；另一方面，监督管理人员如果采取集体行动改善他们的雇佣条件，他们就得不到法律的保护。

考虑到监督管理人员所处的窘境，就无须为监督管理人员常常想方设法阻挠工作场所的变革感到惊讶。这股改革的阻力可能会一直存在，除非监督管理人员真正参与到这场变革中。

同样，明确划分哪些谈判内容是"强制性"谈判内容，哪些是"可以"谈判的内容，这样做已经失去意义。战略性的经营决策对于就业和收入保障有重大影响。因此，有效的雇员代表方式是，应该在战略性经营决策的早期阶段，让员工参与到决策中来。

2）政府其他政策的改革

推行新的产业关系系统应该同时改变其他一些联邦的经济和社会政策。例如，应该采取更加广泛的就业和培训政策，帮助工人转换工作单位或职业。应该改革失业救济金制度，以覆盖更多的失业者，鼓励他们学习新的技能。应该简化养老金制度。还应该修改其他一些有关就业的管理规定，以降低工人因流动而产生的成本，消除雇员、独立的承包商或咨询人员之间人为的界限划分。任何一个工作人员都有权利得到劳动法与雇佣法的基本保障，无论他是一个派遣人员，还是所谓的独立承包商或是临时工。

宏观经济政策应该促进经济的扩张和生产率的提升。如同我们的经济竞争对手一样，

美国也应该加强对基础教育和研究的支持。

随着女性进入劳动力市场人数的增加，以及工作要求已成为福利政策的一部分，工作和家庭生活之间的相互依赖性在提高，因此，事假与病假问题越来越重要。美国是所有发达的工业国家和西方国家中唯一一个没有提供某种形式的带薪假去满足家庭需要的国家。人们对《事假和病假法案》的未来存在很大争议。雇主发现其规定太过死板、太烦琐以致不好管理，很难与其他已有的休假政策协调起来。崇尚家庭的人批评此法案只覆盖了55%的劳动力（雇员人数在50及50人以下的公司没有被覆盖在内），并且只提供不带薪的假期。

要解决上述两种担忧可以采取如下方案：建立最低的、灵活的带薪休假的标准，更广泛地适用这个标准，但要与雇主已有的休假政策挂钩。许多公司已经开始这样做，特别是在一些工会化的企业，劳资双方经过谈判制定了适用于他们不同种类的员工和经营环境需要的休假政策。我们在前面的章节中已经讨论过，许多工会和企业已经建立了联合基金，资助和管理一些像托管儿童、照顾老年人和相关的家庭服务项目。所有这些方法都是为了适应人口结构的变化，都是因为工作和家庭生活的相互依赖性在提高，这就是今天劳动力市场的特征。显而易见，在未来讨论如何使美国劳动法与雇佣法律现代化以跟得上劳动力和工作性质的变化时，这些问题都会提出来，是要讨论的中心问题。

3）州政府和地方政府政策

全国性劳工政策的发展一直裹足不前，导致人们更多地呼吁地方政府和州政府应该采取更多的行动。这与美国的社会和劳动政策的改革历史是相一致的。许多在20世纪30年代被引进联邦法律的规定，例如失业保险、工伤赔偿、工资与工时保护，甚至有关集体谈判的法律规定，在一些州，如威斯康星州、纽约州和马塞诸塞州等，很早就已经得到了发展和试行。

如今我们可以看到一个相似的走势。美国已经有50多个城市实行了"维持生活的工资"（living wage）。这就是一个很好的例子。加利福尼亚州在2004年制定了第一个《带薪事假法案》，而在其他许多州也正在热议类似的议案。各州率先发动一些基本的改革措施，包括国家福利改革。公众部门的劳工关系的法规是另外一个可以说明州一级劳工政策重要性的实例。考虑到全国性劳工政策发展的停滞，我们可能会看到，各州和地方政府在不断采取行动进行改革。我们应该把这些改革措施看作是一种实验。有了这些实验和教训，才能在未来讨论全国性劳工政策的改革。

然而，单靠政府政策的变革是不能改变产业关系的。推行新的产业关系系统需要来自劳方和资方的大力支持。

4）管理方的价值取向和战略

美国的经理们通过他们的价值取向和经营策略将影响产业关系的变革。在一个新的产业关系系统中，管理方要接受工会和工人更广泛地参与战略性的决策过程。然而，反对工会仍然是很多美国经理人根深蒂固的价值取向。这是推行新的产业关系系统的一个重要阻碍。

如果管理人员坚持这种反对工会的态度，那么组织新的雇员团体将变成一场高度敌对性的活动。在这样的斗争中，工会很可能在大部分战役中失败，即使他们真的赢得了代表权，也可能无法与资方签订集体谈判协议。在工人和工会代表看来，这将会进一步使《国家劳工关系法案》所确定的程序失去可信度。即使工会在这样的对抗中获得了承认，这种敌对关系也可能延续到随后的谈判关系中。

在工作场所中，这种敌对的思想将会增强那些倾向与资方保持传统敌对关系的工会领袖的地位。而对于新的产业关系系统，相互不信任将会抑制必需的灵活性安排和员工的参与。

5）经营战略的作用

并不是所有的经营战略都能与图表15.2所提议的产业关系改革措施相容共处。以低劳动成本为基础进行商业竞争将会破坏工人对资方的信任度、灵活性和适应性。然而，由于工会难以把工资问题从竞争中抽出来，所以许多企业现在试图实行低工资的经营战略。而在这些追求低工资的企业中会萌发对资方的不信任感，在这种情况下不可能推行员工参与的实践活动。

考虑到劳动成本的差别而转移工作地点的经营战略同样与新的产业关系系统不相容。采取低成本生产战略会把管理方的注意力引开，让他们觉得不需要发展其他竞争优势。那些关注低成本战略的企业一般很少关注发展技术、劳动力技能和产品革新等方面的竞争优势。

如果要进行产业关系改革，就要避免其他破坏工人信任的经营战略。仅仅作为一种短期融资工具而买卖公司的资产，不考虑这些行为对就业产生的后果，就会产生负面影响。因此，仅仅出于公司短期目标而收购公司对产业关系会产生不良影响。企业的财务运作应该受到公共政策的限制，或者应该要求为受影响的劳动力提供补偿。

6）技术战略

能让管理方保持控制权、最大限度地节约劳动力的使用的技术战略将会导致工人技能下降，工作积极性下降。这样的战略限制了员工在组织中得到学习和提高的机会。

而与新的产业关系实践相一致的是一种名为"社会技术"的对待新技术的方法。所谓"社会技术"的政策，就是运用技术使组织决策权下移，并提升工人的技能。提升工人的技能是通过扩大工作任务的范围、打破白领和蓝领工人之间的传统分界线而实现的。因此，就如同经营战略方面一样，美国管理方应该采取能够推行产业关系改革的技术战略。

是否有可能令大部分的美国经理人迅速采用支持新的产业关系系统的价值观和战略？如果以史为鉴，上述问题的答案显然是否定的。大部分的经理人可能更倾向于或者采取传统的做法，或者只要小变。但是，随着国际和美国国内的竞争加剧，技术革新日新月异，工人的愿望越来越强烈，越来越有必要进行产业关系的大变革。经济压力和来自政府及工会的压力，可能最终会引致管理方法作出重大变革。

7）更加广泛的公司改革

近年来多起公司丑闻被披露，美国公司和公司高管的信誉跌至一个前所未有的低谷。修复他们的信誉是美国这个国家和整个经济的头等大事。这也可能正好为雇员提供更多的机会监督和参与企业的管理和管理方的战略和行为。很多人认为，在现代的企业里，人力资本和知识已经成为了竞争性优势的重要资源，它的重要性可能还会提高。

要利用雇员的知识，就需要重建他们的信任感。这也要求，雇员应该理解在加入或逗留在某个企业的风险。因此，应该跳出历史的局限看产业关系的未来、雇员参与和发表自身观点的本质，这样做将对产业关系的未来产生一个深远的影响。

8) 工会的战略

要推行新的产业关系系统，劳工领袖同样面对一个相似的战略选择。目前美国劳工运动的领袖通常支持工人参与和工会与管理方结成合作伙伴关系，但是他们还没发展出一种明确或清晰的战略促进这些创新举措。工会领袖并不情愿大力支持员工和工会参与企业的经营决策，部分原因是他们担心会落选。工会领袖担心，如果扩大员工参与，就会导致他们要支持管理方的目标，从而牺牲工人的利益。

工会领袖如果要推行产业关系的改革，就需要重新审视他们的观点，旗帜鲜明地带头推行这些改革措施。如果没有劳工界的大力支持，就很难让管理方冒险引入一些新做法。只有得到工会领袖的公开支持，才能说服制定公共政策的官员、普通的工人和公众，才有可能推行一个新的产业关系系统。即使工会领袖被动地接受了新的产业关系实践，可能也是不够的。

如果工会领袖的确可以更多地参与企业战略性问题的决策，他们就应该加强与工会成员就参与企业决策的问题进行沟通。否则，成员将会对工会领袖的新角色持猜疑态度。此外，工会领袖必须使参与商业决策的人数增加和参与工会内部事务的人数增加相匹配。

为什么劳工领袖应该接受一个新的产业关系系统，并且按照新系统的要求接受新的角色呢？这个问题的答案是相当简单的：如果工会领袖想有效地代表他们当前的会员利益行事，想吸纳新会员，工会领袖就必须这样做。如果不这样做，就可能导致未来的工会会员人数和影响力下降，而最乐观的估计是，会员人数可能停止增加。照目前的战略继续下去，在经济和社会事务上劳方将扮演边缘性的角色，而非扮演中心角色。

产业关系的活动范围在近年来已经扩张，牵涉更多传统集体谈判以外的行动。企业最高层的战略决策与工作场所的劳资互动已经和集体谈判过程同等重要了。因此，工会领袖既要有能力参与集体谈判，又要有能力影响那些在战略层面和工作场所层面上所做的决策。如果他们不这样做，他们在未来产业关系中的影响就会下降。但最重要的是，工会、职业协会，或其他组织，需要找到新的方法从现代劳动力中招收各种各样的会员并代表他们的利益行事。在今天的劳动力市场上，这些新的代表方法不应该要求会员以他们的工作做赌注，或投身到与雇主的激烈冲突中，或依靠在一个特定的谈判单位中聚集他们大部分的同事以成功地获取利益、机会和代表权。

## 15.3 更广泛的试验：新型的雇员代表方式

尽管工会投入了更多的资源进行传统的组织活动，工会依旧无法阻止会员人数的减少。而工人越来越担心就业保障，劳动力的人口结构也发生了改变。这些使得人们需要从事非全日制工作，需要进入和退出劳动力市场以满足教育和家庭的需要，再加上退休模式的改变，这些都对美国大部分传统的产业工会模式提出了挑战。结果就是，支持劳动力的灵活性的同业和职业工会模型可能在未来会变得更为重要，因为职业工会不限于某个特定的工作地点，可能不像产业工会那样获得独立的代表权和正式的集体谈判权利。

为了加强劳动力的灵活性，工会需要培养新的能力和发展新的结构。满足工人终生学习和技能再培训的需求、提供有关工作机会的资讯以及提供持续的福利，这些都是工会需要做的。这要求工会在会员的整个职业生涯过程中招收会员和留住成员，要求工会改变结构，从而使会员可以跨越工会的领地，在其职业生涯中变换不同的就业组织。

有人可能会想象，未来的工会如网络系统一样提供一系列的代表服务和福利，尽管美国工会是否真的进行了这种网络工会的试验还是一个问题。如果没有，提供这些服务的其他组织就可能会持续扩展并满足这些需求。

当前关于公司改革的讨论会不会触发规章制度的改革，引进员工参与和发言的新权利？在 20 世纪 30 年代的确是这样的，当时创立了证券交易委员会（the Security and Exchange Commission）来规范执行 NLRA 之后投资者的权利。历史是否会重演我们还不知道。如果会，我们就可能会看到更多美国产业关系政策和实践上的重大改革，而不是像过去 20 年那样使政策陷入僵局。

## 本章小结

本书一开始就对工作和雇佣关系进行了规范分析，提出了一个分析产业关系的大框架。随后探究了劳资双方的战略选择是如何与形成产业关系的环境条件相互影响、相互作用的。因此，本章很适当地列举了目前劳方、资方和政府决策者所面对的关于未来产业关系的战略选择。

产业关系领域的传统是，研究、教学、公共政策和私人实践之间存在密切的联系。发扬这个传统有助于劳资各方去迎接目前遇到的产业关系的挑战。

## 讨论题

1. 当前美国劳工政策的重要组成部分包括哪几个方面？
2. 邓洛普委员会提出，美国未来的劳工政策应该进行哪些改革？
3. 简要列出全国性劳工政策中放松管制让市场发挥作用的方法。讨论这种方法的优劣。
4. 描述作者所提倡的新的劳工政策的主要特征。
5. 如果政府采用了作者提出的新的产业关系系统模型，那么应该如何去实施贯彻呢？
6. 在未来的劳动政策上，你认为需要解决的最重要的问题是什么？

# 教师反馈表

麦格劳—希尔教育（McGraw-Hill Education）是美国著名教育图书出版与教育服务机构，以出版经典、高质量的理工科、经济管理、计算机、生命科学以及人文社科类高校教材享誉全球，更以网络化、数字化的丰富的教学辅助资源深受高校教师的欢迎。

为了更好地服务中国教育界，提升教学质量，2003 年**麦格劳—希尔教师服务中心**在北京成立。在您确认将本书作为指定教材后，请您填好以下表格并经系主任签字盖章后寄回，**麦格劳—希尔教师服务中心**将免费向您提供相应教学课件，或网络化课程管理资源。如果您需要订购或参阅本书的英文原版，我们也会竭诚为您服务。

| | |
|---|---|
| 书名： | |
| 所需要的教学资料： | |
| 您的姓名： | |
| 系： | |
| 院/校： | |
| 您所讲授的课程名称： | |
| 每学期学生人数： | _____人 ____年级　　学时： |
| 您目前采用的教材： | 作者：_____ 出版社：_____<br>书名： |
| 您准备何时用此书授课： | |
| 您的联系地址： | |
| 邮政编码： | 联系电话 |
| **E-mail：（必填）** | |
| 您对本书的建议： | 系主任签字<br>盖章 |

东北财经大学出版社

大连市沙河口区尖山街 217 号
邮编：116025
电话：0411 – 84710715
传真：0411 – 84710731
电子信箱：ts@ dufe. edu. cn
网址：Http：//www. dufep. cn

## McGraw Hill Education

**麦格劳—希尔教育出版公司教师服务中心**
北京清华科技园科技大厦 A 座 906 室
邮编：100084
电话：010 – 62790299
传真：010 – 62790292
教师服务热线：800 – 810 – 1936
教师服务信箱：instructorchina@ mcgraw-hill. com
网址：http：//www. mcgraw-hill. com. cn